Operations Research for Management

管理运筹学（第五版）

左小德　薛声家　编著

暨南大學出版社
JINAN UNIVERSITY PRESS
中国·广州

图书在版编目（CIP）数据

管理运筹学／左小德，薛声家编著．—5 版．—广州：暨南大学出版社，2016. 6（2019. 2 重印）
ISBN 978－7－5668－1746－4

Ⅰ．①管…　Ⅱ．①左…　②薛…　Ⅲ．①管理学—运筹学　Ⅳ．①C931. 1

中国版本图书馆 CIP 数据核字（2016）第 034024 号

管理运筹学
GUANLI YUNCHOUXUE
编 著 者：左小德　薛声家

出 版 人：徐义雄
责任编辑：曾鑫华
责任校对：王嘉涵　刘舜怡
责任印制：汤慧君　周一丹

出版发行：暨南大学出版社（510630）
电　　话：总编室（8620）85221601
营销部（8620）85225284　85228291　85228292（邮购）
传　　真：（8620）85221583（办公室）　85223774（营销部）
网　　址：http：//www. jnupress. com
排　　版：广州市天河星辰文化发展部照排中心
印　　刷：广东信源彩色印务有限公司
开　　本：787mm×1092mm　1/16
印　　张：24. 25
字　　数：590 千
版　　次：2000 年 1 月第 1 版　2016 年 6 月第 5 版
印　　次：2019 年 2 月第 16 次
印　　数：52001—53500 册
定　　价：58. 00 元

第五版前言

本书是为高等院校管理专业编写的运筹学教材，重点介绍一些在解决复杂管理问题中应用最为广泛的定量分析方法。它同样适合其他有关专业的本科生、研究生和工程技术人员、科技人员、企事业管理人员学习科学管理及优化技术之用。

我们在编写时力求做到以下四点：

（1）采用富有启发性的例子说明从实际问题导出各类运筹学模型的过程，重点突出问题的建模方法。通过大量各具特色的例题和习题来加强对学生建立运筹学模型能力的训练，培养他们运用运筹学解决实际管理问题的能力。

（2）尽量避免较深的数学论证，着重讨论基本概念、方法，以及其在经济管理中的意义。对于算法，我们主要通过例子来介绍其基本思想而不作严格、详细的论述。由于实际问题总是在计算机上解决的，本书特别强调使用运筹学软件求解，并对计算机的输出进行分析。对软件有兴趣者可直接与作者联系，或从相关站点下载。

（3）由于计算机的普及，Office 是电脑装机的必装应用软件。因此，本书也突出了 Office 中 Excel 的应用，大部分规划问题都有相应的 Excel 求解方法。同时，Project 也是 Office 中的应用软件包，在“CPM 与 PERT”一章中也介绍了 Project 的应用。

（4）根据社会发展需要，对例子作了精选，并对有些例子补充了一些深入思考的问题。

全书分十二章，第一章到第五章及第十一章由薛声家执笔，第六章到第十章及第十二章由左小德执笔。本书写作过程中参考了国内外大量资料，书末列出的参考文献仅是其中的一部分。在此谨向这些文献的作者致以谢意！

本书自 2000 年出版以来，至今已加印多次，并于 2004 年、2007 年、2010 年分别作了修订。为了进一步提高其质量，我们进行了第五次修订，该次修订由左小德完成。同时，访问学者饶惠，梁云副教授，博士生许明辉、王海霞、李瑑、龚娟，硕士生刘思远、徐颂雅为本书的校对也付出了辛勤的劳动。殷切期望广大读者提出宝贵意见，帮助我们将本书修订得更加完善。

作　者

2016 年 2 月于暨南园

目录 CONTENTS

1 绪 论

本章要求

- □ 了解运筹学的含义。
- □ 理解管理决策的定性方法和定量方法。
- □ 了解运筹学的模型；掌握运筹学的工作步骤。
- □ 明了运筹学与计算机的关系。

1.1 概 述

运筹学（Opcrations Research/Operational Research，缩写为 OR）这一名称是在第二次世界大战期间出现的，当时指的是英、美等国因战争需要而成立的研究小组的研究活动。这些小组由多种学科的专家们组成，他们的任务是审查和研究各种军事行动，探求如何提高各种武器装备和作战系统的使用效率，如何有效地分配和供应各类军事资源。这些研究工作取得了极大的成效，为同盟国最后战胜法西斯轴心国作出了巨大贡献。

如今，运筹学已发展成为一门理论完善、门类齐全、有着广泛应用前景的科学学科。但由于它所研究问题的广泛性和复杂性，人们一直还没能形成一个统一且精确的运筹学定义。从管理的角度来看，可以说运筹学是用定量化方法来为管理决策提供依据的一门学科。运筹学把复杂的管理系统归结为模型（多数是数学模型），然后使用数学方法和计算机求解与分析，从而得到系统最优运行方案，供管理人员和决策人员参考。

英文“OR”一词，直译是“作战研究”，或“运用研究”，日本人译为“运用学”。我国学者从《史记·高祖本纪》中的“夫运筹帷幄之中，决胜于千里之外”，摘取了“运筹”一词作为 OR 的意译，比较贴切地反映了 OR 一词的含义——既有运用，又有筹划。

西方许多学者往往把“运筹学”称为“管理科学”（Management Science，缩写为 MS）。我们认为与运筹学同义的管理科学只是狭义的管理科学（何况，两者之间在理论研究的界限和深度上是有差别的）。一般来说，管理科学包含的内容要比运筹学更广泛一些。可以说，运筹学是管理科学最重要的组成部分。

1.2 管理决策的定性方法和定量方法

决策是指人们对未来的行动目标及其实现方案进行合理抉择的分析、判断过程，它是管理活动的核心。制定决策的两个基本方法是定性方法和定量方法。

定性方法主要是依靠决策者个人的直觉和判断能力以及过去的经验。定量方法一般是从数据出发，建立有关问题的模型（主要是数学模型），使用数学方法和计算机求解与分析。当采用定量方法如运筹学技术时，要计算出影响行动方案的各个变量的数值。行动方案的选择是建立在计算结果的比较和分析之上的。

例如，假设有一家商店的店主打算向制造商购买某些商品，他可能依靠过去的经验，并结合个人关于市场上对各种商品需求情况的判断来与制造商打交道，这时，这位店主是用定性方法来作决策的。

假如这位店主考虑这样一些因素，如需求预测情况、存贮费用、商品可能过时的损失、商店提供厂家的价格优惠等，并且把这些因素表达在一个数学模型中，以决定购买各种商品的数量，那么，这位店主就是运用定量方法来作决策的。

定性方法是人类长期以来制定决策的传统方法。随着科学技术的进步和现代化生产的发展，管理人员要处理的问题越来越复杂，要考虑的因素越来越多，仅依靠直觉判断或凭以往的经验来作决策会变得越来越困难，风险也会越来越大。因此，借助于定量方法进行决策就成为顺理成章的事情了，而计算机技术的快速发展也使定量方法在实际上的应用成为可能。定量方法的优点是客观、精确，但要求所有的因素必须是可以计量的。若大多数因素不能或很难量化，或者是时间、费用受到限制，则定性方法仍不失为较实用的或者是唯一可行的决策方法。

一般来说，制定决策的过程应做到定性方法和定量方法相结合。定量方法并不能代替决策，而是在决策制定过程中起协助作用，最后的“拍板权”应属于管理人员。过分依赖定量方法是有害的，但如果不能很好地利用定量方法也许会造成更为不利的结果。简而言之，定量方法不能代替决策者的判断和经验，但它对决策者是很有价值的。

1.3 运筹学的模型

运筹学研究与分析问题需要广泛使用模型。通常，模型是指为了某个特定目的，对真实系统或现象所作的一种简化表述。为了协助解决实际问题，模型应具有简单和精确这两个特征，它应包含与分析问题有关的主要因素，同时，能反映各有关因素之间的相互关系。

可以使用各种不同的方法对模型进行分类。最简单的方法是把模型分为三种基本形式：

（1）形象模型：是指规模缩小或放大的由实物制成的模型，如建筑模型、航空模型、物质的原子结构模型等。

（2）模拟模型：是用具有某些性质的简单东西去代替具有另一种性质的复杂东西，当然，这两种不同性质的东西要具有相同的对应关系。体温表就是模拟模型的一个例子，体温表上的刻度用来代表温度的度数。同样，一把计算尺也是一个模拟模型。

（3）符号或数学模型：是用符号和数学工具来描述现实系统的一种数学结构。它是目前使用最广泛、作用最大的一种模型。数学模型是运筹学中最常用的模型。使用数学模型有以下几方面的优点：首先，它比其他类型的模型更加精确，其精确度能根据使用者的要求加以调整。其次，在数学训练方面有一种固有的严密性，迫使决策者详细确定问题中的重要因素以及这些因素的存在关系。再次，容易通过增减变量、修改关系式来修改模型并进行灵敏度分析，因此，它比其他模型更灵活。另外，数学是一种使用数据的强有力的方法，并可从已知的假设条件导出结论，通过高速计算机，就有可能处理非常复杂的模型，并且能节省时间和费用。

运筹学模型的一个显著特点是它们大多是最优化模型。这类模型的结构一般可分为两大部分：目标函数和约束条件，其常见的形式为：

最大化或最小化目标函数 $V=F(x_i, y_j, u_k)$ (1.1)

约束条件 $G(x_i, y_j, u_k)\geqslant 0$ (1.2)

其中，x_i 为可控变量（也称为决策变量），y_j 为已知参数（也称为状态变量），u_k 为随机因素。模型的目标是在满足约束条件的前提下，使目标函数最大化或最小化（有时只要求满意化）。

目标函数可以是单一的，也可以是多个的。约束条件可以没有，也可以有多个。当目标函数和约束条件都是线性函数时，称模型为线性模型，否则称为非线性模型。当模型中不含随机因素时，称它为确定性模型，否则称为随机模型。当可控变量只取离散值时，称为离散模型，否则称为连续模型。此外，还可以按模型的用途、使用的数学工具、求解方法等来给运筹学模型分类，这里不再赘述。

1.4 运筹学的工作步骤

应用运筹学解决实际问题的工作步骤一般包括：确定问题，搜集数据和建立模型，检验模型，模型求解，求解结果分析，求解结果实施，具体如图1－1所示。各个步骤有时是难以严格区分的，在某种程度上，它们相互影响，在实施过程中也应反复进行。例如，建立模型（简称建模）这一步就常常受到现有求解方法的影响，而对求解结果进行分析有时会导致重新建模或确定问题。这些都是在实际工作中经常出现的事情。

（1）确定问题。

为了解决一个实际问题，必须清楚地了解并确定该问题，这是决策制定中的首要步骤。具体要分析问题的性质和环境，确定目标，弄清有关因素及其变化范围和相互关系，并将可控制因素与不可控制因素分开。问题提出后，还要分析解决该问题的可能性和可行性。

（2）搜集数据和建立模型。

搜集数据和建立模型是紧密联系的。我们根据拟采用的模型搜集和整理有关数据，必须强调所使用数据的精确性。因为即使所用模型能正确表述实际现象，不正确的数据也必将导致错误的结果。对于大型问题，搜集精确的数据往往是一件费时、费力的艰巨工作。

实际上，有时由于难以得到足够的所需数据而必须改变拟采用模型的结构或类型。而一个只要求少量数据但适用的近似模型，往往比一个虽然更为精确但对数据要求太高的模型更受到人们的欢迎。诺贝尔经济学奖获得者及决策理论专家西蒙曾说，数学建模并不要求完美，只需要通过它能得到比直觉更好的结果就行了。

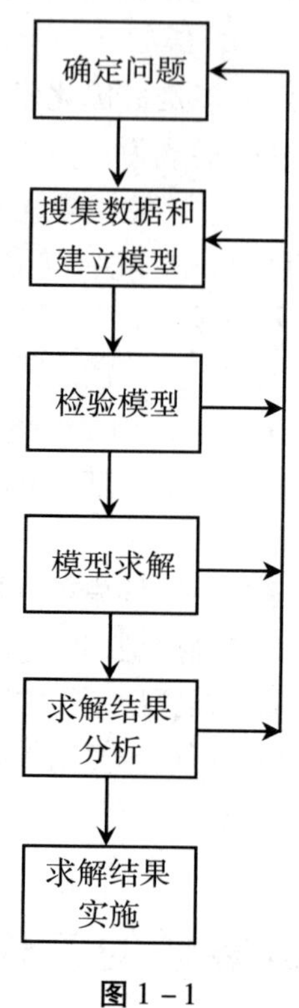

图 1－1

建立模型是运筹学的关键工作步骤。运筹学模型一般是数学模型或仿真模型，以数学模型为主。实际问题通常比较复杂，而模型只是根据一些理论和假设条件对现实世界的简化表述。因此，建立的模型往往要经过多次修改才能在允许的限度内符合实际情况。典型的运筹学模型具有（1.1）和（1.2）的形式，即包含一组要通过求解模型确定的决策变量和各种已知参数（随机模型还包含随机变量），单个或多个反映决策目标的目标函数，一组反映各变量与参数之间复杂关系的约束条件。

（3）检验模型。

模型建立以后，必须通过试验来检验其合理性和正确性。一般可通过解特殊的、众所周知的例子或通过使用历史数据对模型进行运算，并把运算结果与实际情况对照来检验模型。若发现有较大的差异，则有必要返回前面的工作步骤。

（4）模型求解。

求解模型的途径完全取决于模型的性质和数学复杂性。

对于一些较简单的模型，有时可用经典的数学分析方法求得其解，但这种情况实际上是很少的。求解由（1.1）和（1.2）表示的那一类模型，更经常用到的是一种迭代法。所谓迭代法，就是用某种方法找出一个初始解，然后检验它是否为最优解；若不是最优解，它将会提供某种信息，说明如何可以求得一个比当前解有所改进（或至少一样好）的新解。重复进行这一过程，直到确认问题无最优解或求得一个最优解为止（对于一些复杂的问题，有时只可能求得近似最优解、次优解、满意解或满足最优解必要条件的解）。运筹学中大多数有名的算法都是迭代法，在后面各章我们将会作更详细的介绍。当然，在实际应用中，必须借助计算机进行求解，而解的精度要求可由决策者提出。

除了迭代法，运筹学中另一种常用的解法被称为模拟法或仿真法。它主要用来求解复杂、带有随机因素的模型，这里不多作介绍。

模型求解过程中的一个重要方面是，研究输入数据或模型发生变化时对解的影响，被称为灵敏度分析或优化后分析。灵敏度分析用于确定解的稳定性、所需输入数据的精确度以及引进或删除某些变量的可行性等。

（5）求解结果分析。

由于模型只能包含实际问题的主要方面，有许多因素如政策因素、社会因素等都不能包含进去，因而要对求解结果进行全面评价，分析求解结果是否符合现实问题。

（6）求解结果实施。

运筹学工作的最后一步是将求解结果付诸实施。这是反映工作成果最重要的一步，也可能是最困难的一步。运筹学工作者必须将求解结果表示为管理决策人员能理解和执行的形式。这些人员必须了解所使用模型的许多方面，包括它的优点和缺点、它所依据的假设条件，以及在执行中它应具备的保证条件。特别要指出的是，将求解结果所提出的新的或经过改变的管理方法用于现实系统的时候，往往需要一段足够长的时间，才能对求解结果实施的效果作出正确的评价。

1.5 运筹学与计算机

六十年来，运筹学之所以能迅猛发展，除了它本身能适应社会的发展，有效地解决各个领域中很多依靠经验难以解决的问题以及一些运筹学家在理论和方法上作出了杰出贡献之外，电子计算机技术的快速发展起了重要的推动作用。因为运筹学着重定量解决问题，往往要做大量的运算和数据分析才能获得结果。如果用手工计算，不仅耗时、费力，甚至有时是不可能完成的。因此，计算机成了不可缺少的工具，如果没有计算机，绝大多数运筹技术是完全不能实现的。更重要的是，计算机能快速利用运筹学应用工作中所需的各种类型的管理信息，如果没有这些信息，许多运筹学工作就会变得毫无意义。所以，计算机是推动运筹学应用的基本因素。毫无疑问，随着时间的推移，运筹学与计算机之间的关系将会愈加密切。如今，运筹学方法已成为计算机基础信息系统（Computer-based Information System，缩写为 CBIS）的一个主要部分。CBIS 包含管理信息系统、决策支持系统、人工智能和专家系统。运筹学模型在这些系统中是大有作为的。

本书主要使用的运筹学软件包是 QM（Quantitative Methods 的缩写），有 DOS 和 Windows 两种版本，前者是在 DOS 支持下可求解多种运筹学问题的微机软件包。图 1－2 是

QM 的主菜单，它包含的内容有：线性规划、（全）整数规划、0－1 规划、目标规划、运输问题、指派问题、盈亏平衡分析、决策分析、网络模型、项目管理（网络计划技术）、存贮模型、等待线（排队）模型、动态规划、仿真、预测、马尔柯夫分析和对策（博弈）论等。

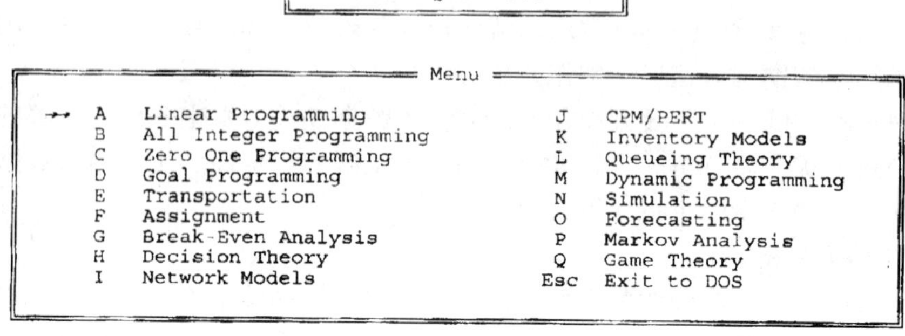

图 1－2

图 1－3 是 QM for Windows 的主菜单，该软件能求解更多的运筹学问题，且操作更加方便，求解结果也更为深刻和丰富。读者可通过访问站点 http：//www. prenhall. com/weiss 来下载和升级 QM for Windows。

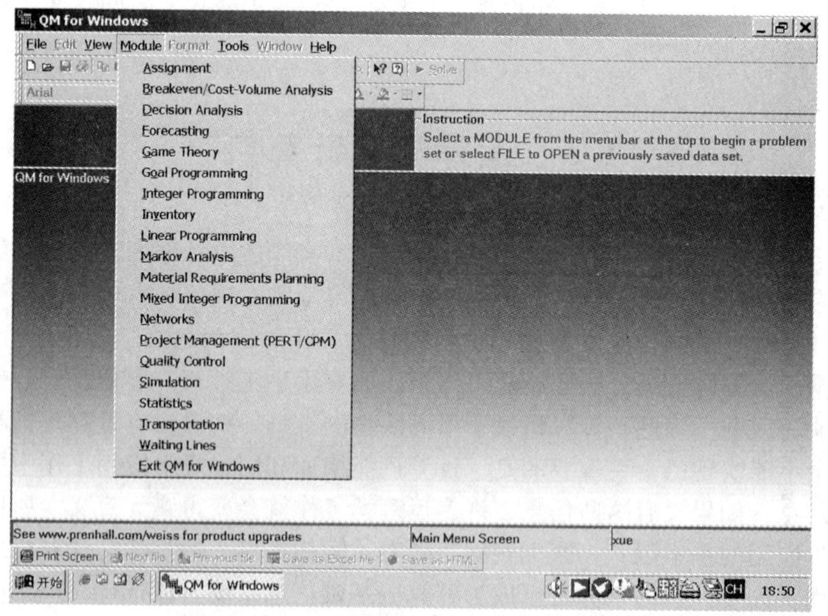

图 1－3

本书还将介绍如何使用微软公司的 Excel for Windows 中文版电子表格软件中的“规划

求解”加载宏来求解一些运筹学问题。在 Excel 的启动窗口界面选取菜单栏的“工具”可得图 1－4 所示的界面。

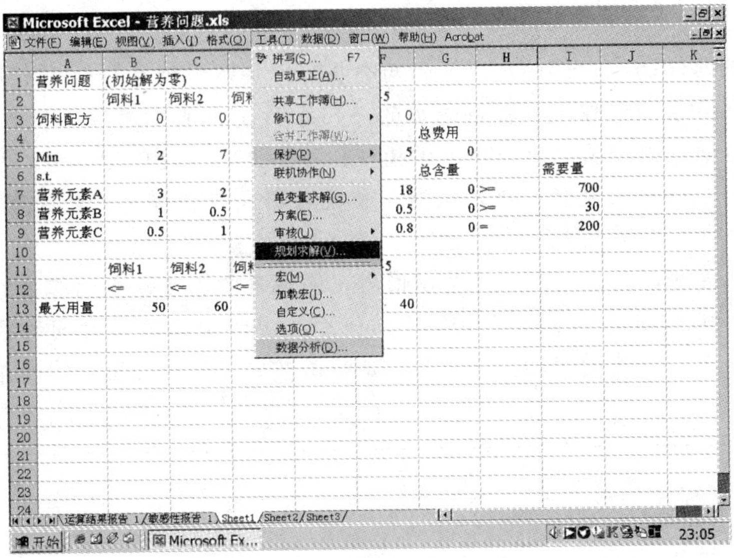

图 1－4

在“工具”菜单中选取“规划求解”① 便可进入规划求解参数对话框，如图 1－5 所示。根据数据在工作表中的位置和模型的结构，在图 1－5 所示界面中输入有关信息便可选择“求解”。具体操作方法将在下面各章中介绍。

除了“规划求解”，Excel 还提供了很多有效的定量分析方法，读者可参考有关书刊。

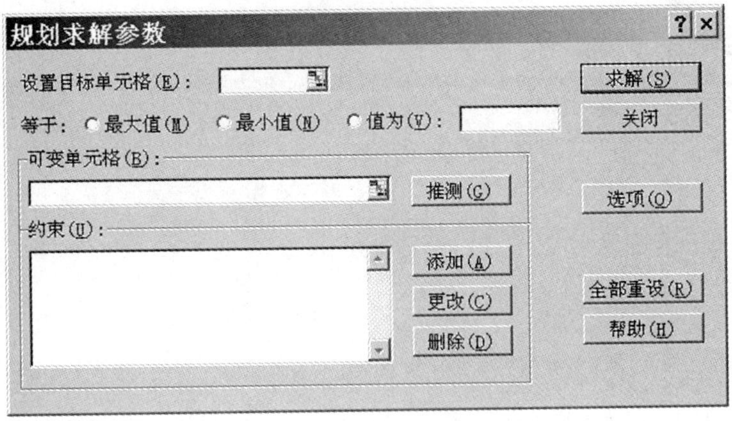

图 1－5

① 若“工具”菜单中没有“规划求解”项目，可以使用“工具”的“加载宏”，在“现用加载宏”方块里，打开“规划求解加载宏”，选择“确定”，就能在“工具”中安装“规划求解”项目。

本章小结

决策是管理活动的核心，制定决策的两个基本方法是定性分析法和定量分析法。运筹学是用定量分析方法为管理决策提供依据的一门学科，它是管理科学最重要的组成部分。运筹学研究与分析问题需要广泛使用数学模型，其中大多是最优化模型。应用运筹学解决实际问题的工作步骤一般包括：确定问题，搜集数据和建立模型，检验模型，模型求解，求解结果分析，求解结果实施。

电子计算机是推动运筹学发展的基本因素，是运筹学不可缺少的工具；而运筹学方法如今已成为计算机基础信息系统（CBIS）的一个主要部分。随着时间的推移，运筹学与计算机之间的关系将会更加密切。本章初步介绍了书中所使用的运筹学计算机软件。

2 线性规划与单纯形法

本章要求

- □ 掌握线性规划的数学模型及建模步骤。
- □ 掌握线性规划的图解法。
- □ 认识线性规划的标准型及掌握转化为标准型的方法。
- □ 掌握单纯形法与单纯形表；掌握人工变量方法的使用。
- □ 会使用计算机软件求解线性规划。
- □ 掌握线性规划一些常见的应用例子。

线性规划（Linear Programming）是运筹学中一个应用最为广泛的重要分支。自从1947年G. B. Dantzig提出了求解一般线性规划问题的有效方法——单纯形法（Simplex Method）之后，线性规划得到了较快的发展。由于线性规划的模型比较简单，理论与方法都比较成熟，又有很多供不同使用者使用的计算机软件，因此，线性规划在工业、农业、商业、交通运输业、军事、经济和管理等各领域中得到了广泛的应用。曾经有人做过调查，在世界500家大公司中，有85%的公司使用过线性规划解决经营管理中遇到的复杂问题。在经济管理活动中，人们经常利用线性规划模型求解有限资源的最优分配问题。随着电子计算机技术的迅速发展，线性规划将在经济管理中发挥越来越大的作用。

应该指出，近年来已出现了若干在理论上优越于单纯形法的算法，其中的Karmarkar算法及其变形在实际应用中也显示了巨大的潜力，尤其是对于大型问题。不过，并不能说新算法将要替代单纯形法，至少在可以预见的将来不会，沿用至今的单纯形法仍在继续发挥其积极作用。有兴趣的读者可参看有关参考文献（如本书参考文献3）。

2.1 线性规划的基本概念

2.1.1 线性规划的数学模型

在生产管理和经营活动中常常提出一类问题，即如何合理地利用有限的人力、物力、财力及时间等资源，以得到最好的经济效果。这类问题大部分可表示为如下的规划问题：在一定的约束条件（限制条件）下，使得某一目标函数取得最大（或最小）值。当规划问题的目标函数与约束条件都是线性函数时，便称为线性规划问题。下面通过一些具体例子来介绍线性规划的数学模型。

例 1　生产计划问题。

某工厂在计划期内要安排生产 A、B 两种产品（假定产品畅销）。已知生产单位产品的利润与所需的劳动力、设备台时及原材料的消耗，如表 2－1 所示。问应如何安排生产使该厂获利最大？

表 2－1

	产品 A	产品 B	资源限额
劳动力	9	4	360 工时
设　备	4	5	200 台时
原材料	3	10	300 千克
单位产品利润（元）	70	120	

首先建立问题的线性规划模型，通常有以下几个步骤：

（1）确定决策变量。决策变量是模型要决定的未知量，或者说是决策者采用的模型所规定的抉择方案。确定合适的决策变量是成功地建立数学模型的关键。在本例中，工厂要确定各种产品的生产数量，因此可设 x_1、x_2 分别表示在计划期内产品 A、B 的产量。

（2）确定目标函数，就是将决策者所追求的目标表示为决策变量的函数。很明显，本例的目标函数是使 $z=70x_1+120x_2$ 最大。可写为

$$\max z=70x_1+120x_2$$

（3）确定约束条件。这些约束条件可用决策变量的等式或不等式来表示。在例 1 中，资源的使用量必须受到限制，因此有

$$\begin{aligned}&9x_1+4x_2\leqslant 360 &&（劳动力）\\&4x_1+5x_2\leqslant 200 &&（设\quad 备）\\&3x_1+10x_2\leqslant 300 &&（原材料）\end{aligned}$$

此外，显然还应有变量非负约束条件，即 $x_1\geqslant 0$，$x_2\geqslant 0$。

综上所述，我们便得到如下的数学模型：

$$\begin{aligned}&\max z=70x_1+120x_2\\&\text{s. t.}\quad \begin{aligned}&9x_1+4x_2\leqslant 360\\&4x_1+5x_2\leqslant 200\\&3x_1+10x_2\leqslant 300\\&x_1,\ x_2\geqslant 0\end{aligned}\end{aligned}$$

模型中所用的 s. t. 是“subject to”（受约束于）的缩写，它表明决策者的行为受后边限制条件的约束。

上述模型的解称为最优解。下面将看出其最优解为 $x_1=20$，$x_2=24$；目标函数最优值为 $z=4\ 280$。这说明该厂的最优生产计划是：生产产品 A 20 单位，生产产品 B 24 单位，可获得最大利润 4 280 元。

例 2　营养配方问题。

某公司饲养实验用的动物以供出售。已经知道这些动物的生长对饲料中的三种营养元素特别敏感，我们分别称它们为营养元素 A、B 和 C。已求出这些动物每天至少需要 700 克营养元素 A、30 克营养元素 B，而营养元素 C 的每天需要量刚好是 200 毫克，不够或者过量都是有害的。现有五种饲料可供选用，各种饲料每千克所含的营养元素及单价如表 2－2所示。为了避免过多使用某种饲料，规定混合饲料中各种饲料的最高含量分别为 50、60、50、70、40 千克。要求确定满足动物需要而费用最低的饲料配方。

表 2－2

饲料	营养元素 A（克）	营养元素 B（克）	营养元素 C（毫克）	价格（元/千克）
1	3	1	0.5	2
2	2	0.5	1	7
3	1	0.2	0.2	4
4	6	2	2	9
5	18	0.5	0.8	5

解：设 x_j（$j=1$，…，5）为每天混合饲料内包含的第 j 种饲料的千克数，则营养问题的线性规划模型如下：

$$
\begin{aligned}
\min\ z = & 2x_1+7x_2+4x_3+9x_4+5x_5 \\
\text{s. t.}\quad & 3x_1+2x_2+x_3+6x_4+18x_5 \geqslant 700 \\
& x_1+0.5x_2+0.2x_3+2x_4+0.5x_5 \geqslant 30 \\
& 0.5x_1+x_2+0.2x_3+2x_4+0.8x_5=200 \\
& x_1 \leqslant 50,\ x_2 \leqslant 60,\ x_3 \leqslant 50,\ x_4 \leqslant 70,\ x_5 \leqslant 40 \\
& x_j \geqslant 0,\ j=1,\ \cdots,\ 5
\end{aligned}
$$

使用软件求解，可得最优解：$x_1=50$，$x_2=3$，$x_3=0$，$x_4=70$，$x_5=40$，目标函数最优值 $z=951$。因此，最优饲料配方是每天混合 50 千克第 1 种饲料，3 千克第 2 种饲料，70 千克第 4 种饲料以及 40 千克第 5 种饲料，最低成本为 951 元。

例 3　人员排班问题。

某医院根据日常工作统计，每昼夜 24 小时中至少需要下列数量的护士。

序号	时段	最少护士人数
1	6：00～10：00	60
2	10：00～14：00	70
3	14：00～18：00	60
4	18：00～22：00	50
5	22：00～2：00	20
6	2：00～6：00	30

护士们分别在各时段开始时上班，并连续工作 8 小时，问应如何安排各个时段开始上班工作的人数，才能使护士的总人数最少？

解：设第 j 时段开始上班的人数为 x_j，$j=1$，…，6，则 $\sum_{j=1}^{6} x_j$ 为护士的总人数，因此有如下模型：

$$
\begin{aligned}
\min z = & x_1 + x_2 + x_3 + x_4 + x_5 + x_6 \\
\text{s. t.} \quad & x_1 + x_2 \geqslant 70 \\
& x_2 + x_3 \geqslant 60 \\
& x_3 + x_4 \geqslant 50 \\
& x_4 + x_5 \geqslant 20 \\
& x_5 + x_6 \geqslant 30 \\
& x_6 + x_1 \geqslant 60 \\
& x_j \geqslant 0 \text{ 且为整数}, j = 1, \cdots, 6
\end{aligned}
$$

上机求解可得最优解 $x_1=50$，$x_2=20$，$x_3=50$，$x_4=0$，$x_5=20$，$x_6=10$，最优值 $z=150$。因此，医院至少应配备 150 名护士。

请读者使用例 3 的建模思路，解下列思考题。

思考题：一家银行每天营业的时间从上午 9：00 到下午 5：00。除了管理层，银行最多可雇用 12 名全职员工，其余均为兼职员工。全职员工上午 9 时上班，下午 5 时下班，中间有 1 小时的午餐休息时间（一半全职员工在 11 时进餐，另一半在中午 12 时进餐）。兼职员工每天连续工作 4 小时，可以安排在上午 9 时到下午 1 时的任意整点时刻上班。一天中各时段所需员工的数目如下：

时段	员工的最少人数
9：00～10：00	10
10：00～11：00	12
11：00～12：00	14
12：00～13：00	16
13：00～14：00	18
14：00～15：00	17
15：00～16：00	15
16：00～17：00	10

全职员工的平均工资是每天 250 元，而兼职员工的平均工资是每小时 20 元（每天 80 元）。银行规定兼职员工每天的总工作时间不能超过所需工作时间的一半，并允许不雇用一些全职员工。试求该银行支付最少工资的安排方案。

提示：最优安排方案不唯一，其中之一是：雇用 10 名全职员工，并安排 2 名、7 名和 5 名兼职员工分别在上午 10 时、11 时和中午 12 时开始上班。每天支付的最小工资额为 3 620元。

从以上三个例子可以看出，线性规划问题是寻求满足若干线性等式与不等式的一组变量值以使得某一个线性函数取得最大值或最小值的极值问题。它的一般形式为：

$$\max\ (\text{或}\ \min)\ z = c_1x_1 + c_2x_2 + \cdots + c_nx_n \tag{2.1}$$

$$\text{s. t.}\quad \begin{aligned} & a_{11}x_1 + a_{12}x_2 + \cdots + a_{1n}x_n \leqslant (=, \geqslant)\ b_1 \\ & a_{21}x_1 + a_{22}x_2 + \cdots + a_{2n}x_n \leqslant (=, \geqslant)\ b_2 \\ & \qquad\qquad \vdots \\ & a_{m1}x_1 + a_{m2}x_2 + \cdots + a_{mn}x_n \leqslant (=, \geqslant)\ b_m \end{aligned} \tag{2.2}$$

$$x_1,\ x_2,\ \cdots,\ x_n \geqslant 0 \tag{2.3}$$

其中，z 称为目标函数，(2.2)、(2.3) 称为约束条件；(2.3) 也称为变量的非负约束条件。对于所有求解线性规划的软件，条件 (2.3) 几乎都是默认的。

若向量 $X = (x_1, x_2, \cdots, x_n)^{\mathrm{T}}$ 满足所有的约束条件，则称其为可行解，而使目标函数达到最大值（或最小值）的可行解称为最优解。最优解的目标函数值称为最优值。

在结束这一小节之前，有必要说一下线性规划问题隐含的假设，这就是比例性、可加性、可分性和确定性假设。

(1) 比例性假设：每个决策变量的变化所引起目标函数的改变量及约束条件左端的改变量与该变量的改变量成正比例。

(2) 可加性假设：每个决策变量对目标函数和约束条件的贡献是独立于其他变量的。总贡献是每个决策变量单独贡献之和。

(3) 可分性假设：每个决策变量都允许取分数值。换言之，决策变量允许为非整数值。

（4）确定性假设：每个参数（c_j，a_{ij}，b_i）都是确定性已知的。在线性规划问题中不涉及随机因素。

在现实生活中，完全满足这些条件的问题是很有限的。但若问题近似满足这些条件，仍然可使用线性规划进行求解和分析。否则，可考虑使用其他方法，如非线性规划、整数规划、参数规划或随机性分析方法等。

2.1.2 线性规划的图解法

简单的线性规划问题可用图解法求解。图解法虽然实际应用意义不大，但简单直观，有助于初学者了解线性规划问题的几何意义及求解基本原理。现用图解法求解例 1。由于例 1 只有两个变量，我们可以在平面直角坐标系中描述该问题（如图 2－1 所示）。

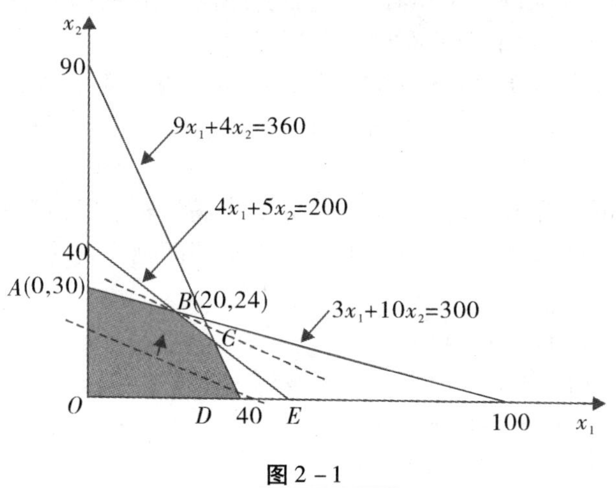

图 2－1

首先，变量非负条件 x_1，$x_2 \geqslant 0$ 是指第一象限。每个不等式约束都代表一个半平面，例如，第一个约束表示以直线 $9x_1+4x_2=360$ 为边界的左下方的半平面。同时满足所有约束条件的点必然落在由三个半平面与第一象限相交的区域内，即图 2－1 的阴影部分。阴影区域中的每一个点（包括边界点）都是例 1 线性规划问题的可行解，因而此区域是可行解的集合，称它为可行域。

目标函数 $z=70x_1+120x_2$ 在坐标平面上表示以 z 为参数的一族平行线，其法向量是任一与向量（70，120）平行且同向的向量。任选一个 z，便可得到一条直线，该线上所有可行点都有相同的目标函数值，因此被称为等值线。让等值线沿其法线方向平行移动，目标函数值将逐渐增加，当移到 B 点后，再向外移就会脱离可行域，因此，z 值最大的等值线与可行域的公共点 B 便是最优解。它是两条直线 $4x_1+5x_2=200$ 与 $3x_1+10x_2=300$ 的交点，其坐标为（20，24），于是可计算出相应的 $z=70\times20+120\times24=4\ 280$。

上例求出的最优解是唯一的，但对一般线性规划问题，求解还可能出现以下几种情况。

（1）无穷多个最优解。若将例 1 中的目标函数改为求 $\max z=70x_1+87.5x_2$，则等值线

族与可行域的边界线 $4x_1+5x_2=200$ 平行（如图 2-2 所示）。易见，线段 BC 上任意一点都使 z 取得相同的最大值，所以这线性规划有无穷多个最优解。

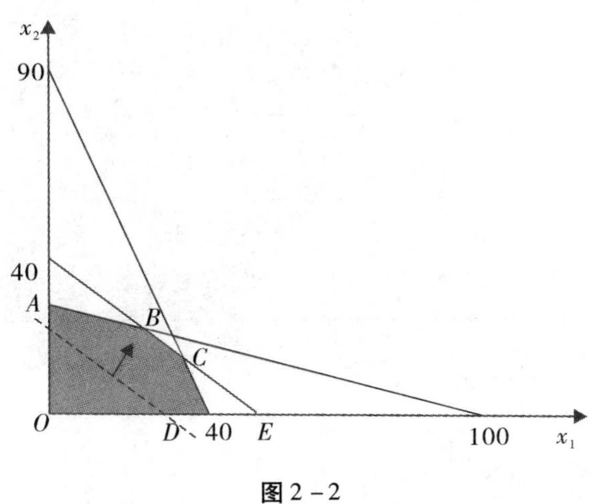

图 2-2

（2）无界解。

对下述线性规划问题

$$
\begin{aligned}
\max\ z &= x_1 + x_2 \\
\text{s. t.}\quad & -x_1 + x_2 \leqslant 2 \\
& 3x_1 + 2x_2 \geqslant 6 \\
& x_1,\ x_2 \geqslant 0
\end{aligned}
$$

用图解法的求解结果如图 2-3，从图中可以看到，在可行域中，目标函数值可以趋向于正无穷大，因此，该问题有可行解但没有最优解。这种情况称为问题具有无界解或问题无界。

（3）无可行解。如果在例 1 的数学模型中增加一个约束条件 $x_1+x_2\geqslant 60$，所得到的新问题的可行域为空集，即无可行解，当然不存在最优解。

当求解结果出现（2）、（3）两种情况时，一般说明建立的线性规划模型有缺陷或错误，尤其是后者有相互矛盾的约束条件，应对模型进行修改。

从以上的例子，我们可以直观地看到二维线性规划的两个几何特征：

（1）若可行域非空，它是一个凸集［通俗地讲，如果一个集合 S 中任意两个点之间的连线都在 S 中，则称 S 是凸集。例如，图 2-4 中的（a）和（b）是凸集，而（c）和（d）不是凸集］。

（2）若线性规划存在最优解，它一定可在可行域的某个顶点（极点）得到（直观地说，凸集的极点不是凸集中任一线段的内点）。

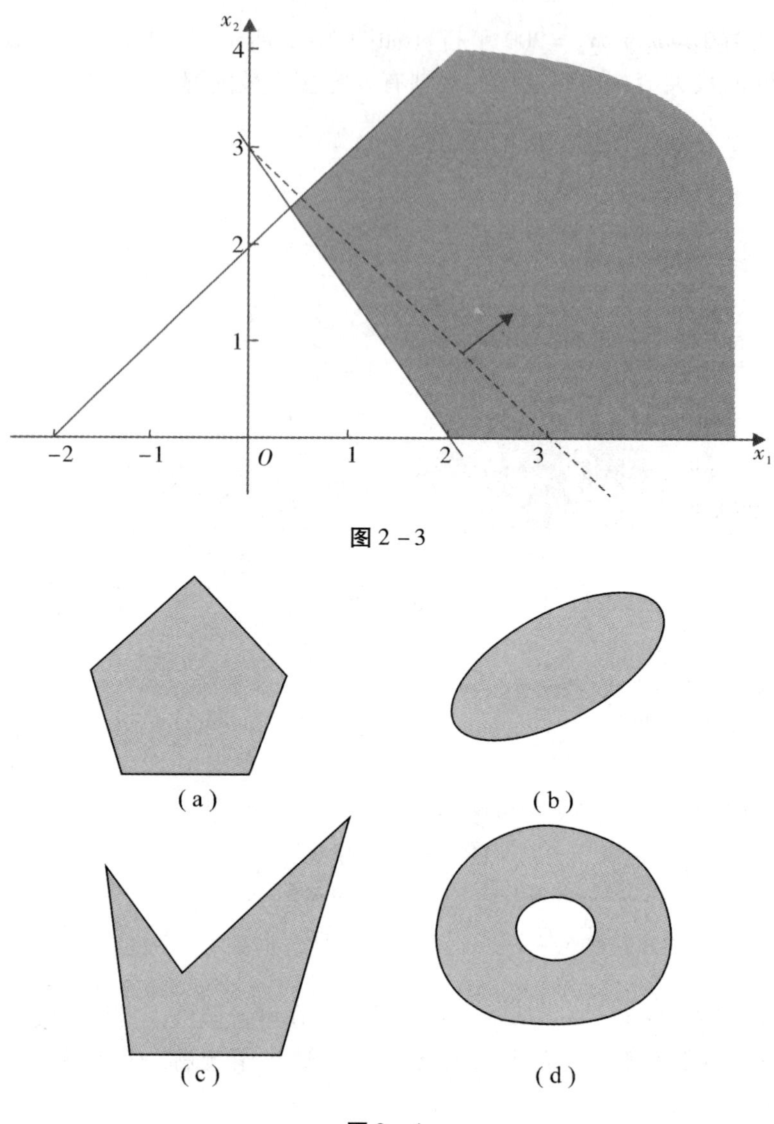

图 2－3

图 2－4

以后将指出，高维的线性规划也有这两个特征。读者不妨想象一下三维线性规划可行域的形状以及最优解在可行域中的位置。

对于变量数多于三个的线性规划问题，图解法就无能为力了。所以下一节将介绍一种有效的代数法——单纯形法。为了便于讨论，我们先规定线性规划的标准形式。

2.1.3 线性规划的标准型

由上面的例子可知，线性规划问题的具体形式往往很不一致。目标函数可以是求 max，也可以是求 min；约束类型可以是"≥""≤"或"="；决策变量一般有非负限制，但也允许非正或无限制。为了便于统一处理，有必要规定线性规划的标准形式

（SLP），本书使用的标准型为：

$$
(\text{SLP})\quad
\begin{aligned}
&\max z = c_1x_1 + c_2x_2 + \cdots + c_nx_n \\
&\text{s. t.}\quad a_{11}x_1 + a_{12}x_2 + \cdots + a_{1n}x_n = b_1 \\
&\qquad\ \ a_{21}x_1 + a_{22}x_2 + \cdots + a_{2n}x_n = b_2 \\
&\qquad\qquad\qquad \vdots \\
&\qquad\ \ a_{m1}x_1 + a_{m2}x_2 + \cdots + a_{mn}x_n = b_m \\
&\qquad\ \ x_1,\ x_2,\ \cdots,\ x_n \geqslant 0
\end{aligned}
$$

并规定各约束条件的右端项 $b_i \geqslant 0$，否则，可在等式两端乘以“-1”。

这样，（SLP）的约束条件由约束方程组和变量非负条件两部分组成。

（SLP）可简写为

$$\max z = \sum_{j=1}^{n} c_j x_j \tag{2.4}$$

$$\text{s. t.}\quad \sum_{j=1}^{n} a_{ij} x_j = b_i,\ i = 1,\ \cdots,\ m \tag{2.5}$$

$$x_j \geqslant 0,\ j = 1,\ \cdots,\ n \tag{2.6}$$

引入下面的记号：

$X = (x_1,\ x_2,\ \cdots,\ x_n)^{\mathrm{T}}$，$C = (c_1,\ c_2,\ \cdots,\ c_n)$，$b = (b_1,\ b_2,\ \cdots,\ b_m)^{\mathrm{T}}$

$A = (a_{ij})_{m \times n}$（$m \times n$ 阶矩阵），$P_j = (a_{1j},\ a_{2j},\ \cdots,\ a_{nj})^{\mathrm{T}}$（矩阵 A 的第 j 列）

则（SLP）还可表述成以下两种形式。

用矩阵描述：

$$
\begin{aligned}
&\max z = CX \\
&\text{s. t.}\quad AX = b \\
&\qquad\quad X \geqslant 0
\end{aligned}
$$

用向量描述：

$$
\begin{aligned}
&\max z = CX \\
&\text{s. t.}\quad \sum_{j=1}^{n} P_j x_j = b \\
&\qquad\quad x_j \geqslant 0,\ j = 1,\ \cdots,\ n
\end{aligned}
$$

一般称 C 为价值向量，b 为资源向量，A 为技术系数矩阵。

实际上，各种线性规划模型都需要转化成标准型后求解。下面介绍各种转化方法。

（1）最小化问题的转化。求 $\min z$ 等价于求 $\max(-z)$，因此，只需改变目标函数的符号就可以实现最大化和最小化之间的转换。

（2）不等式约束的处理。不等式约束可以通过引入松弛变量或剩余变量转化为等式约束，具体为：

$$\sum_{j=1}^{n} a_{ij}x_j \leqslant b_i \text{ 等价于} \sum_{j=1}^{n} a_{ij}x_j + x_s = b_i,\ x_s \geqslant 0$$

其中 x_s 称为松弛变量。

$$\sum_{j=1}^{n} a_{ij}x_j \geqslant b_i \text{ 等价于} \sum_{j=1}^{n} a_{ij}x_j - x_s = b_i,\ x_s \geqslant 0$$

其中 x_s 称为剩余变量。

(3) 非正变量与符号无限制变量的处理。

若 $x_k \leqslant 0$，令 $x'_k = -x_k$，则新变量 x'_k 为非负变量。

若 x_k 为符号无限制变量（称为自由变量），可令 $x_k = x'_k - x''_k$，其中 x'_k，$x''_k \geqslant 0$，即以两个非负变量之差来代替自由变量。

从以上讨论可见，任何形式的线性规划都可转化为标准型，下面举例说明。

例 4　把例 1 的线性规划模型转化为标准型。

例 1 的线性规划模型如下：

$$\begin{aligned}
&\max z = 70x_1 + 120x_2 \\
&\text{s. t.} \quad 9x_1 + 4x_2 \leqslant 360 \\
&\qquad\quad 4x_1 + 5x_2 \leqslant 200 \\
&\qquad\quad 3x_1 + 10x_2 \leqslant 300 \\
&\qquad\quad x_1,\ x_2 \geqslant 0
\end{aligned}$$

只需引入松弛变量 x_3，x_4，x_5 即可转化为标准型：

$$\begin{aligned}
&\max z = 70x_1 + 120x_2 + 0x_3 + 0x_4 + 0x_5 \\
&\text{s. t.} \quad 9x_1 + 4x_2 + x_3 = 360 \\
&\qquad\quad 4x_1 + 5x_2 + x_4 = 200 \\
&\qquad\quad 3x_1 + 10x_2 + x_5 = 300 \\
&\qquad\quad x_1,\ x_2,\ x_3,\ x_4,\ x_5 \geqslant 0
\end{aligned}$$

例 5　将下面的线性规划问题转化为标准型。

$$\begin{aligned}
&\min z = x_1 + 2x_2 - 3x_3 \\
&\text{s. t.} \quad x_1 + x_2 + x_3 \leqslant 9
\end{aligned}$$

$$-x_1-2x_2+x_3\geqslant 2$$
$$3x_1+x_2-3x_3=5$$
$$x_1\leqslant 0,\ x_2\geqslant 0,\ x_3\ \text{符号无限制}$$

解：步骤如下：

（1）令 $x_1=-x'_1$，$x_3=x_4-x_5$，其中 x_4，$x_5\geqslant 0$；

（2）在第一个约束不等式"≤"号的左端加入松弛变量 x_6，在第二个约束不等式"≥"号的左端减去剩余变量 x_7；

（3）令 $z'=-z$，把求 $\min z$ 改为求 $\max z'$，于是便可以得到该问题的标准型：

$$\begin{aligned}
\max z' = &\quad x'_1-2x_2+3x_4-3x_5\\
\text{s.t.}\quad & -x'_1+x_2+x_4-x_5+x_6=9\\
& x'_1-2x_2+x_4-x_5-x_7=2\\
& -3x'_1+x_2-3x_4+3x_5=5\\
& x'_1,\ x_2,\ x_4,\ x_5,\ x_6,\ x_7\geqslant 0
\end{aligned}$$

上述标准型有三个约束方程、六个非负变量。若我们一开始就从原问题的等式约束 $3x_1+x_2-3x_3=5$ 解出自由变量 x_3，代入目标函数与其他约束条件，然后再进行其他变换，将得到只有两个约束方程、四个非负变量的标准型。这样做可减小问题的规模。

由于任何形式的线性规划都能转化为（SLP），以下我们将以（SLP）为主要研究对象。

2.1.4 高斯迭代

例 1 的标准型（SLP）为：

$$\text{obj}:\ \max z=70x_1+120x_2+0x_3+0x_4+0x_5$$

$$\text{s.t.}\begin{cases}9x_1+4x_2+x_3=360\\4x_1+5x_2+x_4=200\\3x_1+10x_2+x_5=300\\x_i\geqslant 0,\ i=1,2,3,4,5\end{cases}\qquad ①$$

此时，技术系数矩阵和资源向量矩阵构成的增广矩阵为：

$$\begin{bmatrix}9&4&1&0&0&360\\4&5&0&1&0&200\\3&10&0&0&1&300\end{bmatrix}$$

将 x_1,x_2 移到右边，左边保留 x_3,x_4,x_5，则约束条件①变为：

$$\begin{cases} x_3 = 360 - 9x_1 - 4x_2 \\ x_4 = 200 - 4x_1 - 5x_2 \\ x_5 = 300 - 3x_1 - 10x_2 \end{cases} \quad ②$$

令 $x_1 = x_2 = 0$，则 $x_3 = 360$，$x_4 = 200$，$x_5 = 300$，得到第一个可行解：

$$X^{(0)} = (0,0,360,200,300)$$
$$z^{(0)} = 70x_1 + 120x_2 = 0$$

在目标函数中，因为 x_1, x_2 的系数为正，即 $\sigma_1 = 70, \sigma_2 = 120$，且 $\sigma_2 > \sigma_1$，将 x_2 换到左边可以改善目标函数的值，此时 x_1 仍然保留在右边，即 $x_1 = 0$。

对应条件②，要保持 $x_3, x_4, x_5 \geqslant 0$，则对应的 $x_2 \leqslant \frac{360}{4} = 90$；$x_2 \leqslant \frac{200}{5} = 40$；$x_2 \leqslant \frac{300}{10} = 30$，即 $\theta = \min\{90,40,30\} = 30$，该结果意味着 $\theta = 30$ 对应的 x_5 趋于零的速度比 x_3、x_4 快。因此，将 x_5 换到右边。

左边的变量为 x_2，x_3，x_4，右边的变量为 x_1，x_5，则约束条件①变为：

$$\begin{cases} 4x_2 + x_3 = 360 - 9x_1 \\ 5x_2 + x_4 = 200 - 4x_1 \\ 10x_2 = 300 - 3x_1 - x_5 \end{cases} \quad ③$$

对③进行行变换，得到

$$\begin{cases} x_3 = 240 - 7.8x_1 + 0.4x_5 \\ x_4 = 50 - 2.5x_1 + 0.5x_5 \\ x_2 = 30 - 0.3x_1 - 0.1x_5 \end{cases} \quad ④$$

此时，增广矩阵为：

$$\begin{bmatrix} 7.8 & 0 & 1 & 0 & -0.4 & 240 \\ 2.5 & 0 & 0 & 1 & -0.5 & 50 \\ 0.3 & 1 & 0 & 0 & 0.1 & 30 \end{bmatrix}$$

令 $x_1 = x_5 = 0$，则 $x_3 = 240$，$x_4 = 50$，$x_2 = 30$，得到第二个可行解：

$$X^{(1)} = (0,30,240,50,0)$$
$$z^{(1)} = 70x_1 + 120x_2 = 360 + 34x_1 - 12x_5 = 360$$

同样，在目标函数中，虽然 x_5 的系数为负，但是 x_1 的系数为正，即 $\sigma_1 = 34, \sigma_5 = -12$，将 x_1 换到左边可以改善目标函数的值，此时 x_5 仍然保留在右边，即 $x_5 = 0$。

对应条件④，要保持 $x_3, x_4, x_2 \geqslant 0$，则对应的 $x_1 \leqslant \frac{240}{7.8} \approx 30.77$；$x_1 \leqslant \frac{50}{2.5} = 20$；$x_1 \leqslant \frac{30}{0.3} = 100$，即 $\theta = \min\{30.77, 20, 100\} = 20$，该结果意味着 $\theta = 20$ 对应的 x_4 趋于零的速度比 x_3、x_2 快。因此，将 x_4 换到右边。

左边的变量为 x_1，x_2，x_3，右边的变量为 x_4，x_5，则约束条件①变为：

$$\begin{cases} 9x_1 + 4x_2 + x_3 = 360 \\ 4x_1 + 5x_2 = 200 - x_4 \\ 3x_1 + 10x_2 = 300 - x_5 \end{cases} \qquad ⑤$$

对⑤进行行变换，得到

$$\begin{cases} x_3 = 84 + 3.12x_4 - 1.16x_5 \\ x_1 = 20 - 0.4x_4 + 0.2x_5 \\ x_2 = 24 + 0.12x_4 - 0.16x_5 \end{cases}$$

此时，增广矩阵为：

$$\begin{bmatrix} 0 & 0 & 1 & -3.12 & 1.16 & 84 \\ 1 & 0 & 0 & 0.4 & -0.2 & 20 \\ 0 & 1 & 0 & -0.12 & 0.16 & 24 \end{bmatrix}$$

令 $x_4 = x_5 = 0$，则 $x_3 = 84$，$x_1 = 20$，$x_2 = 24$，得到第三个可行解：

$$X^{(2)} = (20, 24, 84, 0, 0)$$
$$z^{(2)} = 70x_1 + 120x_2 = 4\,280 - 13.6x_4 - 5.2x_5 = 4\,280$$

在目标函数中，x_4，x_5 的系数为负，即 $\sigma_4 = -13.6 < 0, \sigma_5 = -5.2 < 0$，目标函数的值再也没有改善的空间了，所得到的目标函数值 4 280 为最优目标函数值。

2.1.5 基可行解

考虑线性规划的标准型：

$$
(\text{SLP})\quad \begin{aligned} &\max\ z = \sum_{j=1}^{n} c_j x_j && (2.4)\\ &\text{s.t.}\quad \sum_{j=1}^{n} a_{ij} x_j = b_i,\ i = 1,\ \cdots,\ m && (2.5)\\ &\qquad\quad x_j \geqslant 0,\ j = 1,\ \cdots,\ n && (2.6) \end{aligned}
$$

我们假设：约束方程组的系数矩阵 A 的秩为 m（rank $A = m$），且 $m < n$。熟悉线性代数的读者不难看出，这个假设条件是非本质的。

对于（SLP）问题，同样有可行解、最优解等概念。由于它的特定结构，我们只需研究一些特殊解。下面讨论基和基可行解的概念。

基 若 B 是矩阵 A 中的 $m \times m$ 阶非奇异子矩阵（即 B 的行列式 $|B| \neq 0$），则称 B 是（SLP）的一个基。这就是说，基 B 是由 A 中的 m 个线性无关的列向量组成的。

不失一般性，我们可以假定 B 是由 A 的前 m 列组成，即

$$B = (P_1,\ P_2,\ \cdots,\ P_m)$$

称与基相对应的变量 x_1，…，x_m 为基变量，用 X_B 表示。余下的变量称为非基变量。

在方程组（2.5）中，令所有非基变量 x_{m+1}，x_{m+2}，…，x_n 取零值，则可以解出基变量 x_1，…，x_m，称 $X = (x_1,\ \cdots,\ x_m,\ \underbrace{0,\cdots,0}_{n-m\text{个}})^{\mathrm{T}}$ 为基解。

基解不一定取非负值，因此不一定是可行解。我们引入基可行解的概念。

基可行解 满足非负条件（2.6）的基解称为基可行解（basic feasible solution，简记为 bfs）。相应的基称为可行基。

若某基可行解存在取零值的基变量，则称它为退化的基可行解；否则，称为非退化的基可行解。

由基解定义可以看出，基解数目最多是 C_n^m 个，而基可行解的个数又不会超过基解的个数，因此，基可行解的个数是有限的。

例 6 写出下列标准线性规划的可行解、基解、基可行解。

$$
\begin{aligned} &\max\ z = 70x_1 + 120x_2\\ &\text{s.t.}\quad \begin{cases} 9x_1 + 4x_2 + x_3 = 360\\ 4x_1 + 5x_2 + x_4 = 200\\ 3x_1 + 10x_2 + x_5 = 300\\ x_1,\ \cdots,\ x_5 \geqslant 0 \end{cases} \end{aligned}
$$

解：很显然 $X = (0,\ 0,\ 0,\ 0,\ 0)$ 为规划问题的可行解，这里 $m = 3$，$n = 5$。约束方程组的系数矩阵为：

$$A=\begin{bmatrix}9 & 4 & 1 & 0 & 0\\ 4 & 5 & 0 & 1 & 0\\ 3 & 10 & 0 & 0 & 1\end{bmatrix}=(P_1, P_2, P_3, P_4, P_5)$$

易见 $(P_3, P_4, P_5)=\begin{bmatrix}1 & 0 & 0\\ 0 & 1 & 0\\ 0 & 0 & 1\end{bmatrix}$为一个基。令非基变量 x_1，$x_2=0$，由方程组可解出 $x_3=360$，$x_4=200$，$x_5=300$，因此得到基解 $X^{(0)}=(0, 0, 360, 200, 300)^{\mathrm{T}}$，也是基可行解。

另外，(P_2, P_4, P_5) 也是一个基。令非基变量 x_1，x_3 取零值，可得到相应的基解 $X^{(1)}=(0, 90, 0, -250, -600)^{\mathrm{T}}$，但不是基可行解。

又 (P_2, P_3, P_4) 也是一个基，相应的基解 $X^{(2)}=(0, 30, 240, 50, 0)^{\mathrm{T}}$ 也是基可行解。

上面求出的两个基可行解 $X^{(0)}$ 和 $X^{(2)}$ 都是非退化的。

读者不难发现例 6 的基可行解与图 2－1 中可行域的各个顶点相对应，具体 $X^{(0)}$ 对应于 O 点，$X^{(2)}$ 对应于 A 点……这正是基可行解的几何意义。

在 2.1.2 节中通过对二维线性规划的讨论，得到了线性规划的一些重要的直观几何特征。这些特征对于高维线性规划问题仍然是正确的。由于篇幅所限，这里不详细讨论了，有兴趣的读者可参阅有关书目。下面只列出主要的结论：

（1）（SLP）的基可行解对应于其可行域的顶点（极点）。

（2）若（SLP）有最优解，则必有最优基可行解。

根据以上结论，为求解（SLP），我们可以把注意力放在数量有限的基可行解上，并设计一种迭代方法，从一个基可行解转移到另一个“更好”的基可行解（这里“更好”的意义是目标函数值得到改善），直至找到最优基可行解或者获得无最优解的信息为止。这个方法就是我们接下来要介绍的单纯形法。

2.2 单纯形法

单纯形法是 Dantzig 于 1947 年提出的，七十年来，它一直是求解线性规划最有效的方法之一。该算法的单纯形表可以把 2.1.4 的高斯迭代算法的所有信息表达出来，本节讨论单纯形法的基本算法。

考虑标准形式的线性规划：

$$\max z=\sum_{j=1}^{n}c_jx_j \tag{2.4}$$

$$\text{(SLP)}\qquad \text{s.t.}\quad \sum_{j=1}^{n}a_{ij}x_j=b_i,\ i=1, \cdots, m \tag{2.5}$$

$$x_j \geqslant 0, \; j=1, \; \cdots, \; n \tag{2.6}$$

假设已找到（SLP）的一个可行基 B，不妨设 B 是由矩阵 A 的前 m 列组成，即 $B=(P_1, P_2, \cdots, P_m)$。这时，可把（SLP）的约束方程组（2.5）等价变换（两边左乘 B^{-1}）为如下的形式：

$$\begin{aligned} x_1 \quad &+ a'_{1m+1}x_{m+1} + \cdots + a'_{1n}x_n = b'_1 \\ x_2 \quad &+ a'_{2m+1}x_{m+1} + \cdots + a'_{2n}x_n = b'_2 \\ &\vdots \\ x_m &+ a'_{mm+1}x_{m+1} + \cdots + a'_{mn}x_n = b'_m \end{aligned} \tag{2.7}$$

其中 $b'_1, b'_2, \cdots, b'_m \geqslant 0$（这里我们用 a'_{ij}，b'_i 表示约束方程组在迭代过程中变化的系数，以区别于初始数据 a_{ij} 和 b_i）。

（2.7）式的系数矩阵含有一个 m 阶单位阵，且右端项非负，我们称它为约束方程组关于可行基 B 的典式。在典式（2.7）中令非基变量 $x_{m+1}=x_{m+2}=\cdots=x_n=0$，便可得到基可行解 $X^{(0)}=(b'_1, b'_2, \cdots, b'_m, \underbrace{0, \cdots, 0}_{n-m个})^{\mathrm{T}}$，其相应的目标值 $z_0=\sum\limits_{i=1}^{m}c_i b'_i$。

2.2.1 最优性的检验

由（2.7）式可得
$$x_i = b'_i - \sum_{j=m+1}^{n} a'_{ij}x_j, \; i=1, \; \cdots, \; m \tag{2.8}$$

将（2.8）式代入目标函数（2.4）式，整理后得

$$z=\sum_{i=1}^{m}c_i b'_i + \sum_{j=m+1}^{n}\left(c_j - \sum_{i=1}^{m}c_i a'_{ij}\right)x_j \tag{2.9}$$

记
$$z_j = \sum_{i=1}^{m}c_i a'_{ij}, \; j=m+1, \; \cdots, \; n$$

则
$$z = z_0 + \sum_{j=m+1}^{n}(c_j - z_j)x_j \tag{2.10}$$

再记
$$\sigma_j = c_j - z_j \tag{2.11}$$

于是有
$$z = z_0 + \sum_{j=m+1}^{n}\sigma_j x_j \tag{2.12}$$

对于任意可行解 X，其分量 $x_j \geqslant 0$，因此，若所有 $\sigma_j \leqslant 0$，$j=m+1, \cdots, n$，由（2.12）式可见 X 的目标函数值 $z \leqslant z_0$。

最优解判别准则 若所有非基变量的 $\sigma_j \leqslant 0$，则 $X^{(0)}$ 为最优基可行解。这时，称 $X^{(0)}$ 相应的基为最优基。

我们称 σ_j 为检验数。注意（2.11）式中的 z_j 等于两个 m 维向量 C_B 与 P'_j 的内积（两

向量相应分量乘积之和)，其中 C_B 的分量是基变量在目标函数中的系数，而 P'_j 是典式(2.7) 中系数矩阵的第 j 列。因此，也可以计算基变量的检验数，易见所有基变量的检验数都等于零。

注：上述判别准则只是最优性的充分条件而非必要条件。然而，若假设 $X^{(0)}$ 非退化，则该准则也是必要的。

2.2.2 无界解与基变换

若最优性条件不满足，即存在某非基 $\sigma_k > 0$。由（2.12）式可见，若令 x_k 增加（对于 $X^{(0)}$ 有 $x_k = 0$)，而其他非基 x_j 保持取零值，可使目标函数 z 的值增加。设 x_k 由 0 增加到 $\theta > 0$，其他非基 $x_j = 0$，这时由（2.8）式有

$$x_i = b'_i - \theta a'_{ik},\ i = 1,\ \cdots,\ m \tag{2.13}$$

记所得到的解为 $X(\theta)$，显然，若 $X(\theta)$ 满足非负性条件，则 $X(\theta)$ 便是可行解。$X(\theta)$ 的目标函数值为：

$$z = z_0 + \theta\sigma_k > z_0 \tag{2.14}$$

且 θ 越大，z 越大。

我们分两种情形讨论。

情形 1：x_k 相应的列 $P'_k = \begin{bmatrix} a'_{1k} \\ a'_{2k} \\ \vdots \\ a'_{mk} \end{bmatrix} \leqslant 0$，这时，由（2.13）式不难看出，对于任意 $\theta > 0$，$X(\theta)$ 都是可行解。当 $\theta \to +\infty$，有 $z = z_0 + \theta\sigma_k \to +\infty$，因此，(SLP) 具有无界解。

情形 2：x_k 相应的列 $P'_k = \begin{bmatrix} a'_{1k} \\ a'_{2k} \\ \vdots \\ a'_{mk} \end{bmatrix}$ 有正分量。为了保证 $X(\theta)$ 的非负性，由（2.13）式可见，x_k 的最大增值应为：

$$\theta = \min_i \left\{ \frac{b'_i}{a'_{ik}} \middle| a'_{ik} > 0 \right\} = \frac{b'_l}{a'_{lk}} \tag{2.15}$$

上式的含义是：对所有 $a'_{ik} > 0$ 计算比值 $\frac{b'_i}{a'_{ik}}$，然后取其中最小者为 θ，并假定比值的最小者在某个基中的指标 l 中达到。我们称它为 θ 规则，或最小比值规则。

令 x_k 入基，x_l 出基（在线性代数中已知道 $a'_{lk} \neq 0$，这点一定能够做到）。变换方程组以得到新基可行解及其典式，由（2.14）式可见新目标函数值 $z \geqslant z_0$（当 $\theta > 0$ 时严格不等式成立）。

需要说明的是：

（1）变换方程组的具体做法是使用初等行变换把典式方程组中 x_k 对应的列 $P'_k =$

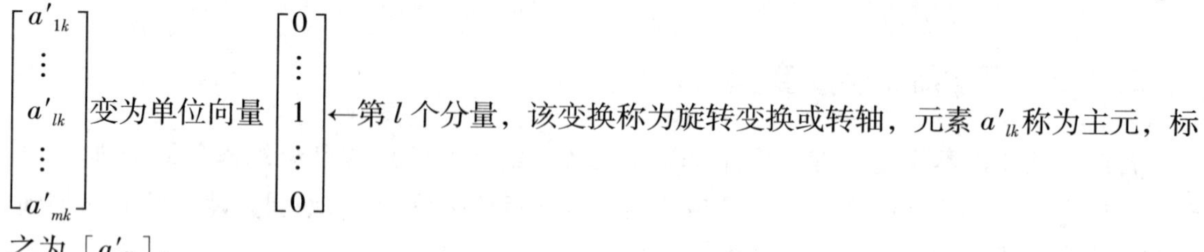

$\begin{bmatrix} a'_{1k} \\ \vdots \\ a'_{lk} \\ \vdots \\ a'_{mk} \end{bmatrix}$ 变为单位向量 $\begin{bmatrix} 0 \\ \vdots \\ 1 \\ \vdots \\ 0 \end{bmatrix}$ ←第 l 个分量，该变换称为旋转变换或转轴，元素 a'_{lk} 称为主元，标之为 $[a'_{lk}]$。

（2）若基可行解 $X^{(0)}$ 非退化，则 θ 一定大于零，故新目标值 $z > z_0$。

2.2.3 单纯形法计算步骤

为了用更简洁、紧凑的方式描述单纯形法的计算步骤，人们专门设计了一种计算表格，称为单纯形表，它是由典式（2.7）和（2.12）式的系数组成的。表 2－3 是例 4 的初始单纯形表。

表 2－3

$c_j \to$			70	120	0	0	0	θ_i
C_B	X_B	b'	x_1	x_2	x_3	x_4	x_5	
0	x_3	360	9	4	1	0	0	$\frac{360}{4}=90$
0	x_4	200	4	5	0	1	0	$\frac{200}{5}=40$
0	x_5	300	3	[10]	0	0	1	$\frac{300}{10}=$ [30]
		0	70	[120]	0	0	0	

单纯形表的第一行是目标函数系数。第二行是表头，其中 C_B、X_B 分别代表基变量的目标函数系数和基变量。b'表示典式的右端项，也是基变量的当前值。第三行起（除最后一行）的主要部分是典式的方程组系数和右端项。最后一行是目标函数值（等于 C_B 列与 b'的内积，写在 b'列的格中）和各变量的检验数，x_j 列的检验数可用它“头顶上的”目标函数系数减去 C_B 列与该列的内积。在任何时候，基变量的检验数一定等于零，因此只需计算非基变量的检验数。最右一列用来确定出基变量，它是用入基列向量的各正元素去除 b'列的对应元素而得到的。

下面给出单纯形法的计算步骤：

(1) 将问题化为标准型，确定初始 bfs，建立初始单纯形表。

(2) 若各检验数 $\sigma_j \leqslant 0$，则已得到最优解，可停止计算；否则进入步骤 (3)。

(3) 若存在某 $\sigma_k > 0$ 且相应的列 $P'_k \leqslant 0$，则问题无界，停止计算；否则进入步骤 (4)。

(4) 选取某 $\sigma_k > 0$，确定 x_k 为入基变量，相应的列为主元列。

计算 θ 以确定出基变量 x_l，相应的行为主元行。主元列与主元行的交 a'_{lk} 为主元。进入步骤 (5)。

(5) 进行旋转变换，把 x_k 所对应的列变换为单位列向量（主元 a'_{lk} 变为 1）。旋转变换的具体运算如下：

① 把主元行除以主元得新表最先行（新表 x_k 所在行）。

② 对于 $i \neq l$，则

$$\text{新表第 } i \text{ 行} = \text{旧表第 } i \text{ 行} - a'_{ik} \times \text{新表最先行}$$

其中 a'_{ik} 是旧表第 i 行与主元列的交。

将 X_B 列中的 x_l 换为 x_k，得到新的单纯形表。转回步骤 (2)。

第 (2) 步到第 (5) 步叫作单纯形法的迭代。每迭代一步都得到一个新的单纯形表。

现从表 2-3 来说明上述计算步骤。

由于 $\sigma_2 = 120 > 0$，标记为 [120]，故令 x_2 为入基变量，用 x_2 列的正元素去除 b' 列的对应元素，并求其中的最小者，可得 $\theta = \min\left\{\frac{360}{4}, \frac{200}{5}, \frac{300}{10}\right\} = \frac{300}{10} = 30$，它所在行对应的 x_5 为出基变量。

对 [120] 所在列和 [30] 所在行的位置以 10 为主元进行旋转运算，即作初等行变换，使 x_2 对应的列 $\begin{bmatrix} 4 \\ 5 \\ 10 \end{bmatrix}$ 变换成 $\begin{bmatrix} 0 \\ 0 \\ 1 \end{bmatrix}$，将 X_B 列中的 x_5 换为 x_2，后续完整的算法过程如表 2-4所示。

表 2-4 的最终表中所有检验数都已为负或零，于是得到最优解 $X^* = (20, 24, 84, 0, 0)^{\mathrm{T}}$，最优值 $z^* = 4\,280$。这与图解法的结果是一致的。而且读者不难看出，表 2-4 的初始表对应于图 2-1 的顶点 O，第二个表对应于顶点 A，而最终表对应于顶点 B。所以，单纯形法迭代的几何意义就是从可行域的一个顶点转移到另一个相邻的“更好”的顶点。

两点注意：

注意 1　对于求 min 的线性规划，可以使用下面三种方法之一进行处理。

(1) 把求 min 问题转化为求 max 问题。

(2) 把最优解判别准则改为所有非基变量的检验数 $\sigma_j = c_j - z_j \geqslant 0$。入基变量是检验数小于零的那个变量，确定出基变量的方法与求 max 问题相同。

(3) 单纯形表中的检验数不是 $c_j - z_j$，而是 $z_j - c_j$。最优解的检验及确定入基变量与出基变量的方法和求 max 问题所述相同。

注意 2　若仔细分析单纯形法的迭代原理，我们可以发现，对应于每个可行基的单纯形表中的全部数据都可以通过矩阵运算直接从原问题的初始数据得到。

表 2－4

$c_j\to$			70	120	0	0	0	θ_i
C_B	X_B	b'	x_1	x_2	x_3	x_4	x_5	
0	x_3	360	9	4	1	0	0	$\frac{360}{4}=90$
0	x_4	200	4	5	0	1	0	$\frac{200}{5}=40$
0	x_5	300	3	10	0	0	1	$\frac{300}{10}=$ [30]
		0	70	[120]	0	0	0	
0	x_3	240	7.8	0	1	0	−0.4	30.76
0	x_4	50	2.5	0	0	1	−0.5	[20]
120	x_2	30	0.3	1	0	0	0.1	100
		3 600	[34]	0	0	0	−12	
0	x_3	84	0	0	1	−3.12	1.16	
70	x_1	20	1	0	0	0.4	−0.2	
120	x_2	24	0	1	0	−0.12	0.16	
		4 280	0	0	0	−13.6	−5.2	

表 2－4 的第三个表对应的可行基（也是最优基）是：

$$B=(P_3,\ P_1,\ P_2)=\begin{bmatrix}1 & 9 & 4\\0 & 4 & 5\\0 & 3 & 10\end{bmatrix}$$

注意 B 的数据是初始数据。记 B 的逆阵为 B^{-1}，则

$$B^{-1}=\begin{bmatrix}1 & -3.12 & 1.16\\0 & 0.40 & -0.20\\0 & -0.12 & 0.16\end{bmatrix}$$

由单纯形表的变换原理不难看出表 2－4 中第三个表的 b' 列和各 P'_j 列满足

$$b'=B^{-1}b \tag{2.16}$$

$$P'_j = B^{-1}P_j,\ j=1,\ \cdots,\ n \tag{2.17}$$

其中 b 和 P_j 都是初始数据。而

$$\sigma_j = C_j - C_B \cdot P'_j = C_j - C_B B^{-1} P_j \tag{2.18}$$

（2. 16）式的具体数值计算为：

$$\begin{bmatrix} 84 \\ 20 \\ 24 \end{bmatrix} = \begin{bmatrix} 1 & -3.12 & 1.16 \\ 0 & 0.40 & -0.20 \\ 0 & -0.12 & 0.16 \end{bmatrix} \begin{bmatrix} 360 \\ 200 \\ 300 \end{bmatrix}$$

建议读者自行验算其他式子。

2.3 单纯形法的进一步探讨

2.3.1 人工变量法

迄今为止，当使用单纯形法解（SLP）时，我们总假定约束方程组已成为典式，这样能轻易找到一个初始基可行解并建立初始单纯形表。但一般来说，许多线性规划问题化为标准型后，其约束方程组的系数矩阵不一定含有 m 阶单位矩阵。这时，我们可以人为地添加一个或几个非负变量以构成单位矩阵，这样的变量称为人工变量。引入人工变量只是为了解题方便，为了不影响原问题的求解结果，要求运算结束后所有人工变量都取零值。使用下面介绍的大 M 法或两阶段法均可以达到这个目的。

1. 大 M 法

大 M 法就是给目标函数中人工变量的系数赋值（$-M$）（M 是非常大的正数），这样，为了实现目标函数的最大化，单纯形法会自动使人工变量取零值。可以证明，若求解结果含有取正值的人工变量，则原问题无可行解。

例 7　用大 M 法解下列线性规划。

$$\begin{aligned}
\min z = & -3x_1 + x_2 + x_3 \\
\text{s. t.} \quad & x_1 - 2x_2 + x_3 \leqslant 14 \\
& -4x_1 + x_2 + 2x_3 \geqslant 3 \\
& -2x_1 + x_3 = 1 \\
& x_1,\ x_2,\ x_3 \geqslant 0
\end{aligned}$$

解：先把问题化为标准型

$$
\begin{aligned}
\max\ z' &= 3x_1 - x_2 - x_3 \\
\text{s. t.}\quad & x_1 - 2x_2 + x_3 + x_4 = 14 \\
& -4x_1 + x_2 + 2x_3 - x_5 = 3 \\
& -2x_1 + x_3 = 1 \\
& x_1,\ x_2,\ x_3,\ x_4,\ x_5 \geqslant 0
\end{aligned}
$$

其中 x_4 为松弛变量，x_5 为剩余变量。

引入两个人工变量 x_6，x_7，于是得到下面的大 M 问题：

$$
\begin{aligned}
\max\ \bar{z} &= 3x_1 - x_2 - x_3 - Mx_6 - Mx_7 \\
\text{s. t.}\quad & x_1 - 2x_2 + x_3 + x_4 = 14 \\
& -4x_1 + x_2 + 2x_3 - x_5 + x_6 = 3 \\
& -2x_1 + x_3 + x_7 = 1 \\
& x_j \geqslant 0,\ j = 1,\ \cdots,\ 7
\end{aligned}
$$

这里 M 是非常大的正数，计算时可认为它比任何可能出现的实数都要大。单纯形法迭代过程见表 2－5。

表 2－5 的最终表表明大 M 问题的最优解是 $(5,\ 1,\ 11,\ 0,\ 0,\ 0,\ 0)^{\mathrm{T}}$，最大值 $\bar{z} = 3$。因此，原问题的最优解是 $(5,\ 1,\ 11)^{\mathrm{T}}$，最小值 $z = -3$。

2. 两阶段法

当使用计算机执行大 M 法时，由于 M 取值非常大，容易引起数值计算上的困难。因此，在许多场合常采用两阶段法求解线性规划问题。

第一阶段：求出原问题的初始基可行解。具体做法是构造一个辅助线性规划，其目标函数 ω 是人工变量之和并要求实施最小化（由于人工变量非负，故等价于要求所有人工变量取零值），而约束方程组是已加入人工变量的典式。用单纯形法求解该辅助问题，若得到 $\min\ \omega = 0$，表明所有人工变量都已取零值，第一阶段的最优解便是原问题的一个基可行解，可以进行第二阶段的计算；若 $\min\ \omega > 0$，则原问题无可行解，应停止计算。

第二阶段：将第一阶段的最终表删去人工变量，并将目标函数行的系数换成原问题的目标函数系数，这就得到了第二阶段的初始单纯形表。下面举例说明两阶段法求解过程。

表 2-5

$c_j \rightarrow$			3	-1	-1	0	0	-M	-M	θ_i
C_B	X_B	b'	x_1	x_2	x_3	x_4	x_5	x_6	x_7	
0	x_4	14	1	-2	1	1	0	0	0	14
-M	x_6	3	-4	1	2	0	-1	1	0	3/2
-M	x_7	1	-2	0	[1]	0	0	0	1	[1]
$c_j - z_j$			3-6M	-1+M	[-1+3M]	0	-M	0	0	
0	x_4	13	3	-2	0	1	0	0	-1	—
-M	x_6	1	0	[1]	0	0	-1	1	-2	[1]
-1	x_3	1	-2	0	1	0	0	0	1	—
$c_j - z_j$			1	[-1+M]	0	0	-M	0	-3M+1	
0	x_4	15	[3]	0	0	1	-2	2	-5	[5]
-1	x_2	1	0	1	0	0	-1	1	-2	—
-1	x_3	1	-2	0	1	0	0	0	1	—
$c_j - z_j$			[1]	0	0	0	-1	-M+1	M-1	
+3	x_1	5	1	0	0	1/3	-2/3	2/3	-5/3	
-1	x_2	1	0	1	0	0	-1	1	-2	
-1	x_3	11	0	0	1	2/3	-4/3	4/3	-7/3	
$c_j - z_j$			0	0	0	-1/3	-1/3	-M+1/3	-M+2/3	

例 8　用两阶段法求解例 7 的线性规划。

解：第一阶段的辅助问题（已转化为求 max 问题）为

$$
\begin{aligned}
&\max \omega' = -(x_6 + x_7) \\
&\text{s.t.} \quad
\begin{cases}
x_1 - 2x_2 + x_3 + x_4 = 14 \\
-4x_1 + x_2 + 2x_3 - x_5 + x_6 = 3 \\
-2x_1 + x_3 + x_7 = 1 \\
x_j \geqslant 0,\ j = 1,\ 1,\ \cdots,\ 7
\end{cases}
\end{aligned}
$$

这里 x_6、x_7 是人工变量。表 2-6 给出第一阶段的求解过程。求解结果是$\max \omega' = 0$，得到的最优解是 $(0,\ 1,\ 1,\ 15,\ 0,\ 0,\ 0)^{\mathrm{T}}$。

表 2-6

$c_j \to$			0	0	0	0	0	-1	-1	θ_i
C_B	X_B	b'	x_1	x_2	x_3	x_4	x_5	x_6	x_7	
0	x_4	14	1	-2	1	1	0	0	0	14
-1	x_6	3	-4	1	2	0	-1	1	0	3/2
-1	x_7	1	-2	0	[1]	0	0	0	1	[1]
			-6	1	[3]	0	-1	0	0	
0	x_4	13	3	-2	0	1	0	0	-1	—
-1	x_6	1	0	[1]	0	0	-1	1	-2	[1]
0	x_3	1	-2	0	1	0	0	0	1	—
			0	[1]	0	0	-1	0	-3	
0	x_4	15	3	0	0	1	-2	2	-5	
0	x_2	1	0	1	0	0	-1	1	-2	
0	x_3	1	-2	0	1	0	0	0	1	
		0	0	0	0	0	0	-1	-1	

将第一阶段最终表中的人工变量删去，换回原问题的目标函数，进行第二阶段计算，过程如表 2-7 所示。

表 2-7

$c_j \to$			3	-1	-1	0	0	θ_i
C_B	X_B	b'	x_1	x_2	x_3	x_4	x_5	
0	x_4	15	[3]	0	0	1	-2	[5]
-1	x_2	1	0	1	0	0	-1	—
-1	x_3	1	-2	0	1	0	0	—
		-2	[1]	0	0	0	-1	
3	x_1	5	1	0	0	1/3	-2/3	
-1	x_2	1	0	1	0	0	-1	
-1	x_3	11	0	0	1	2/3	-4/3	
		3	0	0	0	-1/3	-1/3	

从表 2-7 得到原问题的最优解为 $x_1=5$，$x_2=1$，$x_3=11$，最优值 $z=-3$。

事实上，对于标准化后的模型，增加资源向量后的增广矩阵为：

$$\begin{bmatrix} 1 & -2 & 1 & 1 & 0 & 14 \\ -4 & 1 & 2 & 0 & -1 & 3 \\ -2 & 0 & 0 & 0 & 0 & 1 \end{bmatrix}$$

经过一系列的行变换后为：

$$\Rightarrow\begin{bmatrix} 3 & -2 & 0 & 1 & 0 & 13 \\ 0 & 1 & 0 & 0 & -1 & 1 \\ -2 & 0 & 1 & 0 & 0 & 1 \end{bmatrix} \Rightarrow \begin{bmatrix} 3 & 0 & 0 & 1 & -2 & 15 \\ 0 & 1 & 0 & 0 & -1 & 1 \\ -2 & 0 & 1 & 0 & 0 & 1 \end{bmatrix}$$

得到的结果就是表 2-7 中去掉人工变量后的结果。

2.3.2 无穷多最优解的情形

线性规划有时存在多个最优解。寻找线性规划的多个最优解是令人感兴趣和具有实际意义的工作，因为它可以提供更多的最优方案供决策者选择。使用最优单纯形表可以很容易地判断线性规划解的唯一性或求出它的另一些最优解。具体如下：

（1）当所有非基变量的检验数都小于零，则最优单纯形表给出的最优基可行解是唯一最优解。

（2）当存在某非基变量 x_k 的检验数 $\sigma_k=0$，这时，并不能肯定线性规划一定有多个最优解，而要做进一步运算。我们可令 x_k 入基，用 θ 规则（最小比值规则）确定出基变量。若 $\theta>0$，则旋转变换后可得到新最优基可行解，因此，问题有多个最优解；若 $\theta=0$，则进行旋转变换后，最优基可行解不变。

下面给出若干个说明例子。首先，由表 2-7 可看出，最优单纯形表中非基变量的检验数都小于零，因此，例 9 的线性规划有唯一最优解。

例 9　设某线性规划问题的最优单纯形表如表 2-8 所示，表中给出的最优基可行解 $X^*=(4,2,0,0,4)^{\mathrm{T}}$，最优值 $z^*=24$。

表 2-8

$c_j\rightarrow$			3	6	0	0	0	θ_i
C_B	X_B	b'	x_1	x_2	x_3	x_4	x_5	
3	x_1	4	1	0	0	1/4	0	16
0	x_5	4	0	0	-2	[1/2]	1	[8]
6	x_2	2	0	1	1/2	-1/8	0	—
		24	0	0	-3	[0]	0	

注意到表 2-8 中非基变量 x_4 的检验数为零，令 x_4 入基，用 θ 规则确定 x_5 为出基变量（这里 $\theta=8>0$），旋转变换后可得表 2-9。表 2-9 给出另一个最优基可行解 $\bar{X}^*=(2,3,0,8,0)^{\mathrm{T}}$，目标函数最优值仍为 24。

表 2-9

$c_j \to$			3	6	0	0	0
C_B	X_B	b'	x_1	x_2	x_3	x_4	x_5
3	x_1	2	1	0	1	0	-1/2
0	x_4	8	0	0	-4	1	2
6	x_2	3	0	1	0	0	1/4
		24	0	0	-3	0	0

容易验证，对于$0 \leqslant \alpha \leqslant 1$，$X = \alpha X^* + (1-\alpha)\bar{X}^*$也是问题的最优解，我们称$X$为$X^*$与$\bar{X}^*$的凸组合（其几何意义是连接$X^*$与$\bar{X}^*$线段上的点）。由于这样的凸组合有无穷多个，因此，一个线性规划问题如果有两个不同的最优解，就有无穷多个最优解。

例 10　考察表 2-10，表中给出了最优基可行解$X^* = (4, 2, 0, 0, 0)^{\mathrm{T}}$，最优值$z^* = 24$。

表 2-10

$c_j \to$			3	6	0	0	0	θ_i
C_B	X_B	b'	x_1	x_2	x_3	x_4	x_5	
3	x_1	4	1	0	0	1/4	0	16
0	x_5	0	0	0	-2	[1/2]	1	[0]
6	x_2	2	0	1	1/2	-1/8	0	—
		24	0	0	-3	[0]	0	

在表 2-10 中，非基变量x_4的检验数为零，故令x_4入基，用θ规则可确定x_5为出基变量（此处$\theta = 0$），经过旋转变换后得表 2-11，虽然最优基已经更换，但最优基可行解却保持不变。其实，不难看出此例的线性规划问题有唯一最优解。

表 2-11

$c_j \to$			3	6	0	0	0
C_B	X_B	b'	x_1	x_2	x_3	x_4	x_5
3	x_1	4	1	0	1	0	-1/2
0	x_4	0	0	0	-4	1	2
6	x_2	2	0	1	0	0	1/4
		24	0	0	-3	0	0

注：关于线性规划无穷多最优解的深入讨论，可参看参考文献 20。

2.3.3 算法的有限步终止性

前面已看到，在（SLP）非退化（即其所有的基可行解都非退化）的假设下，单纯形法每次迭代都使目标函数值严格增加，因此得到一个新的基可行解。由于基可行解的数目是有限的，所以迭代过程必在有限步后结束。

实际的线性规划问题普遍存在退化现象。退化现象有可能导致（尽管可能性微乎其微）“循环”现象：在迭代过程的某一阶段，某些可行基重复出现，而基可行解却不变。这样就破坏了单纯形法的有限步终止性，因此，有必要寻找避免循环的方法。历史上曾有人提出过几种方法，如“摄动法”“辞典序法”等，但规则都比较复杂。直到 1977 年 Bland 才提出和证明了一种实用的简单规则——最小下标规则：

（1）当有多个非基变量满足入基条件 $\sigma_k>0$ 时，则选择下标最小的变量入基；

（2）当使用 θ 规则确定出基变量，而有多个比值都等于 θ 时，则在所有满足出基条件的基变量中，选下标最小者出基。

若在计算过程中严格遵守 Bland 规则，可以证明一定不会发生基的循环，从而保证了单纯形算法的有限步终止性。

最后，谈一点计算上的经验：退化是常有的，而循环则极其罕见。截至目前，还没有发现实际问题中出现过循环现象，而只有为数极少的几个“人造”的循环例子。因此在实际计算上，人们往往不采取任何预防措施，以免增加计算程序的复杂性。

2.3.4 单纯形法在计算机上的实现简介

实际问题形成的线性规划模型，其变量与约束条件的数目都很多，因此，必须使用计算机求解。前面介绍的单纯形法表格的形式从理论上说也适合于用计算机计算。然而，不难发现它存在下述缺点：

（1）需要将整个单纯形表放入内存，占用较大的计算机内存空间。

（2）每次迭代，整个单纯形表的数据都必须重新计算，其中很多计算是多余的。

（3）迭代次数多时，累积误差无法消除，影响计算精度。

因此，当使用计算机求解大型线性规划问题时，上述表格形式就显得不经济甚至是不可能了。

为了使单纯形方法能够在计算机上更为有效地执行，人们提出了一种改进的单纯形方法。在原理上，这种方法与原来的单纯形法相同，差异主要在数据的处理方式上。它采用一种化简表，直接处理原始数据，并使用了一些计算上的技巧，因此，大大减少了存储量与计算量，提高了计算精确度。目前，所有商用计算机软件都采用改进单纯形法。

2.4　使用计算机软件求解线性规划

在实际工作中，没有一个人会用纸和笔来解线性规划，而必然要使用计算机。商用的计算机软件能解大型的线性规划问题。各大学也为教师、研究生和大学生提供了各式各样的运筹学软件，如 QM、QSB、LINDO、STORM 等。各个软件包的使用格式虽然略有不同，然而，只要吃透了其中一个，稍微做一点努力，你就能处理任何一个软件包。本节介绍使用 QM for Windows 和 Excel 中文版求解线性规划的方法。

2.4.1　QM for Windows 的使用

QM for Windows 是一种可求解多种运筹学问题的微机软件包。启动该软件包后，点击菜单栏的 Module 便可显示 QM for Windows 的主菜单（见图 2－5）。

在“Module”中选择“Linear Programming”，再在菜单栏的“File”中选择“New”就可输入新数据。图 2－6 是使用 QM for Windows 求解例 1 的输入界面，数据输入完毕后点击“Solve”便可求解问题。图 2－7 和图 2－8 是求解后的部分输出结果，读者不难理解它们的内容。下面将会看到 QM for Windows 还提供了更多的输出信息，如对偶解（影子价格）、灵敏度分析等，这些内容将在第 3 章讨论。

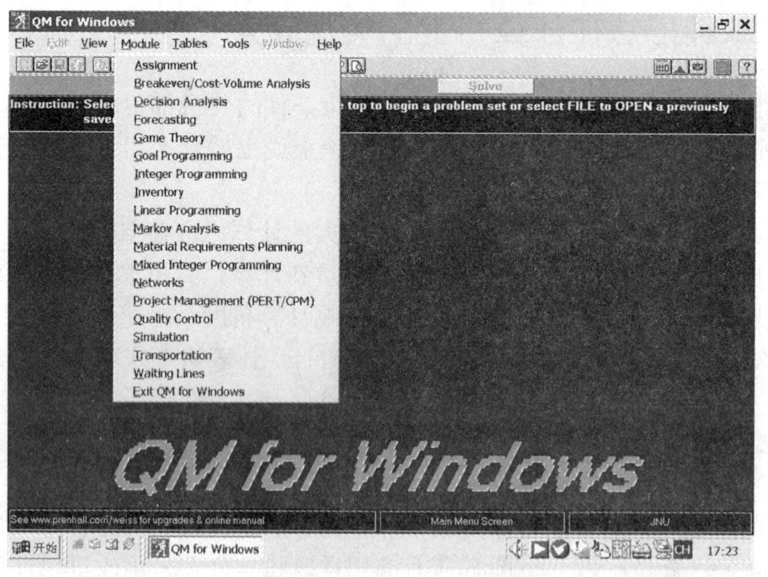

图 2－5

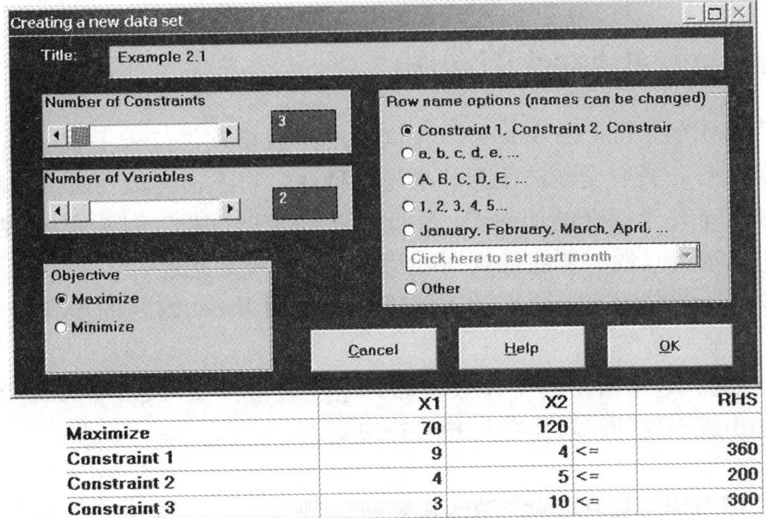

	X1	X2		RHS
Maximize	70	120		
Constraint 1	9	4	<=	360
Constraint 2	4	5	<=	200
Constraint 3	3	10	<=	300

图 2－6

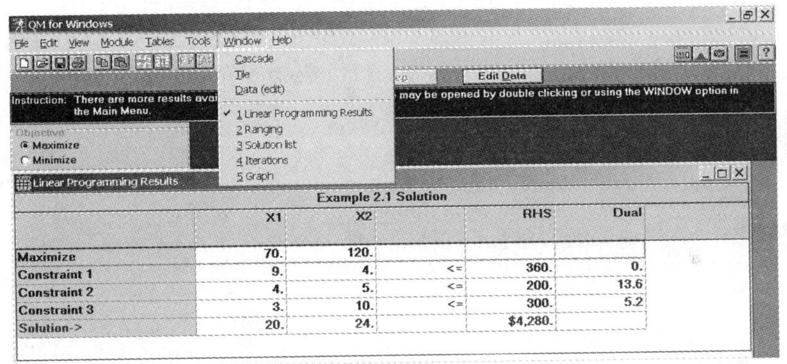

Example 2.1 Solution	X1	X2		RHS	Dual
Maximize	70.	120.			
Constraint 1	9.	4.	<=	360.	0.
Constraint 2	4.	5.	<=	200.	13.6
Constraint 3	3.	10.	<=	300.	5.2
Solution->	20.	24.		$4,280.	

图 2－7

Cj	Basic Variables	70 X1	120 X2	0 slack 1	0 slack 2	0 slack 3	Quantity
Iteration 1							
	cj-zj	70.	120.	0.	0.	0.	
0	slack 1	9.	4.	1.	0.	0.	360.
0	slack 2	4.	5.	0.	1.	0.	200.
0	slack 3	3.	10.	0.	0.	1.	300.
Iteration 2							
	cj-zj	34.	0.	0.	0.	-12.	
0	slack 1	7.8	0.	1.	0.	-0.4	240.
0	slack 2	2.5	0.	0.	1.	-0.5	50.
120	X2	0.3	1.	0.	0.	0.1	30.
Iteration 3							
	cj-zj	0.	0.	0.	-13.6	-5.2	
0	slack 1	0.	0.	1.	-3.12	1.16	84.
70	X1	1.	0.	0.	0.4	-0.2	20.
120	X2	0.	1.	0.	-0.12	0.16	24.
Linear Programming				Solution Screen			

图 2－8

2.4.2 Microsoft Excel 的使用

由微软公司推出的 Excel for Windows 中文版电子表格软件代表了 20 世纪 90 年代最新的电子表格发展趋势，具有全新的概念和卓越的特性。它除了可以更方便地解决一般性问题以外，还提供了十几个标准的加载宏，用于解决特定的问题。其中的“规划求解（Solver）”加载宏可以求解线性、非线性规划以及混合整数规划问题。

下面通过例 2（营养配方问题）的求解来说明使用 Excel 解题的步骤。我们假定读者已熟悉了 Excel 的基本操作。

首先，建立如图 2-9 所示的工作表，称为电子表格模型（Spreadsheet Model）。工作表的格式并不是一成不变的，可由各用户自行决定。

Microsoft Excel - 营养问题.xls

文件(F) 编辑(E) 视图(V) 插入(I) 格式(O) 工具(T) 数据(D) 窗口(W) 帮助(H) Acrobat

	A	B	C	D	E	F	G	H	I	J	K
1	营养问题	(初始解为零)									
2		饲料1	饲料2	饲料3	饲料4	饲料5					
3	饲料配方	0	0	0	0	0					
4							总费用				
5	Min	2	7	4	9	5	0				
6	s.t.						总含量		需要量		
7	营养元素A	3	2	1	6	18	0	>=	700		
8	营养元素B	1	0.5	0.2	2	0.5	0	>=	30		
9	营养元素C	0.5	1	0.2	2	0.8	0	=	200		
10											
11		饲料1	饲料2	饲料3	饲料4	饲料5					
12		<=	<=	<=	<=	<=					
13	最大用量	50	60	50	70	40					

Sheet1 / Sheet2 / Sheet3

开始 营养问题.xls 20:53

图 2-9

具体步骤如下：

（1）把所有数据输入工作表中适当的范围。如本例为 B5：F5，B7：F9，I7：I9 和 B13：F13。

（2）确定一些单元格（称为可变单元格）来代表决策变量。本例中确定 B3：F3 为可变单元格，即 B3 代表 x_1，C3 代表 x_2，…，F3 代表 x_5。在可变单元格中可输入任意数值表示决策变量的初始值；否则，默认其值为零。

（3）确定目标单元格以输入目标函数式。本例目标单元格为 G5，在 G5 中输入公式 = SUMPRODUCT（B5：F5，B3：F3），亦即 = B5 * B3 + C5 * C3 + D5 * D3 + E5 * E3 + F5 * F3。

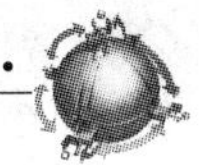

(4) 在另一些单元格中输入约束条件左端的式子。本例在 G7 中输入公式 = SUMPRODUCT（B7：F7，＄B＄3：＄F＄3)，然后复制到范围 G8：G9 内。这样在 G8 中将含有公式 = SUMPRODUCT（B8：F8，＄B＄3：＄F＄3)，G9 将含有公式 = SUMPRODUCT（B9:F9，＄B＄3：＄F＄3)。注意＄符号表示绝对地址，这里使用绝对地址是为了方便复制。

有了电子表格模型（工作表)，我们就可以进入求解阶段，步骤如下：

(1) 选取菜单栏中的“工具”，再选取“规划求解”①，界面显示如图 2－10 所示。

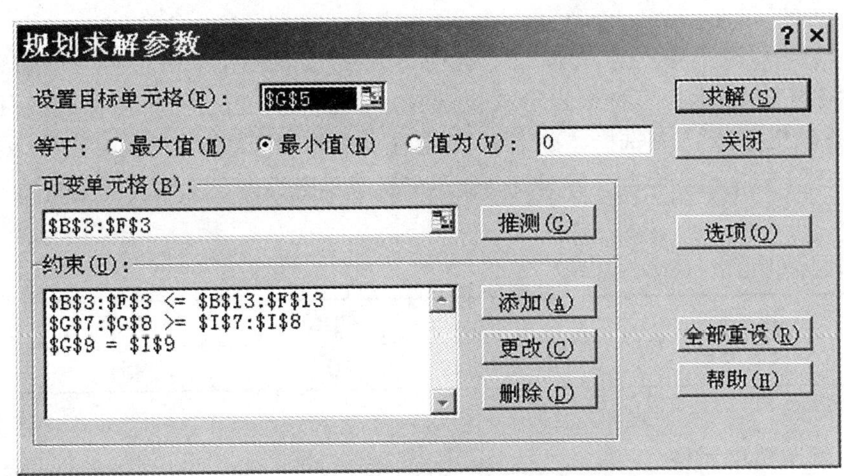

图 2－10　“规划求解参数”对话框

(2) 在“设置目标单元格”方块输入 G5，此处为总费用。

(3) 选定“最小值”选项。

(4) 在“可变单元格”方块输入 B3：F3，此处为各种饲料的使用数量。

(5) 选取“添加”钮以输入下述约束条件：

G7：G8 > =I7：I8

G9 = I9

B3：F3 < =B13：F13

(6) 选取“选项”，界面将显示“规划求解选项”对话框。选定“采用线性模型”(提示 Excel 使用有效的单纯形法求解）和“假定非负”(若没有该项则必须在步骤 5 中输入约束条件 B3：F3 > =0）后选择“确定”以返回“规划求解参数”对话框。

(7) 选择“求解”钮，规划求解程序开始运算，运算结束时界面显示“规划求解结果”对话框（如图 2－11 所示)。若选取“保存规划求解结果”，则图 2－9 的工作表中可变单元格 B3：F3 和目标单元格 G5 将分别显示最优解和最优值。

① 若“工具”菜单中没有“规划求解”项目，可以使用“工具”“加载宏”，在“现用加载宏”方块里，打开“规划求解加载宏”，选择“确定”，就能在“工具”中安装“规划求解”项目。

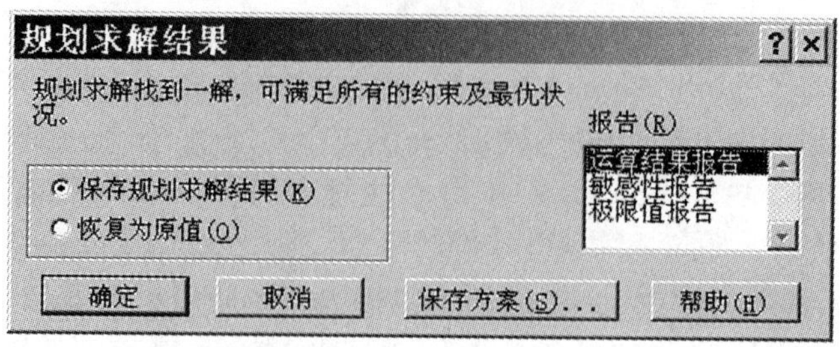

图 2－11　规划求解结果

在图 2－11 中，“报告”方块有三个选项，分别为“运算结果报告”“敏感性报告”和“极限值报告”，表示有三种报告形式供选择，我们可以选一种、两种或三种。假定我们选定“运算结果报告”，并选择“确定”，就会在“工作表标签”中显示“运算结果报告 1”标签。在此标签上点击鼠标左键，界面就会显示“运算结果报告”工作表（见图 2－12）。

目标单元格（最小值）

单元格	名字	初值	终值
$G$5	Min 总费用	0	951

可调整单元格

单元格	名字	初值	终值
$B$3	饲料配方 饲料 1	0	50
$C$3	饲料配方 饲料 2	0	3
$D$3	饲料配方 饲料 3	0	0
$E$3	饲料配方 饲料 4	0	70
$F$3	饲料配方 饲料 5	0	40

限制式

单元格	名字	单元格值	公式	状态	型数值
$G$7	营养元素 A 总含量	1 296	$G$7 > = $I$7	未到限制值	596
$G$8	营养元素 B 总含量	211.5	$G$8 > = $I$8	未到限制值	181.5
$G$9	营养元素 C 总含量	200	$G$9 = $I$9	到达限制值	0
$B$3	饲料配方 饲料 1	50	$B$3 < = $B$13	到达限制值	0
$C$3	饲料配方 饲料 2	3	$C$3 < = $C$13	未到限制值	57
$D$3	饲料配方 饲料 3	0	$D$3 < = $D$13	未到限制值	50
$E$3	饲料配方 饲料 4	70	$E$3 < = $E$13	到达限制值	0
$F$3	饲料配方 饲料 5	40	$F$3 < = $F$13	到达限制值	0

图 2－12　“运算结果报告 1”显示结果

“报告”方块中另外两种选项的内容将在下一章介绍。

2.5 应用举例

在线性规划的应用中，最重要的是如何将一个复杂的实际问题转化为一个合理的线性规划模型。人们常说，建模工作既是一门科学，又是一门艺术，这句话一点不假。作为教材，本书不可能讨论实际工作中的大型问题，而只能通过几个不同类型的简化例子，讲解建立线性规划模型的基本思路和一些技巧，使初学者得到一些启发。只有通过在实践中不断积累经验，锻炼能力，探索技巧，发挥创造性，才能将线性规划技术成功应用到实际中去。

例 11　一维下料问题。

某厂有一批长度为 7.4 m 的钢管原材料（数量充分多），今为制造零件要将它们截成长度分别为 2.9 m、2.1 m 和 1.5 m 的管料，需要量都是 200 根。问应如何下料，使用的原材料最省？

解：最简单的做法是，在每根原材料上截取 2.9 m、2.1 m 和 1.5 m 的管料各一根，每根剩下残料 0.9 m。这样要使用原材料 200 根，总残料 180 m。若改为混合使用各种下料方法，就可以节约原材料。表 2－12 给出了各种下料方案。设 x_j 为按方案 j 下料的原材料根数，$j=1$，…，8。

表 2－12

下料数(根) \ 方案 长度（m）	1	2	3	4	5	6	7	8
2.9	1	2	0	1	0	1	0	0
2.1	0	0	2	2	1	1	3	0
1.5	3	1	2	0	3	1	0	4
合计	7.4	7.3	7.2	7.1	6.6	6.5	6.3	6
残料	0	0.1	0.2	0.3	0.8	0.9	1.1	1.4

我们的目标是使用的原材料最省，因此可最小化总残料，即 $\min z = 0x_1 + 0.1x_2 + 0.2x_3 + 0.3x_4 + 0.8x_5 + 0.9x_6 + 1.1x_7 + 1.4x_8$；也可以最小化总的下料根数，即 $\min z = \sum_{j=1}^{8} x_j$。不少人认为使用这两种目标函数所得到的结果是一样的，但根据笔者的经验，若需要量的约束条件是等式约束，则不难验证上述两种目标函数的等价性；但当需要量的约束条件是不等式时，使用第一种目标函数在一些情况下会导致错误的结果。因此，我们主张使用第二种目标函数。再由表 2－12 的数据就可列出以下数学模型：

$$
\begin{aligned}
\min\ z &= \sum_{j=1}^{8} x_j \\
\text{s.t.}\quad & x_1 + 2x_2 + x_4 + x_6 = 200 \\
& 2x_3 + 2x_4 + x_5 + x_6 + 3x_7 = 200 \\
& \vdots
\end{aligned}
$$

$$3x_1+x_2+2x_3 \qquad +3x_5+x_6 \qquad +4x_8=200$$
$$x_j \geqslant 0 \text{ 且为整数}, j=1, \cdots, 8$$

这是要求变量取整数值的线性规划问题（称为整数线性规划问题，将在第6章讨论）。对于整数规划，求解方法要复杂得多。在这里我们使用单纯形法解没有变量取整数值要求的线性规划，如果刚好得到整数最优解，问题便解决了。

上机使用 QM 软件求得的最优下料方案是：按方案 1 下料 60 根；方案 2 下料 20 根；方案 4 下料 100 根，即需 180 根原材料就可以完成下料任务，总残料为 32 m。

由 QM 软件输出的最优单纯形表，我们发现问题有多个最优解。经过旋转变换可求得另一个最优下料方案：按方案 2 下料 80 根；方案 3 下料 60 根；方案 4 下料 40 根（详见 2.3.2 的内容）。

进一步思考：

（1）用总残料最少和用总根数最少作目标函数有何区别？

（2）什么是二维下料问题和三维下料问题？

（3）当原材料更长时，如何进行方案的筛选？

（4）当下料方案很多，超出了软件求解的变量范围时，如何处理？

例 12　混合配方问题。

一家化工厂要将四种原料 A、B、C、D 混合调配出三种产品，表 2-13 是制造各种产品的数据。三种产品的销售价格分别是每千克 9 元、8.5 元和 8 元，各种原料 A、B、C 和 D 的供应量分别是 1 000、1 000、750 和 800 千克；单价分别是每千克 5 元、6 元、4 元和 4.5 元。该厂应如何安排生产才能获得最大利润？

表 2-13

产品	规格要求	最小需求(千克)	最大需求(千克)
1	含 B 不少于 25%，C 不多于 20%	1 000	2 500
2	含 A 不少于 50%，D 不多于 25%	100	不限
3	含 A 和 B 各不少于 25%，不含有 C	不限	不限

解：首先确定决策变量。如果我们定义决策变量为各种产品的产量，就不可能建立问题的线性规划模型。正确的方法是定义决策变量为产品中所含原料数量。具体令 x_{ij} 表示第 j 种产品中 i 种原料的数量（千克），$i=A, B, C, D$；$j=1, 2, 3$。由于产品 3 不含有 C，故 $X_{C3}=0$，因此一共只有 11 个变量。

这样，各种产品的产量分别是：$x_{A1}+x_{B1}+x_{C1}+x_{D1}$，$x_{A2}+x_{B2}+x_{C2}+x_{D2}$ 和 $x_{A3}+x_{B3}+x_{D3}$，由表 2-13 的规格要求有：

$$x_{B1} \geqslant 0.25\ (x_{A1} + x_{B1} + x_{C1} + x_{D1})$$
$$x_{C1} \leqslant 0.2\ (x_{A1} + x_{B1} + x_{C1} + x_{D1})$$
$$x_{A2} \geqslant 0.5\ (x_{A2} + x_{B2} + x_{C2} + x_{D2})$$
$$x_{D2} \leqslant 0.25\ (x_{A2} + x_{B2} + x_{C2} + x_{D2})$$
$$x_{A3} \geqslant 0.25\ (x_{A3} + x_{B3} + x_{D3})$$
$$x_{B3} \geqslant 0.25\ (x_{A3} + x_{B3} + x_{D3})$$

化简后可得：

$$\begin{aligned} x_{A1} - 3x_{B1} + x_{C1} + x_{D1} &\leqslant 0 \\ -x_{A1} - x_{B1} + 4x_{C1} - x_{D1} &\leqslant 0 \\ -x_{A2} + x_{B2} + x_{C2} + x_{D2} &\leqslant 0 \\ -x_{A2} - x_{B2} - x_{C2} + 3x_{D2} &\leqslant 0 \\ -3x_{A3} + x_{B3} + x_{D3} &\leqslant 0 \\ x_{A3} - 3x_{B3} + x_{D3} &\leqslant 0 \end{aligned} \tag{2.19}$$

另外还有以下两组约束条件。

原材料供应量的限制：

$$\begin{aligned} x_{A1} + x_{A2} + x_{A3} &\leqslant 1\ 000 \\ x_{B1} + x_{B2} + x_{B3} &\leqslant 1\ 000 \\ x_{C1} + x_{C2} &\leqslant 750 \\ x_{D1} + x_{D2} + x_{D3} &\leqslant 800 \end{aligned} \tag{2.20}$$

需求量的限制：

$$\begin{aligned} x_{A1} + x_{B1} + x_{C1} + x_{D1} &\geqslant 1\ 000 \\ x_{A1} + x_{B1} + x_{C1} + x_{D1} &\leqslant 2\ 500 \\ x_{A2} + x_{B2} + x_{C2} + x_{D2} &\geqslant 100 \end{aligned} \tag{2.21}$$

我们的目标是使利润最大，这里就是总销售收入与原料的总成本之差为最大。

销售收入：

$9\ (x_{A1} + x_{B1} + x_{C1} + x_{D1})$ ——产品 1

$8.5\ (x_{A2} + x_{B2} + x_{C2} + x_{D2})$ ——产品 2

$8\ (x_{A3} + x_{B3} + x_{D3})$ ——产品 3

原料成本：

$5\ (x_{A1} + x_{A2} + x_{A3})$ ——原料 A

$6\ (x_{B1} + x_{B2} + x_{B3})$ ——原料 B

$4\ (x_{C1} + x_{C2})$ ——原料 C

$4.5\ (x_{D1} + x_{D2} + x_{D3})$ ——原料 D

于是目标函数为

$$
\begin{aligned}
z &= 9(x_{A1}+x_{B1}+x_{C1}+x_{D1})+8.5(x_{A2}+x_{B2}+x_{C2}+x_{D2})+8(x_{A3}+x_{B3}+x_{D3})- \\
&\quad 5(x_{A1}+x_{A2}+x_{A3})-6(x_{B1}+x_{B2}+x_{B3})-4(x_{C1}+x_{C2})-4.5(x_{D1}+x_{D2}+x_{D3}) \\
&= 4x_{A1}+3x_{B1}+5x_{C1}+4.5x_{D1}+3.5x_{A2}+2.5x_{B2}+4.5x_{C2}+4x_{D2}+3x_{A3}+2x_{B3}+3.5x_{D3}
\end{aligned} \tag{2.22}
$$

该问题的 LP 模型可归纳如下：

$$
\begin{aligned}
\max z = {} & 4x_{A1}+3x_{B1}+5x_{C1}+4.5x_{D1}+3.5x_{A2}+2.5x_{B2}+ \\
& 4.5x_{C2}+4x_{D2}+3x_{A3}+2x_{B3}+3.5x_{D3} \\
\text{s.t.}\quad & (2.19) \\
& (2.20) \\
& (2.21) \\
& x_{A1},\ x_{B1},\ \cdots,\ x_{D3} \geqslant 0
\end{aligned}
$$

上机求解的结果是

$$
\begin{aligned}
& x_{A1}=475,\ x_{B1}=725,\ x_{C1}=500,\ x_{D1}=800 \\
& x_{A2}=525,\ x_{B2}=275,\ x_{C2}=250,\ x_{D2}=0 \\
& x_{A3}=x_{B3}=x_{D3}=0 \\
& z=13\ 825
\end{aligned}
$$

即每天用 475 千克原料 A，725 千克原料 B，500 千克原料 C，800 千克原料 D 来生产 2 500 千克产品 1；以及用 525 千克原料 A，275 千克原料 B，250 千克原料 C 来生产 1 050 千克产品 2，可获得最大利润为 13 825 元。

例 13　多阶段投资问题。

某公司有 100 万元用于投资，可选择的投资项目如下：

项目 A：从第一年到第四年每年年初都可投资，并于次年年末回收本利 110%，规定每年的最低投资额为 10 万元；

项目 B：第二年年初可以投资，到第五年年末能收回本利 135%，规定投资额不超过 20 万元；

项目 C：第三年年初可以投资，到第五年年末回收本利 125%，规定最低投资额为 20 万元，最高投资额为 40 万元；

项目 D：五年内每年年初都可投资，年末回收本利 104%。

问该公司应如何确定给这些项目每年的投资额，使到第五年年末回收资金的本利总额最大？

解：设 x_{ij} 表示第 i 年年初给项目 j 的投资额（单位：万元），由题意知一共有 11 个变量：x_{1A}，x_{1D}，x_{2A}，x_{2B}，x_{2D}，x_{3A}，x_{3C}，x_{3D}，x_{4A}，x_{4D}和 x_{5D}。

不难看出，第五年年末回收资金的本利总额 $z=1.1x_{4A}+1.35x_{2B}+1.25x_{3C}+1.04x_{5D}$。

下面建立约束条件。由于项目 D 每年都可以投资，并且当年年末就能回收本息。因此，每年都应把手中资金全部投出去，即每年年初的投资额应等于当年年初可用的资金额。具体如下：

第一年年初：$x_{1A}+x_{1D}=100$

第二年年初：公司可用的资金额仅为项目 D 在第一年年末回收的本息 $1.04x_{1D}$，于是有：

$$x_{2A}+x_{2B}+x_{2D}=1.04x_{1D}$$

第三年年初：可用的资金额是从项目 A 第一年年初投资及项目 D 第二年年初投资中回收的本利总和 $1.1x_{1A}+1.04x_{2D}$，从而有：

$$x_{3A}+x_{3C}+x_{3D}=1.1x_{1A}+1.04x_{2D}$$

同理有第四年年初：$x_{4A}+x_{4D}=1.1x_{2A}+1.04x_{3D}$

第五年年初：$x_{5D}=1.1x_{3A}+1.04x_{4D}$

此外，还有投资额限制及变量非负的约束，最后得到如下的线性规划模型（该模型假定项目 A、C 都要选择）：

$$\max z=1.1x_{4A}+1.35x_{2B}+1.25x_{3C}+1.04x_{5D}$$

$$\text{s. t.}\quad \begin{cases} x_{1A}+x_{1D}=100 \\ -1.04x_{1D}+x_{2A}+x_{2B}+x_{2D}=0 \\ -1.1x_{1A}-1.04x_{2D}+x_{3A}+x_{3C}+x_{3D}=0 \\ -1.1x_{2A}-1.04x_{3D}+x_{4A}+x_{4D}=0 \\ -1.1x_{3A}-1.04x_{4D}+x_{5D}=0 \\ x_{1A},\ x_{2A},\ x_{3A},\ x_{4A}\geqslant 10 \\ x_{2B}\leqslant 20,\ 20\leqslant x_{3C}\leqslant 40 \\ x_{ij}\geqslant 0 \end{cases}$$

上机求解可得结果：

第一年年初：$x_{1A}=45.454\ 5$（万元），$x_{1D}=54.545\ 5$（万元）

第二年年初：$x_{2A}=36.727\ 3$（万元），$x_{2B}=20$（万元），$x_{2D}=0$

第三年年初：$x_{3A}=10$（万元），$x_{3C}=40$（万元），$x_{3D}=0$

第四年年初：$x_{4A}=40.4$（万元），$x_{4D}=0$

第五年年初：$x_{5D}=11$（万元）

到第五年年末该公司回收资金的本利总额为 132. 88 万元，即赢利 32. 88% 。

可以求出本例的另一个最优解（单位：万元）为：

$$
\begin{array}{lll}
x_{1A}=71.154 & x_{1D}=28.846 & \\
x_{2A}=10 & x_{2B}=20 & x_{2D}=0 \\
x_{3A}=38.269 & x_{3C}=40 & x_{3D}=0 \\
x_{4A}=11 & x_{4D}=0 & \\
x_{5D}=42.096 & &
\end{array}
$$

注：我们可在模型中引入若干 0 - 1 变量以解决项目 A 和 C 的选择或不选择问题（详见第 6 章）。

进一步思考：在本例中有项目 D 和没有项目 D 对规划的约束有何影响？

例 14　多周期动态生产计划问题。

一家工厂要对某种产品制订今后 n 个周期（一个周期可以是一周或一个月等）的生产计划。已知第 j 个周期的产品需求量为 d_j，该厂第 j 周期的正常生产能力是 a_j，加班生产能力为 b_j，正常生产的单位成本为 c_j 元，加班生产的单位成本要增加 e_j 元。

工厂库存能力为 I，第 j 周期库存单位成本为 h_j 元。假定在第一周期初和第 n 周期末的库存量都为零。问该厂应如何安排各个周期的生产与库存，才能在满足市场需要的条件下，使总成本最小？试建立这个问题的线性规划模型。

解：先定义决策变量。设 x_j 为第 j 周期正常生产的产品数，y_j 为第 j 周期加班生产的产品数，z_j 为第 j 周期末库存的产品数。

使用下列一般关系式：

本期产量 + 上期末库存量 - 本期末库存量 = 本期需求量

读者不难得到如下的线性规划模型：

$$
\begin{aligned}
\min z = & \sum_{j=1}^{n} c_j x_j + \sum_{j=1}^{n} (c_j + e_j) y_j + \sum_{j=2}^{n} h_j z_{j-1} \\
\text{s. t.}\quad & x_1 + y_1 - z_1 = d_1 \\
& x_j + y_j + z_{j-1} - z_j = d_j,\ j = 2, \cdots, n-1 \\
& x_n + y_n + z_{n-1} = d_n \\
& 0 \leqslant x_j \leqslant a_j,\ j = 1, \cdots, n \\
& 0 \leqslant y_j \leqslant b_j,\ j = 1, \cdots, n \\
& 0 \leqslant z_j \leqslant I,\ j = 1, \cdots, n-1
\end{aligned}
$$

例 15　配套生产问题。

某工厂有 m 个车间，生产一种由 n 种不同部件组成的产品，每个车间均可生产这 n 种部件。已知车间 i 的工时限制为 b_i（小时），生产第 j 种部件的生产率为 c_{ij}（件/小时）。问各车间应如何分配工时，才能使产品的件数最多？试建立这个问题的优化模型。

解：设 x_{ij} 为车间 i 分配给第 j 种部件的工时数，y 为产品的产量，则生产第 j 种部件的数量为 $\sum_{i=1}^{m} c_{ij}x_{ij}$，因此有：

$$y = \min_{j} \sum_{i=1}^{m} c_{ij}x_{ij}$$

上式虽然是非线性的，但我们可建立下述等价的线性优化模型。

$$\begin{aligned}
&\max z = y \\
&\text{s. t.} \quad \sum_{i=1}^{m} c_{ij}x_{ij} \geqslant y, \ j=1, 2, \cdots, n \\
&\qquad\quad \sum_{j=1}^{n} x_{ij} \leqslant b_i, \ i=1, 2, \cdots, m \\
&\qquad\quad x_{ij} \geqslant 0, \ y \geqslant 0 \text{ 且为整数}
\end{aligned}$$

例 16　餐巾供应问题。

某饭店筵席部预计一周每天接待的客人数如下表所示：

星期	一	二	三	四	五	六	日
人数	50	60	70	80	70	90	100

规定每位客人每天用餐巾一条。所用餐巾中可购买新的，每条成本 6 元，或用已经洗净的餐巾。附近有两家洗衣店：甲店洗净一条餐巾收费 3 元，隔一天后送还；乙店洗净一条收费 2 元，隔两天后送还。假定第 7 天后餐巾应换新的，且每周开始时没有旧餐巾。问饭店后勤部应如何安排各天餐巾的供应，以使总成本最低？

解：根据题意，确定决策变量如下：

x_i 为星期 i 购买的新餐巾数（$i=1, 2, \cdots, 7$）

y_j 为星期 j 送往甲店清洗的餐巾数（$j=1, 2, \cdots, 5$）

z_k 为星期 k 送往乙店清洗的餐巾数（$k=1, 2, 3, 4$）

u_l 为星期 l 未送去清洗的脏餐巾数（$l=1, 2, \cdots, 7$）

目标函数是极小化总费用：

$$\min z = 6\sum_{i=1}^{7} x_i + 3\sum_{j=1}^{5} y_j + 2\sum_{k=1}^{4} z_k$$

有三类约束条件：

（1）满足每天餐巾需要量的约束条件：

$$\boxed{\begin{matrix}\text{当日购买的}\\ \text{新餐巾数}\end{matrix}} + \boxed{\begin{matrix}\text{甲、乙洗衣店当日送}\\ \text{来的洗净餐巾数}\end{matrix}} = \boxed{\begin{matrix}\text{当日所需}\\ \text{的餐巾数}\end{matrix}}$$

从而有：

$$\begin{aligned}
&x_1 &&= 50\\
&x_2 &&= 60\\
&x_3 + y_1 &&= 70\\
&x_4 + y_2 + z_1 &&= 80\\
&x_5 + y_3 + z_2 &&= 70\\
&x_6 + y_4 + z_3 &&= 90\\
&x_7 + y_5 + z_4 &&= 100
\end{aligned}$$

（2）处理脏餐巾的约束条件：

$$\boxed{\begin{matrix}\text{当日送洗的}\\ \text{脏餐巾总数}\end{matrix}} + \boxed{\begin{matrix}\text{当日没送洗的}\\ \text{脏餐巾总数}\end{matrix}} = \boxed{\begin{matrix}\text{前一天没送洗}\\ \text{的脏餐巾总数}\end{matrix}} + \boxed{\begin{matrix}\text{当日用过的}\\ \text{脏餐巾总数}\end{matrix}}$$

即

$$(y_i + z_i) + u_i - u_{i-1} = \boxed{\begin{matrix}\text{当日用过的}\\ \text{脏餐巾总数}\end{matrix}}$$

于是有：

$$\begin{aligned}
&y_1 + z_1 + u_1 &&= 50\\
&y_2 + z_2 - u_1 + u_2 &&= 60\\
&y_3 + z_3 - u_2 + u_3 &&= 70\\
&y_4 + z_4 - u_3 + u_4 &&= 80\\
&y_5 - u_4 + u_5 &&= 70\\
&- u_5 + u_6 &&= 90\\
&- u_6 + u_7 &&= 100
\end{aligned}$$

（3）所有变量取非负整数的约束条件。

上机使用线性规划的求解程序可得最优解为

$$\begin{matrix}
x_1 = 50 & y_1 = 0 & z_1 = 50 & u_1 = 0\\
x_2 = 60 & y_2 = 20 & z_2 = 40 & u_2 = 0
\end{matrix}$$

$x_3=70$　$y_3=30$　$z_3=40$　$u_3=0$
$x_4=10$　$y_4=50$　$z_4=30$　$u_4=0$
$x_5=0$　$y_5=70$　$u_5=0$
$x_6=0$　$u_6=90$
$x_7=0$　$u_7=190$

最小总费用 $z=1\,970$（元）。

注 1：本题有多重解，下面是另一个最优基可行解：

$x_1=50$　$y_1=0$　$z_1=50$　$u_1=0$
$x_2=60$　$y_2=0$　$z_2=60$　$u_2=0$
$x_3=70$　$y_3=10$　$z_3=60$　$u_3=0$
$x_4=30$　$y_4=30$　$z_4=50$　$u_4=0$
$x_5=0$　$y_5=50$　$u_5=20$
$x_6=0$　$u_6=110$
$x_7=0$　$u_7=210$

注 2：餐巾供应问题起源于美国空军的后勤供应研究。空军某航空队需要某种飞机零件（餐巾），以适应军事上预计的需要（每天顾客人数）。当时有以下的供应选择：买新的零件（买新餐巾）；快速修理零件（洗衣店甲）；一般速度修理零件（洗衣店乙）。快速修理费用较大，一般速度修理费用较小，新买当然费用更高。

由于不少实际问题具有这类特点，所以餐巾供应问题有一定的应用价值。

2.6 案　例

布里斯烟草公司[①]

引言

按照同业公会公布的数字，布里斯烟草公司的成本要比主要的竞争对手高 20%，这事引起了公司董事长的注意。

该公司专门生产带有异国情调的香烟。那些对大公司的标准香烟不满的人正转向这类商品，因而虽然该公司目前的市场还小，却正在日渐扩大。公司的高成本有一部分是因为生产规模有限造成的，但董事长仍然认为，如果想增加市场份额，降低成本是可行而且是必要的措施。

① 本案例取自《管理决策模型》一书，作者为美国的小杰克·伯特和 L. 特德·穆尔，陈尚霖译。

董事长请工业工程部的负责人大卫解决成本管理问题，大卫马上指派他手下的首席分析员托尼以全部工作时间同他一起去做这件事。

费用分析

他们着手的第一步是详细分析香烟生产的费用，在这些费用中只有属于原材料消耗的与同行业其他公司的费用相当，而且看来也没有多大油水。最有可能降低成本的似乎是在制造和运输方面，而分析的结果也表明确实如此。譬如说，专为薄荷烟设计的工厂也一本正经地生产了许多种其他香烟，这样的混合生产谈不上效率，显然是轻率决策的结果。在此认识下，他们起草了一份呈交董事长批准的行动计划。

行动计划

两人都认为，必须把不同品种香烟的生产派给相宜的工厂，才能保证制造的效率。他们做过的初步调查还表明有可能获得必要的信息，去建立生产分派模型。因为模型只需在制订年度计划时使用，收集数据的时间相当充裕，使得用线性规划作为分派模型是可行的，所以他们就着手建立用线性规划作所需决策的模型。

布里斯公司下辖五家工厂，总共生产 130 多种香烟。现在要做的资源分配决策是决定在各个工厂里分别生产哪几种香烟及其数量。

资源分配工作的目标是使扣除成本后的销售收入最大化。模型所受的约束则是工厂的生产能力、对各种产品的需求、关于烟草的限额。

董事长委托生产部副经理鲍勃来检查刚拟出大纲的正在构模的项目。鲍勃是个四十刚出头的精明挑剔的管理者，他在一所著名学府取得管理学硕士学位，后来在布里斯公司里飞黄腾达。在读硕士时鲍勃就知道有线性规划，而令大卫和托尼烦恼的是鲍勃的经营学教授已使鲍勃有了线性规划难以应用于实际问题的先入为主之见。在他学习时，求解线性规划问题使用的是一板一眼的迭代步骤，这至今仍让他生厌，而且他还认为线性规划是严格的数值计算，无法兼顾定性因素。

鲍勃虽有所怀疑，还是耐心地听取了介绍，然后发问："模型里有多少变量?"这么详细的问题真是出人意料，好在大卫事先估计过模型的规模。

"一千个变量和三百来个约束，"大卫在回答时带着对模型规模的自豪，却没有想到副经理的反应大大不妙。

"你说什么！天呀，这可够你们算一辈子的了！"

"不，阁下，"托尼插嘴说："新的计算机系统效率很高，要不了多少时间就可以计算出结果来。"

鲍勃没有被说服，他又问起数据："你们想过收集数据要多少时间吗?"

"我们可以编一个生成数据库的程序，"托尼说。

"我是问多少时间?"副经理盯住不放。

"我们跟数据处理部门联系过，他们说我们可在半年内收集齐数据。"

“什么!”鲍勃叫起来。“董事长必须在下个月的董事会议前作出决策，你们知道吗?”

这可真的进退两难了，大卫踌躇了好几分钟。突然，他眼睛一亮，挂在副经理办公室墙上的一张意大利风景画让他有了一个主意。在运筹学文献里不是提到过一个意大利人吗，他叫什么名字来着？对，帕累托！他讲过一条普遍规律，今天就被称作 ABC 分类法。

大卫没头没脑地问了一句：“占我们公司销售总数 80% 的产品有几种啊?”

“不多，这我可以断定。”鲍勃回答他。“让我查一下，据报告给我的数据，有 12 种产品的销售额占总数的 87% 。”

“这样的话就有办法了，就只以这 12 个产品作为模型的对象。数据收集工作也可以用人力进行。”

“搞出模型要多长时间呢?”

“我想在三个星期内就可以给你一个结论了。”大卫说。

“那好，请记住，我们需要的是在短期内解决大问题，问题的重要性用不着多说。别搞那些只能供在象牙塔里的货色。”

最后一句话让人听了不怎么舒服，但大卫和托尼离开办公室时的心情是很复杂的。这是一个在重大决策上显身手的难得的机会，但也是弄不好就会把饭碗砸掉的挑战。

分配模型的开发

经过副经理的督促，大卫和托尼开始将模型具体化，而且很快就完成了。因为有公司最高领导的关注，数据收集工作比正常情况下要顺利得多。在大卫的经验中，会计部门的合作如此尽力还属第一次。经过有限的调整，两位分析者就尝试着让模型运行。模型的结果看来是合情合理的，他们就准备向鲍勃汇报。

模型的结果

向鲍勃介绍的结果总结如表 2 – 14 所示。

按照这一分派计划，费用约为 30 500 万美元，要比目前的实际费用少2 100万美元。大卫很受模型结果的鼓舞，满怀喜悦地盼望着与鲍勃的会面。

但是鲍勃的反应却不是那么回事，他说：“这个方案是荒唐的，大卫，你本应该知道得再多一些的，你知道公司有多少烘炉用于香烟生产？如果 B 城的烘炉坏了，会有什么结果？你只能停止三种香烟的生产。烘炉一修就要六个月，计划中只有 B 城生产的三种烟就完全脱销了。”

大卫因为未能事先在模型里考虑烘炉条件而难受，但他很快就指出，只要增加一类约束条件就能解决这个难题：某几种香烟在任何工厂里生产的百分比不能超过某个固定值。鲍勃欣赏大卫的这个主意，并把不能超过的百分数定为 60。再次运行模型后得到的结果汇总如表 2 – 15 所示。

表 2-14　　香烟生产的分派

香烟类型[1]	B 城	S 城	R 城	F 城	P 城
1-R	1 200 000[2]				
2-R	800 000				
3-M			2 600 000		
4-M		1 100 000	1 900 000		
5-M	2 700 000		2 300 000		
6-FT		450 000		850 000	
7-FT		2 400 000			
8-FTM		1 800 000			
9-FTM				2 200 000	
10-XL				3 000 000	
11-XLM	500 000				
12-XLM	838 500			161 500	

注：（1）类型的代号略（所引文献译者）。
（2）数字均为箱数。

表 2-15　　修正过的香烟生产的分派

香烟类型	B 城	S 城	R 城	F 城	P 城
1-R	650 000		5 500 000		
2-R	400 000	300 000			100 000
3-M			1 200 000	1 400 000	
4-M		1 100 000	1 800 000		100 000
5-M	2 700 000		2 300 000		
6-FT		450 000		780 000	70 000
7-FT	9 600 000	1 440 000			
8-FTM	5 200 000	1 228 000			
9-FTM			880 000	1 320 000	
10-XL			1 200 000	1 800 000	
11-XLM	300 000			200 000	
12-XLM	838 500			161 500	

大卫有点遗憾地说：“与现在的情况比，我们省了 1 300 万美元，比我们的第一个方案则多花了 800 万美元。”

在提出正式报告之前，他们先把结果送给鲍勃。鲍勃再一次提出问题：“你们让 P 城的工厂每月生产 270 000 箱香烟，但我们可不能只为了这么点产量就维持一个厂啊！”

大卫他们商量后决定把 P 城的工厂排除在模型之外，并把由此获得的结论交给鲍勃。

“这个结论看来好多了，可以节省多少钱？”

"我却要告诉你，在模型里为烘炉付 800 万美元保险费还是便宜的。我们去见董事长吧!"

结束语

董事长很高兴，但报告中有一点令他不安。他曾经担任过公司在 P 城工厂的厂长，因此很清楚关闭工厂对城市会有什么影响。在考虑一段时间之后，他决定采纳报告中的建议，但他又要求将 P 城的工厂改建为地区性仓库，以减少因工厂停产而造成的失业人数。

大卫母校的运筹学组织有一条规定：学生（校友）利用运筹学使所服务的单位获利（节约）超过 1 000 万美元的可获得一枚镶有钻石的奖章。该大学派人核实了由大卫领导的这次研究，并给大卫颁发了钻石奖章。

讨论指导

1. 试描述模型必须做哪些变动。大卫和托尼是否应该自己先想到这些问题?
2. 鲍勃关于花 800 万美元为烘炉保险的话正确吗?
3. 一个分配模型对于像关掉 P 城工厂这样的定性决定应该持何态度?
4. 用其他办法有可能得到相同的结论吗?
5. 在什么情况下，隔多长时间，就应该重新评价这些结果? 关闭 P 城的工厂是不是一个明智的决策?

习　题

1. 某公司生产甲和乙两种产品，它们的单位利润分别是 300 元和 200 元。该公司有两个机械加工中心，它们每天工作的有效时间分别为 20 小时和 18 小时。每种产品都须经过两个中心加工，生产每单位产品甲在加工中心 A 需要 1 小时，在中心 B 需要 3 小时。生产每单位产品乙在中心 A 和 B 各需要 2 小时和 1 小时。根据市场调查知产品甲每天的需求量不会超过 5 单位，而产品乙无论生产多少均能销售完。问公司应如何安排生产才能获利最大? 试建立问题的线性规划模型，并用图解法求解。

2. 用图解法解下列线性规划问题，并指出问题是具有唯一最优解、无穷多最优解、无界解，还是无可行解?

（1）
$$\begin{aligned} \min z &= 2x_1 + 3x_2 \\ \text{s. t.} \quad & x_1 + 3x_2 \geqslant 3 \\ & x_1 + x_2 \geqslant 2 \\ & x_1,\ x_2 \geqslant 0 \end{aligned}$$

（2）
$$\max z = -2x_1 + 3x_2$$

$$\text{s.t.}\quad \begin{aligned} -x_1+2x_2 &\leqslant 2 \\ 2x_1-x_2 &\leqslant 3 \\ x_2 &\geqslant 4 \\ x_1,\ x_2 &\geqslant 0 \end{aligned}$$

（3）

$$\max z=6x_1+2x_2$$
$$\text{s.t.}\quad \begin{aligned} 4x_1+2x_2 &\geqslant 8 \\ 3x_1+x_2 &\leqslant 10 \\ x_1,\ x_2 &\geqslant 0 \end{aligned}$$

（4）

$$\min z=-x_1+x_2$$
$$\text{s.t.}\quad \begin{aligned} 3x_1+2x_2 &\geqslant 24 \\ -x_1+3x_2 &\leqslant 3 \\ x_1,\ x_2 &\geqslant 0 \end{aligned}$$

3. 某一企业家需要找人清理 5 间会议室、12 张桌子与 18 个货架。今有两个临时工 A 和 B 供该企业家雇用。A 一天可清理 1 间会议室、3 张桌子与 3 个货架；B 一天可清理 1 间会议室、2 张桌子与 6 个货架。A 的工资每天 25 元，B 每天 22 元。为了使成本最低，应雇用 A 和 B 各多少天？（用线性规划图解法求解）

4. 找出下列线性规划问题的两个基可行解，并写出约束方程组相应的典式。

$$\min z=5x_1+2x_2+x_3+3x_4$$
$$\text{s.t.}\quad \begin{aligned} x_1+x_2+4x_3+x_4 &= 6 \\ 2x_2+6x_3-x_4+x_5 &= 8 \\ x_1,\ \cdots,\ x_5 &\geqslant 0 \end{aligned}$$

5. 将下列线性规划问题转化为标准型，并作出初始单纯形表。

（1）

$$\max z=-3x_1-4x_2+2x_3-5x_4$$
$$\text{s.t.}\quad \begin{aligned} -x_1+x_2+3x_3-x_4 &\leqslant 14 \\ -4x_1-x_2+2x_3-x_4 &= -2 \\ 2x_1+3x_2-x_3+2x_4 &\geqslant 2 \\ x_1\leqslant 0,\ x_2\geqslant 0,\ x_3 &\geqslant 0,\ x_4 \text{ 无限制} \end{aligned}$$

（2）

$$\min z=-3x_1-x_2+4x_3$$
$$\text{s.t.}\quad \begin{aligned} -x_1+2x_2+x_3 &= 5 \\ x_1-x_2+x_3 &\geqslant -6 \\ x_1\leqslant 0,\ x_2 &\geqslant 0 \end{aligned}$$

6. 用单纯形法求解习题 1 和习题 2（4），并指出单纯形法迭代的每一步对应于可行域中的哪一个顶点。

7. 讨论如何使用单纯形法求解下述线性规划问题。

$$\max z=\sum_{j=1}^{n}c_j\mid x_j\mid$$

$$\text{s. t.}\quad \sum_{j=1}^{n}a_{ij}x_j=b_i,\ i=1,\ \cdots,\ m$$

8. 解下列线性规划问题，并指出问题的解属于哪一类。若有多个最优解，请找出三个最优解。

（1）
$$\begin{aligned}\max z=&4x_1+2x_2+2x_3\\ \text{s. t.}\quad &2x_1+x_2+x_3\geqslant 4\\ &x_1+2x_2\leqslant 10\\ &2x_1+4x_2+x_3\leqslant 8\\ &x_1,\ x_2,\ x_3\geqslant 0\end{aligned}$$

（2）
$$\begin{aligned}\min z=&-4x_1-6x_2+10x_3\\ \text{s. t.}\quad &2x_1-5x_2+x_3\geqslant 10\\ &x_1+x_2+x_3=7\\ &x_1,\ x_2,\ x_3\geqslant 0\end{aligned}$$

（3）
$$\begin{aligned}\max z=&5x_1+4x_2+x_3\\ \text{s. t.}\quad &2x_1+3x_2+x_3\geqslant 20\\ &x_1+2x_2\leqslant 4\\ &x_1+x_2-x_3=5\\ &x_1,\ x_2,\ x_3\geqslant 0\end{aligned}$$

（4）
$$\begin{aligned}\min z=&-2x_1-2x_2+x_3\\ \text{s. t.}\quad &x_1+x_2+x_3\geqslant 6\\ &-2x_1+x_2\geqslant 2\\ &x_2-2x_3\leqslant 0\\ &x_1,\ x_2,\ x_3\geqslant 0\end{aligned}$$

（5）
$$\begin{aligned}\max z=&5x_1+6x_2+3x_3\\ \text{s. t.}\quad &x_1+x_2+2x_3\leqslant 18\\ &2x_1+3x_2+x_3\leqslant 16\\ &x_1+x_2+x_3=10\\ &x_1,\ x_3\geqslant 0\end{aligned}$$

9. 设（SLP）有 k 个不同的最优解 $X^{(1)}$，$X^{(2)}$，$\cdots$，$X^{(k)}$。证明：对于任意 $\alpha_i\in[0,1]$，满足 $\sum_{i=1}^{k}\alpha_i=1$，$X=\sum_{i=1}^{k}\alpha_iX^{(i)}$ 也是最优解（这个结论表明最优解的凸组合也是最优解）。

10. 表 2－16 是某个求最大化的线性规划问题迭代到某一步的单纯形表。问各常数 H_i（$i=1$，$\cdots$，6）满足什么条件时，以下结论成立。

（1）当前解为唯一最优解。

（2）当前解为最优解，但存在无穷多最优解。

（3）该线性规划问题具有无界解。

（4）当前解为退化的基最优解。

（5）当前解非最优，但令 x_1 进基，x_2 出基后，目标函数能够改进。

表 2－16

X_B	b'	x_1	x_2	x_3	x_4	x_5	x_6
x_2	5	H_2	1	0	-6	0	H_6
x_5	H_1	7	0	0	H_4	1	-4
x_3	4	-1	0	1	-3	0	-1
		H_3	0	0	H_5	0	-2

11. 判断下列说法是否正确。

（1）在求最大化的线性规划模型中增加一个约束条件，目标函数的最优值将减少或不变；减少一个约束条件，目标函数的最优值将增加或不变（假定模型改变后仍存在最优解）。

（2）若线性规划的可行域无界，则它具有无界解。

（3）若（SLP）没有最优基可行解，则一定没有最优解。

（4）单纯形法计算中，若不按最小比值规则选取出基变量，则在下一个解中至少有一个基变量的值为负。

（5）（SLP）的每一个基解对应可行域的一个顶点。

（6）对一个有 n 个变量、m 个约束方程的（SLP），其基可行解的正分量数目有可能大于 m。

（7）对一个有 n 个变量、m 个约束方程的（SLP），其基可行解的数目恰好为 C_n^m 个。

（8）一旦一个人工变量在迭代中变为非基变量后，该变量及相应列的数字可以从单纯形表中删除，而不影响计算结果。

（9）对自由变量 x_k，通常令 $x_k=x'_k-x''_k$，其中，$x'_k\geqslant 0$，$x''_k\geqslant 0$，在用单纯形法求得的最优解中不可能同时出现 $x'_k>0$，$x''_k>0$。

12. 某求极大化线性规划问题的最优单纯形表如表 2－17 所示，已知该问题的所有约束为“$\leqslant$”型，x_4 和 x_5 为松弛变量。

（1）求该线性规划问题的另外三个最优解。

（2）试求出表 2－17 对应的最优基 B 和 B^{-1}，并写出原问题。

表 2－17

X_B	b'	x_1	x_2	x_3	x_4	x_5
x_3	3/2	1	0	1	1/2	$-1/2$
x_2	2	1/2	1	0	-1	2
		-3	0	0	0	-4

13. 在本章例3中，医院支付给护士的工资为：6：00～18：00每小时3元，18：00～23：00每小时4元，23：00～6：00每小时5元。并要求2：00开始上班的人数不得超过4人。求最优安排方案。

14. 某炼油厂使用三种原料油甲、乙、丙混合加工成A、B、C三类不同的汽油产品，有关数据如表2－18所示。另外，由于市场原因，A的产量不得低于产品总量的40%。问该厂应如何安排生产才能使其总利润最大？

表2－18

产品规格＼产品／原料	A	B	C	原料成本（元/吨）	原料限量（吨）
甲	≥60%	≥15%		1 800	2 000
乙				1 350	2 500
丙	≤20%	≤60%	≤50%	900	1 200
加工费（元/吨）	450	360	270		
售价（元/吨）	3 060	2 565	2 025		

15. 某公司从中心制造地点向四个分别位于城区北、东、南、西方向的分配点送材料。该公司有26辆卡车，用于从制造地点向分配点运料。其中有9辆每辆能装5吨的大型卡车、12辆每辆能装2吨的中型卡车和5辆每辆能装1吨的小型卡车。某天，北、东、南、西四个分配点分别需要材料14吨、10吨、20吨和8吨。每种卡车向各分配点送料一次的费用如表2－19所示。若每辆卡车只送料一次，公司应如何安排才能使运料的总费用最小？

表2－19

	北	东	南	西
大型卡车	80	63	92	75
中型卡车	50	60	55	42
小型卡车	20	15	38	22

16. 某厂要制订一个产品宣传计划，可利用的广告渠道有电视、广播、杂志三种。市场调查的结果如表2－20所示。该厂计划用于广告费用不超过16万元。此外还要求：（1）受到广告影响的妇女至少要有20万人；（2）电视广告费用不超过10万元；（3）白昼电视至少要订3个广告，热门时间至少2个广告；（4）广播和杂志上的广告数都应在5～10之间。试问该厂如何制订一个广告计划，使受到影响的总人数最多？

表 2－20

	电视		广播	杂志
	白昼时间	热门时间		
每个广告的费用（元）	8 000	15 000	6 000	3 000
每个广告影响的总人数（人）	40 000	90 000	50 000	2 000
每个广告影响的妇女数（人）	30 000	40 000	20 000	1 000

17. 有 A、B 两种产品，都须经过两个化学反应过程。每一单位产品 A 需要在前一工序中花去 2 小时和在后道工序中花去 3 小时；每一单位产品 B 需要在前一工序中花去 3 小时和在后道工序中花去 4 小时。可供利用的前一工序的时间为 200 小时，后道工序的时间为 240 小时。每生产 1 个单位的产品 B 同时也能得到 2 个单位的副产品 C。出售产品 A 每单位能获利 5 元，产品 B 每单位能获利 10 元，副产品 C 每单位能获利 3 元。卖不出去的产品 C 必须销毁，单位销毁费用是 1 元。由市场预测知，最多售出 10 个单位的产品 C。试问如何安排生产计划可使获得的利润最大。

18. 某造纸厂生产宽度为 3 米的卷筒纸，再将这种大卷筒切成宽度分别为 1.6 米、1.1 米和 0.7 米的小卷筒。市场对这三种小卷筒的需求分别是 100、200 和 400 个。问应以怎样的方法切割，可使耗用的大卷筒最少而又能满足市场的需要？最优切割方案是否唯一？

19. 一家化工厂生产洗衣粉和洗涤剂。生产原料可以从市场上以每千克 5 元的价格买到。处理 1 千克原料可生产 0.55 千克普通洗衣粉和 0.35 千克普通洗涤剂。普通洗衣粉和普通洗涤剂可分别以每千克 8 元和 12 元的价格在市场上出售。市场对普通洗衣粉的最低需求是每天 1 000 千克。工厂设备每天最多可处理 10 吨原料，每加工 1 千克原料的成本为 1.5 元。为生产浓缩洗衣粉和高级洗涤剂，工厂还可继续对普通洗衣粉和普通洗涤剂进行精加工。处理 1 千克普通洗衣粉可得 0.6 千克浓缩洗衣粉，处理 1 千克普通洗涤剂可得 0.3 千克高级洗涤剂。浓缩洗衣粉和高级洗涤剂的市场价格分别为每千克 24 元和 55 元。每千克精加工产品的加工成本为 3 元。如果原料供应没有限制且各类产品畅销，问该工厂如何生产能使其利润最大？

20. 某工厂生产三种产品Ⅰ、Ⅱ、Ⅲ，每种产品要经过 A、B 两道工序加工。设该厂有两种规格的设备能完成 A 工序，它们以 A_1、A_2 表示；有三种规格的设备能完成 B 工序，它们以 B_1、B_2、B_3 表示。产品Ⅰ可在 A、B 任何一种规格的设备上加工；产品Ⅱ可在任何规格的 A 设备上加工，但完成 B 工序时，只能在 B_1 设备上加工；产品Ⅲ只能在 A_2 与 B_2 设备上加工。假定产品Ⅰ的销售量不超过1 500单位。已知三种产品在各设备上加工时，单位产品用的工时数（单位工时）、原材料费、产品销售价格、各种设备有效台时以及满负荷操作时设备的费用和人工费如表 2－21 所示，要求安排最优的生产计划，使该厂利润最大。

21. 某公司在第一年有 100 万元资金。每年都有以下的投资方案可供考虑采纳：“假如今年投入一笔资金，明年又继续投入此资金的 50%，那么到后年就可收回今年年初投入资金的两倍金额。”试问该公司要如何决定最优投资策略才可使第六年拥有的资金最多？

表 2-21

设备	产品			设备有效台时	满负荷时的设备费用（百元）
	Ⅰ	Ⅱ	Ⅲ		
A_1	5	10		6 000	600
A_2	7	9	12	10 000	600
B_1	6	8		4 000	500
B_2	4		11	7 000	1 400
B_3	7			4 000	400
原料费（百元/单位）	0.5	0.7	1.0	人工费 0.05 百元/小时	
单价（百元/单位）	2.5	4.0	5.6		

22. 某企业使用三种有限的资源生产两种产品 A 和 B。这三种资源为成形时间、装配时间和油漆时间。生产一件产品 A 所需要的成形时间、装配时间和油漆时间分别为 8、6 和 4 分钟；而产品 B 分别为 4、9 和 3 分钟。今年头四个月企业收到的订单数量，产品 A 都是每月 1 800 件，产品 B 分别为 2 500、2 000、3 000 和 1 000 件。

在第一和第二个月，产品 A 和 B 的单位利润分别为 17 元和 14 元。成形中心、装配中心和油漆中心每月可用的时间分别为 32 000、40 000 和 15 000 分钟。在第三和第四个月，产品 A 和 B 的单位利润分别变为 15 元和 16 元。油漆中心的扩建使得该中心每月可用的工作时间为 25 000 分钟，其余两个中心每月可用的时间不变。

假定第一个月开始时每种产品的库存有 1 000 件，要求第四个月月底每种产品的库存量必须不少于 1 000 件，库存的费用为每月每件 1 元。另外，由于某种原因，在第三个月不能生产产品 A，在第四个月不能生产产品 B。问企业应如何安排生产才能使四个月的总利润最大？（提示：参看本章例 12，并引入双下标变量，其中一个下标表示产品种类，另一个表示月份）

本章小结

线性规划是运筹学中应用最为广泛的一个重要分支，在经济管理活动中，人们经常使用线性规划模型求解有限资源的最优配置问题。本章介绍了线性规划的数学模型、基本概念、图解法、线性规划的标准型及转化为标准型的方法。单纯形法是求解一般线性规划问题的有效方法，该方法的基本思路是每次迭代从某个基可行解（顶点）转移到另一个“更好”的基可行解（顶点），经过有限步骤可找到问题的最优解或发现问题具有无界解。本章还介绍了单纯形法的基本原理和计算步骤，包括寻找初始基可行解的人工变量方法，并探讨求多个最优解的问题。作为应用，章末给出了若干有代表性的例子和案例。

实际问题形成的线性规划模型都必须使用计算机求解，本章详细介绍了使用计算机软件求解线性规划的具体步骤和结果。

3 线性规划的对偶问题与灵敏度分析

本章要求

- □ 了解线性规划对偶问题的实际背景。
- □ 掌握对偶问题的建立规则与基本性质。
- □ 掌握对偶最优解的计算及其经济解释。
- □ 掌握线性规划的灵敏度分析。
- □ 理解计算机输出的有关影子价格与灵敏度分析的内容。

3.1 对偶问题

对偶理论是线性规划的重要组成部分，其主要内容是：每一个线性规划问题都伴随着一个被称为其对偶问题的线性规划问题，它们之间有着十分密切的关系，并具有一些很有价值的性质。由对偶问题引申出来的对偶最优解是进一步揭示线性规划模型经济含义的重要工具。

3.1.1 对偶问题的提出

例 1 对偶问题的提出。

在第 2 章例 1 中讨论了工厂生产计划问题，该问题从使用有限资源组织生产，以追求最大利润的角度得到了下列线性规划模型：

$$\begin{aligned} \max z &= 70x_1 + 120x_2 \\ \text{s.t.} \quad & 9x_1 + 4x_2 \leqslant 360 \\ & 4x_1 + 5x_2 \leqslant 200 \\ & 3x_1 + 10x_2 \leqslant 300 \\ & x_1 \geqslant 0,\ x_2 \geqslant 0 \end{aligned} \tag{3.1}$$

现在从另一角度来讨论问题。假设该工厂的厂主决定不生产产品 A 和 B，而将其所有资源出租或外售，这时，厂主就要考虑每种资源应如何定价的问题，为此，他可以构造如下的数学模型。

设 y_1、y_2、y_3 分别表示出租单位劳动力、单位设备台时的租金、出让单位原材料的附加额（附加额 = 出售价格 − 成本）。厂主在作定价决策时，会考虑到出租和出让资源所得到的收入应不低于用这些资源进行生产所得到的利润。具体来说，若用 9 个单位劳动力、4 个单位设备台时和 3 个单位原材料可以生产一单位产品 A 而获利 70 元，那么就应有：

$$9y_1+4y_2+3y_3\geqslant 70$$

同理，对产品 B 作类似分析也应有：

$$4y_1+5y_2+10y_3\geqslant 120$$

把工厂所有的资源都出租和出让，其总收入为 $\omega=360y_1+200y_2+300y_3$，表面上看，$\omega$ 越大越好，但实际上定价太高会失去竞争能力。在保证出租出售资源不会比自己生产获利少的前提下，为了使工厂的竞争能力达到最大，应该极小化总收入 ω。为此需解如下线性规划问题：

$$\begin{aligned}&\min\ \omega=360y_1+200y_2+300y_3\\&\text{s. t.}\quad 9y_1+4y_2+3y_3\geqslant 70\\&\qquad\quad 4y_1+5y_2+10y_3\geqslant 120\\&\qquad\quad y_1\geqslant 0,\ y_2\geqslant 0,\ y_3\geqslant 0\end{aligned}\tag{3.2}$$

（3.1）与（3.2）这两个问题都是为了提高工厂的经济效益，但从两个不同角度出发而形成的一对线性规划问题。我们称（3.2）为（3.1）的对偶（Dual）问题，称（3.1）为原（Primal）问题。

3.1.2 建立对偶问题的规则

从上面的例子可以看出，原问题和对偶问题在形式上有着密切的关系：其中一个问题为求 max 且约束条件是“≤”形式，另一个问题为求 min 且约束条件是“≥”形式；两者的目标函数系数与约束条件的右端项以及约束条件与变量之间是相对应的，而约束条件的系数矩阵互为转置（这里所说的约束条件不包含变量非负条件）。

一般来说，给定线性规划问题：

$$(\mathrm{P})\quad\begin{aligned}&\max\ z=c_1x_1+c_2x_2+\cdots+c_nx_n\\&\text{s. t.}\quad a_{11}x_1+a_{12}x_2+\cdots+a_{1n}x_n\leqslant b_1\\&\qquad\quad a_{21}x_1+a_{22}x_2+\cdots+a_{2n}x_n\leqslant b_2\\&\qquad\qquad\vdots\\&\qquad\quad a_{m1}x_1+a_{m2}x_2+\cdots+a_{mn}x_n\leqslant b_m\end{aligned}\tag{3.3}$$

$$x_1, x_2, \cdots, x_n \geqslant 0$$

则其对偶问题为：

$$(\mathrm{D})\quad \begin{aligned} \min\ \omega &= b_1y_1 + b_2y_2 + \cdots + b_my_m \\ \text{s.t.}\quad & a_{11}y_1 + a_{21}y_2 + \cdots + a_{m1}y_m \geqslant c_1 \\ & a_{12}y_1 + a_{22}y_2 + \cdots + a_{m2}y_m \geqslant c_2 \\ & \qquad\vdots \\ & a_{1n}y_1 + a_{2n}y_2 + \cdots + a_{mn}y_m \geqslant c_n \\ & y_1, y_2, \cdots, y_m \geqslant 0 \end{aligned} \qquad (3.4)$$

原问题和对偶问题还可写为较简洁的矩阵形式：

$$(\mathrm{P})\quad \begin{aligned} \max\ z &= CX \\ \text{s.t.}\quad & AX \leqslant B \\ & X \geqslant 0 \end{aligned} \qquad (\mathrm{D})\quad \begin{aligned} \min\ \omega &= YB \\ \text{s.t.}\quad & YA \geqslant C \\ & Y \geqslant 0 \end{aligned}$$

其中 $Y=(y_1, \cdots, y_m)$，其余符号的意义如第 2 章所述。

需要强调的是，当我们讨论对偶问题时一定是指一对问题，而原问题和对偶问题的界限也无严格划分，实际上，它们互为对偶，谁都可以是原问题，也可以是对偶问题。下一小节给出的对偶问题的对称性说的就是这个道理。

求一个任意给定的线性规划问题的对偶问题，原则上可以先将它等价地转化为（3.3）的形式，再按（3.4）的形式写出其对偶问题，然后化简。但这样做太麻烦，更简便的办法是按表 3－1 所示的对应关系直接写出给定问题的对偶问题。这里不对表 3－1 作详细推导。

表 3－1　　对偶关系对应表

原问题（或对偶问题）	对偶问题（或原问题）
目标函数求 max	目标函数求 min
变量 n 个 $\geqslant 0$ $\leqslant 0$ 无限制	约束条件 n 个 $\geqslant$ $\leqslant$ $=$
约束条件 m 个 $\leqslant$ $\geqslant$ $=$	变量 m 个 $\geqslant 0$ $\leqslant 0$ 无限制
约束条件右端项 目标函数系数	目标函数系数 约束条件右端项

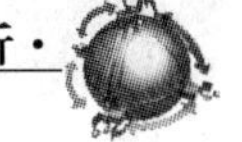

例2 写出下列问题的对偶问题。

$$
\begin{aligned}
\min z &= 3x_1 + 2x_2 - 6x_3 + x_5 \\
\text{s. t.} \quad & 2x_1 + x_2 - 4x_3 + x_4 + 3x_5 \geqslant 7 \\
& x_1 + 2x_3 - x_4 \leqslant 4 \\
& -x_1 + 3x_2 - 4x_4 + x_5 = -2 \\
& x_1,\ x_2,\ x_3 \geqslant 0;\ x_4 \leqslant 0;\ x_5 \text{ 无限制}
\end{aligned}
$$

解：设对应于约束条件的对偶变量分别为 y_1，y_2，y_3，则由表3－1（注意这里的原问题是求 min，故使用表3－1时应从表的右边部分对应到左边部分）可以得到所求的对偶问题为：

$$
\begin{aligned}
\max \omega &= 7y_1 + 4y_2 - 2y_3 \\
\text{s. t.} \quad & 2y_1 + y_2 - y_3 \leqslant 3 \\
& y_1 + 3y_3 \leqslant 2 \\
& -4y_1 + 2y_2 \leqslant -6 \\
& y_1 - y_2 - 4y_3 \geqslant 0 \\
& 3y_1 + y_3 = 1 \\
& y_1 \geqslant 0,\ y_2 \leqslant 0,\ y_3 \text{ 无限制}
\end{aligned}
$$

3.1.3 对偶问题的基本性质

下面介绍对偶问题的一些基本性质，这些性质的证明除了对偶定理和互补松弛性以外都比较简单，有兴趣的读者可参考有关书籍。

在一对对偶问题中，存在以下的关系：

（1）对称性：对偶问题的对偶是原问题。

（2）弱对偶性：求 max 问题的可行解的目标值不可能超过求 min 问题的可行解的目标值。

（3）无界性：若其中一个问题无界，则另一个问题不可行。

（4）对偶定理：若其中一个问题有最优解，则另一个问题也有最优解，并且它们目标函数的最优值相等。特别是若原问题的最优基为 B，则其对偶问题的最优解为 $Y^* = C_B B^{-1}$。

（5）互补松弛性（松紧定理）：设 $X^{(0)}$ 和 $Y^{(0)}$ 分别是问题（P）和（D）的可行解，则它们都是最优解的充分必要条件是：对于 $j=1,\ 2,\ \cdots,\ n$ 和 $i=1,\ 2,\ \cdots,\ m$，有：

$$
\begin{aligned}
&① \ x_j^0 > 0 && \Rightarrow \sum_{i=1}^{m} a_{ij} y_i^0 = c_j \\
&② \ \sum_{i=1}^{m} a_{ij} y_i^0 > c_j && \Rightarrow x_j^0 = 0 \\
&③ \ y_i^0 > 0 && \Rightarrow \sum_{j=1}^{n} a_{ij} x_j^0 = b_i
\end{aligned}
$$

$$④ \sum_{j=1}^{n} a_{ij} x_j^0 < b_i \qquad \Rightarrow y_i^0 = 0$$

请读者注意$\sum_{i=1}^{m} a_{ij} y_i \geqslant c_j$和$\sum_{j=1}^{n} a_{ij} x_j \leqslant b_i$分别为问题（D）和（P）的约束条件。

如果一个不等式约束成为严格等式，则称它是紧的，否则称为松的。这样，互补松弛性表明，一对对偶问题达到最优当且仅当：松约束（或变量）对应的对偶变量（或约束）必定是紧的。

例 3　给定线性规划问题。

$$\begin{aligned} \min z &= 2x_1 + 3x_2 + 5x_3 + 2x_4 + 3x_5 \\ \text{s. t.} \quad & x_1 + x_2 + 2x_3 + x_4 + 3x_5 \geqslant 4 \\ & 2x_1 - 2x_2 + 3x_3 + x_4 + x_5 \geqslant 3 \\ & x_j \geqslant 0, \ j = 1, \ \cdots, \ 5 \end{aligned}$$

试通过求解其对偶问题找出原问题的最优解。

解：对偶问题为：

$$\begin{aligned} \max \omega &= 4y_1 + 3y_2 \\ \text{s. t.} \quad & y_1 + 2y_2 \leqslant 2 \\ & y_1 - 2y_2 \leqslant 3 \\ & 2y_1 + 3y_2 \leqslant 5 \\ & y_1 + y_2 \leqslant 2 \\ & 3y_1 + y_2 \leqslant 3 \\ & y_1, \ y_2 \geqslant 0 \end{aligned}$$

由于对偶问题只有两个变量，可以用图解法（第 2 章 2.1.2 小节）求出其最优解 $y_1^* = \frac{4}{5}$，$y_2^* = \frac{3}{5}$和最优值 $\omega^* = 5$。

将y_1^*，y_2^*代入约束条件，可见第 2、第 3 和第 4 个约束条件是松的，由互补松弛性得 $x_2^* = x_3^* = x_4^* = 0$。又因$y_1^*$，$y_2^* > 0$，故原问题的两个约束应取等式，即有$x_1^* + 3x_5^* = 4$ 和 $2x_1^* + x_5^* = 3$，从而解得$x_1^* = 1$，$x_5^* = 1$。因此，原问题的最优解为 $X^* =$（1，0，0，0，1）^{T}，最优值 $z^* = 5$。

下面介绍如何从原问题的最优单纯形表直接找到对偶问题的最优解。记某标准线性规划问题的初始基变量组为 X_{IB}，X_{IB}在目标函数中的各系数为 C_{IB}，在最优单纯形表中 X_{IB}的各检验数为 σ_{IB}，则经过计算可得到对偶问题的最优解为 $Y^* = C_{\mathrm{IB}} - \sigma_{\mathrm{IB}}$。

以第 2 章例 1 来说明（见表 2－4），在该例中，$X_{\mathrm{IB}} = (x_3, x_4, x_5)$，$C_{\mathrm{IB}} =$（0，0，0），$\sigma_{\mathrm{IB}} =$（0，－13.6，－5.2），由此可得到对偶问题最优解为 $Y^* =$（0，13.6，5.2），

即$y_1^* = 0$，$y_2^* = 13.6$，$y_3^* = 5.2$。

最后简单谈谈对偶问题在计算上的应用。由对偶问题的性质我们发现，对于一对对偶问题，只要求出其中的一个解，另一个的解也就求出来了。因此，如果你要求的问题比较复杂，而它的对偶问题比较简单，那么你可以去求解后者，同样能得到原来问题的解。这里要提到实际计算中的一个经验，即解一个线性规划所需的时间更多的是取决于约束条件的数目而不是变量的数目。如果原问题有 m 个约束条件和 n 个变量，则对偶问题有 n 个约束条件和 m 个变量。于是，一般来说，你应当选择约束条件少的问题来进行求解。下面举一例说明。

例 4　求解下列线性规划问题。

$$
\begin{aligned}
\min z = & 15x_1 + 3x_2 + 8x_3 \\
\text{s. t.} \quad & 3x_1 + x_2 + 6x_3 \geqslant 6 \\
& 4x_1 + 5x_3 \geqslant 7 \\
& 10x_1 - 2x_2 + 3x_3 \geqslant 4 \\
& 5x_1 + 7x_2 \geqslant 2 \\
& x_1 + 8x_2 - 3x_3 \geqslant 1 \\
& 2x_1 - x_2 \geqslant 3 \\
& x_1,\ x_2,\ x_3 \geqslant 0
\end{aligned}
$$

解：如果直接解这个问题则需引入 6 个剩余变量和 6 个人工变量，求解较烦琐。但若解它的对偶问题：

$$
\begin{aligned}
\max \omega = & 6y_1 + 7y_2 + 4y_3 + 2y_4 + y_5 + 3y_6 \\
\text{s. t.} \quad & 3y_1 + 4y_2 + 10y_3 + 5y_4 + y_5 + 2y_6 \leqslant 15 \\
& y_1 - 2y_3 + 7y_4 + 8y_5 - y_6 \leqslant 3 \\
& 6y_1 + 5y_2 + 3y_3 - 3y_5 \leqslant 8 \\
& y_1,\ y_2,\ y_3,\ y_4,\ y_5,\ y_6 \geqslant 0
\end{aligned}
$$

很明显就简单得多了。

我们用计算机直接解原问题要迭代 7 次，但解其对偶只需迭代 4 次，而且前者的单纯形表的规模比后者大。本例的最优解为 $X^* = (1.513,\ 0.026,\ 0.239)^{\mathrm{T}}$，最优值 $z^* = 24.684$。

另外，借助对偶理论还可以设计出两种新的算法——对偶单纯形法和原始对偶算法，由于我们主要是使用计算机求解问题，故不作介绍。

3.1.4　对偶最优解的经济解释——影子价格

考虑使用 m 种资源生产 n 种产品以获得最大利润的生产计划问题。这个问题可用

(3.3) 式的线性规划来表示，其中 c_j 为第 j 种产品的单位利润，b_i 为第 i 种资源的限额，a_{ij}是每生产单位产品 j 所消耗的资源 i 的数量，决策变量 x_j 表示产品 j 的产量（假定产品畅销）。

该问题的最优解 $X^* = (x_1^*, \cdots, x_n^*)^T$ 表示最优生产方案，最优值 $z^* = \sum_{j=1}^{n} c_j x_j^*$ 为相应的最大利润。一般来说，资源限额 b_i 的变化将引起目标最优值 z^* 的变化。在其他条件不变的情况下，第 i 种资源的限额 b_i 增加一个单位所引起的目标最优值的改变量称为该资源的影子价格。从数学上来说，资源 i 的影子价格等于 z^* 对 b_i 的变化率，即$\frac{\partial z^*}{\partial b_i}$。

由对偶定理
$$z^* = \sum_{j=1}^{n} c_j x_j^* = \sum_{i=1}^{m} b_i y_i^* \tag{3.5}$$

其中 $Y^* = (y_1^*, \cdots, y_m^*)$ 为对偶问题最优解。在 (3.5) 式中求 z^* 对 b_i 的偏导数得：$\frac{\partial z^*}{\partial b_i} = y_i^*$，$i = 1, \cdots, m$。

所以，对偶最优解是各资源的影子价格。

影子价格并非资源的市场价格，它实际上是当系统达到最优状态时对资源价格的一种估价。对于同一种资源来说，不同的企业因各自的工艺、技术和管理水平不同，会有不同的影子价格。就某一个企业而言，其内部生产情况的变化也会引起资源影子价格的变化。影子价格的大小客观地反映资源的稀缺程度，在最优利用条件下如果某资源有剩余，尽管它有实实在在的市场价格，但它的影子价格必定为零。这一事实表明，增加该资源的供应量无助于总收益的提高。如果某资源是稀缺资源，其影子价格必然大于零。影子价格越高，资源就越稀缺，对生产活动的制约性就越强。当某种资源的影子价格高于其市场单价时，企业应买进资源扩大生产；相反，应该减少该资源的供应量。

以本章例 1 来说明，劳动力工时、设备台时和原材料的影子价格分别为 0、13.6、5.2 元。这说明在其他条件不变的情况下，若设备增加一台时，该厂按最优计划安排生产可多获利 13.6 元；原材料增加 1 千克，可多获利 5.2 元；而增加劳动力对获利无影响。因此，如果工厂能以每台时低于 13.6 元的租金借用额外的设备台时来扩大生产，将会增加其总利润，至于租借的台时数应根据影子价格的有效范围来确定。所谓资源 i 的影子价格y_i^*的有效范围，是指在这个范围内，若资源 i 的限额增加（或减少）Δ 个单位，则目标最优值增加（或减少）的量为$y_i^* \times \Delta$，这个问题将在下一节灵敏度分析中讨论。

两点说明：

(1) 在一般线性规划模型中，并非所有的约束都是资源约束，但每个约束条件对应的对偶解分量y_i^*都可以解释为目标最优值 z^* 对右端项 b_i 的变化率，即 b_i 增加一个单位时 z^* 的改变量。由于y_i^*的符号可为正，也可为负，故随着 b_i 的增加，z^* 可能增加，也可能减少。

(2) 大多数的计算机软件（包括本书所用到的 QM）沿用如下的输出惯例：打印输出中的影子价格是当右端项增加时目标最优值的改进率而不是变化率。改进的意思在最大化

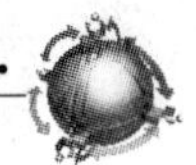

模型中是增加，在最小化模型中则是减少。正的改进率使前者的目标最优值增加，使后者的目标最优值减少；而负的改进率将使目标最优值受到“损害”，故它的作用正好相反。由此不难看出，对于 max 问题，打印输出的影子价格 = 对偶解；对于 min 问题，打印输出的影子价格 = - 对偶解。请读者多加留意。

3.2 灵敏度分析

截至目前，我们一直从静态的角度来讨论线性规划问题，假设各个系数 a_{ij}、b_i 和 c_j 都是已知的常数。然而，实际上这些系数往往是一些估计值或预测值，因此不可避免带有一定的误差；另外，现实世界的不断变化（如市场条件的改变、工艺技术的改进等）也使这些系数具有不确定性。为了提高线性规划模型及其求解结果的可靠性，有必要研究这些系数发生变化时对最优解（或最优基）的影响，这就是灵敏度分析或优化后分析的有关内容。本书的讨论仅仅是一个入门介绍。

3.2.1 目标函数系数变化的灵敏度分析

假定目标函数只有一个系数 c_j 发生变化，模型中的其他系数保持不变。我们要确定 c_j 在什么范围内变化时，原问题的最优解不变，称这个范围为 c_j 的可变范围。

尽管我们可以推导确定 c_j 可变范围上下限的一些公式，但通过考察一个实例将会使读者更直观地理解问题的解决方法且免去记公式之苦。

例 5　求第 2 章例 1 中目标函数系数 c_2 的可变范围。

解：本例的最优单纯形表如表 3 - 2 所示（参见表 2 - 4）：

表 3 - 2

$c_j \rightarrow$			70	120	0	0	0
C_B	X_B	b'	x_1	x_2	x_3	x_4	x_5
0	x_3	84	0	0	1	-3.12	1.16
70	x_1	20	1	0	0	0.4	-0.2
120	x_2	24	0	1	0	-0.12	0.16
		4 280	0	0	0	-13.6	-5.2

在表 3 - 2 中，x_2 的目标函数系数 c_2 的当前值为 120。现把这个系数的值用符号 c_2 代替。此时，相应的单纯形表如表 3 - 3 所示（注意表 3 - 3 与表 3 - 2 的差别只在检验数行）。

表 3 - 3

$c_j\rightarrow$			70	c_2	0	0	0
C_B	X_B	b'	x_1	x_2	x_3	x_4	x_5
0	x_3	84	0	0	1	-3.12	1.16
70	x_1	20	1	0	0	0.4	-0.2
c_2	x_2	24	0	1	0	-0.12	0.16
		$1\,400+24c_2$	0	0	0	$-28+0.12c_2$	$14-0.16c_2$

为使问题的最优解不变，只需表 3 - 3 中的检验数满足最优性准则，即 c_2 要满足不等式组：

$$-28+0.12c_2\leqslant 0$$
$$14-0.16c_2\leqslant 0$$

由此可得到 c_2 的可变范围：$87.5\leqslant c_2\leqslant 233.33$。

若 c_2 的值超出可变范围，则最优性条件遭到破坏，这时，需利用单纯形法求出新的最优解。

读者不难求出目标函数其余系数的可变范围。

3.2.2 右端项变化的灵敏度分析

假定右端项中只有一个参数 b_i 发生变化，模型中的其他系数保持不变。由于右端项的变化只会引起基变量值和目标函数值的变化，而不会引起检验数的变化，因此，我们只需讨论右端项变化对最优基变量的影响。具体处理时，我们要确定 b_i 在什么范围内变化，最优基变量保持不变，称这个范围为 b_i 的可变范围。

注意最优基变量保持不变与最优基不变是同一回事，因此，可以看出 b_i 的可变范围也是影子价格 y_i^* 保持不变的范围及有效范围。

例 6　求例 5 中右端项 b_3 的可变范围。

从最优表（见表 3 - 2）知最优基变量为 x_3，x_1，x_2，最优基为（注意这里提到的是初始数据，可由表 2 - 4 看出）：

$$B=(P_3,\ P_1,\ P_2)=\begin{bmatrix}1 & 9 & 4\\0 & 4 & 5\\0 & 3 & 10\end{bmatrix}$$

根据单纯形法旋转变换的代数原理，不难看出初始基变量 x_3，x_4，x_5 在最优表中相应

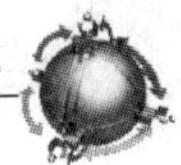

的列构成最优基 B 的逆矩阵，即

$$B^{-1}=\begin{bmatrix}1 & -3.12 & 1.16\\0 & 0.4 & -0.2\\0 & -0.12 & 0.16\end{bmatrix}$$

在本例中，b_3 的当前值为 300（也是用初始数据），现用 b_3 代替这个数值，则最优表（见表 3－2）中除了 b'这列以外，其他数据不变。而 b'由

$$\begin{bmatrix}84\\20\\24\end{bmatrix}\text{变为}B^{-1}\begin{bmatrix}360\\200\\b_3\end{bmatrix}$$

若要保持 B 的最优基地位，应保证基变量的值非负，即要求

$$B^{-1}\begin{bmatrix}360\\200\\b_3\end{bmatrix}\geqslant 0$$

由此可得到不等式组：

$$\begin{aligned}&1\times360+(-3.12)\times200+1.16b_3\geqslant0\\&0\times360+0.4\times200+(-0.2)b_3\geqslant0\\&0\times360+(-0.12)\times200+0.16b_3\geqslant0\end{aligned}$$

最后解得：$227.586\leqslant b_3\leqslant400$。这是最优基（变量）保持不变的范围，也是上一节所得到影子价格 $y_3{}^*=5.2$ 保持不变的范围及有效范围。

绝大多数的计算机软件都有输出灵敏度分析的内容。图3－1是 QM for Windows 输出的第 2 章例 1 的目标函数系数与右端项的可变范围（执行“Solve”命令后，在菜单栏的“Window”中选择“Ranging”可得）。Excel 软件的“规划求解结果”对话框中的“报告”方块也有“敏感性报告”选项供用户选择（见图 2－11）。

Ranging

<xz2-1> solution

Variable	Value	Reduced	Original Val	Lower Bound	Upper Bound
X1	20.	0.	70.	36.	96.
X2	24.	0.	120.	87.5	233.3333
Constraint	Dual Value	Slack/Surplus	Original Val	Lower Bound	Upper Bound
Constraint 1	0.	84.	360.	276.	Infinity
Constraint 2	13.6	0.	200.	150.	226.9231
Constraint 3	5.2	0.	300.	227.5862	400.

图 3－1

图 3-2 是使用 Excel 解第 2 章例 1（也是本章例 5 与例 6）时输入的电子表格模型工作表，其中可变单元格（代表决策变量）为 B4 和 C4，目标单元格为 D6。请读者在各单元格 D8、D9 和 D10 中输入有关公式，并在“规划求解参数”对话框中输入相应的信息。

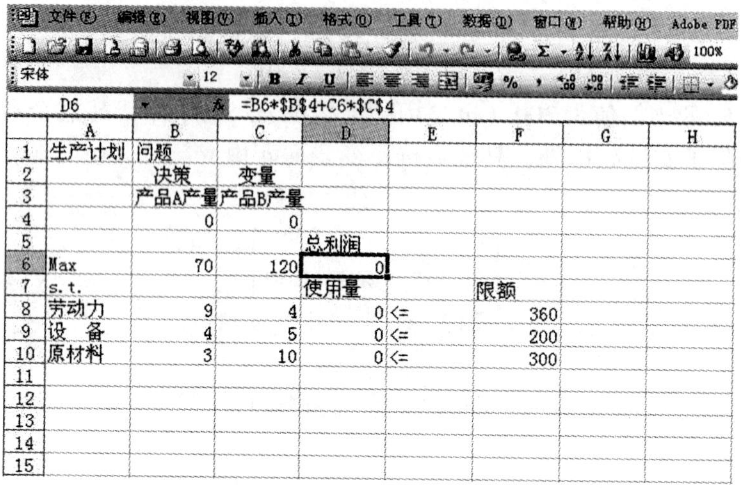

D6　=B6*$B$4+C6*$C$4

	A	B	C	D	E	F	G	H
1	生产计划	问题						
2		决策	变量					
3		产品A产量	产品B产量					
4		0	0					
5				总利润				
6	Max	70	120	0				
7	s.t.			使用量		限额		
8	劳动力	9	4	0	<=	360		
9	设　备	4	5	0	<=	200		
10	原材料	3	10	0	<=	300		
11								
12								
13								
14								
15								

图 3-2

图 3-3 是求解后有关灵敏度分析内容的输出。

Microsoft Excel 11.0 敏感性报告

可变单元格

单元格	名字	终值	递减成本	目标式系数	允许的增量	允许的减量
$B$4	产品 A 产量	20	0	70	26	34
$C$4	产品 B 产量	24	0	120	113.333 333 3	32.5

约束

单元格	名字	终值	阴影价格	约束限制值	允许的增量	允许的减量
$D$8	劳动力 使用量	276	0	360	IE+30	84
$D$9	设　备 使用量	200	13.6	200	26.923 076 92	50
$D$10	原材料 使用量	300	5.2	300	100	72.413 793 1

图 3-3

3.2.3　多个参数变化的灵敏度分析

前面的灵敏度分析都是以单个参数发生变化为前提，但实际上往往有多个参数同时发生变化。本小节讨论多个目标函数系数 c_j 变化的灵敏度分析。

假设某些 c_j 变化为 $c_j+\Delta c_j$，根据前面的单参数灵敏度分析，我们可确定这些 c_j 单个

变化的可变范围，假定为：

$$LB_j \leqslant c_j \leqslant UB_j \tag{3.6}$$

记指标集 $J \triangleq \{j \mid c_j$ 发生变化且 x_j 为基变量$\}$。多参数变化灵敏度分析的具体步骤如下：

（1）检查发生变化的 c_j 是否都满足条件 $LB_j \leqslant c_j + \Delta c_j \leqslant UB_j$，若都满足则进入步骤（2）；否则，最优解会发生变化，进入步骤（4）。

（2）若 J 只包含一个指标，进入步骤（3）；否则对于每个指标 $j \in J$，计算单个变化比率：

$$v_j = \begin{cases} \Delta c_j \ / \ (UB_j - c_j) & \Delta c_j > 0 \\ \Delta c_j \ / \ (LB_j - c_j) & \Delta c_j < 0 \end{cases}$$

再计算总变化比率 $V_T = \sum_{j \in J} v_j$。若 $V_T \leqslant 1$，进入步骤（3）；否则进入步骤（4）。

（3）作出最优解保持不变的结论，计算变化后的目标值（目标值的变化量为 $\sum_{j \in J} \Delta c_j x_j$），停止。

（4）从原最优单纯形表出发，修改相应参数的值后进行迭代。

例 7　市场条件发生变化影响最优生产计划。

对第 2 章例 1 的问题，如果由于市场条件发生变化，产品 A 的单位利润降为 53 元，产品 B 的单位利润升至 160 元，最优生产计划是否会发生变化？如果产品 A 的单位利润升为 95 元，而产品 B 降到 90 元，又将如何？

解：产品 A 单位利润降为 53 元，则 $\Delta c_1 = -17$；产品 B 单位利润升至 160 元，则 $\Delta c_2 = 40$。使用图 3－1 的结果计算单个变化比率和总变化比率：

$$v_1 = (-17) / (36 - 70) = 0.5$$

$$v_2 = 40 / (233.3333 - 120) \approx 0.353$$

$$V_T = v_1 + v_2 = 0.835 < 1$$

所以最优生产计划不会改变，总利润的相应增量为 $(-17) \times 20 + 40 \times 24 = 620$（元）。

如果产品 A 和 B 的单位利润分别变为 95 元和 90 元，则 $\Delta c_1 = 25$，$\Delta c_2 = -30$，经计算：

$$v_1 = 25 / (96 - 70) \approx 0.9615$$

$$v_2 = (-30) / (87.5 - 120) \approx 0.9231$$

$V_T = v_1 + v_2 > 1$，所以最优解会发生变化。从原最优表（见表 3－2）出发，修改相应的参数值得新单纯形表，经迭代后（建议读者自行列表计算），可求得变化后的最优解

$x_1=34.4827$，$x_2=12.4138$；最优值 $z=4393.1$。

3.2.4 其他形式的灵敏度分析

除了上述的灵敏度分析形式，实际问题还会产生诸如增加新变量、增加新约束条件或系数 a_{ij} 发生变化等灵敏度分析。其处理方法是从原问题的最优单纯形表出发，适当修改后继续进行迭代以获得变化后的问题的最优解。若使用计算机求解，则可使用软件的编辑功能对模型进行修改，这里不再赘述。

例 8　是否生产新产品。

在第 2 章例 1 中，该厂除了生产产品 A、B 外，还设计了一种新产品 C。已知产品 C 的单位利润为 110 元；生产一单位产品 C 需使用劳动力 6 工时，设备 5 台时，消耗 7 千克原材料。问该厂是否应生产产品 C 和生产多少？

解：令 x_6 表示产品 C 的产量。根据题意，我们在最优单纯形表（见表3－2）中增加变量 x_6，x_6 的目标函数系数为 110，x_6 对应的列为：

$$B^{-1}P_6=\begin{bmatrix}1 & 3.12 & 1.16\\ 0 & 0.4 & -0.2\\ 0 & -0.12 & 0.16\end{bmatrix}\begin{bmatrix}6\\5\\7\end{bmatrix}=\begin{bmatrix}-1.48\\0.6\\0.52\end{bmatrix}$$

x_6 对应的检验数 $\sigma_6=110-[0\times(-1.48)+70\times0.6+120\times0.52]=5.6$。

表 3－4 是修改后的单纯形表，它是新问题的一个基可行解的单纯形表。

表 3－4

$c_j\rightarrow$			70	120	0	0	0	110	
C_B	Z_B	b'	x_1	x_2	x_3	x_4	x_5	x_6	θ_i
0	x_3	84	0	0	1	−3.12	1.16	−1.48	—
70	x_1	20	1	0	0	0.4	−0.2	[0.6]	33.33
120	x_2	24	0	1	0	−0.12	0.16	0.52	46.15
		4 280	0	0	0	−13.6	−5.2	5.6	

表 3－4 不是最优表，经迭代后可获得新问题的最优单纯形表（见表 3－5）。

由表 3－5 可得新最优生产方案：生产产品 B 6.667 单位，产品 C 33.333 单位，不生产产品 A。总利润为 4 466.667 元，比原计划增加了 186.667 元。

如果决策者只想知道新产品 C 是否应该投产，则从检验数 $\sigma_6>0$ 便可得出投产有利的结论（当然，要假设当前基最优解是非退化的）。

表 3 - 5

$c_j \rightarrow$			70	120	0	0	0	100
C_B	Z_B	b'	x_1	x_2	x_3	x_4	x_5	x_6
0	x_3	133.333	2.467	0	1	-2.133	0.667	0
110	x_6	33.333	1.667	0	0	0.667	-0.333	1
120	x_2	6.667	-0.867	1	0	-0.467	0.333	0
		4 466.667	-9.333	0	0	-17.333	-3.333	0

3.3 使用计算机求解和分析

例 9 使用计算机求解和分析。

某工厂采用研磨和钻孔两种加工工艺生产五种产品 P_1，P_2，…，P_5。扣除成本后，单位产品可获得的利润如下：

	P_1	P_2	P_3	P_4	P_5
利润（元）	550	600	350	400	200

单位产品在每一种加工中所花费的工时为：

	P_1	P_2	P_3	P_4	P_5
研磨	12	20	—	25	15
钻孔	10	8	16	—	—

此外，单位产品的最后装配需要 20 工时。

已知产品 P_2 的最低需求和最高需求分别为 10 和 100 个单位；产品 P_4 的最低需求和最高需求分别为 20 和 150 个单位，其余产品的产量无限制。

该厂有九台磨床和六台钻床，每周工作 6 天，每天两班，每班 8 小时。另用 24 名工人进行装配，每人每天一班。为获取最大的总利润，试求一周内每种产品各应生产多少？并根据计算机求解后的输出结果回答下列问题：

（1）这家工厂还有剩余的资源吗？如果有的话，是哪种资源？有多少？

（2）增加一台磨床每周将增加多少利润？

（3）如果钻孔的总工时下降至 440，每周的利润有什么变化？

（4）如果每周能增加劳动工时 90 工时，成本每人时 8.5 元，或者能租借研磨工艺 100 工时，每工时的租金为 9.5 元，你将选择哪一种方案？

（5）如果产品 P_2 的单位利润从 600 元增至 650 元，最优生产计划有什么变化？总利润会有什么变化？

（6）产品 P_1 的单位利润在什么范围内变化，最优生产方案保持不变？总利润有改变吗？

（7）若产品 P_4 的最低需求变为25，或产品 P_2 的最低需求变为5，总利润又是多少？

（8）若减少两台磨床，对总利润有什么影响？

解：设 x_j 表示一周内产品 P_j 的产量。下面计算各种资源的限额。因工厂有9台磨床，每台一周工作96小时，故共有864磨床工时。同理，每周的钻床工时为576。而装配工作总共使用24名工人，每人每周工作48小时，可给出的工作时间为1 152小时。

我们不难得到该问题的线性规划模型：

$$
\begin{aligned}
\max z = & 550x_1+600x_2+350x_3+400x_4+200x_5 \\
\text{s.t.}\quad & 12x_1+20x_2+25x_4+15x_5 \leqslant 864 \\
& 10x_1+8x_2+16x_3 \leqslant 576 \\
& 20x_1+20x_2+20x_3+20x_4+20x_5 \leqslant 1\,152 \\
& x_2 \geqslant 10 \\
& x_2 \leqslant 100 \\
& x_4 \geqslant 20 \\
& x_4 \leqslant 150 \\
& x_1, \cdots, x_5 \geqslant 0
\end{aligned}
$$

图3-4（a）是使用QM for Windows求解后的输出结果，图3-4（b）是对应的灵敏度输出结果。我们看到，最优生产方案为一周内生产产品 P_1 13.666 7单位，产品 P_2 10单位，产品 P_3 13.933 3单位，产品 P_4 20单位，不生产产品 P_5，可得最大利润26 393.33元。

Linear Programming Results

(untitled) Solution

	X1	X2	X3	X4	X5		RHS	Dual
Maximize	550.	600.	350.	400.	200.			
Constraint 1	12.	20.	0.	25.	15.	<=	864.	16.6667
Constraint 2	10.	8.	16.	0.	0.	<=	576.	0.
Constraint 3	20.	20.	20.	20.	20.	<=	1,152.	17.5
Constraint 4	0.	1.	0.	0.	0.	>=	10.	-83.3333
Constraint 5	0.	1.	0.	0.	0.	<=	100.	0.
Constraint 6	0.	0.	0.	1.	0.	>=	20.	-366.6667
Constraint 7	0.	0.	0.	1.	0.	<=	150.	0.
Solution->	13.6667	10.	13.9333	20.	0.		$26,393.33	

图3-4（a）

Variable	Value	Reduced	Original Val	Lower Bound	Upper Bound
X1	13.6667	0.	550.	500.	Infinity
X2	10.	0.	600.	-Infinity	683.3333
X3	13.9333	0.	350.	0.	475.
X4	20.	0.	400.	-Infinity	766.6666
X5	0.	400.	200.	-Infinity	600.
Constraint	Dual Value	Slack/Surplus	Original Val	Lower Bound	Upper Bound
Constraint 1	16.6667	0.	864.	700.	1,031.2
Constraint 2	0.	136.4	576.	439.6	Infinity
Constraint 3	17.5	0.	1,152.	873.3334	1,322.5
Constraint 4	-83.3333	0.	10.	0.	18.2
Constraint 5	0.	90.	100.	10.	Infinity
Constraint 6	-366.6667	0.	20.	7.1385	26.56
Constraint 7	0.	130.	150.	20.	Infinity

图 3－4（b）

下面是各小问题的答案：

（1）由各约束条件的松弛（或剩余）变量值可知工厂有 136.4 钻床工时的剩余。

（2）增加 1 台磨床意味每周增加 96 磨床工时。磨床工时的影子价格为 16.666 7，影子价格的有效范围为［700，1 031.2］，864 +96 没有超出这个范围，因此，增加 1 台磨床将增加利润 16.666 7 ×96 =1 600.003 2（元）。

（3）由于钻孔工时的影子价格为 0，故总利润没有变化。

（4）每周增加劳动工时 90 人时，扣除成本后利润的净增量为 90 ×（17.5 －8.5） =810（元）。而租借 100 磨床工时所带来的利润净增量为 100 × （16.666 7 －9.5） =716.67（元）。所以，正确的选择应为增加劳动工时。

（5）由目标函数系数的可变范围可见最优生产计划不变，但总利润增加 50 ×10 =500（元）。

剩下的（6）、（7）与（8）三个问题留给读者思考，并思考问题（8）为什么无解。

3.4 案例：系统优化与优化系统

在对一个给定的系统进行优化时，描述这一问题的数学规划中决策的方案是通过一组已知的约束条件来间接定义的。也就是说，优化问题中所需资源的数量是由决策者以外的某个人以优化技术以外的某种方法事先给定，并没有作为优化分析的一部分。显然，这一假设往往与实际情况不符。因为在现实问题中，多数资源的局部供应量取决于决策的需要，应该是决策的结果，而不是决策的前提。换而言之，优化理论的最终目的是要设计一个优化的系统，而不仅仅是优化一个已知的系统。这两者之间的差异正日益受到研究人员与管理人员的重视。

为了说明“系统优化”和“优化系统”之间的差异与联系，我们先看一个生动的小故事（Zeleny，1982）。

某小公司最近几年来一直在生产两种利润很高的圣诞节装饰品，分别记为 X 和 Y。制造装饰品所需材料的品种、数量和价格见表 3－6。

表 3－6 圣诞装饰品用料情况

材料	X	Y	单价（\$）
金线	4	0	30
丝线	2	6	40
丝绒	12	4	9.5
银线	0	3	20
尼龙线	4	4	10

目前，装饰品 X 的单位利润是 \$400，Y 的单位利润是 \$300。为了能维持目前的利润不致下降，公司的高层经理不打算扩大现有的生产规模，并规定了两个原则：一是不允许材料购置经费超过 \$2 600；二是确保所生产的装饰品能如数售出，不被积压。由于不同的生产经理组织生产工具的方式不同，公司的总利润一直在上下波动。以下是四位主管人员的经营情况：

（1）经理 A 是该生产系统的第一个负责人。她运用库存—成本分析制订了购买 20 单位金线，24 单位丝线，60 单位丝绒，10.5 单位银线和 26 单位尼龙线的采购计划，共耗资 $20\times30+24\times40+60\times9.5+10.5\times20+26\times10=\$2\,600$，正好用完了全部预算。然后，经理 A 提议了一个简单的策略：尽可能多地生产装饰品 X。这意味着 $x=5$，$y=0$，其总利润为 \$2 000，但留下了价值 \$560 的昂贵丝线没有使用，这显然不能令人满意。于是，经理 A 决定将策略改变为：在用完全部丝线的前提下，生产尽可能多的装饰品 X。她计算出 $x=3.75$，$y=2.75$，从而避免了丝线这一较贵材料的浪费，使总利润在现有材料下提高到 $400\times3.75+300\times2.75=\$2\,325$。经理 A 将为什么较高利润的装饰品 X 比以前生产少了，总利润反而有所增加的原因向公司董事会作了汇报，从而受到赏识并被提升到更高的职位。

（2）其后，经理 B 接管了生产的经营管理工作。这是一个年轻的 MBA，在线性规划方面受过良好的训练。他很快厌倦了一再听说前经理如何充分利用贵重的丝线以增加效益的说教，决定采用线性规划技术检查当前的生产系统是否最优。为此，经理 B 建立了下面的数学模型：

$$
\begin{aligned}
\max z &= 400x + 300y \\
\text{s.t. } 4x &\leqslant 20 \\
2x + 6y &\leqslant 24 \\
12x + 4y &\leqslant 60 \\
3y &\leqslant 10.5 \\
4x + 4y &\leqslant 26 \\
x, y &\geqslant 0
\end{aligned}
$$

解得：$x=4.25$，$y=2.25$，余留 2 单位的丝线，总利润 $400\times4.25+300\times2.25=$ \$2 375，高于原来的 \$ 2 325。因此，经理 B 对经理 A 的丝线策略作出了如下的评价：“如果你想使总利润最大化，就不要担心丝线会剩余；新的生产方案才是最佳方案，我们不可能比这做得更好了，除非能增加经费预算，给我们更多的钱。”经理 B 的高效与自信甚至使经理 A 也不能不佩服，因此他也得到了提拔。

（3）经理 B 雇用了经理 C 作为他的后任，并希望 C 能继续按照他的方式运作。经理 C 是一个真正的线性规划专家。他很快发现丝绒和尼龙线的影子价格分别是 \$ 12.5 和 \$62.5，这意味着增加一个单位的尼龙线可增加 \$ 62.5 的利润，而尼龙线的价格只是 \$10，故纯利润达 \$52.5。于是经理 C 与经理 B 一起向经理 A 建议增加预算经费，以便将尼龙线的采购数量提高到 27 单位，则总利润可达 \$ 2 437.5。但经理 A 不同意增加预算，要求他们在现有的经费基础上解决效益问题。这时，经理 A 也学会了运用线性规划技术。她按照经理 C 和 B 的建议把尼龙线的数量提高到 27，自己摸索着建立了以下的模型：

$$
\begin{aligned}
\max z &= 400x+300y \\
\text{s.t. } & 4x \leqslant 16.25 \\
& 2x+6y \leqslant 24 \\
& 12x+4y \leqslant 60 \\
& 3y \leqslant 7.875 \\
& 4x+4y \leqslant 27 \\
& x,y \geqslant 0
\end{aligned}
$$

解得：$x=4.0625$，$y=2.625$，总利润为 $400\times4.0625+300\times2.625=$ \$ 2 412.5，正好是两位年轻经理提出的利润目标。然后，经理 A 进一步检查此时的经费预算：$16.5\times30+24\times40+60\times9.5+7.875\times20+27\times10=$ \$ 2 452.5！这不仅不需要增加预算，甚至比目前预算还节约了 \$ 147.5。于是经理 B 和经理 C 都被解雇了，而线性规划技术从此以后在该公司变得流行起来。由于经理 B 和经理 C 被解雇，经理 A 不得不自己安排当年的生产计划。她经过再三的比较和修改，最终确定了下面的线性规划问题：

$$
\begin{aligned}
\max z &= 400x+300y \\
\text{s.t. } & 4x \leqslant 16.25 \\
& 2x+6y \leqslant 25 \\
& 12x+4y \leqslant 60 \\
& 3y \leqslant 8.4375 \\
& 4x+4y \leqslant 27.5 \\
& x,y \geqslant 0
\end{aligned}
$$

相应生产计划为：$x=4.0625$，$y=2.8125$，实现了迄今为止的最高利润 $400\times4.0625+300\times2.8125=$ \$ 2468.75，且预算仅为 $16.25\times30+25\times40+60\times9.5+8.4375\times20+27.5\times10$

= $2 501.25！这使得公司中的每个人都说："经理 A 又成功了"！

（4）经理 A 于是再一次得到了提升，她被要求找到一个适当的人选接替经理 B 和经理 C 留下的空缺。这一次，经理 A 尽量避开那些 MBA，以免他们又用什么影子价格之类的东西来要求提高经费开支。她最终物色到了一个系统工程方面的博士。这名年轻的博士抱怨说：目前在大多数的商学院里都没有开设系统课程，而工厂也都不喜欢接收博士，因为在经理们的眼里，博士们都读书读过了头，这些人不会安分守己。经理 A 决定试用这位博士，并给他讲述了自己以前的经验。但年轻的博士听后毫不客气地说："如果你想得到最大的利润，你现在的系统并不是好系统。事实上，它是一个很差的准优化系统。你应该只生产 X，忘掉银线材料和装饰品 Y。只要购置 29.4 单位金线，14.7 单位丝线，88 单位丝绒，和 29.4 单位尼龙线就行了"。经理 A 对于这样的谈话毫无思想准备，于是第二天便解雇了这位经理 D。

事后，在一个周末的晚上，经理 A 决定试一试年轻博士曾经提出的建议。列出的线性规划为：

$$
\begin{aligned}
\max z &= 400x + 300y \\
\text{s.t. } & 4x \leqslant 29.4 \\
& 2x + 6y \leqslant 14.7 \\
& 12x + 4y \leqslant 88 \\
& 4x + 4y \leqslant 29.4 \\
& x, y \geqslant 0
\end{aligned}
$$

结果发现，$x=7.34$，$y=0$，总利润达 $400 \times 7.34 = \$2\,936$！比她曾经获得的最好效益还高出 \$434.75！而此时的经费开支 $29.4 \times 30 + 14.7 \times 40 + 88 \times 9.5 + 29.4 \times 10 = \$2\,600$ 正好等于额定预算，并没有增加一分钱。经理 A 感到既兴奋，又茫然。兴奋的是今年又有了一个高效的生产计划，茫然的是她始终不清楚博士的这些数字是怎样拼凑出来的。

Zeleny 讲述的故事到这里该结束了，虽然它还可以往下延续好几页。读者从这个故事里唯一应该记住的是：优化一个给定的系统不同于设计一个优化的系统！

思考：如何优化一个系统。以本案例为例，如何优化这个生产计划系统？

习 题

1. 写出下列线性规划问题的对偶问题：

（1）

$$
\begin{aligned}
\max z &= 10x_1 + 3x_2 + 5x_3 \\
\text{s.t. } & 2x_1 + 5x_2 + x_3 \leqslant 15 \\
& 4x_1 + 3x_3 \leqslant 7 \\
& x_1, x_2, x_3 \geqslant 0
\end{aligned}
$$

（2）

$$\begin{aligned}\min z=&3x_1-2x_2+4x_3\qquad+2x_5\\ \text{s.t.}\quad&3x_1+5x_2\qquad+x_4-2x_5\geqslant 6\\ &\qquad x_2+4x_3\qquad+x_5\leqslant 8\\ &2x_1-3x_2+7x_3-x_4+5x_5=0\\ &x_1,\ x_2\geqslant 0,\ x_4\leqslant 0\end{aligned}$$

（3）

$$\begin{aligned}\max z=&\sum_{j=1}^{n}c_jx_j\\ \text{s.t.}\quad&\sum_{j=1}^{n}a_{ij}x_j\leqslant b_i,\ i=1,\ 2,\ m_1\leqslant m\\ &\sum_{j=1}^{n}a_{ij}x_j=b_i,\ i=m_1+1,\ m_1+2,\ \cdots,\ m\\ &x_j\leqslant 0,\ j=1,\ 2,\ \cdots,\ n_1\leqslant n-1\\ &x_j\geqslant 0,\ j=n_1+1,\ \cdots,\ n\end{aligned}$$

（4）

$$\begin{aligned}\min z=&\sum_{i=1}^{m}\sum_{j=1}^{n}c_{ij}x_{ij}\\ \text{s.t.}\quad&\sum_{j=1}^{n}x_{ij}=a_i,\ i=1,\ \cdots,\ m\\ &\sum_{i=1}^{m}x_{ij}=b_j,\ j=1,\ \cdots,\ n\\ &x_{ij}\geqslant 0\end{aligned}$$

2. 判断下列说法是否正确，为什么？

（1）若一对对偶问题都有可行解，则它们都有最优解，且目标函数的最优值相等。

（2）若一对对偶问题其中之一无可行解，则另一个问题无界。

（3）若原问题有可行解，对偶问题无可行解，则原问题具有无界解。

（4）若某种资源的影子价格等于 q，在其他条件不变的情况下，当该种资源增加 8 个单位时，相应的目标函数最优值将增大 $8q$。

（5）设（SLP）的对偶最优解为 Y^*，若把（SLP）的目标函数 Z 乘以非零常数 λ，则其对偶最优解变为 λY^*。

3. 给出一个简单的线性规划，使它和它的对偶问题均无可行解。

4. 考虑第 2 章例 3 给出的线性规划模型（不考虑变量取整数值条件），要求：

（1）写出对偶问题；

（2）通过解对偶问题求出原问题的最优解；

（3）说明用第（2）小题的求解方法比直接求解原问题有何优越之处。

5. 已知表 3－7 为求解某线性规划问题的最优单纯形表，表中 x_4，x_5 为松弛变量，问题的约束为“$\leqslant$”形式。

（1）写出原线性规划问题及其对偶问题；

（2）直接由表 3－7 写出对偶问题的最优解。

表 3－7

b'	x_1	x_2	x_3	x_4	x_5
5/2	0	1/2	1	1/2	0
5/2	1	－1/2	0	－1/6	1/3
$c_j - z_j$	0	－4	0	－4	－2

6. 使用单纯形法求解线性规划问题：

$$\begin{aligned} \max z = & -5x_1 + 5x_2 + 13x_3 \\ \text{s.t.} \quad & -x_1 + x_2 + 3x_3 \leqslant 20 \\ & 12x_1 + 4x_2 + 10x_3 \leqslant 90 \\ & x_1,\ x_2,\ x_3 \geqslant 0 \end{aligned}$$

并分析在下列各种条件下，原问题的最优解、最优基以及目标函数最优值有什么变化（注意使用灵敏度分析的结果，有需要时可借助计算机求解）。

（1）目标函数中 x_3 的系数由 13 变为 6；

（2）目标函数中 x_2 的系数由 5 变为 4.5；

（3）第二个约束条件的右端项由 90 变为 80；

（4）第一个约束条件的右端项由 20 变为 30；

（5）x_1 的系数列向量由 $\begin{pmatrix} -1 \\ 12 \end{pmatrix}$ 变为 $\begin{pmatrix} 0 \\ 5 \end{pmatrix}$；

（6）增加一个新约束条件 $2x_1 + 3x_2 + 5x_3 \leqslant 50$；

（7）将第二个约束改变为 $10x_1 + 5x_2 + 10x_3 \leqslant 100$；

（8）目标函数中 x_1 的系数由 －5 变为 3，同时增加一个新变量，其目标函数系数为 4，系数列向量为 $\begin{pmatrix} 5 \\ -3 \end{pmatrix}$。

7. 给定线性规划问题：

$$\begin{aligned} \max z = & 5x_1 + 3x_2 + 6x_3 \\ \text{s.t.} \quad & x_1 + 2x_2 + x_3 \leqslant 18 \\ & 2x_1 + x_2 + 3x_3 = 16 \\ & x_1 + x_2 + x_3 = 10 \\ & x_1,\ x_2 \geqslant 0,\ x_3 \text{ 无限制} \end{aligned}$$

（1）写出其对偶问题；

（2）使用 QM 软件求解原问题，并直接由最优单纯形表写出对偶问题的最优解。

8. 已知线性规划问题：

$$\max z = 2x_1 - x_2 + x_3$$
$$\text{s. t.} \quad \begin{cases} x_1 + x_2 + x_3 \leqslant 6 \\ -x_1 + 2x_2 \leqslant 4 \\ x_1,\ x_2,\ x_3 \geqslant 0 \end{cases}$$

它的最优单纯形表如表 3－8 所示。

（1）求原问题和对偶问题的最优解；

（2）求变量 x_1，x_2 和 x_3 的目标函数系数的可变范围；

（3）求各右端项的可变范围。

表 3－8

b'	x_1	x_2	x_3	x_4	x_5
6	1	1	1	1	0
10	0	3	1	1	1
$c_j - z_j$	0	－3	－1	－2	0

9. 某厂生产Ⅰ、Ⅱ、Ⅲ三种产品，各产品都需要经过 A、B、C 三种设备加工。已知生产单位各种产品所需的设备台时、设备的现有加工能力及每单位产品的利润如表 3－9 所示。

表 3－9

	Ⅰ	Ⅱ	Ⅲ	设备能力（台时）
A	8	2	10	300
B	10	5	8	400
C	2	13	10	420
单位产品利润（元）	3 000	2 000	2 900	

（1）求获利最大的产品生产计划。

（2）产品Ⅲ的单位利润在哪个范围变化，最优生产方案保持不变？

（3）若产品Ⅱ的单位利润从 2 000 元增至 2 200 元，最优生产计划有什么变化？总利润会有什么变化？

（4）如果设备 A 的加工能力增加到 400 台时，当前基是否仍保持最优？

（5）如果设备 C 的加工能力减少到 180 台时，最优生产计划会发生什么变化？

（6）若为了增加产量，可租借别的工厂的设备 B，单位台时的租金是多少才是合算的？应租借多少台时？

（7）如果合同规定产品Ⅲ至少要生产 10 单位，那么生产计划应如何修改？

（8）若另外有两种新产品Ⅳ、Ⅴ，其中每生产单位产品Ⅳ需要 A 12 台时，B 5 台时，C 10 台时，可获利 2 100 元；产品 Ⅴ 需要设备 A 4 台时，B 4 台时，C 12 台时，可获利

1 870元。如果 A、B、C 设备台时不增加，分别回答这两种新产品投产在经济上是否合算？

（9）对产品工艺重新进行设计，优化结构。改进后生产每单位产品Ⅰ，需要设备 A 9 台时，设备 B 12 台时，设备 C 4 台时，单位产品赢利 4 500 元，问这对原计划有何影响？

10. 一家工厂把从四个不同地点运来的铁矿石混合起来，产生一种合适的配料。这种配料对三种基本元素 A、B、C 要有一个最低需要量。表 3－10 给出从各地点运来的每吨矿石所含各基本元素的千克数，每吨最终配料中各基本元素的最低需要量和各个地点来的矿石每吨的成本。

表 3－10

基本元素＼地点	1	2	3	4	每吨配料最低需要量（千克）
A	10	3	8	2	5
B	90	150	75	175	100
C	45	25	20	37	30
每吨矿石成本（元）	800	400	600	500	

（1）求成本最低的混料配比。

（2）每吨最优混合料中各种基本元素的含量是多少？

（3）若把每吨配料中基本元素 A 的最低需要量降低到 4.75 千克或者提高到 8 千克。最优混合料的成本各有什么变化？

（4）降低配料基本元素 B 的最低需要量能否降低成本？

（5）若从地点 2 来的矿石的成本从 400 元增加到 450 元，最优混料配比和总成本有什么变化？

（6）从地点 4 来的矿石的成本要降低多少才能使最优混合料中含有该种矿石？

11. 一家妇女装饰品公司制作女用流行式产品。根据大量市场调查结果，计划生产七种类型的产品，公司确信能全部售出。财会部门提供了材料与生产费用的资料，市场与销售部门提出了每种产品的批发价格（如表 3－11 所示）。

表 3－11　原料费用和批发价格

种类	原料费（元）	批发价格（元）
1	24	50
2	22.5	55.5
3	28.5	51
4	21	50
5	15	48.5
6	16.5	50.5
7	19.5	55.5

生产部门报告有三种控制性资源：针织机工时、环织机工时和检验工时。针织机工时有42 000小时可供使用，每小时成本10元；环织机工时有5 000小时，每小时成本20元；检验工时3 600小时，每小时成本30元。各部门对每类产品所需的工时与费用，如表3－12所示。

表3－12　各部门对每类产品需用的工时与费用

种类	针织部门		环织部门		检验部门	
	工时	费用（元）	工时	费用（元）	工时	费用（元）
1	0.80	8.0	0.085	1.7	0.05	1.5
2	0.65	6.5	0.090	1.8	0.03	0.9
3	0.95	9.5	0.090	1.8	0.05	1.5
4	1.10	11.0	0.095	1.9	0.05	1.5
5	0.60	6.0	0.100	2.0	0.04	1.2
6	0.65	6.5	0.080	1.7	0.06	1.8
7	0.80	8.0	0.090	1.8	0.04	1.2
可用时数	42 000		5 000		3 600	

经验表明，在季度高峰时期每种产品所用的材料要有1/3的库存，而公司的政策是无论何时库存的材料价值都不得超过350 000元。

根据上述资料，装饰品公司需要确定每种产品的最佳生产量。销售部门愿为该公司销售全部产品，但必须保证每种产品至少售出1 000单位，目标是公司的利润达到最大值。

请根据计算机求解后的输出结果回答下列问题，并简单说明理由。

（1）最优生产方案是否唯一？

（2）产品5的单位价格在哪个范围变动，现行生产方案保持最优？

（3）在最优基不变的条件下，要提高总利润，应优先增加哪种资源的限额？能增加多少？为增加该资源所支付的单位费用应是多少才是合算的？

（4）若第二种产品的最低销售量从1 000减少到950，总利润有什么变化？

（5）能否通过增加针织机工时来提高总利润？

（6）若环织机工时的限额提高到5 010小时，最优生产方案有什么变化？

（7）若第一种产品的单价从50元增至55元，最优生产方案和总利润有什么变化？

本章小结

每一个线性规划都伴随着一个被称为其对偶问题的线性规划，它们之间有着十分密切的关系。本章介绍了产生对偶问题的实际背景，给出对偶问题的建立规则和基本性质，并讨论了对偶最优解（常称为影子价格）的计算方法及经济解释。

当一个线性规划问题解完后，研究该问题中的某一参数发生变化对求解结果的影响是十分有用的。灵敏度分析（也称为优化后分析）可用来确定某一参数（目标函数系数、右端项等）不影响最优解或最优基变量的可变范围，也可用于考察增加或减少变量和约束条件所带来的变化。

本章列举了一个使用计算机求解和分析的例子。书中的例子着重分析的是系统优化，但更重要的是我们还要优化系统。

4　运输问题

本章要求

- □　掌握运输问题的数学模型。
- □　掌握求解运输问题的表上作业法。
- □　能把产销不平衡的问题化为产销平衡问题。
- □　会使用计算机软件求解运输问题。
- □　掌握运输模型的若干实际应用例子。

运输问题是一类应用广泛的特殊线性规划问题。在线性规划的一般理论和单纯形法出现以前，康特洛维奇（L. V. Kantrovich）和希奇柯克（F. L. Hitchcock）已研究了运输问题，故运输问题又有“康—希问题”之称。对于运输问题（TP），当然可用前面所讲的单纯形法求解，但由于问题本身的特殊性，我们可以找到比标准单纯形法更简单有效的专门方法，从而节约计算时间和费用。本章介绍表上作业法以及运输问题的一些实际应用。

4.1　运输问题的数学模型

运输问题的一般提法是：设某种物资（如煤、粮食、钢材、棉花等）有 m 个产地 A_i，其产量（供应量）分别为 a_i，$i=1, 2, \cdots, m$；另外，有 n 个销地 B_j，其销量（需求量）分别为 b_j，$j=1, 2, \cdots, n$。已知由产地 A_i 向销地 B_j 运输单位物资的运价为 c_{ij}。现在要确定总运费最小的物资调运方案。

我们先研究产销平衡（即 $\sum_{i=1}^{m}a_i=\sum_{j=1}^{n}b_j$）的运输问题。用决策变量 x_{ij} 表示从 A_i 到 B_j 的运量，则不难看出上述问题可以归结为如下线性规划问题：

$$
(\mathrm{TP})\begin{cases}
\min z=\sum_{i=1}^{m}\sum_{j=1}^{n}c_{ij}x_{ij} & (4.1)\\
\text{s. t.}\quad \sum_{j=1}^{n}x_{ij}=a_i\quad i=1,\cdots,m & (4.2)\\
\qquad\quad \sum_{i=1}^{m}x_{ij}=b_j\quad j=1,\cdots,n & (4.3)\\
\qquad\quad x_{ij}\geqslant 0 & (4.4)
\end{cases}
$$

这就是产销平衡运输问题的数学模型。它包含（$m\times n$）个变量和（$m+n$）个约束方程。(4.2) 式中 m 个方程表示每个产地运出的物资总量等于该产地的产量。(4.3) 式中 n

个方程表示运进每个销地的物资总量等于该销地的销量。

若在运输问题中，c_{ij}表示由 A_i 向 B_j 运送单位物资所得的利润，则我们可求最大总利润的运输问题。由于求最大化问题很容易转化为最小化问题，所以主要讨论最小化的运输问题。

运输问题常用运输表的形式来表述（如表 4-1 所示）。运输表的每一行对应一个产地，每一列对应一个销地。在 A_i 行和 B_j 列的格子记为(i, j)，它对应于变量 x_{ij}。在计算过程中为了方便起见，我们把运输单价 c_{ij}填在该格子的左上角。

表 4-1　　运输表

产地＼销地	B_1	B_2	…	B_n	产量
A_1	c_{11}	c_{12}	…	c_{1n}	a_1
A_2	c_{21}	c_{22}	…	c_{2n}	a_2
⋮	⋮	⋮	⋮	⋮	⋮
A_m	c_{m1}	c_{m2}	…	c_{mn}	a_m
销量	b_1	b_2	…	b_n	

注意运输问题的实际意义是多种多样的，除了上面所提到的物资调运问题以外，其他问题如任务安排、资源分配和作物布局等都会出现同样的形式。以作物布局为例，设有 m 种作物分配到 n 种不同的土地中去种植。已知第 i 种作物要种的亩数为 a_i，第 j 种土地占有的亩数为 b_j，而第 i 种作物在第 j 种土地种植的单产值是 c_{ij}。现要求确定在第 j 种土地种植第 i 种作物的亩数 x_{ij}，使总产值达到最大。容易看出上述作物布局问题的数学模型为：在约束条件（4.2）、（4.3）、（4.4）之下求 $\max\sum_{i=1}^{m}\sum_{j=1}^{n}c_{ij}x_{ij}$。

直接采用单纯形法求解运输问题明显是不利的。好在运输问题具有特殊的结构，因此，可以利用单纯形法的原理提出一种直接在运输表（见表 4-1）上计算以求解产销平衡运输问题的简便方法——表上作业法。

4.2 表上作业法

对于运输问题，可以证明下面两个结果：

（1）运输问题一定有最优解。

（2）运输问题的约束方程组系数矩阵的秩等于 $m+n-1$，因此，其基可行解中基变量的个数为 $m+n-1$。

表上作业法的原理与单纯形法相同，但具体计算方法和术语有所不同。可归纳为：

（1）求初始的调运方案（初始基可行解），即在有 $m\times n$ 格子的运输表上给出 $m+n-1$

个数字格。这些数字格对应于基变量。

（2）计算表中各空格（对应于非基变量）的检验数以判定当前解是否为最优解，若已是最优解则停止计算；否则转入步骤（3）。

（3）进行方案调整（即从一个基可行解转换成另一个“更好”的基可行解），返回步骤（2）。

上述步骤在表上进行十分方便。下面以例子来说明。

例1　总运费最小。

某建材公司所属的三个水泥厂 A_1、A_2、A_3 生产水泥运往四个销售点 B_1、B_2、B_3、B_4。已知各水泥厂的日产量（百吨），各销售点的日销量（百吨）以及各工厂到各销售点的单位运价（百元/百吨）如表4－2所示。问该公司应如何调运产品，在满足各销点销量的前提下，使总运费最小？

表4－2

产地＼销地	B_1	B_2	B_3	B_4	产量
A_1	8	7	3	2	1
A_2	4	7	5	1	9
A_3	2	4	9	6	4
销量	3	2	4	5	

容易验证此问题是产销平衡运输问题。下面以它为例来说明表上作业法的解题步骤。

4.2.1　求初始调运方案（初始基可行解）

求初始基可行解有很多种方法，在此介绍最小元素法。该方法的基本思想是采用“优先安排单位运价最小的产地与销地之间的运输业务”这个规则来确定初始基可行解。

直接在运输表的格子中填数表示基变量，画“×”表示非基变量。例1的基变量个数为 $m+n-1=3+4-1=6$，所以表4－2中的填数字格应为6个。

在表4－2中单位运价最小的格子为（2，4）（$c_{24}=1$），我们给运量 x_{24} 以尽可能大的值，令 $x_{24}=\min\{a_2, b_4\}=\min\{9, 5\}=5$，即在格子（2，4）中填上5。由于销地 B_4 的需求已全部满足，所以 x_{14}，x_{34} 必为0，故在（1，4）和（3，4）处画“×”。而产地 A_2 的产量变为 $9-5=4$。然后在余下的格子（既未填数也未画“×”的格子）中再找单位运价最小的，这里是（3，1）（$c_{31}=2$），令 $x_{31}=\min\{4, 3\}=3$，即在（3，1）处填3，并将 B_1 列的其他格子打“×”。A_3 的产量变为1。接着在（1，3）处填上1，在 A_1 行余下的格子打“×”。接下去在（3，2）处填上1，在（3，3）处打“×”。最后在（2，3）处填上3，在（2，2）处填上1，就得到表4－3所示的初始调运方案。该方案的总运费为 4 000 元。

表 4－3

	B_1	B_2	B_3	B_4	产量
A_1	8 ×	7 ×	3 1	2 ×	1
A_2	4 ×	7 1	5 3	1 5	9
A_3	2 3	4 1	9 ×	6 ×	4
销量	3	2	4	5	

值得注意的是，使用最小元素法求运输问题的初始方案，必须保证基变量个数恰好有 $m+n-1$ 个，如遇到数字格不为零的数不足 $m+n-1$ 个，必须用填0 方法补足，而不能画“×”。具体来说，当进行到某一步时有一行与一列同时得到满足，此时只可在行或列上打“×”，而不能同时为行和列打“×”。继此之后，会产生这样的情况：按最小元素法所确定的格子处于已满足的行或列，那么就给这个格子填上 0，即此格仍看作是对应于基变量的数字格。表4－4给出了示例，表中的初始基可行解是退化的。

表 4－4

	B_1	B_2	B_3	B_4	产量
A_1	5 ×	3 5	10 ×	4 5	10
A_2	1 3	6 ×	9 1	6 0	4
A_3	20 ×	10 ×	5 7	7 ×	7
销量	3	5	8	5	

可以证明，用最小元素法求得的初始调运方案一定是运输问题的基可行解。

4.2.2 最优性的检验

同单纯形法一样，表上作业法也是用检验数来检验方案的最优性。下面介绍求检验数的位势法。

位势法的第一步是寻找一组数 u_i 和 v_j 满足 $u_i+v_j=c_{ij}$，其中（i，j）是运输表中对应于基变量的数字格。我们称这组 u_i，v_j 为相应于当前基可行解的位势。

由于数字格涉及所有的产地和销地，因此，待定位势一共有 $m+n$ 个。m 个位势 u_i 对

应于 m 个产地，n 个位势 v_j 对应于 n 个销地。因为有 $m+n-1$ 个数字格，所以位势方程组 $u_i+v_j=c_{ij}$，$(i,\ j)$ 为数字格，含有 $m+n-1$ 个方程。我们可以任意取定某 u_i 或 v_j 的值（比方令 $u_1=0$），然后利用方程组求出其他 u_i，v_j。

以表 4－3 的基可行解为例，位势方程组为

$$
\begin{aligned}
u_1+v_3&=3\\
u_2+v_2&=7\\
u_2+v_3&=5\\
u_2+v_4&=1\\
u_3+v_1&=2\\
u_3+v_2&=4
\end{aligned}
$$

若令 $u_1=0$，容易从方程组求出其余位势的值。但事实上，直接在运输表中计算 u_i，v_j 更为方便。我们可在表中增加一行和一列，如表 4－5 所示。最左边一列用于填写 u_i 的值，最上边一行用于填写 v_j 的值。将 $u_1=0$ 填入 u_1 处，由它所在行的数字格（1，3）可直接得 $v_3=c_{13}-u_1=3-0=3$，填入 v_3 处，又由 $v_3=3$ 所在列的数字格（2，3）可得 $u_2=c_{23}-v_3=5-3=2$；再由 $u_2=2$ 所在行的数字格（2，2）和（2，4）可得 $v_2=5$ 和 $v_4=-1$……计算结果如表 4－5 所示。

计算出位势后，可使用公式 $\sigma_{ij}=c_{ij}-(u_i+v_j)$ 来计算空格 $(i,\ j)$（即非基变量 x_{ij}）的检验数。因为目标函数要求实现最小化，故当所有空格检验数都为非负数时，当前方案为最优；否则，需要进行方案的调整。

表 4－5

	v_j	3	5	3	－1	
u_i	销地 产地	B_1	B_2	B_3	B_4	产量
0	A_1	8 5	7 2	3 1	2 3	1
2	A_2	4 －1	7 1	5 3	1 5	9
－1	A_3	2 3	4 1	9 7	6 8	4
	销量	3	2	4	5	

在表 4－5 中，我们计算空格检验数填入每个空格的左下角处。如 $\sigma_{11}=c_{11}-(u_1+v_1)=8-(0+3)=5$，$\sigma_{12}=c_{12}-(u_1+v_2)=7-(0+5)=2$，$\sigma_{14}=c_{14}-(u_1+v_4)=2-[0+(-1)]=3$，…，$\sigma_{34}=c_{34}-(u_3+v_4)=6-(-1-1)=8$。这些计算直接在表上进

行也很方便。由于 $\sigma_{21} = -1 < 0$，所以未得到最优方案，需要进行方案调整以得到更好的方案。

4.2.3 方案的调整

首先选取某检验数为负数的空格为调入格，即以它对应的非基变量为入基变量。从调入格出发找一条闭回路，闭回路的确定方法为：以调入格为起点，用水平或垂直线向前画，遇到适当数字格则转90°后继续前进，直到回到起始空格为止。可以证明这样的闭回路一定存在而且唯一。

在表4－5中，以（2，1）为调入格（标之以Δ），相应的闭回路为（2，1）—（2，2）—（3，2）—（3，1）—（2，1），称（2，1）为第1顶点，（2，2）、（3，2）、（3，1）分别为第2、3、4顶点。在闭回路上作运量调整，令调整量 $\theta = \min\{各偶顶点运量\} = \min\{1, 3\} = 1$，然后把所有奇顶点的运量都加上 θ，所有偶顶点的运量都减去 θ（见表4－6），易见这样调整不影响产销的平衡性和运量的非负性，而且原运量为 θ 的偶顶点的新运量将变为零，我们取它为调出格（相应的变量出基）。注意，当有多个偶顶点的新运量变为0，也只能选一个调出格。在表4－6中，原数字格（2，2）为调出格。

表4－6

	B_1	B_2	B_3	B_4	产量
A_1	5	2	1	3	1
A_2	$+\theta$ Δ －1	$-\theta$ 1	3	5	9
A_3	3 $-\theta$	1 $+\theta$	7	8	4
销量	3	2	4	5	

可以证明经上述闭回路法调整得到的新方案仍是基可行解。本例调整后的新方案如表4－7所示。

表 4－7

u_i	v_j	2	4	3	－1	
	销地／产地	B_1	B_2	B_3	B_4	产量
0	A_1	8　6	7　3	3　1	2　3	1
2	A_2	4　1	7　1	5　3	1　5	9
0	A_3	2　2	4　2	9　6	6　7	4
	销量	3	2	4	5	

在表 4－7 中，计算位势 u_i，v_j 及检验数 σ_{ij}。由于所有空格的检验数都非负，因此得最优方案：$x_{13}=1$，$x_{21}=1$，$x_{23}=3$，$x_{24}=5$，$x_{31}=2$，$x_{32}=2$，其余 $x_{ij}=0$。最小总运费为 $z=3\times1+4\times1+5\times3+1\times5+2\times2+4\times2=39$（百元）。

一般来说，用表上作业法解产销平衡运输问题比用单纯形法简便得多。另外，由表上作业法的执行过程，我们不难看出，当产量 a_i 和销量 b_j 都是整数时，求出的最优解必定是整数解。

运输问题的最优解不一定唯一。建议读者根据一般线性规划问题的已有结果，思考求运输问题多个最优解的方法。

4.2.4 求初始方案的另一方法——Vogel 逼近法

最小元素法的缺点是，有时为了节省一处的费用，会造成在其他处增加多倍的运费。Vogel 逼近法（VAM）考虑到，一产地（或销地）的物资如果不能按最小运费运走（或运入），就考虑次小运费，这就有一个差额，差额越大，说明当不能按最小运费调运时，运费增加越多。因此，我们应该对差额最大处，优先采用最小运费调运。所以 Vogel 逼近法又被称为差额法。下面用表 4－8 来说明 VAM 的计算步骤。

（1）计算运输表中各行和各列的最小运费与次最小运费的差额，并填入该表的最右列和最下行，如表 4－8 所示。

表 4－8

产地＼销地	B_1	B_2	B_3	B_4	产量	行差额
A_1	8	7 ×	3	2	1	1
A_2	4	7 ×	5	1	9	3
A_3	2	4 2	9	6	4	2
销量	3	2	4	5		
列差额	2	3	2	1		

（2）从所有差额中选出最大者，选择它所在行或列中的单位价最小的格子，填上尽可能大的运量。在表 4－8 中 B_2 列是最大差额所在列（也可以选 A_2 行为最大差额所在行），我们在 B_2 列单位运价最小的格子（3，2）（$c_{32}=4$）中填上运量 2。由于 B_2 列已被满足，故把它的其他格子打“×”。如表4－8所示。

（3）在余下格子所组成的表中再分别计算出各行和各列的差额，并填入该表的最右列和最下行。

重复步骤（2）和步骤（3）直到求出初始方案为止。

表 4－9 给出了用 VAM 求得的初始调运方案。

可以看出，VAM 比最小元素法更复杂些，但前者一般可得到比后者更接近最优方案的初始方案。表 4－9 给出的方案刚好就是最优方案。

表 4－9

产地＼销地	B_1	B_2	B_3	B_4	产量
A_1	8	7	3 1	2	1
A_2	4 1	7	5 3	1 5	9
A_3	2 2	4 2	9	6	4
销量	3	2	4	5	

4.3 产销不平衡的运输问题

前面讨论运输问题时，都假定产销是平衡的。但实际问题中产销往往不平衡，这时可以经过简单处理，使之转化为产销平衡问题。

当总产量大于总销量时，即$\sum_{i=1}^{m} a_i > \sum_{j=1}^{n} b_j$，运输问题的数学模型为：

$$
\begin{aligned}
\min z = & \sum_{i=1}^{m}\sum_{j=1}^{n} c_{ij}x_{ij} \\
\text{s. t.} \quad & \sum_{j=1}^{n} x_{ij} \leqslant a_i, \ i=1, \cdots, m \\
& \sum_{i=1}^{m} x_{ij} = b_j, \ j=1, \cdots, n \\
& x_{ij} \geqslant 0
\end{aligned}
$$

可引入一个虚拟的销地 B_{n+1}，其销量为 $b_{n+1} = \sum_{i=1}^{m} a_i - \sum_{j=1}^{n} b_j$，而各产地到虚拟销地的单位运价都等于 0（运货到虚拟销地实际上是就地储存），这样就可转化为一个产销平衡的运输问题。在运输表中，我们增加一列对应于虚拟销地的库存列。

总产量小于总销量的情形可类似讨论，这里不再赘述。

例 2　求解运输问题（见表 4－10）。

表 4－10

	B_1	B_2	B_3	产量
A_1	6	4	5	70
A_2	8	3	2	40
A_3	7	5	6	50
A_4	5	1	2	20
销量	30	40	30	

解：此例$\sum_{i=1}^{4} a_i = 70 + 40 + 50 + 20 = 180$，$\sum_{j=1}^{3} b_j = 30 + 40 + 30 = 100$，所以是产大于销的问题。引入一个虚拟销地（库存列）B_4，其销量为 $180 - 100 = 80$，得到表 4－11。

表 4－11

	B_1	B_2	B_3	B_4	产量
A_1	6	4	5	0	70
A_2	8	3	2	0	40
A_3	7	5	6	0	50
A_4	5	1	2	0	20
销量	30	40	30	80	

用最小元素法求表 4－11 中运输问题的初始调运方案（注意先不要分配给库存列，直到真正的销地列都已满足再分配给库存列），求位势 u_i，v_j，计算检验数 σ_{ij} 得表 4－12。

表 4－12

	v_j	6	4	3	0	
u_i		B_1	B_2	B_3	B_4	产量
0	A_1	6 30	4 10	5 2	0 30	70
－1	A_2	8 3	3 10	2 30	0 1	40
0	A_3	7 1	5 1	6 3	0 50	50
－3	A_4	5 2	1 20	2 2	0 3	20
	销量	30	40	30	80	

由于在表 4－12 中所有检验数都非负，故已得到了最优调运方案：$A_1 \to B_1$，30；$A_1 \to B_2$，10；$A_2 \to B_2$，10；$A_2 \to B_3$，30；$A_4 \to B_2$，20；产地 A_1 余 30 单位物资不调运；产地 A_3 的 50 单位物资就地储存。最小运费 $z = 6 \times 30 + 4 \times 10 + 3 \times 10 + 2 \times 30 + 1 \times 20 = 330$（元）。

例 3　需求量可在一定范围内变动的问题。

设有三个煤矿供应煤炭给四个地区。各煤矿的产量、各地区的需求量以及从各煤矿运送煤炭到各地区的单价如表 4－13 所示。试求出将产量分配完又使总运费最低的煤炭调运方案。

表 4－13　　　　　　　　　　　　　　　　　　　运价单位：万元/万吨

运价 \ 地区 煤矿	甲	乙	丙	丁	产量（万吨）
A	16	13	22	17	50
B	14	13	19	15	60
C	19	20	23	—	50
最低需求（万吨）	30	70	0	10	
最高需求（万吨）	50	70	30	不限	

解：各煤矿的总产量为 160 万吨，四个地区的最低需求总数为 110 万吨（其中丁地区为 10 万吨），因此，丁地区最多能分配到 60 万吨，这就是丁地区实际上至多所能达到的最高需求。

这样，四个地区最高需求总数为 210 万吨，比总产量多出 50 万吨。由于要求产地煤炭全部运出，因此，把最高需求量视作销量，于是得到一个产小于销的运输问题。为了求得产销平衡，引入一假想的煤矿 D，其产量为 50 万吨。

为了保证求解结果满足各地区的最低需求，我们对各销地作如下处理：比如，把甲地区分成甲$_1$ 和甲$_2$ 两个销地，甲$_1$ 的销量为 30 万吨，代表甲地区的最低需求，该需求一定要满足，故不能由假想煤矿 D 供给，为此，令相应运价为 M（非常大的正数）；甲$_2$ 的销量为 20 万吨，代表甲地区的额外需求，该需求满足或不满足均可以，因此，可以由真正煤矿或假想煤矿 D 供给，对于后者可令其相应运价为零。乙地区不需这样处理。而丙地区由于最低需求为零，故其销量代表额外需求。丁地区的处理与甲类似。于是可写出该问题的产销平衡运输表（见表 4－14）。

表 4－14

销地 \ 产地	甲$_1$	甲$_2$	乙	丙	丁$_1$	丁$_2$	产量
A	16	16	13	22	17	17	50
B	14	14	13	19	15	15	60
C	19	19	20	23	M	M	50
D	M	0	M	0	M	0	50
销量	30	20	70	30	10	50	

用表上作业法求得方案如表 4－15 所示。

表 4 - 15

运量 \ 销地 产地	甲$_1$	甲$_2$	乙	丙	丁$_1$	丁$_2$	产量
A			50				50
B			20		10	30	60
C	30	20	0				50
D				30		20	50
销量	30	20	70	30	10	50	

表 4 - 15 表明，甲地区获得 C 煤矿供给的 50 万吨煤炭，乙地区获得 70 万吨（A 煤矿供给 50 万吨，B 煤矿供给 20 万吨），丙地区一无所得，丁地区获得 B 煤矿供给的 40 万吨。最小运费为 2 460 万元。

4.4 使用计算机软件求解运输问题

本节介绍如何使用 QM for Windows 软件包处理运输问题①。注意该软件包不要求把输入的模型转化为产销平衡问题。图 4 - 1 是使用 QM for Windows 求解本章例 1 的输入界面。其中 "Starting method" 这一项要求用户选择求初始调运方案的方法。除了前面已介绍的最小元素法和 Vogel 逼近法外，求初始调运方案的方法还有西北角法。所谓西北角法是指给运输表中的格子分配运量的时候，先分配给表的左上方（西北角）的格子，其他步骤与最小元素法类似。

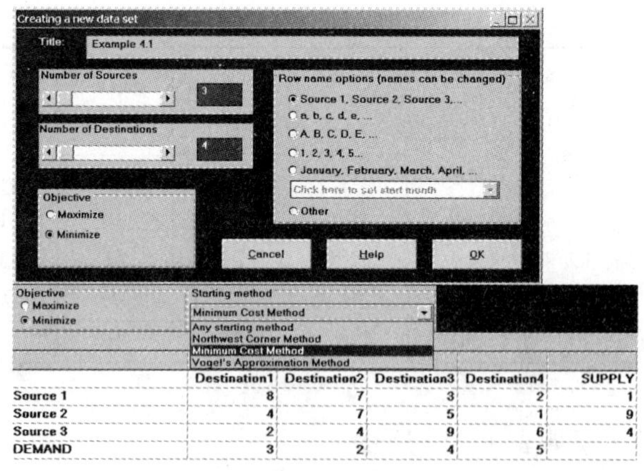

图 4 - 1

① 如果问题是产销不平衡的，也可以直接使用该软件包，但结果会出错。因此，必须先人工配平衡，再使用该软件包。

图 4 -2 是 QM 求解例 1 后输出的结果，读者不难理解它们的内容。

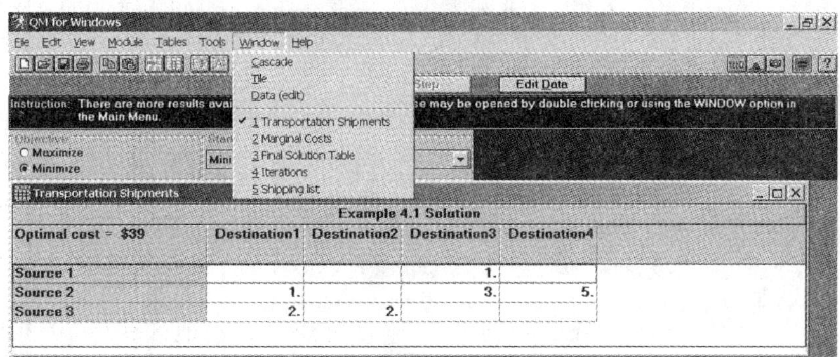

Example 4.1 Solution				
Optimal cost = $39	Destination1	Destination2	Destination3	Destination4
Source 1			1.	
Source 2	1.		3.	5.
Source 3	2.	2.		

图 4 -2

用 Excel 求解的过程和结果如图 4 -3 （a）、（b）、（c）、（d） 所示。

	A	B	C	D	E	F	G	H
1	运输价格矩阵	B1	B2	B3	B4			
2	A1	8	7	3	2			
3	A2	4	7	5	1			
4	A3	2	4	9	6			
5	运输总费用	=SUMPRODUCT(B2:E4,B10:E12)						
6								
7								
8								
9	运输量矩阵	B1	B2	B3	B4	运输总量		产量
10	A1	0	0	0	0	=SUM(B10:E10)	≤	1
11	A2	0	0	0	0	=SUM(B11:E11)	≤	9
12	A3	0	0	0	0	=SUM(B12:E12)	≤	4
13	需求总量	=SUM(B10:B12)	=SUM(C10:C12)	=SUM(D10:D12)	=SUM(E10:E12)			
14		=	=	=	=			
15	销量	3	2	4	5			

图 4 -3 （a） 数据的输入界面及计算公式

图 4 -3 （b） 规划求解的参数设置

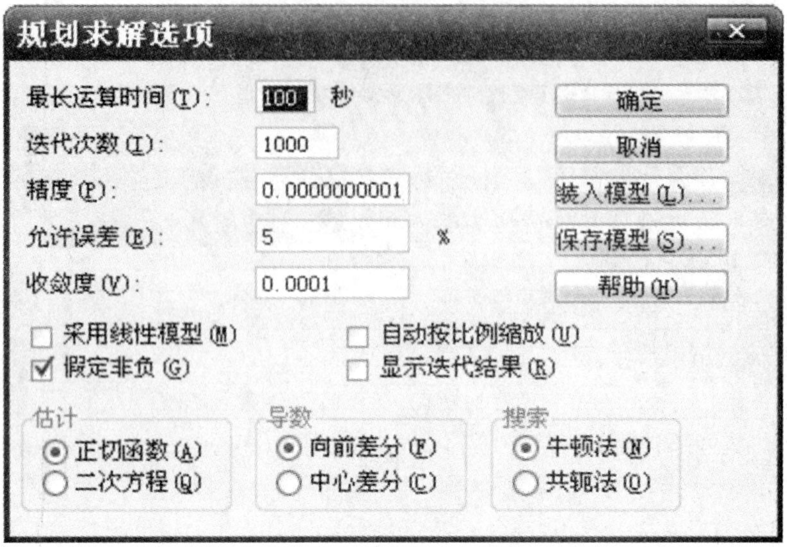

规划求解选项

最长运算时间 (T): 100 秒　　确定

迭代次数 (I): 1000　　取消

精度 (P): 0.0000000001　　装入模型 (L)...

允许误差 (E): 5 %　　保存模型 (S)...

收敛度 (V): 0.0001　　帮助 (H)

☐ 采用线性模型 (M)　　☐ 自动按比例缩放 (U)

☑ 假定非负 (G)　　☐ 显示迭代结果 (R)

估计：◉ 正切函数 (A)　○ 二次方程 (Q)

导数：◉ 向前差分 (F)　○ 中心差分 (C)

搜索：◉ 牛顿法 (N)　○ 共轭法 (O)

图 4－3（c）　规划求解的选项设置

第四版.xls

目标单元格（最大值）

单元格	名字	初值	终值
$B$5	运输总费用 B1	75	75

可变单元格

单元格	名字	初值	终值
$B$10	A1 B1	1	1
$C$10	A1 B2	0	0
$D$10	A1 B3	0	0
$E$10	A1 B4	0	0
$B$11	A2 B1	2	2
$C$11	A2 B2	2	2
$D$11	A2 B3	4	4
$E$11	A2 B4	1	1
$B$12	A3 B1	0	0
$C$12	A3 B2	0	0
$D$12	A3 B3	0	0
$E$12	A3 B4	4	4

约束

单元格	名字	单元格值	公式	状态	型数值
$F$10	A1 运输总量	1	$F$10<=$H$10	到达限制值	0
$F$11	A2 运输总量	9	$F$11<=$H$11	到达限制值	0
$F$12	A3 运输总量	4	$F$12<=$H$12	到达限制值	0
$B$13	需求总量 B1	3	$B$13=$B$15	未到限制值	0
$C$13	需求总量 B2	2	$C$13=$C$15	未到限制值	0
$D$13	需求总量 B3	4	$D$13=$D$15	未到限制值	0
$E$13	需求总量 B4	5	$E$13=$E$15	未到限制值	0

图 4－3（d）　规划求解的结果

4.5 运输模型的应用

由于使用表上作业法解运输问题比单纯形法简便得多，所以在解决实际问题时，人们常常尽可能把某些线性规划问题转化为运输问题的模型求解。

例4 可转化为运输模型的问题。

某机床厂在年初签订了生产一批同型号机床的合同。合同要求该厂分别于当年四个季度末交货。四个季度正常生产的能力与单位成本，以及按合同应当交货的台数如表4-16所示。在第3与第4季度可以安排加班生产，加班生产能力为每季度8台，但单位成本比正常生产时高出3万元。另外，如果生产出来的机床当季不交货，则每台每季度需支付0.12万元存储保养费。要求作出一个完成交货合同并使全年生产费用最小的生产计划。

表4-16

季度	正常生产能力（台）	单位成本（万元）	交货台数
1	30	10.55	25
2	32	10.8	30
3	20	11.0	15
4	28	11.1	45

解：本题可使用第2章例16的模型求解。但使用运输模型的处理方法将更为简便。

由于每个季度生产出来的机床不一定当季交货，所以引入如下决策变量：

x_{ij}表示第i季度正常生产的用于第j季度交货的机床台数（$i=1,2,3$；$j=1,2,3,4$）；而x_{4j}、x_{5j}和x_{6j}分别表示第3季度加班生产、第4季度正常生产和第4季度加班生产用于第j季度交货的机床台数。

我们把各季度正常与加班生产的生产能力视为产量，把各季度的交货量视为销量，把相应的单位生产费用（包括存储保养费）看作单位运价，则可得一运输问题模型。由于产大于销，故引入假想销地（销地5），它表示未使用的生产能力。表4-17为其运输表。

表中单位运价即相应单位生产费用。例如，$c_{11}=10.55$表示第1季度生产用于第1季度交货的单位产品的费用为10.55万元，$c_{14}=10.91$表示第1季度生产用于第4季度交货的单位产品费用为生产成本加上存储保养费$10.55+0.12\times 3=10.91$，其余类推。还有一些费用取为M（非常大的正数）是为了使相应的$x_{ij}=0$（因为相应的生产交货方式不可能进行）。例如，取$c_{21}=M$是为了使$x_{21}=0$，因为第2季度生产而第1季度交货是不可能的。

表 4－17

	1	2	3	4	5	产量
第 1 季度（正常）	10.55	10.67	10.79	10.91	0	30
第 2 季度（正常）	M	10.8	10.92	11.04	0	32
第 3 季度（正常）	M	M	11	11.12	0	20
第 3 季度（加班）	M	M	14	14.12	0	8
第 4 季度（正常）	M	M	M	11.1	0	28
第 4 季度（加班）	M	M	M	14.1	0	8
销量	25	30	15	45	11	

上机求解可得表 4－18 所示的最优方案：第 1 季度生产 30 台，25 台当季交货，5 台第 3 季度交货；第 2 季度生产 32 台，30 台当季交货，2 台第 4 季度交货；第 3 季度正常生产 20 台，其中 10 台当季交货，10 台第 4 季度交货；第 4 季度正常生产 28 台，加班生产 5 台，当季交货，总费用为 1 266.28 万元。

表 4－18

交货季度 / 生产季度	1	2	3	4	5（不生产）	生产能力
第 1 季度（正常）	25		5			30
第 2 季度（正常）		30		2		32
第 3 季度（正常）			10	10		20
第 3 季度（加班）					8	8
第 4 季度（正常）				28		28
第 4 季度（加班）				5	3	8
交货量	25	30	15	45	11	

顺便指出，本例的最优方案不唯一，表 4－19 给出了另一个最优方案。

表 4－19

交货季度 / 生产季度	1	2	3	4	5（不生产）	生产能力
第 1 季度（正常）	25	5				30
第 2 季度（正常）		25	7			32
第 3 季度（正常）			8	12		20
第 3 季度（加班）					8	8

（续上表）

生产季度 \ 交货季度	1	2	3	4	5（不生产）	生产能力
第4季度（正常）				28		28
第4季度（加班）				5	3	8
交货量	25	30	15	45	11	

例5　最少配置问题。[①]

某航运公司承担六个港口城市A、B、C、D、E、F的四条航线的物资运输任务。已知各条航线的起点、终点城市及每天航班数见表4－20。假定各条航线使用相同型号的船只，且各城市间的航程天数见表4－21。又知每艘船每次装卸货的时间各需一天。问该航运公司至少应配备多少艘船，才能满足所有航线的运货需求？

表4－20

航线	起点城市	终点城市	每天航班数
1	E	D	3
2	B	C	2
3	A	F	1
4	D	B	1

表4－21

从 \ 到	A	B	C	D	E	F
A	0	1	2	14	7	7
B	1	0	3	13	8	8
C	2	3	0	15	5	5
D	14	13	15	0	17	20
E	7	8	5	17	0	3
F	7	8	5	20	3	0

解：该公司所需配备船只分两部分：

（1）载货航程需要的周转船只数。例如航线1，在港口E装货1天，E→D航程17天，在D卸货1天，总计19天。每天3航班，故该航线周转船只需57艘。各条航线周转所需船只数如表4－22所示。以上累计共需周转船只91艘。

① 本例取自参考文献1，但改正了其错误的计算结果。

表 4－22

航线	装货天数	航程天数	卸货天数	小　计	航班数	需周转船只数
1	1	17	1	19	3	57
2	1	3	1	5	2	10
3	1	7	1	9	1	9
4	1	13	1	15	1	15

（2）各港口间调度所需船只数。有些港口每天到达船数多于需要船数，例如，港口 D，每天到达 3 艘，需求 1 艘；而有些港口到达数少于需求数，例如港口 B。各港口每天余缺船只数的计算如表 4－23 所示。

表 4－23

港口城市	每天到达	每天需求	余缺数
A	0	1	－1
B	1	2	－1
C	2	0	2
D	3	1	2
E	0	3	－3
F	1	0	1

为了使配备船只数最少，应做到周转的空船数最少。引入决策变量 x_{ij} 表示每天从港口 i 调到港口 j 的空船数，$i = $C，D，F；$j = $A，B，E。记 c_{ij} 为船只从港口 i 到港口 j 的航程天数（c_{ij} 的值如表 4－21 所示），则周转的空船数为 $z = \sum_i \sum_j c_{ij} x_{ij}$。因此，我们解运输表为 4－24的运输问题。

表 4－24

	A	B	E	每天多余船只
C	2	3	5	2
D	14	13	17	2
F	7	8	3	1
每天缺少船只	1	1	3	

上机求出空船的最优调度方案（如表 4－25 所示）。

表 4－25

	A	B	E	每天多余船只
C	1		1	2
D		1	1	2
F			1	1
每天缺少船只	1	1	3	

最少需周转的空船数（即目标函数 z 的最优值）为 $2\times1+5\times1+13\times1+17\times1+3\times1=40$。这样在不考虑维修、储备等情况下，该公司至少应配备 $91+40=131$ 艘船。

例 6　选择扩大生产方案的例子。[①]

一家大公司在 A 城、B 城和 C 城设有工厂，产品除了在地区 1、2、3 的市场销售以外，又在地区 4 开辟了一个大市场。这四个地区的年需求量分别是 900、1 000、1 900 和 1 500千件（总需求量 5 300 千件）。设在 A、B、C 的三家工厂的年生产能力分别为 1 000、1 500 和 1 750 千件（总生产能力为 4 250 千件）。由于稳定的需求量已超过了各工厂总生产能力，故公司需要扩大生产。现提出四种方案：

（1）利用现有的设备加班，加班生产最大能力为正常生产能力的 50%，但加班的直接劳动费为正常生产的 150%。

（2）在 D 城建一新厂，年生产能力 2 000 千件，需投资 200 万元。

（3）在 E 城建一新厂，年生产能力 2 000 千件，需投资 300 万元。

（4）在 F 城建一新厂，年生产能力 2 000 千件，需投资 400 万元。

公司的目标是既可以在现有工厂搞加班生产，也可以在三个新址中任选一个建厂，使生产和分配产品的总费用最小。

为了评价每一方案，生产和运输部门根据要求提供了可变生产成本和运费的资料。如表 4－26 和表 4－27 所示。

表 4－26　　**可变生产成本**　　单位：千元/千件

工厂	原材料费	直接劳动费	可变装货费	总计
A	1.2	2.6	0.8	4.6
B	1.0	2.2	0.8	4.0
C	1.1	2.8	0.8	4.7
D	2.0	2.2	0.9	5.1
E	2.1	2.3	0.9	5.3
F	1.9	2.2	0.9	5.0

① 本例素材取自 NL Wu 和 JA Wu 的著作 *Introduction to Management Science*，但做了较大改动。

表 4－27　　预测的单位运费　　单位：千元/千件

工厂	地区 1	地区 2	地区 3	地区 4
A	0.7	0.9	1.0	1.0
B	0.9	0.7	1.0	0.9
C	1.1	0.9	0.8	1.0
D	1.3	1.1	1.0	0.7
E	1.3	1.1	1.0	0.7
F	1.2	1.0	0.9	0.6

我们必须对四个方案中的每一个方案进行评价，以便找出最经济的方案。若只考虑可变成本，即可使用运输模型来评价。为了建立各个方案的运输表，把有关可变成本的数据、正常生产与加班生产的能力以及需求量的资料汇总于表4－28。注意加班生产的可变生产成本等于正常生产的可变成本加 50% 的直接劳动费。以 A 城工厂为例，正常生产可变成本为4.6，直接劳动费为2.6，因此，加班生产的可变成本等于 4.6＋50%×2.6＝5.9（千元/千件）。

表 4－28　　扩大生产的数据

工厂	运费（千元/千件）				生产能力（千件）	生产费用（千元/千件）
	地区 1	地区 2	地区 3	地区 4		
A（正常）	0.7	0.9	1.0	1.0	1 000	4.6
A（加班）	0.7	0.9	1.0	1.0	500	5.9
B（正常）	0.9	0.7	1.0	0.9	1 500	4.0
B（加班）	0.9	0.7	1.0	0.9	750	5.1
C（正常）	1.1	0.9	0.8	1.0	1 750	4.7
C（加班）	1.1	0.9	0.8	1.0	875	6.1
D	1.3	1.1	1.0	0.7	2 000	5.1
E	1.3	1.1	1.0	0.7	2 000	5.3
F	1.2	1.0	0.9	0.6	2 000	5.0
需求量(千件)	900	1 000	1 900	1 500		

在各运输表中，产地与销地之间的复合费用是每千件产品的生产费用与运费之和。表 4－29（a）是方案 1 的运输表及最优分配。我们把方案 1 的最优分配及有关费用汇总于表 4－29（b）。

表 4－29（a） 方案 1 的运输表及最优分配

工厂	地区 1	地区 2	地区 3	地区 4	未用能力	生产能力
A（正常）	5.3 750	5.5	5.6	5.6 250	0	1 000
B（正常）	4.9	4.7 1 000	5.0	4.9 500	0	1 500
C（正常）	5.8	5.6	5.5 1 750	5.7	0	1 750
A（加班）	6.6 150	6.8	6.9	6.9	0 350	500
B（加班）	6.0	5.8	6.1	6.0 750	0	750
C（加班）	7.2	7.0	6.9 150	7.1	0 725	875
需求量	900	1 000	1 900	1 500	1 075	

表 4－29（b） 方案 1 的最优分配和费用

工厂	地区	供应量	运费	生产费用	总费用
A（正常）	1	750	525（0.7）	3 450（4.6）	3 975（5.3）
A（正常）	4	250	250（1.0）	1 150（4.6）	1 400（5.6）
B（正常）	2	1 000	700（0.7）	4 000（4.0）	4 700（4.7）
B（正常）	4	500	450（0.9）	2 000（4.0）	2 450（4.9）
C（正常）	3	1 750	1 400（0.8）	8 225（4.7）	9 625（5.5）
A（加班）	1	150	105（0.7）	885（5.9）	990（6.6）
B（加班）	4	750	675（0.9）	3 825（5.1）	4 500（6.0）
C（加班）	3	150	120（0.8）	915（6.1）	1 035（6.9）
总量		5 300	4 225	24 450	28 675

方案 1 的全年总可变成本为 28 675 千元，其中包括 4 225 千元的运费和24 450千元的生产费用。

方案 2 的运输表与最优分配如表 4－30（a）所示。

表 4-30（a） 方案 2 的运输表及最优分配

	地区 1	地区 2	地区 3	地区 4	未用能力	生产能力
A（正常）	5.3 900	5.5	5.6 100	5.6	0	1 000
B（正常）	4.9	4.7 1 000	5.0 50	4.9 450	0	1 500
C（正常）	5.8	5.6	5.5 1 750	5.7	0	1 750
D	6.4	6.2	6.1	5.8 1 050	0 950	2 000
需求量	900	1 000	1 900	1 500	950	

方案 2 的最优分配及有关费用汇总于表 4-30（b），该方案的全年总可变成本为 28 200 千元，由 4 020 千元的运费和 24 180 千元的生产费用构成。

表 4-30（b） 方案 2 的最优分配和费用

工厂	地区	供应量	运费	生产费用	总费用
A	1	900	630（0.7）	4 140（4.6）	4 770（5.3）
A	3	100	100（1.0）	460（4.6）	560（5.6）
B	2	1 000	700（0.7）	4 000（4.0）	4 700（4.7）
B	3	50	50（1.0）	200（4.0）	250（5.0）
B	4	450	405（0.9）	1 800（4.0）	2 205（4.9）
C	3	1 750	1 400（0.8）	8 225（4.7）	9 625（5.5）
D	4	1 050	735（0.7）	5 355（5.1）	6 090（5.8）
总量		5 300	4 020	24 180	28 200

同样，可计算出方案 3 和方案 4 的有关数据。由于篇幅所限，只列出最主要的结果：方案 3 的全年总可变成本为 28 410 千元，其中包括 4 020 千元的运费和 24 390 千元的生产费用；而方案 4 的全年总可变成本为 27 990 千元，由3 915千元的运费和 24 075 千元的生产费用构成。

为了确定是否建新厂和新厂建在哪，现将上述结果有用的数据概括于表 4-31（a）中。

表 4－31（a） 各方案的费用数据 单位：千元

方案	运费	生产费用	总费用
加班生产	4 225	24 450	28 675
D 城建厂	4 020	24 180	28 200
E 城建厂	4 020	24 390	28 410
F 城建厂	3 915	24 075	27 990

若只看可变成本，则在现工厂加班的方案远远贵于其他三个方案。但分析问题时应考虑不变成本，在 D 城、E 城、F 城建新厂相应要投资 2 000 千元、3 000千元、4 000 千元。在表 4－31（b）中一并分析了不变成本，并进行了较长期的预测。

表 4－31（b） 各方案分析总表（加班和建新厂比较）

方案	D 城建厂	E 城建厂	F 城建厂
年可变成本（千元） 对加班的年可变成本（千元）	28 200 28 675	28 410 28 675	27 990 28 675
年可变成本优势（千元）	475	265	685
固定投资（千元）	2 000	3 000	4 000
投资回收期（年）	$\frac{2\,000}{475}\approx4.2$	$\frac{3\,000}{265}\approx11.3$	$\frac{4\,000}{685}\approx5.8$
十年后净节余（千元）	2 750	－350	2 850

年可变成本这一行表明 F 城工厂优于另外两个被提议的工厂。但从不变成本看，它是投资最多的拟建厂。回收期一行表明，若在 D 城建厂，从可变成本优势看用约 4.2 年收回建厂成本，在 E 城用约 11.3 年，在 F 城用约 5.8 年。如果 10 年以后需求量仍能保持相对稳定，则在 F 城建厂可净节余最多，为 2 850 千元。但要注意，全面的分析是以现行价、现行需求量和对未来的估计为基础的。所以，慎重的长期预测是准确进行上述分析的关键。

例 7 转运问题。

在本章例 1 中，假定除了产地和销地之外，中间还有若干转运站，而将某一产地的水泥运往某一销地，可以直接运输，也可以经由转运站、其他产地或销地。已知各产地、销地、转运站及相互之间的单位运价（百元/百吨）如表 4－32 所示，问应如何调运使总运费最小?

表 4-32

终点 始点		产地			转运站		销地			
		A_1	A_2	A_3	T_1	T_2	B_1	B_2	B_3	B_4
产地	A_1		2	3	—	4	8	7	3	2
	A_2	3		4	2	5	4	7	5	1
	A_3	—	4		3	3	2	4	9	6
转运站	T_1	—	2	3		7	2	1	5	3
	T_2	3	5	4	8		3	2	2	4
销地	B_1	8	—	2	2	3		9	8	10
	B_2	7	7	4	—	—	7		9	6
	B_3	3	5	9	6	3	10	6		7
	B_4	3	2	6	3	4	8	9	7	

解：若不考虑转运，只考虑从产地向销地直运，虽然可构成规范的运输模型，但总运费未必最小。例如，从表 4-32 可见，从 A_1 直运 B_1 的运价是 8，但若从 A_1 先转运到 T_2，再从 T_2 运到 B_1，运价是 $4+3=7$；又若从 A_1 经 A_3 转运到 B_1，运价仅为 $3+2=5$。两种转运路线的运价都低于直运运价。

另外，表 4-32 中的运价有些是不对称的，如 $A_1 \to A_2$ 运价是 2，而 $A_2 \to A_1$ 运价为 3。这点可以得到实际解释，比方 $A_2 \to A_1$ 是爬坡上山或逆水航运等。

由此可见，本例中每个产地到各销地之间的运输路线有多种，我们称这类运输问题为转运问题（transshipment problem）。

转运问题有几种处理方法，下面通过扩大的运输问题来求解，具体做法如下：

（1）由于问题中所有产地、转运站、销地都可以看作是产地，又可看作是销地，因此把问题当作有 9 个产地和 9 个销地的扩大的运输问题。

（2）对各转运站假设一个统一的转运量 t，可取 $t=\max\{\sum\limits_i a_i, \sum\limits_j b_j\}$。在扩大的运输问题中，各转运站的产量和销量都取为 t，各产地 A_i 的产量取为 a_i+t，销量为 t；各销地 B_j 的产量为 t，销量为 b_j+t。

由于本例中 $\sum a_j=\sum b_j=14$（百吨），故取 $t=14$（百吨）。因此，各转运站 T_1、T_2 的产量和销量均为 14 百吨；各 A_i 的产量分别改成 15、23、18 百吨，销量均为 14 百吨；各 B_j 的产量均为 14 百吨，销量分别为 17、16、18、19 百吨。

（3）在扩大的运输问题中，变量 x_{ii} 为虚设运量，其意义是自己运给自己，故相应运价 $c_{ii}=0$。对不能运输的路线的运价取为非常大的正数 M，其余运价 c_{ij} 不变。

表 4-33 为扩大的运输问题的运输表。

表 4－33

运价 销地 / 产地	A_1	A_2	A_3	T_1	T_2	B_1	B_2	B_3	B_4	产量
A_1	0	2	3	M	4	8	7	3	2	15
A_2	3	0	4	2	5	4	7	5	1	23
A_3	M	4	0	3	3	2	4	9	6	18
T_1	M	2	3	0	7	2	1	5	3	14
T_2	3	5	4	8	0	3	2	2	4	14
B_1	8	M	2	2	3	0	9	8	10	14
B_2	7	7	4	M	M	7	0	9	6	14
B_3	3	5	9	6	3	10	6	0	7	14
B_4	3	2	6	3	4	8	9	7	0	14
销量	14	14	14	14	14	17	16	18	19	

上机求解可得最优调运方案（如表 4－34 所示），注意表中对角线上的数字为虚设运量 x_{ii} 的值，可弃之不顾，其余数字就给出本例的实际最优方案：

$A_1 \to B_3$，1 百吨；$A_2 \to T_1 \to B_2$，2 百吨；$A_2 \to B_3$，2 百吨；$A_2 \to B_4$，5 百吨；$A_3 \to B_1$，3 百吨；$A_3 \to T_2 \to B_3$，1 百吨。最小总运费为 3 500 元。

表 4－34

运价 销地 / 产地	A_1	A_2	A_3	T_1	T_2	B_1	B_2	B_3	B_4	产量
A_1	14							1		15
A_2		14		2				2	5	23
A_3			14		1	3				18
T_1				12			2			14
T_2					13			1		14
B_1						14				14
B_2							14			14
B_3								14		14
B_4									14	14
销量	14	14	14	14	14	17	16	18	19	

习 题

1. 分别用最小元素法和 Vogel 逼近法，求表 4－35 和表 4－36 给出的运输问题的初始调运方案，并计算其目标函数值。

（1）

表 4－35

销地 / 产地	1	2	3	4	5	产量
1	13	7	6	2	12	30
2	5	1	10	5	11	20
3	10	5	3	7	14	40
4	6	3	2	11	10	60
销量	30	20	25	35	40	

（2）

表 4－36

销地 / 产地	1	2	3	4	5	产量
1	3	7	8	4	6	13
2	9	5	7	10	3	12
3	11	10	8	5	7	18
销量	3	8	5	10	5	

2. 用表上作业法解表 4－35 和表 4－36 给出的运输问题。

3. 某农场获得大丰收，四块土地 A_1、A_2、A_3、A_4 的产量分别为 2、4、3、6 百吨。现在准备把这批粮食贮藏到 3 个仓库里，已知这三个仓库的最大容量分别为 7、5、7 百吨。每块土地和各仓库的距离如表 4－37 所示，试求出最合理的调运方案（距离以千米为单位）。

表 4-37

距离 仓库 土地	B_1	B_2	B_3
A_1	2	10	7
A_2	3	2	1
A_3	11	3	8
A_4	4	9	2

4. 表 4-38 给出某个运输问题的运输表和最优调运方案。

（1）从 $A_2 \to B_3$ 的单位运价 c_{23} 在什么范围内变化时，最优调运方案保持不变？

（2）$A_2 \to B_4$ 的单位运价 c_{24} 变为何值时，有无穷多最优调运方案？除表4-38 中的方案外，至少再写出两个。

表 4-38

	B_1	B_2	B_3	B_4	产量
A_1	10	1 5	20	11 10	15
A_2	12 0	7 10	9 15	20	25
A_3	2 5	14	16	18	5
销量	5	15	15	10	

5. 玩具公司经销 A、B、C 三种玩具。公司想雇用当地无固定职业的工人来制造这些玩具。工人甲、乙、丙对这项任务很有兴趣，提出了材料费报价（如表 4-39 所示）。

表 4-39　　单位：元

	玩具 A	玩具 B	玩具 C
工人甲	22	34	19
工人乙	24	32	18
工人丙	21	36	21

公司确定要制造 250 个玩具 A、300 个玩具 B、200 个玩具 C。工人甲决定做 180 个玩具，工人乙做 250 个玩具，工人丙做其余 320 个玩具。除材料费外，每个玩具的制造费用都一律是 30 元。玩具 A 和 C 的售价均为每个 70 元，玩具 B 为 80 元。公司的目标是寻求在获得最大利润的情况下，将玩具生产任务分配给各工人的方案。

6. 甲、乙、丙三个地区每年分别需要农用化肥 320、250、350 万吨，由 A、B 两个化肥厂负责供应。已知化肥年供应量为 A 400 万吨，B 450 万吨，由化肥厂至各地区的单位运价（万元/万吨）如表 4－40 所示。

表 4－40

	甲	乙	丙
A	15	18	22
B	21	25	16

由于需求大于产量，经协商平衡，甲地区供应量可减少 0～30 万吨，乙地区需求量应全部满足，丙地区供应量不少于 270 万吨。试求将供应量分配完又使总运费最低的调运方案。

7. 某公司希望找出一个最好的方案，将它的三个矿的产品分配给它的三家工厂。从各矿至各工厂运输一吨矿产品的运费如表 4－41 所示。

表 4－41　　单位：元

运费 工厂 / 矿	1	2	3
1	30	100	20
2	40	110	80
3	80	110	40

公司在各个不同地点生产不同的产品。所以，在工厂 1，一吨矿产品值 120 元；在工厂 2，值 160 元；在工厂 3，值 110 元。在下一个周期内，矿 1、2、3 的产量分别为 200 吨、300 吨、200 吨。三家工厂的需求量分别为 150 吨、250 吨、180 吨。试求利润效益值最大的运输计划。

8. 一家工厂需制订一月、二月、三月和四月的月度生产计划。该厂按合同进行生产，并已承诺在各月份的最后一天供应下列数量的某种商品：一月 1 000，二月 600，三月 1 700，四月 900。不会再增加供应量。该厂在一月一日没有这种商品的存货，而且在五月一日也必须出空。这种商品的每月生产能力不加班时为 800 单位。如果加班，每月还能增产 400 单位。一月、二月的生产成本是：正常工作时间为每单位产品 10 元，加班时间为每单位产品 14 元。预计三月和四月签订的新劳动合同将使上述每单位成本分别提高 2 元。在生产过程中不发生准备费用。每月生产的商品既可用于当月末的销售额，也可作为存货以应后面月份的需要。从每月到下月每一单位存货的储存费为 3 元，求最低费用方案。

9. 在表 4－42 给出的运输问题中，若产地 i 有一个单位物资未运出，则将发生储存费用。假定产地 1、2、3 的单位物资储存费用分别为 5、3、4。又假定产地 2 的物资至少运出 35 个单位，产地 3 的物资至少运出 28 个单位，试求此运输问题的最优调运方案。

表 4-42

产地＼销地	B_1	B_2	B_3	产量
1	2	3	1	30
2	3	5	4	40
3	3	6	2	30
销量	30	25	25	

10. 如果把一个常数 k 加到产销平衡运输问题的运价矩阵 $(c_{ij})_{m\times n}$ 的某一行的所有元素上，试证明最优解保持不变，而目标函数最优值增加一个常数。

11. 某工厂每月最多生产 270 吨货物，先运至 A_1、A_2、A_3 三个仓库，然后再分别供应给 B_1、B_2、B_3、B_4、B_5 五个地区。已知各仓库容量分别为 50、100、150 吨，各地区的需求量分别为 25、105、60、30、70 吨。工厂至各仓库每吨产品的运费分别为 20、30、80 元，各仓库至各地区的单位运费如表 4-43 所示。试确定总运费最低的调运方案。

表 4-43　　　　单位：元

	B_1	B_2	B_3	B_4	B_5
A_1	100	150	200	200	400
A_2	200	400	150	300	300
A_3	300	350	400	550	250

本章小结

运输问题是一类应用广泛的线性规划问题，由于该问题本身的特殊性，可以使用比标准单纯形法更简单有效的专门方法来求解。本章首先介绍运输问题的数学模型，并给出求解产销平衡运输问题的表上作业法，包括求初始调运方案的最小元素法和 Vogel 逼近法、检验最优性条件的位势法以及调整方案的闭回路法；然后介绍了产销不平衡运输问题的处理方法；最后用若干有代表性的例子说明运输模型的实际应用，并给出了计算机软件求解的方法和结果。

5　目标规划

本章要求

- □　理解目标规划的基本概念。
- □　掌握目标规划的建模方法。
- □　了解目标规划的图解法和单纯形法。
- □　正确使用计算机软件求解目标规划。
- □　掌握目标规划的一些应用实例。

前面所研究的线性规划模型，是假定决策者力求在一些约束条件下优化一个单一目标，譬如利润最大或费用最小。但是，由于现实世界的复杂性，许多决策情况仅考虑一个目标往往是不够的。例如，当制订一个地区的经济规划时，诸如国内生产总值、产业结构、就业人数、出口额等都是不可不考虑的目标，若仅考虑使国内生产总值最大的条件，是远不能满足要求的。又如一家工厂的生产计划问题除了要考虑利润目标以外，还得考虑降低成本、充分利用劳动力、减少污染等目标。通常，决策者考虑到的各个目标，其中有些是互相补充的，另外一些则是互相抵触的。目标规划方法是解决多目标决策问题的有效工具，在目标规划中，决策者的所有目标都可以按其重要性的顺序在模型中加以考虑。目标规划的解是对每一个决策变量，根据各个目标与预定目标值的偏差量为最小的方式来赋予的数值。如果所有的目标不能同时得到满足，目标规划技术能够按优先级来满足各个目标。此外，目标规划还可以方便地以同一形式来处理目标和约束条件（在实际问题中，目标和约束条件有时是难以明显区分的），并处理存在相互矛盾的约束条件的规划问题。本章只介绍线性目标规划问题。

5.1　目标规划的概念和数学模型

为了具体说明目标规划与线性规划在处理问题的方法上的区别，先举一个使用线性规划方法解决单目标问题的例子。

例 1　用线性规划方法解决单目标问题。

某厂生产 A、B 两种产品，生产过程必须经过两个车间。有关数据如表 5 - 1 所示。

表 5-1

	利润（元）	生产时间（小时）	
		车间 1	车间 2
产品 A	80	2	1
产品 B	100	1.5	2

如果车间 1 和车间 2 每周正常工作时间分别为 50 小时和 40 小时，求使工厂获利最大的生产方案。

解：令 x_1 和 x_2 分别表示产品 A 和 B 每周的产量，则这个单目标问题可表述为如下线性规划模型：

$$
\begin{aligned}
\max\ z &= 80x_1 + 100x_2 \\
\text{s.t.}\quad & 2x_1 + 1.5x_2 \leqslant 50 \\
& x_1 + 2x_2 \leqslant 40 \\
& x_1,\ x_2 \geqslant 0
\end{aligned}
$$

容易求得最优生产方案为 $x_1^* = 16$，$x_2^* = 12$，最大利润 $z^* = 2\,480$元。

现在假设工厂决策者的目标不只是利润最大，还要考虑到其他一些因素。这时，他可以根据实际情况为每个要考虑的目标确定一个指标值，称为目标值，并要求决策方案所得到的值（决策值），尽量接近目标值（允许有偏差，但偏差要尽量小）。这就是用目标规划技术处理各目标决策问题的基本思路，具体做法如下：

设 $X = (x_1, x_2, \cdots, x_n)^{\mathrm{T}}$ 是决策变量向量，把各个目标表示为决策变量的函数，设第 i 个目标的式子为 $g_i(X)$，确定的目标值为 b_i。引入正、负偏差变量 d_i^+，$d_i^- \geqslant 0$，正偏差变量 d_i^+ 表示决策值超过目标值的部分，负偏差变量 d_i^- 表示决策值未达到目标值的部分。因为决策值不可能既超过目标值，同时又未达到目标值，所以一定有 $d_i^- \times d_i^+ = 0$，即正、负偏差变量至少有一个为零。由此可得到每个目标的最终形式为：

$$g_i(X) + d_i^- - d_i^+ = b_i \tag{5.1}$$

目标规划的目标函数是根据决策者的要求，尽可能缩小偏差变量，其基本形式有三种：

（1）若要求 $g_i(X) = b_i$，则应 $\min(d_i^- + d_i^+)$。

（2）若要求 $g_i(X) \leqslant b_i$，则应 $\min d_i^+$。

（3）若要求 $g_i(X) \geqslant b_i$，则应 $\min d_i^-$。

例如，假设在例 1 中，决策者的第一个目标是利润额不低于 2 000 元，则求利润目标的式子为：

$$80x_1+100x_2+d_1^- - d_1^+ = 2\ 000$$

并在目标函数中求 min d_1^-。

在目标规划中，各目标有主次或轻重缓急的不同，因此，必须确定它们的优先级。具体是赋予要求第一位达到的目标优先因子 P_1，次位的目标赋予优先因子 P_2……并规定 $P_1 \gg P_2 \gg$……这表示 P_1 比 P_2 有更高的优先级，即首先保证 P_1 级目标的实现，这时可不考虑次级目标；而 P_2 级目标是在实现了 P_1 级目标的基础上考虑的；以此类推。若要区别具有相同优先级的两个目标的相对重要性，可以分别赋予它们不同的权系数 w_j。

目标规划的约束条件有两类：绝对约束和目标约束。绝对约束是指必须严格满足的等式约束和不等式约束，它们是硬约束。目标约束是目标规划特有的，我们可把约束右端项看作要追求的目标值，并在这些约束中加入正、负偏差变量。由于允许发生偏差，因此目标约束是软约束。通常可将绝对约束变换为目标约束，但应赋予它最高优先级。

例 2　目标规划建模 1。

例 1 的决策者在车间 1 的生产时间受到严格限制的基础上考虑：首先是产品 B 的产量不超过 10 单位；其次是利润额不低于 1 600 元；再次是充分利用车间 2 的正常生产时间，不加班。求决策方案。

解：分别赋予决策者所要求的三个目标优先因子 P_1，P_2，P_3。则本例的目标规划模型为

$$\begin{aligned}
&\min z = P_1 d_1^+ + P_2 d_2^- + P_3 (d_3^- + d_3^+) \\
&\text{s. t.}\quad 2x_1 + 1.5x_2 \leqslant 50 \\
&\qquad x_2 + d_1^- - d_1^+ = 10 \\
&\qquad 80x_1 + 100x_2 + d_2^- - d_2^+ = 1\ 600 \\
&\qquad x_1 + 2x_2 + d_3^- - d_3^+ = 40 \\
&\qquad x_1,\ x_2,\ d_i^-,\ d_i^+ \geqslant 0,\ i = 1,\ 2,\ 3
\end{aligned}$$

下面将会求出这个目标规划的解为 $x_1=17.5$，$x_2=10$；目标函数 $z=2.5P_3$；各个偏差变量为 $d_1^-=0$，$d_1^+=0$，$d_2^-=0$，$d_2^+=800$，$d_3^-=2.5$，$d_3^+=0$。因此决策方案是：生产产品 A 17.5 单位，产品 B 10 单位，可获利润1 600 + 800 = 2 400（元）。而车间 1 的生产时间用了 50 小时，车间 2 的生产时间用了 40 − 2.5 = 37.5（小时）。由此可见，决策者的第一和第二目标都已达到，而第三目标达不到（车间 2 的正常生产时间还未能充分利用），所以，我们把目标规划的解称为满意解。但无论如何，在给定的优先等级的条件下，这个满意解已最大限度地实现了目标。

例 3　目标规划建模 2。

在例 2 中，若把第二目标改为取得最大利润，其他保持不变。试建立相应的目标规划

模型。

解：为了处理第二目标，我们可选利润的上界为利润目标的目标值，比如取5 000元。显然，本例的第二目标可以通过使 d_2^- 极小化来实现。因此，所求的目标规划模型如下：

$$\begin{aligned}
&\min z = P_1 d_1^+ + P_2 d_2^- + P_3 (d_3^- + d_3^+) \\
&\text{s.t.} \quad 2x_1 + 1.5x_2 \leqslant 50 \\
&\qquad x_2 + d_1^- - d_1^+ = 10 \\
&\qquad 80x_1 + 100x_2 + d_2^- - d_2^+ = 5\,000 \\
&\qquad x_1 + 2x_2 + d_3^- - d_3^+ = 40 \\
&\qquad x_1, x_2, d_i^-, d_i^+ \geqslant 0, \ i = 1, 2, 3
\end{aligned}$$

一般来说，若决策者有 K 个目标，这 K 个目标分为 L 个优先等级，则目标规划的数学模型为

$$\min z = \sum_{l=1}^{L} P_l \left(\sum_{i=1}^{K} w_{li}^- d_i^- + w_{li}^+ d_i^+ \right) \tag{5.2}$$

$$\text{s.t.} \quad \sum_{j=1}^{n} a_{ij} x_j + d_i^- - d_i^+ = b_i, \ i = 1, \cdots, K \tag{5.3}$$

$$\sum_{j=1}^{n} a_{ij} x_j \leqslant (=, \geqslant) \ b_i, \ i = K+1, \cdots, K+m \tag{5.4}$$

$$x_j, d_i^-, d_i^+ \geqslant 0, \ j = 1, \cdots, n; \ i = 1, \cdots, K \tag{5.5}$$

5.2 目标规划的图解法

对于有两个决策变量的目标规划，可以使用图解法来求解。下面以例2来说明。

首先在 x_1Ox_2 平面中作出各约束条件。绝对约束条件的作图与线性规划相同。作目标约束时，先令 d_i^- 和 d_i^+ 等于零，画出相应的直线，然后在直线旁标上 d_i^-，d_i^+，各偏差变量的指向为正方向（如图5－1所示）。不难看出，满足硬约束条件的点必须落在闭三角形 OAB 中。

下面根据目标函数中的优先因子来分析求解。首先考虑具有 P_1 优先因子的目标，在目标函数中要求实现 $\min d_1^+$，从图中可见，闭四边形 $OACF$ 中的点可以满足 $\min d_1^+ = 0$。接着考虑具有 P_2 优先因子的目标，在目标函数中要求实现 $\min d_2^-$，易见，落在闭四边形 $EDAC$ 中的点可以实现 $\min d_2^- = 0$。最后考虑具有 P_3 优先因子的目标，在目标函数中要求实现 $\min (d_3^- + d_3^+)$，闭四边形 $EDAC$ 中的点都能实现 $\min d_3^+ = 0$，但只有 C 点使 d_3^- 取值最小（C 点到直线 HG 的距离最小），故取 C 点为满意解，其坐标为（17.5，10）。

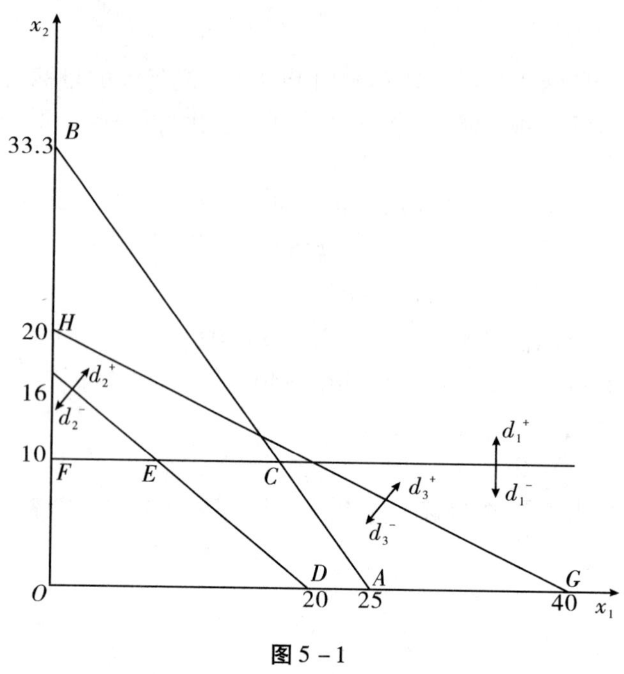

图 5－1

请读者用图解法求例 3 的满意解。

5.3　目标规划的单纯形法

当目标规划中的决策变量超过两个时，图解法无法使用。由于目标规划的数学模型结构与线性规划的数学模型结构没有本质的区别，所以可用单纯形法求解。下面先举一个例子。

例 4　目标规划的单纯形法。

一家生产某种产品的公司在生产周期内的正常生产时间为 100 小时。为了提高产品产量，该公司可以加班生产、转包生产或雇用临时工，具体数据如表 5－2 所示。

表 5－2

	时间（小时/单位产品）	费用（元/小时）	平均优质水平（%）
正常生产	2.0	100	99
加班生产	2.0	150	98
转包生产	2.5	80	95
雇用临时工	3.0	80	90

公司决策者确定的目标为：

第一优先级：尽量满足 100 单位产品的市场需求；

第二优先级：优质品不低于 98% 的水平；

第三优先级：生产费用不超过 22 000 元。

试问应如何安排生产？

解：设 x_1、x_2、x_3、x_4 分别表示正常生产、加班生产、转包生产、雇用临时工所生产的产品数量。该问题的目标规划模型为：

$$\min z = P_1 d_1^- + P_2 d_2^- + P_3 d_3^+ \tag{5.6}$$

$$\text{s.t.} \quad 2x_1 \leqslant 100 \tag{5.7}$$

$$x_1 + x_2 + x_3 + x_4 + d_1^- - d_1^+ = 100 \tag{5.8}$$

$$x_1 - 3x_3 - 8x_4 + d_2^- - d_2^+ = 0 \tag{5.9}$$

$$200x_1 + 300x_2 + 200x_3 + 240x_4 + d_3^- - d_3^+ = 22\,000 \tag{5.10}$$

$$x_j,\ d_i^-,\ d_i^+ \geqslant 0,\ j = 1,\ \cdots,\ 4;\ i = 1,\ 2,\ 3 \tag{5.11}$$

在模型中，除了（5.9）式，其他式子的意义不言自明。而（5.9）式是关于优质水平的目标，其推导过程如下：

第二优先级的目标要求：

$$0.99x_1 + 0.98x_2 + 0.95x_3 + 0.9x_4 \geqslant 0.98\ (x_1 + x_2 + x_3 + x_4)$$

或 $$0.01x_1 - 0.03x_3 - 0.08x_4 \geqslant 0$$

或 $$x_1 - 3x_3 - 8x_4 \geqslant 0$$

由此可得到（5.9）式。

当使用单纯形法求解目标规划时，要注意以下几点：

（1）各决策变量 x_j 和偏差变量 d_i^-，d_i^+ 都作为变量统一处理。

（2）由于目标规划都是最小化目标函数，故最优准则为所有检验数 $\sigma_j = c_j - z_j \geqslant 0$。

（3）因为非基变量的检验数中含有不同等级的优先因子，即

$$c_j - z_j = \sum_{l=1}^{L} \alpha_{jl} P_l$$

其中 $P_1 \gg P_2 \gg \cdots \gg P_L$，所以检验数的正、负首先决定于 P_1 的系数 α_{j1}。若$\alpha_{j1} = 0$，则此检验数的正、负就决定于 P_2 的系数 α_{j2}的正、负，以此类推。因此，我们把单纯形表的检验数行按优先因子的个数分成 L 行，并分别填上各优先因子的系数 α_{jl}。

下面使用单纯形法解目标规划（5.6）至（5.11）。首先在（5.7）式引入松弛变量 x_s 把它化为等式，取 x_s，d_1^-，d_2^-，d_3^- 为初始基变量，可得初始单纯形表（见表 5－3）。本例的求解过程较长，表 5－4 和表 5－5 是前几步迭代的单纯形表，表 5－6 为最终表。

表 5－3

c_j								P_1		P_2			P_3	θ_i
C_B	X_B	b'	x_1	x_2	x_3	x_4	x_s	d_1^-	d_1^+	d_2^-	d_2^+	d_3^-	d_3^+	
	x_s	100	2				1							50
P_1	d_1^-	100	1	1	1	1		1	−1					100
P_2	d_2^-	0	[1]		−3	−8				1	−1			0
	d_3^-	22 000	200	300	200	240						1	−1	110
c_j-z_j		P_1	−1	−1	−1	−1			1					
		P_2	−1		3	8					1			
		P_3											1	

表 5－4

c_j								P_1		P_2			P_3	θ_i
C_B	X_B	b'	x_1	x_2	x_3	x_4	x_s	d_1^-	d_1^+	d_2^-	d_2^+	d_3^-	d_3^+	
	x_4	$\frac{25}{4}$			$\frac{3}{8}$	1	$\frac{1}{16}$			$-\frac{1}{8}$	$\frac{1}{8}$			—
P_1	d_1^-	$\frac{175}{4}$		1	$\frac{5}{8}$		$-\frac{9}{16}$	1	−1	$\frac{1}{8}$	$-\frac{1}{8}$			43.75
	x_1	50	1				$\frac{1}{2}$							—
	d_3^-	10 500		[300]	110		−115			30	−30	1	−1	35
c_j-z_j		P_1		−1	$-\frac{5}{8}$		$\frac{9}{16}$		1	$-\frac{1}{8}$	$\frac{1}{8}$			
		P_2								1				
		P_3											1	
	x_4	6.25			[0.375]	1	0.063			−0.125	0.125			16.667
P_1	d_1^-	8.75			0.258		−0.179	1	−1	0.025	−0.025	−0.003	0.003	33.915
	x_1	50	1				0.5							—
	x_2	35		1	0.367		−0.383			0.1	−0.1	0.003	−0.003	95.368
c_j-z_j		P_1			−0.258		0.179		1	−0.025	0.025	0.003	−0.003	
		P_2								1				
		P_3											1	

表 5－5

c_j								P_1		P_2			P_3	θ_i
C_B	X_B	b'	x_1	x_2	x_3	x_4	x_s	d_1^-	d_1^+	d_2^-	d_2^+	d_3^-	d_3^+	
	x_s	100			6	[16]	1			－2	2			$6\frac{1}{4}$
P_1	d_1^-	100		1	4	9		1	－1	－1	1			$11\frac{1}{9}$
	x_1	0	1		－3	－8				1	－1			—
	d_3^-	22 000		300	800	1 840				－200	200	1	－1	11.95
c_j-z_j		P_1		－1	－4	－9			1	1	－1			
		P_2								1				
		P_3											1	

表 5－6

c_j								P_1		P_2			P_3	
C_B	X_B	b'	x_1	x_2	x_3	x_4	x_s	d_1^-	d_1^+	d_2^-	d_2^+	d_3^-	d_3^+	
	x_3	16.67			1	2.67	0.17			－0.33	0.33			
P_3	d_3^+	1 333.33				－206.67	－66.67	300	－300	33.33	－33.33	－1	1	
	x_1	50	1				0.5							
	x_2	33.33		1		－1.67	－0.67	1	－1	0.33	－0.33			
c_j-z_j		P_1						1						
		P_2								1				
		P_3				206.67	66.67	－300	300	－33.33	33.33	1		

由表 5－6 可看出第一和第二优先级目标能够达到，而第三优先级目标无法达到（生产费用超出限额 1 333.33 元），总偏差为 $z=1\ 333.33P_3$。所得到的满意解表明公司应安排正常生产、加班生产、转包生产的产品数量分别为 50、33.33 和 16.67 单位。

5.4 使用 QM 软件求解目标规划

图 5－2 是使用 QM for Windows 求解本章例 2 的输入界面。请注意输入具体数据的窗口的前四列 Wt（$d+$），Prty（$d+$），Wt（$d-$）和 Prty（$d-$）是作为输入目标函数用的，如果你要求极小化某个目标或约束条件的正偏差变量（或负偏差变量），则可把光标移到该目标或约束条件所在行，并在 Wt（$d+$）和 Prty（$d+$）列［或 Wt（$d-$）和 Prty（$d-$）列］分别输入相应的权系数和优先等级。其余数据的输入与线性规划类似。

图 5－3 和图 5－4 分别是 QM for Windows 求解例 2 和例 4 后输出的结果，请读者把这些结果与前面用图解法及单纯形法求解的结果做详细对照。

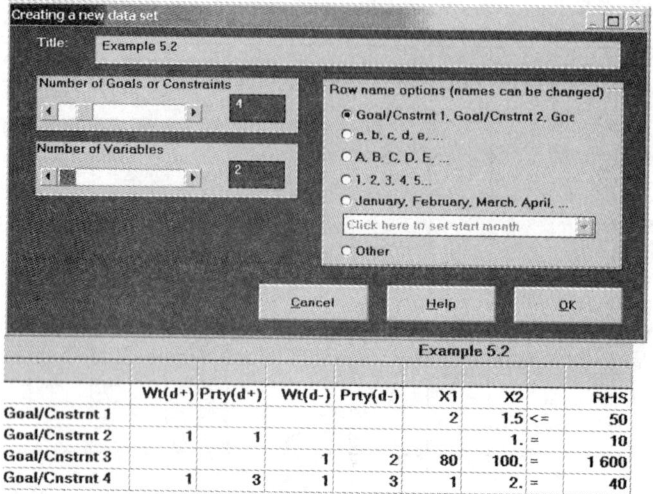

Example 5.2

	Wt(d+)	Prty(d+)	Wt(d-)	Prty(d-)	X1	X2		RHS
Goal/Cnstrnt 1					2	1.5	<=	50
Goal/Cnstrnt 2	1	1				1.	=	10
Goal/Cnstrnt 3			1	2	80	100.	=	1 600
Goal/Cnstrnt 4	1	3	1	3	1	2.	=	40

图 5 – 2

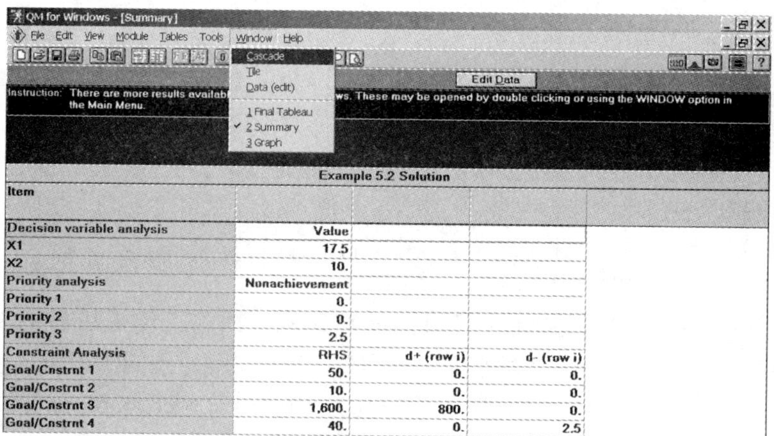

Example 5.2 Solution

Item			
Decision variable analysis	Value		
X1	17.5		
X2	10.		
Priority analysis	Nonachievement		
Priority 1	0.		
Priority 2	0.		
Priority 3	2.5		
Constraint Analysis	RHS	d+ (row i)	d- (row i)
Goal/Cnstrnt 1	50.	0.	0.
Goal/Cnstrnt 2	10.	0.	0.
Goal/Cnstrnt 3	1,600.	800.	0.
Goal/Cnstrnt 4	40.	0.	2.5

图 5 – 3

Summary

Example 5.4 Solution

Item			
Decision variable analysis	Value		
X1	50.		
X2	33.3333		
X3	16.6667		
X4	0.		
Priority analysis	Nonachievement		
Priority 1	0.		
Priority 2	0.		
Priority 3	1,333.3334		
Constraint Analysis	RHS	d+ (row i)	d- (row i)
Goal/Cnstrnt 1	100.	0.	0.
Goal/Cnstrnt 2	100.	0.	0.
Goal/Cnstrnt 3	0.	0.	0.
Goal/Cnstrnt 4	22,000.	1,333.334	0.

图 5 – 4

5.5 应用举例

例5 目标规划的应用。

某电子公司制造A、B、C三种产品，它们都在同一生产线上进行制造、装配及检验。三种产品每部在生产过程中所消耗的时间分别为5小时、8小时、12小时。生产线每月正常运转时间是170小时。这三种产品每部的利润：A为100 000（元），B为144 000（元），C为252 000（元）。该公司确定的经营目标为：

P_1：充分利用工时；

P_2：为满足主要客户的需求，A、B、C的产量必须分别达到5、5、8部，并依产品单位工时的利润比例确定权数；

P_3：生产线的加班时间每月不宜超过16小时；

P_4：A、B、C的月销售指标分别定为10、12、10部，并依其单位工时的利润比例确定权数；

P_5：尽量减少生产线的加班时间。

试建立数学模型并求解。

解：设A、B、C三种产品每月的产量分别为x_1、x_2、x_3。容易算出三种产品单位工时的利润比例为$\frac{100\ 000}{5}:\frac{144\ 000}{8}:\frac{252\ 000}{12}=20:18:21$。

从而可得到如下目标规划模型：

$$
\begin{aligned}
\min z = & P_1 d_1^- + P_2 (20d_2^- + 18d_3^- + 21d_4^-) + P_3 d_5^+ + \\
& P_4 (20d_6^- + 18d_7^- + 21d_8^-) + P_5 d_1^+ \\
\text{s.t.}\quad & 5x_1 + 8x_2 + 12x_3 + d_1^- - d_1^+ = 170 \\
& x_1 + d_2^- - d_2^+ = 5 \\
& x_2 + d_3^- - d_3^+ = 5 \\
& x_3 + d_4^- - d_4^+ = 8 \\
& 5x_1 + 8x_2 + 12x_3 + d_5^- - d_5^+ = 186 \\
& x_1 + d_6^- - d_6^+ = 10 \\
& x_2 + d_7^- - d_7^+ = 12 \\
& x_3 + d_8^- - d_8^+ = 10 \\
& x_j \geqslant 0 \text{ 且为整数}, j = 1, 2, 3 \\
& d_i^-, d_i^+ \geqslant 0, i = 1, \cdots, 8
\end{aligned}
$$

这是线性整数目标规划问题。我们不考虑变量取整数值条件，使用QM软件求解，图

5－5 是输入界面。

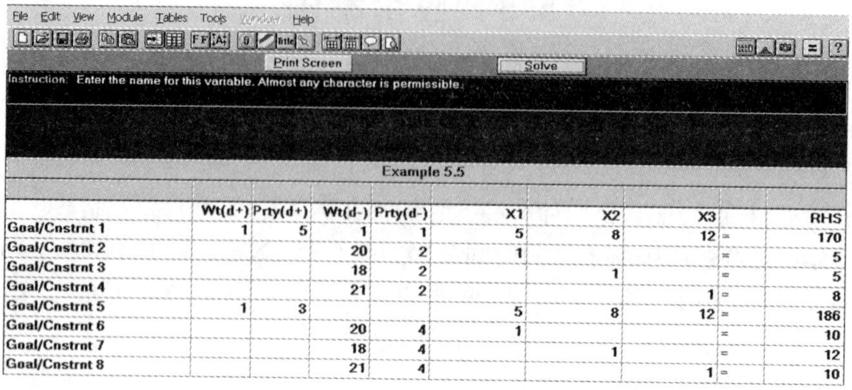

File Edit View Module Tables Tools Window Help

Print Screen　Solve

Instruction: Enter the name for this variable. Almost any character is permissible.

Example 5.5

	Wt(d+)	Prty(d+)	Wt(d-)	Prty(d-)	X1	X2	X3		RHS
Goal/Cnstrnt 1	1	5	1	1	5	8	12	=	170
Goal/Cnstrnt 2			20	2	1			=	5
Goal/Cnstrnt 3			18	2		1		=	5
Goal/Cnstrnt 4			21	2			1	=	8
Goal/Cnstrnt 5	1	3			5	8	12	=	186
Goal/Cnstrnt 6			20	4	1			=	10
Goal/Cnstrnt 7			18	4		1		=	12
Goal/Cnstrnt 8			21	4			1	=	10

图 5－5

求解结果为

$$x_1=10,\ x_2=5,\ x_3=8$$
$$d_1^+=16,\ d_2^+=5,\ d_7^-=7,\ d_8^-=2,\ \text{其余}\ d_i^-,\ d_i^+=0$$
$$z=168P_4+16P_5$$

请读者分析上述结果。

例 6　混合配方问题。

某酒厂用三种等级的原料酒Ⅰ、Ⅱ、Ⅲ兑制成三种混合酒（A、B、C 牌）。这些原料酒的供应量受到严格限制，它们每日的供应量分别为 1 500 千克、2 000 千克和 1 000 千克，供应价格分别为 18 元/千克、13.5 元/千克和 9 元/千克。三种混合酒的配方及售价如表 5－7 所示。

表 5－7

混合酒	兑制要求	售价（元/千克）
A	Ⅲ不多于 10%，Ⅰ不少于 50%	16.5
B	Ⅲ不多于 70%，Ⅰ不少于 20%	15.0
C	Ⅲ不多于 50%，Ⅰ不少于 10%	14.4

厂长确定：首先必须按规定比例兑制混合酒；其次是获利最大；再次是混合酒 A 每天至少生产 2 000 千克。试建立数学模型并求解。

解：把混合酒 A、B、C 记为混合酒 1、2、3。设 x_{ij} 为第 i 级原料酒在混合酒 j 中的千克数。下面先计算有关式子。

兑制比例要求：

由“混合酒 A 中Ⅲ级原料酒不多于 10%”的要求可得式子：

$$x_{31} \leqslant 0.1\ (x_{11}+x_{21}+x_{31})$$

或

$$-0.1x_{11}-0.1x_{21}+0.9x_{31} \leqslant 0$$

类似地，可得到下列各式：

$$0.5x_{11}-0.5x_{21}-0.5x_{31} \geqslant 0$$
$$-0.7x_{12}-0.7x_{22}+0.3x_{32} \leqslant 0$$
$$0.8x_{12}-0.2x_{22}-0.2x_{32} \geqslant 0$$
$$-0.5x_{13}-0.5x_{23}+0.5x_{33} \leqslant 0$$
$$0.9x_{13}-0.1x_{23}-0.1x_{33} \geqslant 0$$

利润要求：

每天的总利润为：

$$\begin{aligned}&16.5\ (x_{11}+x_{21}+x_{31})\ +15\ (x_{12}+x_{22}+x_{32})\ +14.4\ (x_{13}+x_{23}+x_{33})-\\&18\ (x_{11}+x_{12}+x_{13})\ -13.5\ (x_{21}+x_{22}+x_{23})\ -9\ (x_{31}+x_{32}+x_{33})\\&=-1.5x_{11}-3x_{12}-3.6x_{13}+3x_{21}+1.5x_{22}+0.9x_{23}+7.5x_{31}+6x_{32}+5.4x_{33}\end{aligned}$$

为使利润最大，我们可取利润的上界（本例取 10 000 元）作为目标值，并极小化该目标的负偏差变量。

混合酒 A 的产量要求：

$$(x_{11}+x_{21}+x_{31})\ \geqslant 2\ 000$$

把各有关约束转化为目标约束，最后得到下列目标规划模型：

$$\begin{aligned}&\min z=P_1\ (d_1^++d_2^-+d_3^++d_4^-+d_5^++d_6^-)\ +P_2d_7^-+P_3d_8^-\\&\text{s. t.}\quad x_{11}+x_{12}+x_{13} \leqslant 1\ 500\\&\qquad\ \ x_{21}+x_{22}+x_{23} \leqslant 2\ 000\\&\qquad\ \ x_{31}+x_{32}+x_{33} \leqslant 1\ 000\end{aligned}$$

$$-0.1x_{11}-0.1x_{21}+0.9x_{31}+d_1^--d_1^+=0$$
$$0.5x_{11}-0.5x_{21}-0.5x_{31}+d_2^--d_2^+=0$$
$$-0.7x_{12}-0.7x_{22}+0.3x_{32}+d_3^--d_3^+=0$$

$$0.8x_{12}-0.2x_{22}-0.2x_{32}+d_4^- -d_4^+ =0$$
$$-0.5x_{13}-0.5x_{23}+0.5x_{33}+d_5^- -d_5^+ =0$$
$$0.9x_{13}-0.1x_{23}-0.1x_{33}+d_6^- -d_6^+ =0$$
$$-1.5x_{11}-3x_{12}-3.6x_{13}+3x_{21}+1.5x_{22}+0.9x_{23}+7.5x_{31}+6x_{32}+5.4x_{33}+d_7^- -d_7^+ =10\ 000$$
$$x_{11}+x_{21}+x_{31}+d_8^- -d_8^+ =2\ 000$$
$$x_{ij}\geqslant 0,\ i=1,\ 2,\ 3;\ j=1,\ 2,\ 3$$
$$d_k^-,\ d_k^+\geqslant 0,\ k=1,\ \cdots,\ 8$$

上机求解可得满意的生产方案：每天用1 000 千克Ⅰ级、1 000 千克Ⅱ级原料酒兑制成2 000 千克 A 牌混合酒，用500 千克Ⅰ级、1 000 千克Ⅱ级、1 000千克Ⅲ级原料酒兑制成2 500千克 B 牌混合酒。所获利润为7 500 元。

例7　多目标运输问题。

假设某运输问题的运输表如表5－8 所示。

表5－8

	运价（元）			产量	
	B_1	B_2	B_3		
产地 A_1	8	8	3	100	300
产地 A_2	7	4	5	40	
产地 A_3	2	6	9	40	
产地 A_4	4	6	6	120	
销量	120	140	140		
	400				

决策者确定的目标为：

P_1：从每个产地运出所有的物资；

P_1：各销地得到的物资不少于销量的一半；

P_2：销地 B_1 的需求全部满足；

P_2：从产地 A_4 到销地 B_2 这条路线运送的物资尽可能少；

P_3：总运输费用为最小。

试求满意的调运方案。

解：设从产地 A_i 运往销地 B_j 的物资数量为 x_{ij}单位。不难建立如下的目标规划模型：

$$\min z=P_1\ (d_1^- +d_1^+ +d_2^- +d_2^+ +d_3^- +d_3^+ +d_4^- +d_4^+ +d_5^- +d_6^- +d_7^-)\ +$$
$$P_2\ (d_8^- +d_8^+ +d_9^+)\ +P_3 d_{10}^+$$
$$\text{s. t.}\quad x_{11}+x_{12}+x_{13}+d_1^- -d_1^+ =100$$
$$x_{21}+x_{22}+x_{23}+d_2^- -d_2^+ =40$$

$$x_{31}+x_{32}+x_{33}+d_3^- - d_3^+ = 40$$
$$x_{41}+x_{42}+x_{43}+d_4^- - d_4^+ = 120$$
$$x_{11}+x_{21}+x_{31}+x_{41}+d_5^- - d_5^+ = 60$$
$$x_{12}+x_{22}+x_{32}+x_{42}+d_6^- - d_6^+ = 70$$
$$x_{13}+x_{23}+x_{33}+x_{43}+d_7^- - d_7^+ = 70$$
$$x_{11}+x_{21}+x_{31}+x_{41}+d_8^- - d_8^+ = 120$$
$$x_{42}+d_9^- - d_9^+ = 0$$
$$5x_{11}+8x_{12}+3x_{13}+7x_{21}+4x_{22}+5x_{23}+2x_{31}+6x_{32}+9x_{33}+4x_{41}+6x_{42}+6x_{43}+d_{10}^- - d_{10}^+ = 0$$
$$x_{ij}\geqslant 0,\ i=1,\ 2,\ 3;\ j=1,\ 2,\ 3,\ 4$$
$$d_k^-,\ d_k^+\geqslant 0,\ k=1,\ \cdots,\ 10$$

本例的计算结果如表 5－9 所示。总运费为 1 160 元。

表 5－9

	B_1	B_2	B_3	产量
A_1			100	100
A_2		40		40
A_3	10	30		40
A_4	110		10	120
销量	120	140	140	

例 8　使用目标规划进行曲线拟合。

设因变量 y 与自变量 x_1，x_2，…，x_n 之间存在着线性关系 $y=a_0+a_1x_1+a_2x_2+\cdots+a_nx_n+\mu$。

其中 a_0，a_1，…，a_n 为常数，μ 为随机干扰项。对于 m 个样本点（x_{1i}，x_{2i}，…，x_{ni}，y_i），$i=1$，…，m，我们有

$$y_i=a_0+a_1x_{1i}+a_2x_{2i}+\cdots+a_nx_{ni}+\mu_i$$

利用若干观察样本来估计参数 a_0，a_1，…，a_n 的值通常用"最小二乘法"，即以 $\min\sum_{i=1}^{m}(\mu_i)^2$ 为目标。但是它存在某些缺点，具体是：

（1）当样本中存在极端值时，最小二乘法可能会产生较大的偏差。若用 μ_i 的绝对值 $|\mu_i|$ 来代替 μ_i^2，则可使极端值造成的偏差影响小一些。

（2）对由最小二乘法产生的数据进行灵敏度分析相对困难且费时，而使用目标规划能够较快地对自变量的变化结果进行综合分析。

若把 y_i 看作目标值，则 $\mu_i=d_i^- - d_i^+$，因此，$|\mu_i|=d_i^- + d_i^+$，从而我们可用下述目

标规划来估计各个未知参数 a_0, a_1, …, a_n。

$$\min z=\sum_{i=1}^{m}(d_i^- + d_i^+)$$
$$\text{s. t.}\quad a_0 + x_{1i}a_1 + x_{2i}a_2 + \cdots + x_{ni}a_n + d_i^- - d_i^+ = y_i$$
$$d_i^-,\ d_i^+ \geqslant 0,\ i=1,\ \cdots,\ m$$

在上述目标规划模型中，所有样本点均置于同一优先级。对于具体问题，我们可以把它们分为若干优先级进行处理。

5.6 案　例

应用于一类质量管理问题的目标规划方法[①]

5.6.1 引言

为满足所要求的产出规格确定投入和过程变量，是一个普通的质量管理问题。当考虑单一特征值的产出时，这个问题可以用常规的统计方法处理。但当考虑具有多个特征值的产出，并且每一个特征值必须满足其自身规范时，就碰到了困难。上述问题在一个造纸厂的生产中碰到，它可以借助目标规划（Goal Programming，简称 GP）的方法解决。可以看到，这类目标规划的模型还能用于解决一般的过程控制问题。

本书给出了一个一般过程控制问题的目标规划模型，并通过例子说明。这项研究的一些细节工作是在造纸工业中进行的，研究中推导并给出了目标规划的方法。

5.6.2 一般的过程控制问题及其目标规划模型

投入品通过在不同水平过程变量的基础上加工，生产出某个单一产品。这个产品必须满足质量特征的一系列规范。其中每个投入品必须满足的规格范围以及过程变量的限定变动范围为已知。

问题是要寻找一个投入品规范和过程变量满足产品所有特征规范约束的解，而我们假定这样的解不存在，于是需要找出一个最优的折中解。

令X_1, …, X_l 代表 l 个输入的特征值；
　R_1, …, R_k 代表 k 个过程变量；
　Y_1, …, Y_r 代表 r 个输出的特征值。

---

① 本案例取自胡运权主编的《运筹学应用案例集》，清华大学出版社出版。案例作者为印度的 Sukalyan Sengupta，胡运权译。本书作者对译文做了一些修改。

通常对这类变量有两类工程规范，即上下界约束，或单方向的约束。但还可以有另一类规范约束，即“趋近于”（在本问题中含这样一类规范的约束）。我们考虑有可能将每一个输出特征表达为对输入和过程参数的线性回归方程的关系式。

令这类关系式表达为：

$$Y_i = F_i\ (X_1,\ \cdots,\ X_l;\ R_1,\ \cdots,\ R_k);\ i = 1,\ \cdots,\ r$$

为了对这个问题建立目标规范的模型，需要进行下列预备步骤：

（1）规范形式的修改。

将上下界规范的限制修正为仅具有上界（*USL*）的限制。这只需要将相应的变量减去它的下界规范（*LSL*）限制。由此新的 *USL* 将等于（给定的 *USL* – 给定的 *LSL*）。这样，所有变量现在都变成仅具有一端规范的限制或“趋近于”的形式。很明显，每一个变量仅能取非负的值。

（2）回归方程的调整。

回归方程需要重新写成下面的形式：

$$Y_i' = F_i\ (X_1',\ \cdots,\ X_l';\ R_1',\ \cdots,\ R_k')$$

这里 Y_i'、X_j' 和 R_t' 是修正后的变量。

于是修正后的问题可以表达为：

对所有 $i = 1,\ \cdots,\ r$，找出 X'和 R'的值，使得 Y_i' 满足 X_1'，…，X_l' 和R_1'，…，R_k' 值所限定的规范。

注意，现在我们可以把这些规范当作目标约束，并确定它们的优先因子。因此，问题将归结为使目标偏差变量总和极小化，约束于给定适当优先因子的目标约束。由此，一般的过程控制问题可以构造成一个目标规划问题，并可以表达成：

$$\min \sum_{m=1}^{l+k+r} (d_m^+ + d_m^-)\ \text{约束于}$$

① 产出的目标约束：

$$P_{fi} Y_i' - d_i^+ + d_i^- = S_i',\ i = 1,\ \cdots,\ r$$

这里，P_{fi} = 第 i 个目标的优先因子，S_i' = 修正了的规范限制（或目标）。

② 投入的目标约束：

$$P_{fj} X_j' - d_j^+ + d_j^- = S_j',\ j = 1,\ \cdots,\ l$$

这里，P_{fj} = 第 j 个目标的优先因子，S_j' = 修正了的规范限制（或目标）。

③ 过程的目标约束：

$$P_{ft}R_t' - d_t^+ - d_t^- = S_t', \ t = 1, \ \cdots, \ k$$

这里，P_{ft} = 第 t 个目标的优先因子，S_t' = 修正了的规范限制（或目标）。

此外，有 $$Y_i', \ X_j', \ R_t' \geqslant 0$$

需要指出的是，对只具有一端的规范限制，将只存在正负偏差变量之一。但对“趋近于”这种形式，正负偏差变量都需要考虑。

目标规划问题可以应用现有算法求解，然后很容易将 $\{X_j'\}$ 和 $\{R_t'\}$ 转化为原有变量集 $\{X_j\}$ 和 $\{R_t\}$，并且 $\{Y_i\}$ 也可以被计算出来。

5.6.3 一个造纸厂的过程控制问题

硬木和竹子的薄切片是生产纸张时的原料投入。这些薄片按一定比例混合，加入化学原料后在 Kamyr 蒸煮器中蒸煮成纸浆，作为造纸的中间产品，这些纸浆最后加工成纸张。我们在研究中把纸浆作为产品来考虑。为生产出质量合格的纸张，对纸浆有三项质量指标必须考虑。它们是：① K 点数；② 破裂强度；③ 断裂长度。

K 点数是蒸煮器，或在 Kamyr 蒸煮器中用被称为蒸煮液的化学品蒸煮结果的间接指标。假如装入蒸煮器中的薄切片蒸煮过度，由于切片的过多分解，K 点数将降低。这些分解的原料是工厂的损失。另外，假如切片蒸煮不够，K 点数增高，在随后阶段漂白时费用将增大。因此，K 点数是一个最重要的特性，必须严格保持在规定的限度内。

其他两个特性决定加工完纸张的强度。

硬木和竹子的比例可以很容易调整。所有过程的变量可以控制并直接测量。有关投入、过程变量和产出的详细数据见表 5－10。

该厂不可能达到所要求的纸浆的所有特征值，因而问题是要确定投入和过程变量的水平，来尽量满足产出品的规范要求。

下面是对这个问题的比较深入的研究。这项研究在 13 天的时间收集 46 组数据的基础上，通过过程变量将投入与产出联系起来。用多元线性回归分析的方法得到下列关系式：

$$Y_1 = 22.840 + 0.06X_1 - 0.05R_1 + 0.004R_2 - 0.67R_3 + 0.24R_4 - 0.13R_5 + 0.19R_6 - 0.18R_7 \text{（多元相关系数} = 0.74\text{）}$$

$$Y_2 = 38.94 + 0.05X_1 - 0.02R_1 + 0.002R_2 + 1.67R_3 + 0.21R_4 + 0.06R_5 + 0.02R_6 - 0.69R_7 \text{（多元相关系数} = 0.72\text{）}$$

$$Y_3 = 3\,273.40 - 24.37X_1 + 9.997R_1 + 8.48R_2 - 268.68R_3 + 120.92R_4 + 67.27R_5 + 27.89R_6 - 138.46R_7 \text{（多元相关系数} = 0.66\text{）}$$

表 5－10

		规范/允许限度*
投入：	(X_1) 硬木（%）	20～40
过程变量：		
	(R_1) 蒸煮温度的上界区（℃）	140～175
	(R_2) 蒸煮温度的下界区（℃）	140～173
	(R_3) 蒸汽压的下界（kg/cm^2）	2.0～4.4
	(R_4) 蒸汽压的上界（kg/cm^2）	8.0～20.5
	(R_5) 活性碱，例如 NaOH（%）	20～35
	(R_6) 白色蒸煮液的硫化物（%）	13～25
	(R_7) 碱的指数（nO.）	12.5～18.7
产出特征：		
	(Y_1) K 点数	16～18
	(Y_2) 破裂强度	尽可能接近 35
	(Y_3) 断裂长度	尽可能接近 5 000 m

* 某些场合规范不存在，因此考虑用允许限度代替。

需要指出的是，三个产出特征的关系式及其变量在下述意义上是有矛盾的，即某些变量取值水平的增大（减小）使某些特征值增大（减小），而其他一些值减小（增大）。

把这个问题构造成目标规划模型。第一步是将变量转换成只具有单侧的规范约束，并相应修改回归方程的常数项，得到如下结果。

转换后的变量及其规范：

$$X_1' = X_1 - 20 \leqslant 20 \qquad R_1' = R_1 - 140 \leqslant 35$$
$$R_2' = R_2 - 140 \leqslant 33 \qquad R_3' = R_3 - 2.0 \leqslant 2.4$$
$$R_4' = R_4 - 8.0 \leqslant 12.5 \qquad R_5' = R_5 - 20 \leqslant 15$$
$$R_6' = R_6 - 13 \leqslant 12 \qquad R_7' = R_7 - 12.5 \leqslant 6.2$$
$$Y_1' = Y_1 - 16 \leqslant 2 \qquad Y_2' = Y_2 \sim 35 \qquad Y_3' = Y_3 \sim 5\,000$$

修正后的回归方程为：

$$Y_1' = -0.334 + 0.06X_1' - 0.05R_1' + 0.004R_2' - 0.67R_3' + 0.24R_4' - 0.13R_5' + 0.19R_6' - 0.18R_7'$$
$$Y_2' = 35.608\,5 + 0.05X_1' - 0.02R_1' + 0.002R_2' + 1.67R_3' + 0.21R_4' + 0.06R_5' + 0.02R_6' - 0.69R_7'$$
$$Y_3' = 5\,726.139 - 24.37X_1' + 9.997R_1' + 8.48R_2' - 268.68R_3' + 120.92R_4' + 67.27R_5' + 27.89R_6' - 138.47R_7'$$

确定各个目标的优先因子。很明显 K 点数最重要，定为最高优先级。其他各项优先级是在考虑了质量方面以及有关变量的修正水平后确定的。由此目标规划的模型可以写为

$$\min P_1 d_1^- + P_2 (d_2^- + d_2^+) + P_3 (d_3^- + d_3^+) + P_4 (d_8^- + d_{11}^-) + P_5 (d_4^- + d_5^- + d_6^- + d_7^- + d_9^- + d_{10}^-)$$

产出方面约束（A）：

$$Y_1' + d_1^- = 2,\ \text{即}$$

$$0.06X_1' - 0.05R_1' + 0.004R_2' - 0.67R_3' + 0.24R_4' - 0.13R_5' + 0.19R_6' - 0.18R_7' = 2.334$$

$$Y_2' + d_2^- - d_2^+ = 35,\ \text{即}$$

$$0.05X_1' - 0.02R_1' + 0.002R_2' + 1.67R_3' + 0.21R_4' + 0.06R_5' + 0.02R_6' - 0.69R_7' = -0.608\,5$$

$$Y_3' + d_3^- - d_3^+ = 5\,000,\ \text{即}$$

$$-24.37X_1' + 9.997R_1' + 8.48R_2' - 268.68R_3' + 120.92R_4' + 67.27R_5' + 27.89R_6' - 138.47R_7' = -726.139$$

投入方面约束（B）：

$$X_1' + d_4^- = 20$$

过程的约束（C）：

$$R_1' + d_5^- = 35$$
$$R_2' + d_6^- = 33$$
$$R_3' + d_7^- = 2.4$$
$$R_4' + d_8^- = 12.5$$
$$R_5' + d_9^- = 15$$
$$R_6' + d_{10}^- = 12$$
$$R_7' + d_{11}^- = 6.2$$
$$X_1' \geqslant 0;\ R_t' \geqslant 0,\ t = 1,\ \cdots,\ 7$$

求解上述问题后得到如下答案（答案中已转换成原来的变量）：

$$X_1 = 44,\ R_1 = 160,\ R_2 = 176,\ R_3 = 3.0,$$
$$R_4 = 11.5,\ R_5 = 28,\ R_6 = 23,\ R_7 = 18$$

得到 $Y_1 = 16.42,\ Y_2 = 35.43,\ Y_3 = 5\,910$

从答案中看到，头两个优先级目标全部满足，有关断裂长度的第三优先级目标尽管没

有满足，但答案给出的一个更大的断裂长度比原来的性能更好。

在投入和过程变量方面，除了硬木（%）和蒸煮温度之外，其余目标均满足。无论如何，一个简单事实是上面变量提到一个新的水平，估计只需很少的费用，但通过纸张质量的改善，却得到了更大的补偿。因而上述答案可以被接受。

这里还需要指出的是，在工业生产中，使各个变量都保持在某一水平上是不可能的。为了使答案能够实施，需要对答案中的每个变量确定变动范围和容许的边界值。这点很容易做到，只需依据 X_j 和 R_t 邻近域的值，计算出 Y_i 的值，并选择那些使 Y_i 值保持在规范限度内的值。在本案例中，Y_i 值对下列投入和过程变量的值应用回归方程估算：

X_1：40，42，46，48，50，52，54
R_1：145，150，155，160，165
R_2：170，180，185，190，195
R_3：2，2.5，3.0，3.5，4.0，4.5
R_4：8，10，11，12，14，16
R_5：20，22，25，30，35
R_6：18，20，22，25
R_7：15，16，17，18，20

通过计算，得出了各个变量相应的变化范围：

X_1：40% ~45%；R_1：145℃ ~165℃；R_2：170℃ ~190℃；
R_3：2.0 ~4.0 kg/cm^2；R_4：9 ~17 kg/cm^2；R_5：20% ~30%；
R_6：20% ~25%；R_7：15 ~18

产出的范围现变化为：

Y_1：16 ~18；Y_2：34.82 ~37.22；Y_3：3 543 ~5 910

5.6.4 评论

正如 Lee 和 Moore 指出的，一个目标规划的模型允许进行以下三个方面的分析：① 对一组设置的目标确定投入的要求。② 确定在给定资源条件下目标达到的程度。③ 提供各种不同投入和目标结构下的最优解。

这里需要留心的是，在本案例中，目标规划的解将在很大程度上取决于回归的好坏。假如回归关系式很差，则将解应用于实践时会产生很大偏差。

所以建议在求得答案之后，为了进一步改进，应当利用工业试验的方法进行调优。

需要强调一点，这个关于一般控制过程的模型，对于很多工业方面的问题都有用，而这些问题通常不可能用常规的工程方法或经典的统计方法处理。

习　题

1. 某塑胶公司生产 A、B 两种塑胶布，这两种产品平均每小时生产量都是 1 000 米，该公司的每周正常工作时间为 80 小时。据估计 A 种塑胶布每周最大销售量为 70 000 米，B 种为 45 000 米；A 种产品每米利润为 2.5 元，B 种是 1.5 元。公司决策者确定的目标为：

P_1：充分利用工时；

P_2：加班限制于 10 小时以内；

P_3：A、B 两种产品的销售量达到 70 000 米与 45 000 米，依每米的利润确定权数；

P_4：尽量减少加班时间。

试建立数学模型并使用图解法求解。

2. 若用以下表达式作为目标规划的目标函数，试述其逻辑是否正确？

（1）$\max z = d^- + d^+$；　　（2）$\max z = d^+ - d^-$；

（3）$\min z = d^- + d^+$；　　（4）$\min z = d^+ - d^-$。

3. 为什么说线性规划问题是线性目标规划问题的一种特殊形式？

4. 用图解法求解下列目标规划问题。

（1）
$$\min z = P_1 d_3^+ + P_2 d_2^- + P_3 (2d_1^- + d_1^+)$$
$$\text{s. t.}\quad \begin{cases} 6x_1 + 2x_2 + d_1^- - d_1^+ = 24 \\ x_1 + x_2 + d_2^- - d_2^+ = 5 \\ 5x_2 + d_3^- - d_3^+ = 15 \\ x_1,\ x_2 \geqslant 0;\ d_i^-,\ d_i^+ \geqslant 0,\ i = 1,\ 2,\ 3 \end{cases}$$

（2）
$$\min z = P_1 d_1^+ + P_2 d_2^- + P_3 d_3^-$$
$$\text{s. t.}\quad \begin{cases} 10x_1 + 15x_2 + d_1^- - d_1^+ = 40 \\ 100x_1 + 100x_2 + d_2^- - d_2^+ = 1\,000 \\ x_2 + d_3^- - d_3^+ = 7 \\ x_1,\ x_2 \geqslant 0;\ d_i^-,\ d_i^+ \geqslant 0,\ i = 1,\ 2,\ 3 \end{cases}$$

（3）
$$\min z = P_1 d_1^- + P_2 d_4^+ + P_3 (4d_2^- + 3d_3^-) + P_4 (4d_3^+ + 3d_2^+)$$
$$\text{s. t.}\quad \begin{cases} 2x_1 + 1.5x_2 + d_1^- - d_1^+ = 180 \\ x_1 + d_2^- - d_2^+ = 40 \\ x_2 + d_3^- - d_3^+ = 40 \\ x_1 + d_4^- - d_4^+ = 45 \\ x_1,\ x_2,\ d_i^-,\ d_i^+ \geqslant 0,\ i = 1,\ 2,\ 3,\ 4 \end{cases}$$

（4）
$$\min z = P_1 d_1^- + P_2 d_2^-$$
$$\text{s. t.}\quad x_1 - x_2 + d_1^- - d_1^+ = 50$$

$$-2x_1+3x_2+d_2^- -d_2^+=0$$
$$x_1+x_2\leqslant 200$$
$$x_1,\ x_2,\ d_i^-,\ d_i^+\geqslant 0,\ i=1,\ 2$$

5. 用单纯形法解第 4 题的各目标规划问题。

6. 解下列目标规划问题。

(1)
$$\min z=P_1d_1^- +P_2d_2^+ +P_3(5d_3^- +3d_4^-)+P_4d_1^+$$
$$\text{s. t.}\quad \begin{cases} x_1+x_2+d_1^- -d_1^+=80 \\ x_1+x_2+d_2^- -d_2^+=90 \\ x_1+d_3^- -d_3^+=70 \\ x_2+d_4^- -d_4^+=45 \\ x_1,\ x_2,\ d_i^-,\ d_i^+\geqslant 0,\ i=1,\ 2,\ 3,\ 4 \end{cases}$$

(2)
$$\min z=P_1d_1^- +P_2d_2^+ +P_3(d_3^- +d_3^+)$$
$$\text{s. t.}\quad \begin{cases} 3x_1+x_2+x_3+d_1^- -d_1^+=60 \\ x_1-x_2+2x_3+d_2^- -d_2^+=10 \\ x_1+x_2-x_3+d_3^- -d_3^+=20 \\ x_i,\ d_i^-,\ d_i^+\geqslant 0,\ i=1,\ 2,\ 3 \end{cases}$$

(3)
$$\min z=P_1d_1^- +P_2d_4^+ +P_3(5d_2^- +3d_3^-)+P_3(3d_2^+ +5d_3^+)$$
$$\text{s. t.}\quad \begin{cases} x_1+x_2+d_1^- -d_1^+=80 \\ x_1+d_2^- -d_2^+=70 \\ x_2+d_3^- -d_3^+=45 \\ d_1^+ +d_4^- -d_4^+=10 \\ x_1,\ x_2,\ d_i^-,\ d_i^+\geqslant 0,\ i=1,\ 2,\ 3,\ 4 \end{cases}$$

7. 把下述不可行的线性规划问题转化为目标规划问题，并求解。

$$\max z=10x_1+15x_2+12x_3$$
$$\text{s. t.}\quad \begin{cases} 5x_1+3x_2+x_3\leqslant 9 \\ -5x_1+6x_2+15x_3\leqslant 15 \\ 2x_1+x_2+x_3\geqslant 5 \\ x_1,\ x_2,\ x_3\geqslant 0 \end{cases}$$

8. 考虑第 6 题第（3）小题的目标规划问题。

（1）若目标函数变为：

$$\min z=P_1d_1^- +P_2(5d_2^- +3d_3^-)+P_2(3d_2^+ +5d_3^+)+P_3d_4^+$$

问原满意解有什么变化？

（2）若第一个目标约束的右端项改为100，这时原满意解又有什么变化？

9．某工厂生产两种产品，每单位产品Ⅰ可获利10元，每单位产品Ⅱ可获利8元。每生产一单位产品Ⅰ需要3小时，每生产一单位产品Ⅱ需要2.5小时。每周正常生产时间为120小时。若加班生产，则产品Ⅰ和Ⅱ的单位利润分别降低1.5元和1元，加班时间限定每周不超过40小时。决策者希望在允许的正常及加班时间内取得最大利润，试建立该问题的目标规划模型，并求解。

10．某彩色电视机工厂装配A、B、C三种规格的电视机。装配工作在同一生产线上完成，三种产品装配时的工时消耗分别为6小时、8小时和10小时，生产线每月正常工作时间为200小时。三种规格电视机销售后，每台可获利润分别为500元、650元和900元。每月销量预计为14台、15台和10台。该厂经营目标如下：

第一优先级：利润指标定为每月不低于18 000元；

第二优先级：充分利用生产能力，加班时间不超过24小时；

第三优先级：产量以预计销量为标准。

为确定生产计划，试建立和求解该问题的目标规划模型。

11．某公司正在规划三个广播电台之间的每周广告节目时间。在一周内，公司广告费不超过2 400元的预算。已知，电台A的广告费为40元/分钟，估计有2 000人次收听。电台B和C需要60元/分钟和80元/分钟，预计听众为4 000人次及1 000人次。管理部门第一优先考虑的是期望每周的听众达到80 000人次；第二优先考虑的是每星期播送广告30分钟，少于这些时间比多于这些时间加倍地不愿见其发生；最后考虑的是用于电台C的广告时间最少。求满意的安排方案。

12．一打字社经理向A、B两个打字员分配一批信件的打字任务。A每小时平均可打8封信，B为6封。一天工作7小时，若加班需另付酬金，付给A的加班费，头2小时是每小时4元，再延续工作则每小时需付8元；付给B的加班费为每小时4.5元。经理第一优先考虑的是要完成每天打140封信的工作量；第二优先考虑的是支付的加班费的总额最小。问应如何分配打字任务？

13．某电子公司生产A、B两种产品，它们都需要经过两个工厂的加工。每部产品A需要在第一工厂加工2小时，然后送到第二工厂装配试验2.5小时才能变为成品；每部产品B需要在第一工厂加工4小时，在第二工厂装配试验1.5小时后变为成品。两种产品在厂内每部每月的储存成本分别为80元和120元。

第一工厂有12部制造机器，每部每天工作8小时，每月正常工作天数为25天。第二工厂有7部装配试验设备，每部每天工作时间16小时，每月正常工作天数仍为25天。每部机器每小时运转成本在第一工厂为180元，第二工厂为150元。

该公司确定的目标为：

P_1：厂内储存成本不超出70 000元；

P_2：产品A销售量必须达到1 500部；

P_3：两个工厂的设备应全力运转，避免有空闲时间，两厂的单位运转成本当作它们之间的权数；

P_4：第一工厂的超时作业全月不宜超出 30 小时，产品 B 的销售量须达到 1 000 部；

P_5：两个工厂的超时工作时间总和应予限制，依各厂的单位运转成本确定权数。

求该公司的满意生产计划。

14. 某公司下属五个小型煤矿 A_i，每天煤炭的生产量为 a_i，$i=1$，…，5；供应给 n 个地区 B_j，需求量为 b_j，$j=1$，…，n。从煤矿 A_i 到地区 B_j 的单位运价为 c_{ij}，并设 $\sum\limits_{i=1}^{5} a_i > \sum\limits_{j=1}^{n} b_i$。公司确定的调运目标为：

P_1：煤矿 A_1 和 A_3 因库存限制，应尽量全部调出；

P_2：因煤质要求，B_4 需求最好由 A_2 供应；

P_3：满足各地区的需求；

P_4：调运总费用尽可能小。

试建立该问题的目标规划模型。

15. 某公司考虑对 n 项方案的选择，各项方案的实施均需两年时间。根据预测，第 j 方案实施后，能获取利润 c_j 元，并在市场占有份额 b_j 个单位；第 j 方案的第一年费用为 a_{j1} 元，第二年为 a_{j2} 元，$j=1$，…，n。允许的费用预算第一年为 A_1 元，第二年为 A_2 元。公司确定的目标为：

第一优先级：各年费用均不能超出预算限额；

第二优先级：利润最大；

第三优先级：市场占有份额最大。

试建立该问题的数学模型。

16. 某商店有五位工作人员：经理 1 人，主任 1 人，售货员 3 人。有关情况如表 5－11所示。

表 5－11

	每小时对销售额的贡献（元）	每月总工时（工时）	每月加班限量（工时）
经理	144	200	24
主任	96	200	24
售货员 A	54	172	52
售货员 B	30	160	32
售货员 C	9	100	32

设广告费对销售额的贡献为其投入的 15 倍，各工作人员的收入相当于其完成销售额的 5.5%。问应如何安排才能达到以下的目标：

P_1：保证全体人员正常工作时间；

P_2：至少完成销售额 70 000 元；

P_3：主任的月收入不少于 1 200 元，售货员 A 和 B 的月收入不少于 600 元和 400 元；

P_4：全体人员加班时间不超过规定；

P_5：广告费不超过 3 000 元，力争销售额增加 10 000 元，前者的重要性为后者的两倍。

17. 某汽车出租公司在 A、B、C、D 四地各多余一辆汽车，而 E、F、G、H 四地各需一辆汽车。已知各地间的距离如表 5－12 所示：

表 5－12

	E	F	G	H
A	15	12	18	16
B	10	18	14	22
C	21	27	20	29
D	18	22	21	19

问应如何调配才能达到如下目标：

第一优先级：分派完所有的汽车；

第二优先级：合理调配使总路程最短；

第三优先级：尽可能把在 B 地的车调往 F 地。

试建立该问题的数学模型。

本章小结

目标规划方法是解决多目标决策问题的有效工具，在目标规划中，决策者的所有目标都可以按其重要性的顺序在模型中加以考虑。目标规划的解称为满意解，它是对每一个决策变量，根据各个目标与预定目标值的偏差量为最小的方式来赋予数值。目标规划还能处理有相互矛盾约束条件的规划问题。本章详细介绍了目标规划的基本概念和数学模型；介绍了目标规划的图解法和单纯形法；给出了使用计算机软件求解目标规划的具体步骤和结果分析。章末还提供了几个典型的应用例子。

6　整数规划

本章要求

- □　正确理解整数规划的含义。
- □　掌握分支定界法的思想和方法。
- □　掌握 0－1 变量的恰当引入和使用。
- □　掌握指派问题的算法。
- □　正确使用计算机软件求解整数规划问题。

6.1　整数规划问题的提出

在进行决策或做规划时，若要求决定的是机器的台数、参加工作的人数等，这就要求它们是整数。例如，某从事集装箱运输的公司，集装箱的标准是：体积 24.5 m^3，净载重不超过 14 t。如果客户要求托运甲、乙两类品种的货物，甲货物每箱的体积为 5 m^3，重量为 2 t；乙货物每箱的体积为 4 m^3，重量为 5 t，公司每运输一箱甲货物的利润是 2 000 元，每运输一箱乙货物的利润是1 000元。该公司当然是想在充分利用集装箱空间和承重能力下，获得最大的利润。

依前面介绍过的线性规划知识，很容易求得问题的解是：运输 4.9 个甲货物，不运乙货物。可惜，货物不可能拆开，假如采取“舍去小数法”，即只运输 4 个甲货物，这是否真的就是正确的行动方案呢?

当目标函数和约束条件都是线性的时候，整数规划问题就成了一类特殊的线性规划问题。上面的问题虽然简单，但是要求整数值，因此不能运输 4.9 个货物。对于上面的问题来说，一个可能的解决办法是仅用答案的整数部分，即只运输 4 个甲货物，但我们发现，这不是最优整数解。第二个可能性是按“四舍五入”的方法取整数值。可是，在许多情况下，按四舍五入所求得的解不能满足所有的约束条件，即使四舍五入的解是可行的，也不能保证它就是最优整数解。因此，必须使用一种特殊的方法来保证确实有最优整数解。

整数规划（Integer Programming，缩写为 IP）中如果所有的变数都限制为（非负）整数，就称为纯整数规划（Pure Integer Programming）或称为全整数规划（All Integer Programming）；如果仅有一部分变数限制为整数，则称为混合整数规划（Mixed Integer Programming）；如果变数的取值仅限于 0 或 1，这种特殊的整数规划是 0－1 规划（0－1 Programming），本章要讲到的指派问题（Assignment）也是一个 0－1 规划问题。

6.1.1 整数规划的建模

整数规划问题的建模与线性规划的方式相同，唯一的不同点是它必须包含这样的内容，即某些或全部变量必须是整数值。

例 1　规划模型的表达式。

上面问题规划模型的表达式如下：变量 x_1、x_2 分别为甲、乙两种货物的托运箱数，则

$$
\begin{aligned}
\max z &= 2\,000x_1 + 1\,000x_2 \\
\text{s. t.}\quad & 5x_1 + 4x_2 \leqslant 24.5 \\
& 2x_1 + 5x_2 \leqslant 14 \\
& x_1,\ x_2 \geqslant 0，\text{且为整数}
\end{aligned}
\qquad (\text{IP}_0)
$$

6.1.2 整数规划问题的图解表示

整数规划问题还可以用图解法来说明，如图 6－1 所示。非整数的最优解在 C（4.9，0）点达到。图中画“ ◦ ”的点表示可行的整数解，四舍五入的 D（5，0）点不在可行域内，舍去小数部分的 A（4，0）点显然没有 B（4，1）点优。事实上，在 A 点的目标值 $z=8\,000$ 元，而 B 点的目标值 $z=9\,000$ 元。

这些计算证实了上面的分析，取非整数最优解的整数部分不一定能得到正确的行动方案。

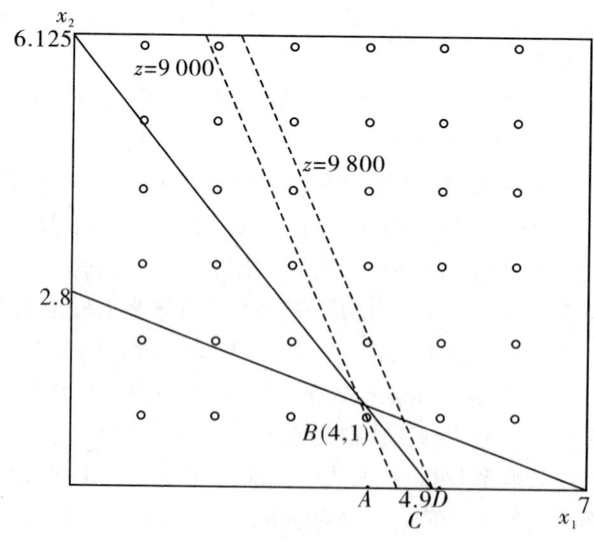

图 6－1

6.2 分支定界法

分支定界法是20世纪60年代初由Land Doig和Dakin等人提出的。其基本思想是根据某种策略将原问题的可行域分解为越来越小的子域，并检查某个子域内整数解的情况，直到找到最优的整数解或证明整数解不存在。

6.2.1 分支与定界

在分支与定界的过程中，要用到以下几个重要的事实：

（1）如果求解一个整数规划对应的线性规划时就得到了一个整数解，那么这个解也一定是整数规划的最优解。

（2）如果得到的一个解不是整数解，则最优整数解值一定不会优于所得到线性规划松弛问题的目标函数值。因此，线性规划松弛问题的解值是整数规划目标函数值的一个界（对最大化问题为上界，对最小化问题为下界）。

（3）如果在求解过程中，已经找到了一个整数解，则最优整数解一定不会劣于该整数解。因此，它也是整数解的一个界（对最大化问题为下界，对最小化问题为上界）。

如果用 z_0 表示线性规划松弛问题的解值，用 z_i 表示已经找到的最好整数解的值，z^* 为最优整数解的值，$\underline{z}$ 表示下界，$\bar{z}$ 表示上界，则最优整数解的值一定满足以下关系：

对最大化问题：$z_i=\underline{z}\leqslant z^*\leqslant\bar{z}=z_0$

对最小化问题：$z_0=\underline{z}\leqslant z^*\leqslant\bar{z}=z_i$

如果能找到一种算法，不断降低上界，提高下界，最后使得下界等于上界，就可以搜索到最优整数解。分支定界法就是按这一原理设计的。

6.2.2 分支定界的算法

在求解前面例子的整数解时，首先不考虑 x_1，x_2 取整数的要求，解相应的线性规划问题：

$$\begin{aligned}\max z&=2\,000x_1+1\,000x_2\\ \text{s. t.}\quad &5x_1+4x_2\leqslant 24.5\\ &2x_1+5x_2\leqslant 14\\ &x_1,\ x_2\geqslant 0\end{aligned}\qquad (\mathrm{LP}_0)$$

（LP_0）称为（IP_0）的松弛问题。求出最优解为：$x_1=4.9$，$x_2=0$，$z=9\,800$。同时可知 $z=9\,800$ 为（IP_0）的上界，也很容易看出，$x_1=0$，$x_2=0$，$z=0$ 为（IP_0）的一个下界，即 $\bar{z}=9\,800$，$\underline{z}=0$。

因为 x_1，x_2 有取整的要求，而求得的 x_1 为非整数，显然 $x_1 \in (4, 5)$ 是非可行解区域，所以要对（IP_0）进行分支。可以在（LP_0）最优解的非整数变量中任选一个进行分支，即可以将 x_1 分解成两个可行解区域：$x_1 \geqslant 5$ 或 $x_1 \leqslant 4$，把这两个条件加到（IP_0）问题中去，就得到两个子问题：

$$\begin{aligned} \max z &= 2\,000x_1 + 1\,000x_2 \\ \text{s.t.}\quad & 5x_1 + 4x_2 \leqslant 24.5 \\ & 2x_1 + 5x_2 \leqslant 14 \\ & x_1 \geqslant 5 \\ & x_1,\ x_2 \geqslant 0，且为整数 \end{aligned} \qquad (IP_1)$$

$$\begin{aligned} \max z &= 2\,000x_1 + 1\,000x_2 \\ \text{s.t.}\quad & 5x_1 + 4x_2 \leqslant 24.5 \\ & 2x_1 + 5x_2 \leqslant 14 \\ & x_1 \leqslant 4 \\ & x_1,\ x_2 \geqslant 0，且为整数 \end{aligned} \qquad (IP_1')$$

这样就完成了分支工作，接着求两个子问题（IP_1）、（IP_1'）相应的松弛问题（LP_1）、（LP_1'）的最优解。

（LP_1）的最优解：无可行解。

（LP_1'）的最优解：$x_1 = 4$，$x_2 = 1$，$z = 9\,000$。

显然（IP_1）问题也无可行解，该支没有必要继续分支求解，应该被剪掉。（IP_1'）问题的解均取整数，显然（IP_0）问题的下界由 0 变成了 9 000。另外，由于（IP_1）问题无可行解，（IP_1'）问题的松弛问题（LP_1'）的最优解 $z = 9\,000$，因此，（IP_0）问题的上界由 9 800 下降到了 9 000。

由于 $\bar{z} = 9\,000$，$\underline{z} = 9\,000$，此时已得到了规划问题的最优解：$x_1 = 4$，$x_2 = 1$，$z = 9\,000$。

将上述解题过程用下面的框图表示可以看得更加清楚，如图 6－2 所示。

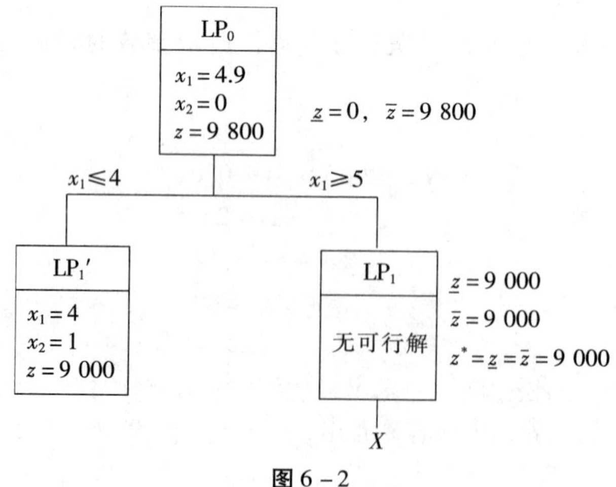

图 6－2

例2 分支定界图示。

$$\max z = 40x_1 + 90x_2$$
$$\text{s. t.} \quad 9x_1 + 7x_2 \leqslant 56$$
$$7x_1 + 20x_2 \leqslant 70$$
$$x_1,\ x_2 \geqslant 0，且为整数$$

该问题的分支定界过程如图6-3所示。

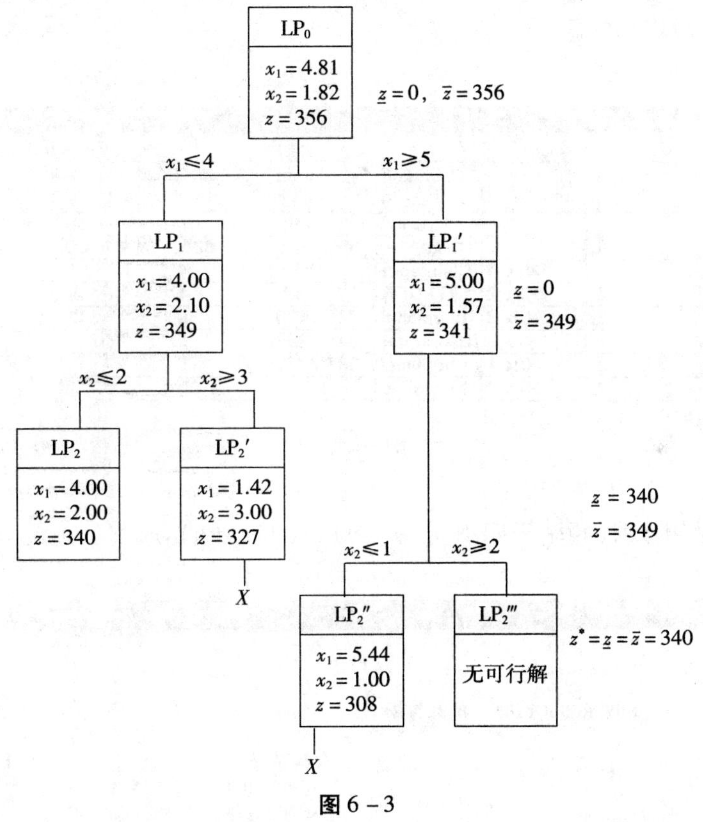

图6-3

6.2.3 软件求解

采用QM for Windows软件求解的计算机计算结果如图6-4所示，图6-4（a）为数据输入界面，图6-4（b）为计算结果输出界面。

Objective
◉ Maximize
○ Minimize

Example2

	X1	X2		RHS
Maximize	40.	90.		
Constraint 1	9.	7.	<=	56.
Constraint 2	7.	20.	<=	70

图 6－4（a）

在 QM for Windows 中，查看“Window”菜单下的“Iteration Results”可以看到分支定界后各子问题的优化解。由分支定界的计算过程可以看出，分支定界法也可以解纯整数规划问题和混合整数规划问题。

Iteration Results

Example2 Solution

Iteration	Level	Added constraint	Solution type	Solution Value	X1	X2
			Optimal	340.	4.	2.
1	0.		IONinteger	355.8779	4.8092	1.8168
2	1.	X1< 4	IONinteger	349.	4.	2.1
3	2.	X2< 2	INTEGER	340.	4.	2.
4	2.	X2> 3	Suboptimal	327.1429	0.	0.
5	1.	X1> 5	IONinteger	341.4286	5.	1.5714
6	2.	X2< 1	Suboptimal	307.7778	0.	0.
7	2.	X2> 2	Infeasible	9,876.		

图 6－4（b）

用 Excel 求解的过程和结果如图 6－4（c）、（d）、（e）所示。

第四版.xls

	A	B	C	D	E	F
1	目标系数	40	90			
2	变量值	0	0			
3	目标值	=SUMPRODUCT(B1:C1,B2:C2)				
4						
5				左端结果	约束	右端项
6	第1个约束	9	7	=SUMPRODUCT($B$2:$C$2,B6:C6)	≤	56
7	第2个约束	7	20	=SUMPRODUCT($B$2:$C$2,B7:C7)	≥	70

图 6－4（c） 数据的输入界面及计算公式

图 6-4（d） 规划求解的参数设置

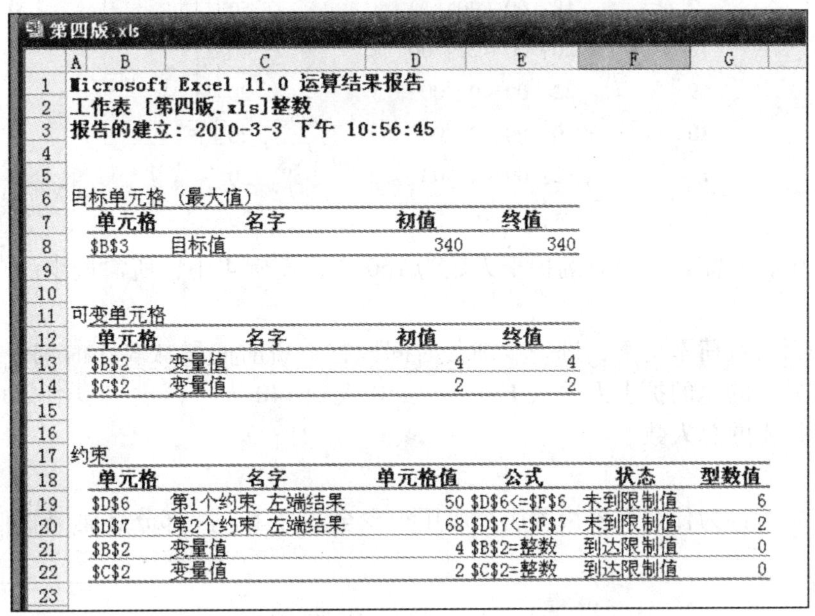

第四版.xls

Microsoft Excel 11.0 运算结果报告
工作表 [第四版.xls]整数
报告的建立：2010-3-3 下午 10:56:45

目标单元格（最大值）

单元格	名字	初值	终值
$B$3	目标值	340	340

可变单元格

单元格	名字	初值	终值
$B$2	变量值	4	4
$C$2	变量值	2	2

约束

单元格	名字	单元格值	公式	状态	型数值
$D$6	第1个约束 左端结果	50	$D$6<=$F$6	未到限制值	6
$D$7	第2个约束 左端结果	68	$D$7<=$F$7	未到限制值	2
$B$2	变量值	4	$B$2=整数	到达限制值	0
$C$2	变量值	2	$C$2=整数	到达限制值	0

图 6-4（e） 规划求解的结果

在第 2 章中例 3 的排班例子，本身也是纯整数规划问题，如果我们将时间段划分粗一点，见例 3 中的数据，或进一步将时间段分细一点，见例 4，我们可以和第 2 章中的例 3 比较模型的结果。

例 3　将时间段划分粗一点的排班问题。

序号	时段	护士的最少人数	优化结果
1	6：00～14：00	70	70
2	14：00～22：00	60	60
3	22：00～6：00	30	30

例 4　将时间段划分细一点的排班问题。

序号	时段	护士的最少人数	优化结果
1	6：00～8：00	40	50
2	8：00～10：00	60	10
3	10：00～12：00	70	0
4	12：00～14：00	50	10
5	14：00～16：00	60	40
6	16：00～18：00	50	0
7	18：00～20：00	50	0
8	20：00～22：00	40	0
9	22：00～0：00	20	20
10	0：00～2：00	20	0
11	2：00～4：00	20	0
12	4：00～6：00	30	10

在例 3 中，所需最少的总的护士人数为 160 人，而例 4 中，所需最少的总的护士人数为 140 人。

思考：因为负荷不均衡，进一步细分时间段，上班时间段从 8 小时细分到 4 小时、2 小时，所需最少的总的护士人数从 160 人、150 人到 140 人。再进一步细分时间段，是否还可以减少护士的总人数？

进一步思考：为什么许多快餐店只雇用很少全职员工，大部分是雇用兼职员工？

6.3 0-1 型整数规划

6.3.1 0-1 型整数规划问题

应用最广泛的整数规划问题是各种类型的决策问题，决策者往往要面对这样的问题：是否要执行某些问题（或某些活动）；在什么时间或什么地点执行决策等问题。回答这类“是—否”或“有—无”问题可借助整数规划中的0-1整数变量。0-1 整数变量只有两个选择，因此，可以用1代表“有”或“是”，而用0代表“无”或“否”。0-1 变量的一般表示方式为：

$$x_j=\begin{cases}1 & \text{如果决策 } j \text{ 为：是}\\0 & \text{如果决策 } j \text{ 为：否}\end{cases}$$

在许多决策问题中，往往存在从多种决策方案中选一个方案的情况，这时，可以在问题中加入以下约束：

$$\sum_{j=1}^{n}x_j=1 \tag{6.1}$$

或

$$\sum_{j=1}^{n}x_j\leqslant 1 \tag{6.2}$$

式（6.1）表示从 n 个决策中必须选中一个。例如建厂选址问题，从多个备选方案中选择一个最好的方案；式（6.2）则表示从 n 个决策中可以选一个，也可以不选。如果需要从 n 个决策中选择 K 个，则可将式（6.1）和式（6.2）的右边值改为 K。约束式（6.2）中的值 n 如果为2，则表示从两个互斥的决策中只能选一个的情况。

例5 多项目投资选择。

某公司有5个项目被列入投资计划，各项目的投资额和期望的投资收益见表6-1：

表6-1

项目	投资额（万元）	投资收益（万元）
1	210	160
2	300	210
3	150	60
4	130	80
5	260	180

该公司只有600万元资金可用于投资，由于技术上的原因，投资受到以下约束：

(1) 在项目1、2和3中必须只有1项被选中；

(2) 项目3和4必须且只能选中一项；

(3) 项目5被选中的前提是项目1必须被选中。

如何在上述条件下选择一个最好的投资方案，使投资收益最大？

解：设 $x_i=\begin{cases}1 & 项目 i 被选中\\0 & 项目 i 未被选中\end{cases}$ $(i=1,2,3,4,5)$

则

$$
\begin{aligned}
\max z &= 160x_1+210x_2+60x_3+80x_4+180x_5\\
\text{s. t.}\quad & 210x_1+300x_2+150x_3+130x_4+260x_5\leqslant 600\\
& x_1+x_2+x_3=1\\
& x_3+x_4=1\\
& x_5\leqslant x_1\\
& x_i=0 \text{ 或 } 1,\ i=1,2,3,4,5
\end{aligned}
$$

6.3.2 0-1型整数规划的解法

因为每个变量只有取0或1两种可能，因此解0-1型整数规划最容易想到的方法就是穷举法，即检查变量取值为0或1的每一种组合，比较目标函数的值以求得最优解，这就需要检查变量取值的 2^n 个组合。对于变量个数 n 较大（例如 $n>10$），这几乎是不可能的。因此，常设计一些方法，只检查变量取值组合的一部分，就能求得问题的最优解。这样的方法称为隐枚举法（Implicit Enumeration），分支定界法也是一种隐枚举法。

下面以一个求目标值最大、一个求目标值最小的两个问题为例，说明0-1型整数规划的隐枚举法。

例6　求目标值最大。

$$
\begin{aligned}
\max z &= 3x_1-2x_2+5x_3\\
\text{s. t.}\quad & x_1+2x_2-x_3\leqslant 2 \quad ①\\
& x_1+4x_2+x_3\leqslant 4 \quad ②\\
& x_1+x_2\leqslant 3 \quad ③\\
& 4x_2+x_3\leqslant 6 \quad ④\\
& x_i=0 \text{ 或 } 1,\ i=1,2,3
\end{aligned}
\tag{6.3}
$$

解题时，先通过试探的方法找一个可行解，容易看出 $(x_1,\ x_2,\ x_3)=(1,\ 0,\ 0)$ 就是适合于①、④条件的，算出相应的目标函数值 $z=3$。

对于极大化问题求最优解，当然希望 $z\geqslant 3$，于是增加一个约束条件：

$$3x_1-2x_2+5x_3\geqslant 3 \quad ⓪$$

后加的条件称为过滤条件（Filtering Constraint），这样，原问题的线性约束条件就变成了 5 个。用全部枚举的方法，3 个变量共有 $2^3=8$ 个解，原来 4 个约束条件，共需 32 次运算。现在增加过滤条件⓪，按如下的方法就可以减少运算的次数。将 5 个约束条件按⓪～④的顺序排好（如表 6－2 所示），对每个解，依次代入约束条件的左侧，求出极值，看是否适合于不等式条件，如果某一条件不适合，同行以下各条件就不必再检查，因而减少了运算次数，本例的计算过程如表 6－2 所示，实际只做了 16 次运算。

表 6－2

点	条件					是否满足条件	z 值
(x_1, x_2, x_3)	⓪	①	②	③	④	是（✓）否（×）	
(0, 0, 0)	0					×	
(0, 0, 1)	5	−1	1	0	1	✓	5
(0, 1, 0)	−2					×	
(0, 1, 1)	3					×	
(1, 0, 0)	3					×	
(1, 0, 1)	8	0	2	1	1	✓	8
(1, 1, 0)	1					×	
(1, 1, 1)	6					×	

在计算过程中，若遇到 z 值已超过了条件⓪右边的值，应改变条件⓪，使右边的值是迄今为止的最大者，然后继续做。例如，当检查点（0，0，1）时因 $z=5$（>3），所以应将条件⓪换成

$$3x_1-2x_2+5x_3\geqslant 5 \quad ⓪$$

这种对过滤条件的改进，更可以减少计算量。

在计算时，可以重新排列 x_i 的顺序，使目标函数中的系数是递减的，在上例中，可以将目标函数写成 $z=3x_1-2x_2+5x_3=5x_3+3x_1-2x_2$，因为该问题最大值的上限不超过点（1，0，1）的值 8，其次是点（0，0，1）的值 5……这样，最优解就比较容易尽早被发现。再结合过滤条件，更加可以使计算过程简化。在上例中

$$\max z=5x_3+3x_1-2x_2$$

$$\text{s.t.}\quad 5x_3+3x_1-2x_2\geqslant 8 \quad ⓪$$

$$-x_3+x_1+2x_2\leqslant 2 \quad ①$$

$$x_3+x_1+4x_2\leqslant 4 \quad ②$$

$$x_1+x_2\leqslant 3 \quad ③$$

$$x_3+4x_2\leqslant 6 \quad ④$$

解题过程见表 6－3。

表 6－3

点	条件					是否满足条件		z 值
(x_3, x_1, x_2)	⓪	①	②	③	④	是（✓）	否（×）	
（1，1，0）	8	✓	✓	✓	✓			8

至此，已经找到了 z 的最大值，即得到了最优解，解答如前，但计算过程已简化。

例 7　求目标值最小。

$$\min z = 4x_1 + 3x_2 + 2x_3$$
$$\text{s. t.}\quad 2x_1 - 5x_2 + 3x_3 \leqslant 4$$
$$4x_1 + x_2 + 3x_3 \geqslant 3$$
$$x_2 + x_3 \geqslant 1$$
$$x_1,\ x_2,\ x_3 = 0 \text{ 或 } 1$$

解：按照例 6 的分析，此问题是对目标进行最小化求解。因此，x_i 的系数按递增的顺序排列。

$$\min z = 2x_3 + 3x_2 + 4x_1$$
$$\text{s. t.}\quad 3x_3 - 5x_2 + 2x_1 \leqslant 4 \quad ①$$
$$3x_3 + x_2 + 4x_1 \geqslant 3 \quad ②$$
$$x_3 + x_2 \geqslant 1 \quad ③$$
$$x_i = 0 \text{ 或 } 1,\ i = 1,\ 2,\ 3$$

因为 x_i 为 0 或 1，因此，最小值的下界为点（0，0，0），即 $z=0$；其次为（0，0，1）点，即 $z=2$；（0，1，0）点，$z=3$……在计算过程中，也是逐渐改变过滤条件，计算结果如表 6－4 所示。

表 6－4

点	条件				是否满足条件		z 值
(x_3, x_2, x_1)	⓪	①	②	③	是（✓）	否（×）	
（0，0，0）	0	✓	×			×	
（1，0，0）	2	✓	✓	✓	✓		2

至此，已求得了最优解的值，即 $x_1=0$，$x_2=0$，$x_3=1$，$z=2$。

6.3.3 0－1型整数规划的计算机求解

用QM for Windows软件求解例5的0－1型整数规划的数据输入及结果，如图6－5（a）、（b）所示。图6－5（a）是输入数据的界面，图6－5（b）是输出结果的界面。

Objective
○ Maximize
◉ Minimize

Example6

	X1	X2	X3		RHS
Minimize	4.	3.	2.		
Constraint 1	2.	-5.	3.	<=	4.
Constraint 2	2.	1.	3.	>=	3.
Constraint 3	4.	1.	1.	>=	1.
Variable type	0/1	0/1	0/1		

图6－5（a）

Objective
○ Maximize
◉ Minimize

Iteration Results

Example6 Solution

Iteration	Level	Added constraint	Solution type	Solution Value	X1	X2	X3
			Optimal	2.	0.	0.	1.
1	0.		INTEGER	2.	0.	0.	1.

图6－5（b）

用Excel求解的过程和结果如图6－5（c）、（d）、（e）所示。

第四版.xls

	A	B	C	D	E	F	G
1	目标系数	4	3	2			
2	变量值	0	0	0			
3	目标值	=SUMPRODUCT(B1:D1,B2:D2)					
4							
5					左端结果	约束	右端项
6	第1个约束	2	-5	3	=SUMPRODUCT($B$2:$D$2,B6:D6)	≤	4
7	第2个约束	4	1	3	=SUMPRODUCT($B$2:$D$2,B7:D7)	≥	3
8	第3个约束		1	1	=SUMPRODUCT($B$2:$D$2,B8:D8)	≥	1
9							

图6－5（c） 数据的输入界面及计算公式

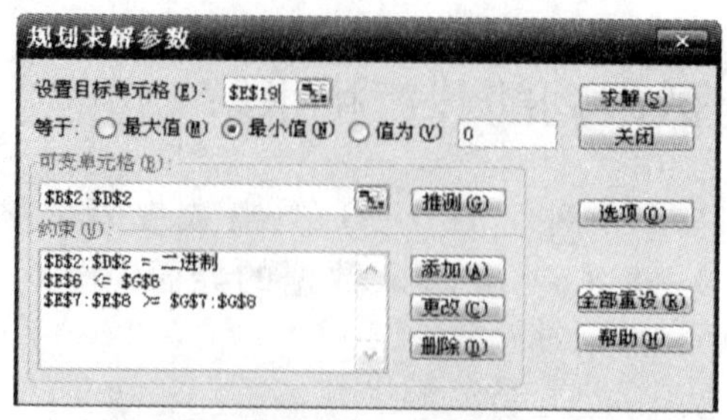

图6－5（d） 规划求解的参数设置

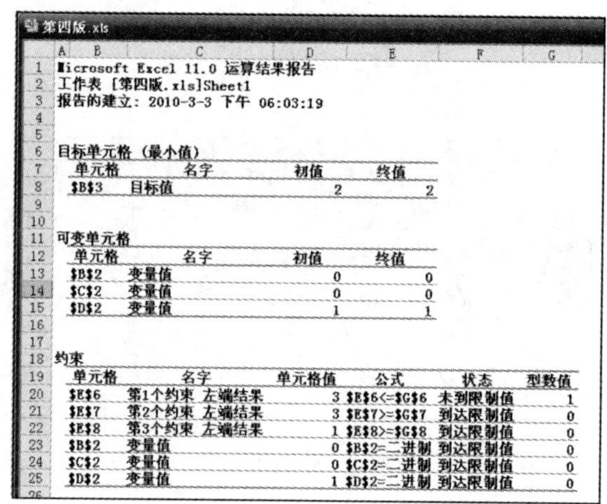

第四版.xls

Microsoft Excel 11.0 运算结果报告
工作表 [第四版.xls]Sheet1
报告的建立：2010-3-3 下午 06:03:19

目标单元格（最小值）

单元格	名字	初值	终值
$B$3	目标值	2	2

可变单元格

单元格	名字	初值	终值
$B$2	变量值	0	0
$C$2	变量值	0	0
$D$2	变量值	1	1

约束

单元格	名字	单元格值	公式	状态	型数值
$E$6	第1个约束 左端结果	3	$E$6<=$G$6	未到限制值	1
$E$7	第2个约束 左端结果	3	$E$7>=$G$7	到达限制值	0
$E$8	第3个约束 左端结果	1	$E$8>=$G$8	到达限制值	0
$B$2	变量值	0	$B$2=二进制	到达限制值	0
$C$2	变量值	0	$C$2=二进制	到达限制值	0
$D$2	变量值	1	$D$2=二进制	到达限制值	0

图6－5（e） 规划求解的结果

例8 带固定成本的采购问题。

某公司需要购买50 000个灯泡。公司已经收到三个供应单位的投标，A公司提供的灯泡，每个是3分，这个公司一次最少订购量为20 000个，最多为30 000个；B公司提供的灯泡，每个为5分，这个公司一次最少要订购10 000个，多购不限；C公司可供应0～30 000个中任何数量的灯泡，每个1分，另加固定费用200元。公司决定从一家或两家购买。该公司正在考虑采取什么样的订购方案，可以使其所花的费用最少。

解：设 x_1 是从A公司购买的灯泡数；

设 x_2 是从B公司购买的灯泡数；

设 x_3 是从C公司购买的灯泡数；

$$x_4=\begin{cases}1 & \text{如果从 A 公司购买灯泡}\\ 0 & \text{如果不从 A 公司购买灯泡}\end{cases}$$

$$x_5=\begin{cases}1 & \text{如果从 B 公司购买灯泡}\\ 0 & \text{如果不从 B 公司购买灯泡}\end{cases}$$

$$x_6=\begin{cases}1 & \text{如果从 C 公司购买灯泡}\\ 0 & \text{如果不从 C 公司购买灯泡}\end{cases}$$

则

$$\min z=0.03x_1+0.05x_2+0.01x_3+200x_6$$

$$\text{s. t.}\quad \begin{cases} x_1+x_2+x_3\geqslant 50\ 000\\ x_1\leqslant 30\ 000x_4\\ x_1\geqslant 20\ 000x_4\\ x_2\leqslant Mx_5\ (M\text{ 为充分大的正数})\\ x_2\geqslant 10\ 000x_5\\ x_3\leqslant 30\ 000x_6\\ x_4+x_5+x_6\leqslant 2\\ x_4\leqslant 1\\ x_5\leqslant 1\\ x_6\leqslant 1\\ x_i\geqslant 0,\text{ 且 } x_i \text{ 为整数},\ i=1,\ 2,\ 3,\ 4,\ 5,\ 6 \end{cases}$$

用 QM for Windows 软件求解得

$$x_1=20\ 000,\ x_2=0,\ x_3=30\ 000,\ x_4=1,\ x_5=0,\ x_6=1,\ z=1\ 100$$

即从 A 公司购买 20 000 个灯泡，从 C 公司购买 30 000 个灯泡，总的购买费用为1 100元。

[提示：如果应用 QM for Windows 的 0－1 混合整数规划功能，在变量类型（Variable Type）中定义 x_4，x_5，x_6 为 0－1 变量，可以省略 $x_4\leqslant 1$，$x_5\leqslant 1$，$x_6\leqslant 1$ 三个约束条件。]

6.4 指派问题

6.4.1 指派问题的匈牙利法

在生活中经常会遇到这样的问题，某单位须完成 n 项任务，恰好有 n 个人可以承担这些任务。由于每个人的专长不同，各人完成任务不同，效率（或所需时间）也不同。于是产生应指派哪个人去完成哪项任务，使完成 n 项任务的总效率最高（或所需总时间最少）的问题。这样的问题称为指派问题（Assignment Problem）。

例9　指派问题1。

有A、B、C、D四项任务须分派给甲、乙、丙、丁四个人去做，这四个人都能承担上述四项任务，但完成任务所需要的时间如表6－5所示，问应如何分派任务，可使完成四项任务的总工时最少？

表6－5

人	任务			
	A	B	C	D
甲	9	17	16	7
乙	12	7	14	16
丙	8	17	14	17
丁	7	9	11	9

类似问题有：n项任务怎样分派到n台机床上去分别加工完成的问题；有n条航线，怎样指定n艘船去航行的问题等。对应每个指派问题，需有类似表6－5那样的数表，称为效率矩阵或系数矩阵，其元素$c_{ij}>0$（i，$j=1$，2，…，n）表示指派第i人去完成第j项任务时的效率（或时间、成本等）。解题时需引入变量x_{ij}，其取值只能是1或0。

令 $x_{ij}=\begin{cases}1 & \text{当指派第}\ i\ \text{人去完成第}\ j\ \text{项任务}\\ 0 & \text{当不指派第}\ i\ \text{人去完成第}\ j\ \text{项任务}\end{cases}$

当问题要求极小化时，数学模型是：

$$\begin{aligned}
&\min z=\sum_{i=1}^{n}\sum_{j=1}^{n}c_{ij}x_{ij}\\
&\text{s. t.}\quad \sum_{i=1}^{n}x_{ij}=1,\ j=1,\ 2,\ \cdots,\ n\ \text{（一件事一个人做）}\\
&\qquad\ \ \sum_{j=1}^{n}x_{ij}=1,\ i=1,\ 2,\ \cdots,\ n\ \text{（一个人做一件事）}\\
&\qquad\ \ x_{ij}=0\ \text{或}\ 1
\end{aligned}\tag{6.4}$$

美国数学家库恩提出了一种新颖而又简便的解法，常称为匈牙利法。匈牙利法是针对目标要求极小化问题提出的。其基本原理是：为了实现目标极小，在系数矩阵元素$c_{ij}\geqslant 0$的条件下，如果能使矩阵具有一组处于不同行又不同列的零元素$c'_{ij}=0$，画上圈符号"⓪"，表示对应该元素的决策变量$x_{ij}=1$，未画圈元素对应的决策变量$x_{ij}=0$，那么目标函数值$z=\sum_{i=1}^{n}\sum_{j=1}^{n}c'_{ij}x_{ij}=0$为最小，这样的组合解$x$就是最优解。所以匈牙利法又称为画圈法。

画圈法的关键是如何实现系数矩阵具有一组处于不同行又不同列的0元素，并保证所画的圈的个数等于矩阵的阶数。库恩论证了两个定理，确定了解题方法。

1. 圈的产生

在系数矩阵元素 $c_{ij} \geq 0$ 的条件下，表6－5所示各人完成某项任务的时间皆为正数，为使总工时数最小，显然需对每行（或列）的元素进行比较，选较小的元素决定分派。应该注意的是，这里元素本身数值的大小不是决定因素，起决定性作用的是各元素相互间的差值。由此说明对每行（或列）各元素都减去一个本行（或列）内的最小元素值，不会影响分派的结果。减去最小元素值后的元素记为 c'_{ij}，用 c'_{ij} 来取代 c_{ij} 不会影响目标的优化，库恩论证了下述定理。

定理 从 $[c_{ij}]$ 矩阵的每行（或列）减去或加上一个常数 u_i（称为行位势）［或 v_j（称为列位势）］，构成新矩阵 $[c'_{ij} = c_{ij} \mp (u_i + v_j)]$，则对应 $[c'_{ij}]$ 的 $[x_{ij}]$ 最优解与原 $[c_{ij}]$ 的最优解相同。

证明：从新矩阵求解最优解 $[x_{ij}]$，其目标函数值：

$$
\begin{aligned}
z' &= \sum_{i=1}^{n}\sum_{j=1}^{n} c'_{ij}x_{ij} = \sum_{i=1}^{n}\sum_{j=1}^{n} c_{ij}x_{ij} \mp \sum_{i=1}^{n} u_i x_{ij} \mp \sum_{j=1}^{n} v_j x_{ij} \\
&= \sum_{i=1}^{n}\sum_{j=1}^{n} c_{ij}x_{ij} \mp \sum_{i=1}^{n} v_i \mp \sum_{j=1}^{n} u_j = \sum_{i=1}^{n}\sum_{j=1}^{n} c_{ij}x_{ij} \mp K
\end{aligned}
$$

到达极值，则因 K 仅为一常数，故 $\sum_{i=1}^{n}\sum_{j=1}^{n} c_{ij}x_{ij} = z$ 也达到极值，所以 $[x_{ij}]$ 也为原矩阵 $[c_{ij}]$ 的最优解，定理得证。

利用这个定理求例9的解，步骤如下：

（1）变换系数矩阵，使其每行、每列都出现0元素。首先每行减该行最小数，再每列减该列最小数。

$$
[c_{ij}] = \begin{bmatrix} 9 & 17 & 16 & 7 \\ 12 & 7 & 14 & 16 \\ 8 & 17 & 14 & 17 \\ 7 & 9 & 11 & 9 \end{bmatrix}
\begin{matrix} (-7) \\ (-7) \\ (-8) \\ (-7) \end{matrix}
\Rightarrow \begin{bmatrix} 2 & 10 & 9 & 0 \\ 5 & 0 & 7 & 9 \\ 0 & 9 & 6 & 9 \\ 0 & 2 & 4 & 2 \end{bmatrix}
\Rightarrow \begin{bmatrix} 2 & 10 & 5 & 0 \\ 5 & 0 & 3 & 9 \\ 0 & 9 & 2 & 9 \\ 0 & 2 & 0 & 2 \end{bmatrix}
$$

$$(-4)$$

（2）画圈，从某行或列中0元素最少的行或列开始，将0画成⓪，同时画去⓪所在行和列的其他0元素，即

$$
\begin{bmatrix} 2 & 10 & 5 & ⓪ \\ 5 & ⓪ & 3 & 9 \\ ⓪ & 9 & 2 & 9 \\ \emptyset & 2 & ⓪ & 2 \end{bmatrix}
$$

如果同行或同列的0元素至少有两个（表示对这人可能从两项任务中指派其一），还

可以试指派，然后画掉同行、同列的其他元素。当每行、每列都有一个⓪时，对应⓪位置的 $x_{ij}=1$，其余位置 $x_{ij}=0$，得最优解为

$$x_{ij}=\begin{bmatrix}0&0&0&1\\0&1&0&0\\1&0&0&0\\0&0&1&0\end{bmatrix}$$

这说明给甲分派 D 任务，给乙分派 B 任务，给丙分派 A 任务，给丁分派 C 任务，则完成四项任务的总工时 $z=7\times1+7\times1+8\times1+11\times1=33$ 为最少。

2. *覆盖理论*

若⓪元素的数目 m 等于矩阵的阶数 n，那么这个指派问题的最优解已经得到。若 $m<n$，则要转入下一步，用覆盖理论来调整。

例 10　指派问题 2。

有四台机器都可做 A、B、C、D 四种工作，但所需费用不同，其费用系数矩阵如表 6－6所示，为使总费用最少，求最优的分派方案。

表 6－6

机器	费用			
	工作 A	工作 B	工作 C	工作 D
Ⅰ	4	10	7	5
Ⅱ	2	7	6	3
Ⅲ	3	3	4	4
Ⅳ	4	6	6	3

解：第一步，经过变换系数矩阵和画圈后进行试指派的结果：

$$[c_{ij}]=\begin{bmatrix}4&10&7&5\\2&7&6&3\\3&3&4&4\\4&6&6&3\end{bmatrix}\begin{matrix}(-4)\\(-2)\\(-3)\\(-3)\end{matrix}\Rightarrow\begin{bmatrix}0&6&3&1\\0&5&4&1\\0&0&1&1\\1&3&3&0\end{bmatrix}\Rightarrow\begin{bmatrix}⓪&6&2&1\\\emptyset&5&3&1\\\emptyset&⓪&\emptyset&1\\1&3&2&⓪\end{bmatrix}\quad(6.5)$$
$$\qquad\qquad\qquad\qquad(-1)$$

显然，⓪元素的数目 $m=3$，而矩阵的阶数 $n=4$；$m<n$，解题过程仍需继续研究分析。

从以上画圈的矩阵看，造成⓪少的原因是由于某行或某列 0 元素集中较多，选择一个 0 元素画圈后造成其他列或行无 0 元素所致。因此，对这些缺 0 的列，在不考虑被画去 0

元素行的基础上，应继续变换该矩阵，产生新的0元素，但对机器Ⅲ来说，绝不能分A工作（按画圈从最少0元素行或列开始的原则，这个0也必被画去）给它，故 c_{31} 元素不能画圈。

为了保证继续产生新的0元素，则画了圈的矩阵行或列用直线覆盖住。覆盖用的直线的意义是：

横（行）线表示该机器肯定有适合的工作可做。

竖（列）线表示该工作肯定有机器来承担。余下的未覆盖区需要重新产生0元素，以便两次画圈。具体做法是：从未覆盖的整个区内选一个最小的数，所有未覆盖的元素都减去这个数。

横线与竖线的交叉元素不能画圈，因为与交叉元素对应的机器不应去做与交叉点对应的工作，即不应与其他机器争做该工作。为了保证不会被画成圈，规定交叉元素加上未覆盖区元素中的最小元素。

实现覆盖原理的关键是如何画覆盖直线。库恩于1955年提出了指派问题的解法，他引用了Koning一个关于矩阵中0元素的定理：系数矩阵中独立0元素的最多个数等于能覆盖所有0元素的最少直线数，这个解法在以后虽有不断的改进，但仍然沿用了这一名称。以上例来说明指派问题的解法。

第二步，做最少的直线覆盖所有的0元素，以确定该系数矩阵中能找到最多的独立0元素。为此，按以下步骤进行：

（1）对没有⓪的行打“✓”；

（2）再对打“✓”的行中所有含0元素的列打“✓”；

（3）再对打“✓”的列中含有⓪元素的行打“✓”；

（4）重复步骤（2）、（3），直到得不出新的打“✓”的行列为止；

（5）对没有打“✓”的行画一横线，有打“✓”的列画一纵线，这就得到覆盖所有0元素的最少直线数。

令直线数为 l，若 $l<n$，说明必须再转换当前的系数矩阵，才能找到 n 个独立的0元素，为此，要转入第 n 步；若 $l=n$，应回到第一步，另行试探。

在例10中，对变换和试指派后的矩阵（6.5）按以下次序进行：

先在第2行旁打“✓”；接着可判断应在第1列下打“✓”；接着在第1行旁打“✓”。检查完不能再打“✓”了，对没有打“✓”的第3行和第4行画一条直线以覆盖0元素，已打“✓”的第1列画一直线以覆盖0元素，得：

$$
\begin{bmatrix} \textcircled{0} & 6 & 2 & 1 \\ \not{0} & 5 & 3 & 1 \\ \not{0} & \textcircled{0} & \not{0} & 1 \\ 1 & 3 & 2 & \textcircled{0} \end{bmatrix}
\begin{matrix} \\ \checkmark \\ \\ \\ \end{matrix}
\Rightarrow
\begin{matrix} \begin{bmatrix} \textcircled{0} & 6 & 2 & 1 \\ \not{0} & 5 & 3 & 1 \\ \not{0} & \textcircled{0} & \not{0} & 1 \\ 1 & 3 & 2 & \textcircled{0} \end{bmatrix} \\ \checkmark \qquad\qquad\qquad\qquad \end{matrix}
\begin{matrix} \checkmark \\ \\ \\ \\ \end{matrix}
\Rightarrow
\begin{matrix} \begin{bmatrix} \textcircled{0} & 6 & 2 & 1 \\ \not{0} & 5 & 3 & 1 \\ \not{0} & \textcircled{0} & \not{0} & 1 \\ 1 & 3 & 2 & \textcircled{0} \end{bmatrix} \\ \checkmark \qquad\qquad\qquad\qquad \end{matrix}
\begin{matrix} \checkmark \\ \checkmark \\ \\ \\ \end{matrix}
\tag{6.6}
$$

第三步，对（6.6）矩阵进行变换的目的是增加0元素。为此，在没有被直线覆盖的部分中找出最小元素，然后在打“✓”行各元素中都减去这个最小元素，而在打“✓”列的各元素都加上这个最小元素，以保证原来的0元素不变。这样得到新的系数矩阵（它的最优解和原问题相同），若得到 n 个独立的0元素，则已得到最优解；否则，回到第二步重复进行。

在矩阵（6.6）中，在没有被覆盖的部分（第1行、第2行）中找出最小的元素1，然后在第1、2行中各元素分别减去1，给第1列各元素分别加上1，得到新矩阵（6.7）：

$$\begin{bmatrix} \textcircled{0} & 6 & 2 & 1 \\ \emptyset & 5 & 3 & 1 \\ \emptyset & \textcircled{0} & \emptyset & 1 \\ 1 & 3 & 2 & \textcircled{0} \end{bmatrix}\begin{matrix} \checkmark\ (-1) \\ \checkmark\ (-1) \\ \\ \\ \end{matrix} \Rightarrow \begin{bmatrix} \textcircled{0} & 5 & 1 & \emptyset \\ \emptyset & 4 & 2 & \emptyset \\ 1 & \textcircled{0} & \emptyset & 1 \\ 2 & 3 & 2 & \textcircled{0} \end{bmatrix} \tag{6.7}$$

(+1)

矩阵（6.7）还不能得到指派结果，重复上述所有步骤直到得到指派结果，计算过程如下：

$$\begin{bmatrix} \textcircled{0} & 5 & 1 & \emptyset \\ \emptyset & 4 & 2 & \emptyset \\ 1 & \textcircled{0} & \emptyset & 1 \\ 2 & 3 & 2 & \textcircled{0} \end{bmatrix}\begin{matrix} \checkmark \\ \checkmark \\ \\ \checkmark \end{matrix} \Rightarrow \begin{bmatrix} \emptyset & 4 & \textcircled{0} & \emptyset \\ \textcircled{0} & 3 & 1 & \emptyset \\ 2 & \textcircled{0} & \emptyset & 2 \\ 2 & 2 & 1 & \textcircled{0} \end{bmatrix} \tag{6.8}$$

✓ ✓

矩阵（6.8）具有 n 个独立的0元素，这就得到了最优解，相应的解的矩阵为：

$$\begin{bmatrix} 0 & 0 & 1 & 0 \\ 1 & 0 & 0 & 0 \\ 0 & 1 & 0 & 0 \\ 0 & 0 & 0 & 1 \end{bmatrix}$$

分派方案为Ⅰ→C，Ⅱ→A，Ⅲ→B，Ⅳ→D，总的费用为 $7+2+3+3=15$。

当指派问题的系数矩阵经过变换得到了同行和同列中都有两个或两个以上0元素时，这时可以任选一行（列）中某一个0元素，再画去同行（列）的其他0元素，这时会出现多重解。

6.4.2 非标准型及转化

匈牙利法只适用于目标函数要求为极小和系数矩阵为方阵的条件，不满足上述两个条件时要加以转化。

1. 目标函数要求为极大化的问题

其目标函数为：

$$\max z = \sum_{i=1}^{n}\sum_{j=1}^{n} c_{ij}x_{ij}$$

可转化为极小化的问题，目标函数改写为

$$\min z' = \sum_{i=1}^{n}\sum_{j=1}^{n} (-c_{ij})\, x_{ij}$$

这个目标函数与下列目标函数是等价的：

$$\min z'' = \sum_{i=1}^{n}\sum_{j=1}^{n} (M - c_{ij})\, x_{ij} = \sum_{i=1}^{n}\sum_{j=1}^{n} b_{ij}x_{ij}$$

其中 M 为一个足够大的常数，其作用是使 b_{ij} 矩阵的全体元素为非负，以便应用匈牙利法解题。

M 一般取 c_{ij} 元素中的最大数即可，它减去 c_{ij} 后组成的新矩阵 $[b_{ij}]$ 称为缩减矩阵。因此，一个求极大的指派问题要用匈牙利法求解，只要把原问题系数矩阵转化为缩减矩阵即可。

例 11　人和任务数相同的分配问题。

有四个工人，要指派他们分别完成四项工作，每人做各项工作所能获得的收益如表 6－7所示。

表 6－7

工人	工作 A	工作 B	工作 C	工作 D
甲	15	18	21	24
乙	19	23	22	18
丙	26	17	16	19
丁	19	21	23	17

问指派哪个人去完成哪项工作，可使总的收益最大?

2. 系数矩阵不是方阵

如果有 m 种设备指派完成 n 种工作，行数 $i=1, 2, \cdots, m$；列数 $j=1, 2, \cdots, n$；c_{ij} 为费用。如果 $n<m$，则增添若干列 r 补足方阵，即 $n+r=m$；如果 $n>m$，则增添若干行 s 补足方阵，即 $m+s=n$。因为增添的列或行都是虚构的，所以虚费用 $c_{ij}=0$。补足后的方阵按匈牙利法求解，最优指派结果应去掉虚行（或列）的⓪。

进一步思考：为什么 $n<m$ 和 $n>m$ 情况下，补足的列或行所对应的费用不用 M，或者说用 M 和 0 对求解结果是否有影响？

6.4.3 指派问题的计算机求解

QM for Windows 软件可以直接求解目标函数为极大化和极小化的情况。用 QM for Windows软件求解例 9 的结果如图 6 -6 所示，图 6 -6（a）是输入数据的界面，图 6 -6（b）是输出结果的界面。用 QM for Windows 软件求解例 11 的结果如图 6 -7 所示，图 6 -7（a）是输入数据的界面，图 6 -7（b）是输出结果的界面。

Objective
○ Maximize
◉ Minimize

Example8

	Machine 1	Machine 2	Machine 3	Machine 4
Job 1	9.	17.	16.	7.
Job 2	12.	7.	14.	16.
Job 3	8.	17.	14.	17.
Job 4	7.	9.	11.	9

图 6 -6（a）

Objective
○ Maximize
◉ Minimize

Assignments

Example8 Solution

Optimal cost = 33.00	Machine 1	Machine 2	Machine 3	Machine 4
Job 1	9.	17.	16.	Assign 7
Job 2	12.	Assign 7	14.	16.
Job 3	Assign 8	17.	14.	17.
Job 4	7.	9.	Assign 11	9.

图 6 -6（b）

Objective
○ Maximize
◉ Minimize

Example10

	Machine 1	Machine 2	Machine 3	Machine 4
Job 1	15.	18.	21.	24.
Job 2	19.	23.	22.	18.
Job 3	26.	17.	16.	19.
Job 4	19.	21.	23.	17

图 6 -7（a）

Objective ○ Maximize ◉ Minimize				
Assignments				
				Example10 Solution
Optimal cost = 70.00	Machine 1	Machine 2	Machine 3	Machine 4
Job 1	15.	Assign 18	21.	24.
Job 2	Assign 19	23.	22.	18.
Job 3	26.	17.	Assign 16	19.
Job 4	19.	21.	23.	Assign 17

图 6－7（b）

思考：指派问题是否可以用运输问题的模型求解，它是一个怎样特殊的运输问题?

习 题

1. 使用分支定界法求解下列整数规划问题：

（1）

$$\max z=5x_1+2x_2$$

$$\text{s. t.}\quad 3x_1+x_2\leqslant 12$$

$$x_1+x_2\leqslant 5$$

$$x_1,\ x_2\geqslant 0，且为整数$$

（2）

$$\min z=4x_1+5x_2$$

$$\text{s. t.}\quad x_1+4x_2\geqslant 12$$

$$3x_1+2x_2\geqslant 7$$

$$x_1,\ x_2\geqslant 0，且为整数$$

2. 为解决污水对河流的污染问题，国家计划在某市修建污水处理站。备选的站址有 3 个，其投资技术经济参数如表 6－8 所示。

表 6－8

	投资（万元）	水处理能力（万吨/年）	水处理成本（元/万吨）	水处理指标（吨/万吨）	
				污染物 1	污染物 2
站址 1	400	800	200	80	60
站址 2	300	500	300	50	40
站址 3	250	400	400	40	50

表中的投资已折算到年。按照环保部门的要求，每年要从污水中清除 8 万吨污染物 1 和 6 万吨污染物 2。请构造一个整数规划模型，在满足环保要求的前提下使投资和运行费

用最小。

3. 一公司考虑在四个城市，即北京、上海、广州和武汉设立库房。这些库房负责向三个地区，即华北、华中和华南地区发运货物，每个库房每月可处理货物 1 100 件。在北京设库房每月的成本为 4.5 万元，上海为 5 万元，广州为 7 万元，武汉为 4 万元。每个地区的月平均需求量为：华北每月 600 件，华中每月 700 件，华南每月 800 件。发运货物的费用如表 6－9 所示。

表 6－9　　单位：元/件

	华北	华中	华南
北京	200	400	500
上海	300	250	450
广州	600	400	250
武汉	300	150	350

公司希望在满足地区需求的前提下使平均月成本最小，且要满足以下条件：

（1）如果在上海设库房，就必须也在武汉设库房；

（2）最多设立两个库房；

（3）武汉和广州不能同时设立库房。

请制作一个满足上述要求的整数规划模型。

4. 一个新建的有 10 000 平方米营业面积的商业中心正在招商，该中心希望将其营业面积分别租给食品、珠宝、服装、鞋帽和文具五种类型的商店。每类商店的营业面积和允许的最少和最多的数量如表 6－10 所示。

表 6－10

商业类型	营业面积（平方米）	最少数量（间）	最多数量（间）
食品	1 000	1	3
珠宝	500	1	3
服装	900	1	3
鞋帽	700	1	3
文具	600	0	3

每年每类商店可上缴的利润与每类商店的数量有关，表 6－11 给出的是单间店可上缴的利润。

表 6－11

商业类型	商店数量		
	1 间	2 间	3 间
食品	20	18	15
珠宝	10	9	7
服装	15	13	10
鞋帽	17	14	11
文具	16	9	6

请制作一个整数规划模型，使商业中心的利润最大。

5．某汽车厂生产三种汽车：微型轿车、中级轿车和高级轿车。每种轿车需要的资源和销售利润如表 6－12 所示。

表 6－12

	微型轿车	中级轿车	高级轿车
钢材（吨）	1.5	2	2.5
人工（小时）	30	40	50
利润（万元）	2	3	4

该厂每月可使用的资源为钢材 6 000 吨，人工工时 55 000 小时。为了达到经济规模，每种汽车的月产量必须达到一定的数量才可以进行生产。工厂规定的经济规模为：微型轿车 1 500 辆，中级轿车 1 200 辆，高级轿车 1 000 辆。请构造一个整数规划模型，使该厂的利润最大。

6．某城市有 8 个区，救护车从一个区到另一个区所需要的时间如表6－13所示。

表 6－13

区号	1	2	3	4	5	6	7	8
1	0	2	4	6	8	9	8	10
2	2	0	5	4	8	6	12	9
3	4	5	0	2	2	3	5	7
4	6	4	2	0	3	2	5	4
5	8	8	2	3	0	2	2	4
6	9	6	3	2	2	0	3	2
7	8	12	5	5	2	3	0	2
8	10	9	7	4	4	2	2	0

区号	位于该区可以覆盖的人口（万人）
1	40
2	30
3	35
4	20
5	15
6	50
7	45
8	60

该市只有两辆救护车，且希望救护车所在位置能使尽可能多的人口位于救护车在两分钟内可到达的范围内。请帮助该市构造一个整数规划模型来解决这一问题。

7．某电力公司预测明年的用电需求将达 80 亿度，且在 5 年内，每年增加用电量 20 亿度。电力公司现有设备的发电能力为 50 亿度，可供选择的新电站共有 4 个，参数如表 6－14所示。

表 6－14

	发电量（亿度）	建设投资（亿元）	年运行费（万元）
电站 1	70	2	1 500
电站 2	50	1.6	800
电站 3	60	1.8	1 300
电站 4	40	1.4	600

请构造一个整数规划模型，在满足每年电力需求的前提下，使电力公司在五年内新投入的建设投资和运行费用的总和最小。

8．某开发公司计划在 m 个地区中选择若干个建厂，其产品供应给 n 个地区的需求，假若：当 i 地被选中建厂，则发生固定成本 k_i；工厂 i 的预定生产能力为 a_i（$i=1, 2, \cdots, m$）；需求地 j 的产品需求量为 b_j（$j=1, 2, \cdots, n$）；工厂 i 至需求地 j 的运输成本为 c_{ij}。试问：应在哪些可能的地区建厂和怎样满足各产品需求地的需求，才能使总费用最小？

9．求解下列 0－1 型规划问题：

（1）

$$
\begin{aligned}
\min z &= 4x_1 + 3x_2 + 2x_3 \\
\text{s. t.}\quad & 2x_1 - 5x_2 + 3x_3 \leqslant 4 \\
& 4x_1 + x_2 + 3x_3 \geqslant 3 \\
& x_2 + x_3 \geqslant 1 \\
& x_1,\ x_2,\ x_3 = 0 \text{ 或 } 1
\end{aligned}
$$

（2）

$$
\begin{aligned}
\min z &= 2x_1 + 5x_2 + 3x_3 + 4x_4 \\
\text{s. t.}\quad & -4x_1 + x_2 + x_3 + x_4 \leqslant 5 \\
& -2x_1 + 4x_2 + 2x_3 + 4x_4 \leqslant 8 \\
& x_1 + x_2 - x_3 + x_4 \leqslant 6 \\
& x_1,\ x_2,\ x_3,\ x_4 = 0 \text{ 或 } 1
\end{aligned}
$$

10．有六项工作需要六个人去完成，每项工作只允许一个人去完成，每个人只完成其中一项工作。已知每个人完成各项工作所需时间如表 6－15 所示。

表 6－15

人	时间（小时）					
	A	B	C	D	E	F
1	46	62	39	51	28	47
2	24	31	49	65	74	53
3	29	38	56	49	38	42
4	43	51	32	36	43	49
5	26	43	34	60	38	36
6	76	50	42	58	51	32

问应如何指派，才能使总的消耗时间最少？

11．有五项工作指派五个人去完成，每人创造的产值如表 6－16 所示，应如何指派才能使总的产值达到最大？

表 6－16

人	产值				
	A	B	C	D	E
1	9	4	6	8	5
2	8	5	9	10	6
3	9	7	3	5	8
4	4	8	6	9	5
5	10	5	3	6	8

本章小结

整数规划模型是一类特殊的规划模型，其特点是决策变量部分或全部须是整数。如果部分要求是整数，该问题就是混合整数规划；如果全部要求是整数，则该问题是纯整数规划。本章主要介绍了一般整数线性规划模型及其算法，并重点介绍了分支定界法的思想和方法。在此基础上，介绍了特殊的 0－1 型整数规划模型及其隐枚举法以及 0－1 型规划问题的具体应用，包括 0－1 变量的正确引入、指派问题模型及匈牙利法。最后，用几个有代表性的例子分析了整数规划模型的实际应用，并给出了相应的计算机求解方法和结果。

7　动态规划

本章要求

- □ 掌握动态规划的基本概念和基本方法。
- □ 正确建立动态规划的模型。
- □ 掌握动态规划的逆序算法。
- □ 掌握多阶段决策过程的算法。
- □ 掌握一维资源分配问题的建模及解法。
- □ 掌握高低负荷问题的建模及解法。
- □ 正确使用计算机软件求解动态规划问题。

动态规划是运筹学的一个分支，它是解决多阶段决策过程最优化的一种数学方法，大约产生于20世纪50年代。1951年美国数学家贝尔曼（R. Bellman）等人根据一类多阶段决策问题的特点，把多阶段决策问题变换为一系列互相联系的单阶段问题，然后逐个加以解决。与此同时，他提出了解决这类问题的“最优性原理”，研究了许多实际问题，从而创建了解决最优化问题的一种新方法——动态规划。他的名著《动态规划》于1957年出版，该书是动态规划的开山之作。

动态规划的方法在工程技术、企业管理、工农业生产及军事部门中都有广泛的应用，并且获得了显著的效果。在企业管理方面，动态规划可以用来解决最优路径问题、资源分配问题、生产调度问题、库存问题、装载问题、排序问题、设备更新问题、生产过程最优控制问题等，所以它是现代企业管理中的一种重要的决策方法。许多问题用动态规划的方法处理，常常比线性规划或非线性规划更有效。特别是对于离散性的问题，由于解析数学无法施展，动态规划的方法就成为非常有用的工具。应当指出，动态规划是求解某类问题的一种方法，是考察问题的一种途径，而不是一种特殊的算法（如线性规划是一种算法）。因而，它不像线性规划那样有一个标准的数学表达式和明确的一组规则，而必须对具体的问题进行具体的分析和处理。因此，在学习动态规划时，除了要正确理解动态规划的基本概念和方法外，还应该以丰富的想象力去建立模型，用创造性的技巧去求解。

动态规划模型的分类，根据多阶段决策过程的时间参量是离散的还是连续的，过程分为离散决策过程和连续决策过程；根据决策过程的演变是确定性的还是随机性的，过程又可分为确定性决策过程和随机性决策过程，组合起来就有离散确定性、离散随机性、连续确定性、连续随机性四种决策过程模型。

本章主要研究离散型决策过程，介绍动态规划的基本概念、理论和方法，并通过几个典型的问题来说明它的应用，这些都是动态规划的基本内容。

7.1 多阶段决策问题

7.1.1 多阶段决策问题的描述

一个决策问题常与时间联系，将时间作为变量的决策问题称为动态决策问题。在动态决策问题中，研究对象——系统所处的状态和时点都是进行决策的重要因素。决策者要在系统发展的不同时点，根据系统的当前状态，不断地作出决策。因此，多次决策是动态决策的一个基本特点。

多阶段决策问题是一类特殊形式的动态决策问题。在多阶段决策过程中，系统的动态过程可以按照时间的进程分为若干个相互联系的阶段，而在每一个阶段中，具有一个或多个状态，在每一个阶段中都要针对每一个状态作出决策。这样，在各个阶段的决策确定以后，就顺序构成了一个决策序列，称为一个策略。由于每个阶段有多种决策，形成有多种策略可供选择，策略不同，经济效果也不一定相同。多阶段决策问题，就是在允许选择的策略集内选择一个最优策略，使其在预定的标准下，达到最好的经济效果。

静态决策问题是不包含时间因素的决策问题，但是也可以根据空间的某些标志人为地引入阶段的概念，化为多阶段问题来处理。

7.1.2 用动态规划方法求解最短路线问题

动态规划是解决多阶段决策问题的一种方法，先介绍一个经典的多阶段决策问题——最短路线问题的求解。

例1 用动态规划方法求解最短路线问题。

如图7-1所示，要从A地出发到达B地，如何走能使总路程最短？最短路程是多少？

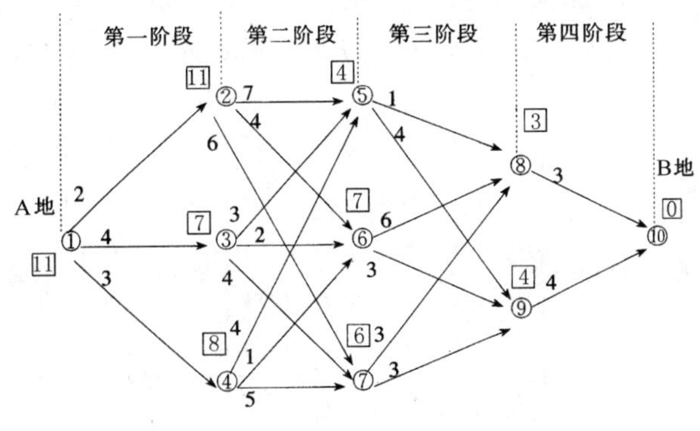

图7-1

在求解例 1 之前，我们先看生活中的常识，最短路有一个重要的特性：如果由起点 A 经过 P 点和 H 点到达终点 G 是一条最短路线，则由点 P 出发经过 H 点到达终点 G 的这条子路线，对于从点 P 出发到达终点 G 的所有可能选择的不同路线来说，必定也是最短路线。此特性用反证法易证。因为如果不是这样，则从点 P 到点 G 有另外一条距离更短的路线存在，所以它和原来最短路线由 A 点到达 P 点的那部分连接起来，就会得到一条由 A 点到 G 点的新路线，它比原来那条最短路线的距离还要短些。这与假设相矛盾，是不可能的。

根据最短路线这一特性，寻找最短路线的方法，就是从最后一段开始，用由后向前逐步递推的方法，求出各点到终点的最短路线，最终求得由起点到终点的最短路线。所以，可以利用动态规划的方法从终点逐段向始点方向寻找最短路线。

首先，将这一问题看成是四个阶段的问题，由①到②、③、④中的一点是第一阶段；由②、③、④中的点到⑤、⑥、⑦中的一点是第二阶段；由⑤、⑥、⑦中的点到⑧、⑨中的一点是第三阶段；由⑧、⑨中的一点到⑩是第四阶段。

具体计算前，先引进几个符号：

k——阶段变量。

S_k——状态变量，表示第 k 阶段所处的位置。

X_k——决策变量，表示当状态为 S_k 时，可选择的下一状态。

（这时有 $X_k = S_{k+1}$）

$d(S_k, X_k)$——从 S_k 到 $S_{k+1} = X_k$ 的距离。

$f_k(S_k)$——由 S_k 到终点的最短距离。

求解此问题的过程，是从最后一个阶段开始计算，逐步倒推，直到第一阶段为止，称为“逆推”，该问题就是求 $f_1(1)$。

解：（1）第四阶段。

此时只要再走一步即到终点⑩（B 地）。目前状态 S_4 可以是⑧或⑨，可选择的下一状态 X_4 是⑩。

所以

$$f_4(8) = d_4(8, 10) = 3$$

$$f_4(9) = d_4(9, 10) = 4$$

（2）第三阶段。

在第三阶段，还需两步才能到达终点，此时 $f_3(S_3) = \min\{d_3(S_3, X_3) + f_4(S_4)\}$。

目前状态 S_3 可以是⑤、⑥、⑦，可选择的下一状态 X_3 有两个点⑧或⑨，于是：

$$f_3(5) = \min\begin{Bmatrix} d_3(5, 8) + f_4(8) \\ d_3(5, 9) + f_4(9) \end{Bmatrix} = \min\begin{Bmatrix} 1+3 \\ 4+4 \end{Bmatrix} = 4$$

$$f_3(6) = \min\begin{Bmatrix} d_3(6, 8) + f_4(8) \\ d_3(6, 9) + f_4(9) \end{Bmatrix} = \min\begin{Bmatrix} 6+3 \\ 3+4 \end{Bmatrix} = 7$$

$$f_3(7) = \min\begin{Bmatrix} d_3(7, 8) + f_4(8) \\ d_3(7, 9) + f_4(9) \end{Bmatrix} = \min\begin{Bmatrix} 3+3 \\ 3+4 \end{Bmatrix} = 6$$

(3) 第二阶段。

在第二阶段，还有三步才能到达终点。

同理：

$$f_2(S_2)=\min\{d_2(S_2,X_2)+f_3(S_3)\}$$

$$f_2(2)=\min\begin{Bmatrix}d_2(2,5)+f_3(5)\\d_2(2,6)+f_3(6)\\d_2(2,7)+f_3(7)\end{Bmatrix}=\min\begin{Bmatrix}7+4\\4+7\\6+6\end{Bmatrix}=11$$

$$f_2(3)=\min\begin{Bmatrix}d_2(3,5)+f_3(5)\\d_2(3,6)+f_3(6)\\d_2(3,7)+f_3(7)\end{Bmatrix}=\min\begin{Bmatrix}3+4\\2+7\\4+6\end{Bmatrix}=7$$

$$f_2(4)=\min\begin{Bmatrix}d_2(4,5)+f_3(5)\\d_2(4,6)+f_3(6)\\d_2(4,7)+f_3(7)\end{Bmatrix}=\min\begin{Bmatrix}4+4\\1+7\\5+6\end{Bmatrix}=8$$

(4) 第一阶段。

在第一阶段，$f_1(S_1)=\min\{d_1(S_1,X_1)+f_2(S_2)\}$。

目前状态 S_1 是①，即出发点，可选择的下一状态 X_1 有三个点，即②、③、④。

$$f_1(1)=\min\begin{Bmatrix}d_1(1,2)+f_2(2)\\d_1(1,3)+f_2(3)\\d_1(1,4)+f_2(4)\end{Bmatrix}=\min\begin{Bmatrix}2+11\\4+7\\3+8\end{Bmatrix}=11$$

通过计算，可知从 A 地到 B 地总路程的最小值为 11。

所走的最优路线采用“顺序追踪法”来确定，有三条最优路线，第一条：①→③→⑤→⑧→⑩；第二条：①→④→⑤→⑧→⑩；第三条：①→④→⑥→⑨→⑩。

如果采用图上标示法，结果如图 7-1 所示。

7.1.3 多阶段决策问题的计算机求解

采用 QM for DOS 软件求解时（因为 QM for Windows 没有此模块），选择“动态规划（Dynamic Programming）”菜单时，就会出现如图 7-2（a）所示的界面，然后选择“阶段决策（Stagecoach）”子菜单时，就会出现如图 7-2（b）所示的界面，图 7-2（b）是例 1 输入数据的界面，图 7-2（c）和图 7-2（d）是输出结果的界面。

```
                    Dynamic Programming

 ┌══════════════════════ Menu ══════════════════════┐
 │                                                  │
 │        →→  A    Stagecoach                       │
 │            B    General Non-Network              │
 │            C    Knapsack                         │
 │            D    Scheduling                       │
 │           Esc   Back to Main Menu                │
 │                                                  │
 └══════════════════════════════════════════════════┘

                    Enter Letter → A

     Use ↑ / ↓ to select program, then press Enter
```

图7-2（a）

```
Dynamic Programming / Stagecoach
┌─────────────────────────────────────────────────────┐
│      Type of Problem (Max=1/Min=2) 2                │
│      Number of Stages              4                │
│                                                     │
│      Stage          Number of Decisions             │
│      -----          -------------------             │
│        4                   2                        │
│        3                   6                        │
│        2                   9                        │
│        1                   3                        │
│                                                     │
└─────────────────────────────────────────────────────┘
┌─────────────────────────────────────────────────────┐
│The integer value should be between   1   and   10   │
└─────────────────────────────────────────────────────┘
```

图7-2（b）

```
Program: Dynamic Programming / Stagecoach

Problem Title : Example1

***** Input Data *****

Problem Type                    :   Minimization
Number of Stages                :   4

Transition Function Type        : S(n-1) = S(n) - D(n)
Recursion Function Type         : f(n) = R(n) + f(n-1)
Return Function Type            : R(n) = Constant
```

Stage	Number of Decisions
4	2
3	6
2	9
1	3

Stage	Starting Node	Ending Node	Return Value
4	8	10	3.000
	9	10	4.000
3	5	8	1.000
	5	9	4.000
	6	8	6.000
	6	9	3.000
	7	8	3.000
	7	9	3.000
2	2	5	7.000
	2	6	4.000
	2	7	6.000
	3	5	3.000
	3	6	2.000
	3	7	4.000
	4	5	4.000
	4	6	1.000
	4	7	5.000
1	1	2	2.000
	1	3	4.000
	1	4	3.000

```
***** Program Output *****
```

图 7-2 (c)

Stage 1

S(1)	D(1)	R(1)	S(0)	f(0)	f(1)
9	9 -> 10	4.000	10	0.000	4.000
8	8 -> 10	3.000	10	0.000	3.000
7	7 -> 9	3.000	9	4.000	7.000
	7 -> 8	3.000	8	3.000	6.000
6	6 -> 9	3.000	9	4.000	7.000
	6 -> 8	6.000	8	3.000	9.000
5	5 -> 9	4.000	9	4.000	8.000
	5 -> 8	1.000	8	3.000	4.000
4	4 -> 7	5.000	7	6.000	11.000
	4 -> 6	1.000	6	7.000	8.000
	4 -> 5	4.000	5	4.000	8.000
3	3 -> 7	4.000	7	6.000	10.000
	3 -> 6	2.000	6	7.000	9.000
	3 -> 5	3.000	5	4.000	7.000
2	2 -> 7	6.000	7	6.000	12.000
	2 -> 6	4.000	6	7.000	11.000
	2 -> 5	7.000	5	4.000	11.000
1	1 -> 4	3.000	4	8.000	11.000
	1 -> 3	4.000	3	7.000	11.000
	1 -> 2	2.000	2	11.000	13.000

Final Solution

Stage	Optimal Decision	Optimal Return
4	1 --> 3	4.000
3	3 --> 5	3.000
2	5 --> 8	1.000
1	8 --> 10	3.000
Total		11.000

***** End of Output *****

图 7－2（d）

例 2　机器负荷分配问题。

某种机器可以在高低不同的负荷下进行生产。在高负荷下进行生产时，产品的年产量 g 和投入生产的机器数量 u_1 的关系为 $g=8u_1$，这时机器的年完好率为 0.7，即如果年初完好机器的数量为 S_1，到年终时完好的机器数就为 $0.7S_1$。在低负荷下生产时，产品的产量 h 和投入生产的机器数量 u_2 的关系为 $h=5u_2$，相应的机器年完好率为 0.9。假定开始生产时完好的机器数量为 $S_1=1\ 000$ 台。要求制订一个五年计划，在每年开始时，决定如何重新分配完好的机器在两种不同负荷下生产的产品数量，使在五年内产品的总产量达到最高。

此外，各种资源（人力、物力）的分配问题，生产—存贮问题，最优装载问题，水库优化调度问题，最优控制问题等，都具有多阶段决策问题的特性，均可用动态规划的方法求解。

7.2 动态规划的基本概念

1. 阶段

把所给问题的过程恰当地分为若干个相互联系的阶段，以便能按一定的次序去求解。描述阶段的变量称为阶段变量，常用 k 表示。阶段的划分，一般是根据时间和空间的自然特征来划分，但要便于把问题的过程转化为多阶段的决策过程，如例 1 中可分为 4 个阶段来求解，即 $k=1$，2，3，4。

2. 状态

状态表示每个阶段开始时所处的自然状况或客观条件，它描述了研究问题过程的状况，又称为不可控因素。在例 1 中，状态就是某阶段的出发位置，它既是该阶段某支路的起点，又是前一阶段某支路的终点。通常一个阶段有若干个状态，第一阶段有一个状态就是点①，第二阶段有三个状态，即点集合｛②，③，④｝，一般第 k 阶段的状态就是第 k 阶段所有起点的集合。

描述过程状态的变量称为状态变量，它可用一个数、一组数或一个向量（多维的情形）来描述。常用 S_k 表示第 k 阶段的状态变量，例如，例 1 中的第三阶段有三个状态，则状态变量 S_3 可以取三个值，即⑤、⑥、⑦，点集合｛⑤，⑥，⑦｝就称为第三阶段的可达状态集合，记为 $S_3=$｛⑤，⑥，⑦｝。有时为了方便起见，将第 k 阶段的可达状态集合记为 S_k。

这里所说的状态应具有以下性质：如果某阶段的状态变量给定后，则在这阶段以后过程的发展不受这阶段以前各阶段状态的影响。换句话说，过去的历史只能通过当前的状态去影响它未来的发展，当前的状态是以往历史的一个总结，这个性质称为无后效性（即马尔柯夫性）。

如果状态仅仅描述过程的具体特征，则并不是任何实际过程都能满足无后效性的要求。所以，在构造决策过程的动态规划模型时，不能仅由描述过程的具体特征这点着眼去规定状态变量，而要充分注意是否满足无后效性的要求。如果状态的某种规定方式可能导致其不满足无后效性，应适当地改变状态的规定方法，达到能使它满足无后效性的要求。

例如，研究物体（把它看作一个质点）受外力作用后其空间运动的轨迹问题。从描述轨迹这点着眼，可以只选择坐标位置（x_k，y_k，z_k）作为过程的状态，但这样不能满足无后效性，因为即使知道了外力的大小和方向，仍然无法确定物体受力后的运动方向和轨迹，只有把位置（x_k，y_k，z_k）和速度（$\dot{x}_k$，$\dot{y}_k$，$\dot{z}_k$）都作为过程的状态变量，才能确定物体下一步运动的方向和轨迹，实现无后效性的要求。

3. 决策

决策表示当过程处于某一阶段的某个状态时，可以作出不同的决策（或选择），从而确定下一阶段的状态，这种决定称为决策。在最优控制中也称为控制。描述决策的变量，称为决策变量，它可以用一个数、一组数或一个向量来描述。通常 U_k（S_k）表示第 k 阶段当状态处于 S_k 时的决策变量。它是状态变量的函数。在实际问题中，决策变量的取值往往限制在某一范围之内，此范围称为允许决策集合。常用D_k（S_k）表示第k阶段从状态S_k出发的允许决策集合，显然有U_k（S_k）$\in D_k$（S_k）。

如在例1第二阶段中，若从状态③出发，就可以作出三种不同的决策，其允许决策集合D_2（③）＝｛⑤，⑥，⑦｝，若选取的点为⑤，则⑤为状态③在决策U_2（③）作用下的一个新的状态，记作U_2（③）＝⑤。

4. 策略

策略是一个按顺序排列的决策组成的集合。由过程的第k阶段开始到终止状态为止的过程，称为问题的后部子过程（或称为k子过程）。由每段的决策按顺序排列组成的决策函数序列｛U_k（S_k），…，U_n（S_n)｝称为k子过程策略，简称子策略，记为$P_{k,n}$（S_k），即$P_{k,n}$（S_k）＝｛U_k（S_k），$U_{k+1}(S_{k+1})$，…，U_n（S_n)｝。

当$k=1$时，决策函数序列称为全过程的一个策略，记为$P_{1,n}$（S_1），即

$$P_{1,n}(S_1) = \{U_1(S_1), U_2(S_2), \cdots, U_n(S_n)\}$$

在实际问题中，可供选择的策略有一定的范围，此范围称为允许策略集合，用P表示，从允许策略集合中找出达到最优效果的策略称为最优策略。

5. 状态转移方程

状态转移方程是确定过程由一个状态到另一个状态的演变过程。若给定第k阶段状态变量S_k的值，如果该段的决策变量U_k一经确定，第$k+1$阶段的状态变量S_{k+1}的值也就完全确定，即S_{k+1}值随S_k和U_k值的变化而变化。这种确定的对应关系，记为$S_{k+1}=T_k$（S_k，U_k)。它描述由k阶段到$k+1$阶段的状态转移规律，称为状态转移方程，T_k称为状态转移函数。如例1中，状态转移方程为$S_{k+1}=U_k$（S_k)。

6. 指标函数和最优值函数

用来衡量所实现过程优劣的一种数量指标，称为指标函数，它是定义在全过程和所有后部子过程上确定的数量函数，常用$V_{k,n}$表示，即$V_{k,n}=V_{k,n}$（S_k，U_k，S_{k+1}，U_{k+1}，…，S_{n+1})，$k=1$，2，…，n。

对于要构成动态规划模型的指标函数，应具有可分离性，并满足递推关系，即$V_{k,n}$可以表示为S_k，U_k，$V_{k+1,n}$的函数，记为

$$V_{k,n}(S_k, U_k, S_{k+1}, \cdots, S_{n+1}) = \psi_k[S_k, U_k, V_{k+1,n}(S_{k+1}, \cdots, S_{n+1})] \quad (7.1)$$

在实际问题中，很多指标函数都满足这个性质。

常见的指标函数的形式是：

（1）过程和它的任一子过程的指标是它所包含的各阶段指标的和，即

$$V_{k,n}(S_k, U_k, \cdots, S_{n+1}) = \sum_{j=k}^{n} V_j(S_j, U_j)$$

其中 V_j（S_j，U_j）表示第 j 阶段的阶段指标。这时上式可写成

$$V_{k,n}(S_k, U_k, \cdots, S_{n+1}) = V_k(S_k, U_k) + V_{k+1,n}(S_{k+1}, U_{k+1}, \cdots, S_{n+1})$$

（2）过程和它的任一子过程的指标是它所包含的各阶段指标的乘积，即

$$V_{k,n}(S_k, U_k, \cdots, S_{n+1}) = \prod_{j=k}^{n} V_j(S_j, U_j)$$

这时就可写成

$$V_{k,n}(S_k, U_k, \cdots, S_{n+1}) = V_k(S_k, U_k) \cdot V_{k+1,n}(S_{k+1}, U_{k+1}, \cdots, S_{n+1})$$

指标函数的最优值称为最优函数，记为 f_k（S_k）。它表示从第 k 阶段的状态 S_k 开始到第 n 阶段的终止状态的过程，采取最优策略所得到的指标函数值，即

$$f_k(S_k) = \text{opt}\ V_{k,n}(S_k, U_k, \cdots, S_{n+1}) \tag{7.2}$$

其中 opt 是依题意取 max 或 min。

在不同的问题中，指标函数的含义是不同的，它可能是距离、利润、成本、产品的产量或资源消耗等。

在例 1 的计算过程中可以看出，在求解的各个阶段，都利用了 k 阶段与$k+1$阶段之间的递推关系：

$$\begin{cases} f_k(S_k) = \min\limits_{U_k \in D_k(S_k)} \{V_k[S_k, U_k(S_k)] + f_{k+1}[U_k(S_k)]\} & k=4, 3, 2, 1 \\ f_5(S_5) = 0 \end{cases}$$

一般情况下，k 阶段与 $k+1$ 阶段的递推关系式可写为

$$f_k(S_k) = \underset{U_k \in D_k(S_k)}{\text{opt}} \{V_k[S_k, U_k(S_k)] + f_{k+1}[U_k(S_k)]\} \tag{7.3}$$

$$k = n, n-1, \cdots, 1$$

边界条件

$$f_{n+1}(S_{n+1}) = 0 \tag{7.4}$$

这种递推关系式称为动态规划的基本方程。

现在来求解例 2，先构造这个问题的动态规划模型。

解：（1）设阶段序数 k 表示年度。

（2）状态变量 S_k 为第 k 年度初拥有的完好机器的数量，同时，也是第$k-1$年年末时

的完好机器的数量。

（3）决策变量 U_k 为第 k 年度中分配高负荷下生产的机器数量，于是 $S_k - U_k$ 为该年度中分配在低负荷下生产的机器数量。

这里 S_k 和 U_k 均取连续变量，它们的非整数值可以这样理解，如 $S_k = 0.6$，就表示一台机器在第 k 年度中正常工作时间只占 $\frac{6}{10}$；$U_k = 0.3$，就表示一台机器在该年度只有 $\frac{3}{10}$ 的时间能在高负荷下工作。

（4）状态转移方程为：

$$S_{k+1} = aU_k + b(S_k - U_k) = 0.7U_k + 0.9(S_k - U_k) \quad k = 1, 2, \cdots, 5$$

k 阶段允许的决策集合为 $D_k(S_k) = \{U_k \mid 0 \leqslant U_k \leqslant S_k\}$。

设 $V_k(S_k, U_k)$ 为第 k 年度的产量，则

$$V_k = 8U_k + 5(S_k - U_k)$$

故指标函数为

$$V_{1,5} = \sum_{k=1}^{5} V_k(S_k, U_k)$$

令最优值函数 $f_k(S_k)$ 表示由资源量 S_k 出发，从第 k 年开始到第 5 年结束时所生产产品的总产量最大值。因而有递推关系式

$$\begin{cases} f_6(S_6) = 0 \\ f_k(S_k) = \max\limits_{U_k \in D_k(S_k)} \{8U_k + 5(S_k - U_k) + f_{k+1}[0.7U_k + 0.9(S_k - U_k)]\} \\ k = 1, 2, 3, 4, 5 \end{cases}$$

从第 5 年度开始，向前逆推计算。

当 $k = 5$ 时，有

$$\begin{aligned} f_5(S_5) &= \max_{0 \leqslant U_5 \leqslant S_5} \{8U_5 + 5(S_5 - U_5) + f_6[0.7U_5 + 0.9(S_5 - U_5)]\} \\ &= \max_{0 \leqslant U_5 \leqslant S_5} \{8U_5 + 5(S_5 - U_5)\} \\ &= \max_{0 \leqslant U_5 \leqslant S_5} \{3U_5 + 5S_5\} \end{aligned}$$

因 f_5 是 U_5 的线性单调增函数，故得最大解。

$U_5^* = S_5$，相应地，有 $f_5(S_5) = 8S_5$。

当 $k = 4$ 时，有

$$\begin{aligned}
f_4(S_4) &= \max_{0 \leqslant U_4 \leqslant S_4} \{8U_4 + 5(S_4 - U_4) + f_5[0.7U_4 + 0.9(S_4 - U_4)]\} \\
&= \max_{0 \leqslant U_4 \leqslant S_4} \{8U_4 + 5(S_4 - U_4) + 8[0.7U_4 + 0.9(S_4 - U_4)]\} \\
&= \max_{0 \leqslant U_4 \leqslant S_4} \{13.6U_4 + 12.2(S_4 - U_4)\} \\
&= \max_{0 \leqslant U_4 \leqslant S_4} \{1.4U_4 + 12.2S_4\}
\end{aligned}$$

故得最大解，$U_4^* = S_4$，相应地，有 $f_4(S_4) = 13.6S_4$，以此类推，可求得：

$U_3^* = S_3$，相应地有 $f_3(S_3) = 17.5S_3$。

$U_2^* = 0$，相应地有 $f_2(S_2) = 20.8S_2$。

$U_1^* = 0$，相应地有 $f_1(S_1) = 23.7S_1$。

因 $S_1 = 1\ 000$，故 $f_1(S_1) = 23\ 700$ 台。

计算结果表明，最优策略为 $U_1^* = 0$，$U_2^* = 0$，$U_3^* = S_3$，$U_4^* = S_4$，$U_5^* = S_5$，即前两年应把年初全都完好的机器投入低负荷生产，后三年应把年初全部完好的机器投入高负荷生产，这样所得的产量最高，其最高产量为 23 700 台。

在得到整个问题的最优指标函数值和最优策略后，还须反过来确定每年年初的状态，即从始端向终端递推计算出每年年初完好的机器数。已知 $S_1 = 1\ 000$台，于是可得各年度完好机器数、负荷情况、产量、累计产量见表 7 – 1 所示。

表 7 – 1　每年完好机器数、产量和累计产量情况

年度	完好机器数（台）	负荷情况	产量（台）	累计到本年的产量
1	1 000	低	5 000	23 700
2	900	低	4 500	18 720
3	810	高	6 464	14 175
4	567	高	4 535	7 711
5	397	高	3 176	3 176
6	278			

$$S_2 = 0.7U_1^* + 0.9(S_1 - U_1^*) = 0.9S_1 = 900 \text{（台）}$$
$$S_3 = 0.7U_2^* + 0.9(S_2 - U_2^*) = 0.9S_2 = 810 \text{（台）}$$
$$S_4 = 0.7U_3^* + 0.9(S_3 - U_3^*) = 0.7S_3 = 567 \text{（台）}$$
$$S_5 = 0.7U_4^* + 0.9(S_4 - U_4^*) = 0.7S_4 = 397 \text{（台）}$$
$$S_6 = 0.7U_5^* + 0.9(S_5 - U_5^*) = 0.7S_5 = 278 \text{（台）}$$

进一步思考：该例中 S_6 是自由终端，如果 S_6 是带强制约束的，则情况如何？例如，如果要求第 5 年年末还有 500 台好机器，该问题的最优策略是什么？

从上面的例子可以看到，给一个实际问题建立动态规划模型时，必须做到以下五点：

（1）将问题的过程划分成恰当的阶段。

（2）正确选择状态变量 S_k，使它既能描述过程的演变，又要满足无后效性。

（3）确定决策变量 U_k 及每阶段的允许决策集合 $D_k(S_k)$；

（4）正确写出状态转移方程。

（5）正确写出指标函数 $V_{k,n}$ 的关系，它应满足下面三个性质：

① 是定义在全过程和所有后部子过程上的数量函数；

② 要具有可分离性，并满足递推关系，即

$$V_{k,n}(S_k, U_k, \cdots, S_{n+1}, U_{n+1}) = \psi_k[S_k, U_k, V_{k+1,n}(S_{k+1}, U_{k+1}, \cdots, S_{n+1})]$$

③ 函数 $\psi_k(S_k, U_k, V_{k+1,n})$ 对于变量 $V_{k+1,n}$ 要严格单调。

以上五点是构造动态规划模型的基本要求，是正确写出动态规划基本方程的基本要素。而一个问题的动态规划模型是否正确给出，它集中反映在恰当地定义最优值函数和正确地写出递推关系式及边界条件上。

现在把动态规划的基本思想归纳如下：

（1）动态规划方法的关键在于正确地写出基本的递推关系式和恰当的边界条件（简而言之为基本方程）。要做到这一点，必须先将问题的过程分成几个相互联系的阶段，恰当地选取状态变量和决策变量及定义的最优值函数，从而把一个大问题化成一组同类型的子问题，然后逐个求解，即从边界条件开始，逐段递推寻优，在每一个子问题的求解中，均利用了它前面子问题的最优化结果，依次进行，最后一个子问题所得的最优解，就是整个问题的最优解。

（2）在多阶段决策过程中，动态规划是既把当前一段和未来各段分开，又把当前效益和未来效益结合起来考虑的一种最优方法，每段决策的选取是从全局来考虑的，与该段的最优选择答案一般是不同的。

（3）在求整个问题的最优策略时，由于初始状态是已知的，而每段的决策都是该段状态的函数，故最优策略所经过的各段状态便可逐次变换得到，从而确定了最优路线。

7.3 资源分配问题

所谓分配问题就是将一定数量的一种或者若干种资源（例如原材料、资金、机器设备、劳力、食品等），恰当地分配给若干个使用者，而使目标函数为最优。

例3 资金分配问题。

某公司有资金 a 万元，拟投资于 n 个项目，已知对第 i 个项目投资 x_i 万元，收益为 $g_i(x_i)$，问应如何分配资金可使总收益最大？

这是一个与时间无明显关系的静态最优化问题，可列出其静态模型：

$$\text{求 } x_1, x_2, \cdots, x_n, \text{ 使得 } \max V = \sum_{i=1}^{n} g_i(x_i)$$

$$\text{并满足}\begin{cases}\sum_{i=1}^{n} x_i = a \\ x_i \geqslant 0 \quad i = 1, 2, \cdots, n\end{cases}$$

为了应用动态规划方法求解，可以人为地赋予它“时段”的概念，将投资项目排序，假想对各项目投资有先后顺序，首先考虑对项目1投资，然后考虑对项目2投资……即把问题划分为 n 个阶段，每个阶段只求一个项目应投资的金额。这样，问题转化为一个 n 段决策过程。下面的关键问题是如何正确选择状态变量，使后部子过程之间具有递推关系。

通常可以把决策变量 U_k 定义为原静态问题中的变量 x_k，即设 $U_k = x_k$ $(k = 1, 2, \cdots, n)$。状态变量与决策变量有密切的关系，状态变量一般为累计量或随递推过程变化的量。这里可以把每阶段可供使用的资金定义为状态变量 S_k，初始状态 $S_1 = a$，U_1 为分配于第一种项目的资金数，则当第一阶段 $(k = 1)$ 时，有

$$\begin{cases}S_1 = a \\ U_1 = x_1\end{cases}$$

第二阶段 $(k = 2)$ 时，状态变量 S_2 为余下可投资于 $n - 1$ 个项目的资金数，即

$$\begin{cases}S_2 = S_1 - U_1 \\ U_2 = x_2\end{cases}$$

以此类推，第 $k = n$ 阶段时，

$$\begin{cases}S_n = S_{n-1} - U_{n-1} \\ U_n = x_n\end{cases}$$

于是有：阶段 k 可以取1，2，3，…，n。

状态变量 S_k：第 k 阶段可以投资于第 k 个项目到第 n 个项目的资金数。

决策变量 U_k：应给 k 个项目投资的资金数。允许决策的集合 $D_k(S_k) = \{U_k \mid 0 \leqslant U_k = x_k \leqslant S_k\}$。

状态转移方程：$S_{k+1} = S_k - U_k = S_k - x_k$。

指标函数：$V_{k,n}=\sum_{i=k}^{n}g_i(U_i)$。

最优值函数 $f_k(S_k)$：当可投资金数为 S_k 时，投资第 $k-n$ 项所得的最大收益数。

基本方程：

$$\begin{cases} f_k(S_k)=\max\limits_{0\leqslant U_k\leqslant S_k}\{g_k(U_k)+f_{k+1}(S_{k+1})\} & k=n,\ n-1,\ \cdots,\ 2,\ 1 \\ f_{n+1}(S_{n+1})=0 \end{cases}$$

当 $g_i(x_i)$ 已知时，便可用动态规划方法逐段求解，得到各项目最佳投资资金数。$f_1(a)$ 就是所求的最大收益。

例 4　一维资源分配问题。

某工业部门根据国家计划的安排，拟将某种高效的五台设备分配给所属的甲、乙、丙三个工厂，各工厂若获得这种设备之后，可以为国家提供的盈利如表 7-2 所示。问这五台设备如何分配给工厂才能使国家得到的盈利最大？

表 7-2

设备台数	盈利		
	工厂甲	工厂乙	工厂丙
0	0	0	0
1	3	5	4
2	7	10	6
3	9	11	11
4	12	11	12
5	13	11	12

解：将问题按工厂分为三个阶段，甲、乙、丙三个工厂分别编号为 1、2、3。

S_k 表示分配给第 k 个工厂到第 n 个工厂的设备台数。

x_k 表示分配给第 k 个工厂的设备台数。

$S_{k+1}=S_k-x_k$ 为分配给第 $k+1$ 个工厂至第 n 个工厂的设备台数。

$P_k(x_k)$ 表示 x_k 台设备分到第 k 个工厂所得的盈利值。

$f_k(S_k)$ 表示 S_k 台设备分配给第 k 个工厂至第 n 个工厂时所得到的最大盈利值。

因而可以写出递推关系式为：

$$\begin{cases} f_k(S_k)=\max\limits_{0\leqslant x_k\leqslant S_k}[P_k(x_k)+f_{k+1}(S_k-x_k)] & k=3,\ 2,\ 1 \\ f_4(S_4)=0 \end{cases}$$

下面从最后一个阶段开始向前逆推计算。

第三阶段：

设将 S_3 台设备（$S_3=0$，1，2，3，4，5）全部分配给工厂丙时，则最大盈利值为

$$f_3(S_3)=\max_{0\leqslant x_3\leqslant S_3}[P_3(x_3)]$$

其中 $x_3=S_3=0$，1，2，3，4，5。

因为此时只有一个工厂，有多少台设备就全部分配给丙工厂，故它的盈利值就是该阶段的最大盈利值，其数值计算如表 7－3 所示。

表 7－3

S_3	$P_3(x_3)$						$f_3(S_3)$	x_3^*
	0	1	2	3	4	5		
0	0						0	0
1		4					4	1
2			6				6	2
3				11			11	3
4					12		12	4
5						12	12	5

表中 x_3^* 表示使 $f_3(S_3)$ 为最大值时的最优决策。

第二阶段：

把 S_2 台设备（$S_2=1$，2，3，4，5）分配给工厂乙和工厂丙时，则对每个 S_2 值，有一种最优的分配方案，使最大盈利值为

$$f_2(S_2)=\max_{0\leqslant x_2\leqslant S_2}[P_2(x_2)+f_3(S_2-x_2)]$$

其中 $x_2=0$，1，2，3，4，5。

因为给工厂乙 x_2 台，其盈利为 $P_2(x_2)$，余下的 S_2-x_2 台就给工厂丙，则它的盈利最大值为 $f_3(S_2-x_2)$。现在要选择 x_2 的值，使 $P_2(x_2)+f_3(S_2-x_2)$ 取最大值。其数值计算如表 7－4所示。

表 7－4

S_2	$P_2(x_2)+f_3(S_2-x_2)$						$f_2(S_2)$	x_2^*
	0	1	2	3	4	5		
0	0+0						0	0
1	0+4	5+0	0				5	1
2	0+6	5+4	10+0				10	2
3	0+11	5+6	10+4	11+0			14	2
4	0+12	5+11	10+6	11+4	11+0		16	1，2
5	0+12	5+12	10+11	11+6	11+4	11+0	21	2

第一阶段：

设把 S_1（这里只有 $S_1=5$ 的情况）设备分配给甲、乙、丙三个工厂，则最大盈利值为

$$f_1(5)=\max_{0\leqslant x_1\leqslant S_1}[P_1(x_1)+f_2(5-x_1)]$$

其中 $x_1=0,1,2,3,4,5$。

因为给甲工厂 x_1 台其盈利为 $P_1(x_1)$，剩下的 $5-x_1$ 台就分给乙和丙两个工厂，则它的盈利最大值为 $f_2(5-x_1)$。现在要选择 x_1 值，使 $P_1(x_1)+f_2(5-x_1)$ 取最大值，它就是所求的总盈利最大值，其数值计算如表 7-5 所示。

表 7-5

S_1	$P_1(x_1)+f_2(5-x_1)$						$f_1(5)$	x_1^*
	0	1	2	3	4	5		
5	0+21	3+16	7+14	9+10	12+5	13+0	21	0，2

思考：在第一阶段为什么只考虑 $S_1=5$ 这一种情况，有什么前提条件才能保证这样做是正确的？

然后按计算表格的顺序反推算，可知最优分配方案有两个：

（1）由于 $x_1^*=0$，根据 $S_2=S_1-x_1^*=5-0=5$，查表知，$x_2^*=2$；由 $S_3=S_2-x_2^*=5-2=3$，故 $x_3^*=S_3=3$，即得到甲工厂分配 0 台，乙工厂分配 2 台，丙工厂分配 3 台。

（2）由于 $x_1^*=2$，根据 $S_2=S_1-x_1^*=5-2=3$，查表知，$x_2^*=2$；由 $S_3=S_2-x_2^*=3-2=1$，故 $x_3^*=S_3=1$，即得到甲工厂分配 2 台，乙工厂分配 2 台，丙工厂分配 1 台。

以上两个分配方案所得到的盈利均为 21 万元。

在这个问题中，如果原设备的台数不是 5 台，而是 4 台或 3 台，用其他方法求解时，往往要从头再算，但用动态规划求解时，这些列出的表仍然有用，只需要修改最后的表格，就可以得到：

当设备台数为 4 台时，最优分配方案为 $x_1^*=1$，$x_2^*=2$，$x_3^*=1$，或 $x_1^*=2$，$x_2^*=2$，$x_3^*=0$，总盈利为 17 万元。

当设备台数为 3 台时，最优分配方案为 $x_1^*=0$，$x_2^*=2$，$x_3^*=1$，总盈利为 14 万元。

这个例子是决策变量取离散值的一类分配问题，在实际中，如销售店分配问题、投资分配问题、货物分配问题等，均属于这类分配问题。这种只将资源合理进行分配不考虑回收的问题，又称为资源平行分配问题。

在资源分配问题中，还有一种要考虑资源回收利用的问题，这里决策变量为连续值，故称为资源连续分配问题。这类分配问题一般叙述如下：

设有数量为 S_1 的某种资源，可投放 A 和 B 两种生产。第一年若以数量 u_1 投入生产 A，剩

下的量 S_1-u_1 就投入生产B，则可得收入为 $g(u_1)+h(S_1-u_1)$，其中 $g(u_1)$ 和 $h(u_1)$ 为已知函数，且 $g(0)=h(0)=0$。这种资源在投入A、B生产后，年终还可回收再投入生产。设年回收率分别为 $0<a<1$ 和 $0<b<1$，则在第一年生产后，回收的资源量合计为 $S_2=au_1+b(S_1-u_1)$。第二年再将资源数量 S_2 中的 u_2 和 S_2-u_2 分别投入A、B两种生产，则第二年又可得到收入为 $g(u_2)+h(S_2-u_2)$，如此继续进行 n 年，试问：应当如何决定每年投入A生产的资源量 u_1，u_2，…，u_n，才能使总的收入最大?

此问题写成静态规划问题为

$$\max z=\{g(u_1)+h(S_1-u_1)+g(u_2)+h(S_2-u_2)+\cdots+g(u_n)+h(S_n-u_n)\}$$

$$\begin{cases}S_2=au_1+b(S_1-u_1)\\S_3=au_2+b(S_2-u_2)\\\quad\vdots\\S_{n+1}=au_n+b(S_n-u_n)\\0\leqslant u_i\leqslant S_i,\ i=1,2,\cdots,n\end{cases}$$

下面用动态规划的方法来处理。

设 S_k 为状态变量，它表示在第 k 阶段（第 k 年）可投入A、B两种生产的资源量。

u_k 为决策变量，它表示在第 k 阶段（第 k 年）用于A生产的资源量，则 S_k-u_k 表示用于B生产的资源量。

状态转移方程为 $S_{k+1}=au_k+b(S_k-u_k)$。

最优值函数 $f_k(S_k)$ 表示有资源量 S_k，从第 k 阶段至第 n 阶段采取最优分配方案进行生产后所得到的最大总收入。

因此可以写动态规划的递推关系式为

$$\begin{cases}f_n(S_n)=\max\limits_{0\leqslant u_n\leqslant S_n}\{g(u_n)+h(S_n-u_n)\}\\f_k(S_k)=\max\limits_{0\leqslant u_k\leqslant S_k}\{g(u_k)+h(S_k-u_k)+f_{k+1}[au_k+b(S_k-u_k)]\}\\k=n-1,\cdots,2,1\end{cases}$$

最后求出 $f_1(S_1)$ 即所求问题的最大总收入。

7.4 连续变量的解法

当动态规划模型中状态变量与决策变量为连续变量时，就要根据具体情况灵活选取求解方法。如经典的解析方法、线性规划方法、非线性规划方法或其他数值计算方法等。

例5 非线性静态问题动态化。

某公司有资金10万元，可投资项目为 i（$i=1, 2, 3$），若投资为 x_i，其收益分别为 $g_1(x_1)=4x_1$，$g_2(x_2)=9x_2$，$g_3(x_3)=2x_3^2$，问应如何分配投资数额，使总收益最大？

解：建立此问题的静态模型。

求 x_1，x_2，x_3，使

$$\max z = 4x_1 + 9x_2 + 2x_3^2$$
$$\text{s. t.} \quad x_1 + x_2 + x_3 = 10$$
$$x_i \geqslant 0,\ i = 1, 2, 3$$

按变量个数划分阶段，可视为三阶段决策问题，设状态变量 S_k 表示第 k 阶段可以分配给第 k 个到第3个项目的资金额。决策变量 x_k 表示决定投资给第 k 个项目的资金额。

则有 $S_1=10$，$S_2=S_1-x_1$，$S_3=S_2-x_2$，即状态转移方程为 $S_{k+1}=S_k-x_k$。

令最优指标函数 $f_k(S_k)$ 表示第 k 阶段，初始状态为 S_k 时，从第 k 个到第3个项目所获最大收益，$f_1(S_1)$ 即所求的总收益。递推方程为

$$\begin{cases} f_k(S_k) = \max\limits_{0 \leqslant x_k \leqslant S_k} \{g_k(x_k) + f_{k+1}(S_{k+1})\} \\ f_4(S_4) = 0 \quad k = 3, 2, 1 \end{cases}$$

这里的状态变量与决策变量均可取连续值而不是离散值。

$$当 k=3 时，f_3(S_3) = \max_{0 \leqslant x_3 \leqslant S_3} \{2x_3^2\}$$

这是一个简单的函数求极值问题，易知：

当 $x_3^*=S_3$ 时，取得极大值 $2S_3^2$，即 $f_3(S_3)=\max\limits_{0 \leqslant x_3 \leqslant S_3}\{2x_3^2\}=2S_3^2$。

$$当 k=2 时，f_2(S_2) = \max_{0 \leqslant x_2 \leqslant S_2} \{9x_2 + f_3(S_3)\}$$
$$= \max_{0 \leqslant x_2 \leqslant S_2} \{9x_2 + 2S_3^2\}$$

$$= \max_{0 \leqslant x_2 \leqslant S_2} \{9x_2 + 2(S_2 - x_2)^2\}$$

这是一个非线性规划问题，令 $h_2(S_2, x_2) = 9x_2 + 2(S_2 - x_2)^2$，用经典解析方法求其极值点。

由 $\frac{dh_2}{dx_2} = 9 + 4(S_2 - x_2)(-1) = 0$，解得：$x_2 = S_2 - \frac{9}{4}$。

而 $\frac{d^2h_2}{dx_2^2} = 4 > 0$，所以 $x_2 = S_2 - \frac{9}{4}$ 是极小点，极大值只可能在 $[0, S_2]$ 端点取得，$f_2(0) = 2S_2^2$，$f_2(S_2) = 9S_2$。

当 $S_2 \geqslant \frac{9}{2}$ 时，$f_2(0) \geqslant f_2(S_2)$，此时 $x_2^* = 0$；

$S_2 < \frac{9}{2}$ 时，$f_2(0) < f_2(S_2)$，此时 $x_2^* = S_2$。

当 $k = 1$ 时，$f_1(S_1) = \max\limits_{0 \leqslant x_1 \leqslant S_1} \{4x_1 + f_2(S_2)\}$

当 $f_2(S_2) = 9S_2$ 时，$f_1(S_1) = \max\limits_{0 \leqslant x_1 \leqslant 10} \{4x_1 + 9S_1 - 9x_1\}$

$$= \max_{0 \leqslant x_1 \leqslant 10} \{9S_1 - 5x_1\} = 9S_1$$

$$x_1^* = 0$$

但此时 $S_2 = S_1 - x_1 = 10 - 0 = 10 > \frac{9}{2}$，与 $S_2 < \frac{9}{2}$ 相矛盾，故舍去。

当 $f_2(S_2) = 2S_2^2$ 时，$f_1(S_1) = \max\limits_{0 \leqslant x_1 \leqslant 10} \{4x_1 + 2(S_1 - x_1)^2\}$，令 $h_1(S_1, x_1) = 4x_1 + 2(S_1 - x_1)^2$，由 $\frac{dh_1}{dx_1} = 4 + 4(S_1 - x_1)(-1) = 0$，解得 $x_1 = S_1 - 1$。

而 $\frac{d^2h_1}{dx_1^2} = 1 > 0$，所以 $x_1 = S_1 - 1$ 是极小点。

比较 $[0, 10]$ 两个端点，$x_1 = 0$ 时，$f_1(10) = 200$，

$x_1 = 10$ 时，$f_1(10) = 40$，

所以 $x_1^* = 0$。

再由状态转移方程顺推，$S_2 = S_1 - x_1^* = 10 - 0 = 10$，

由于 $S_2 \geqslant \frac{9}{2}$，因此 $x_2^* = 0$，$S_3 = S_2 - x_2^* = 10 - 0 = 10$，

所以 $x_3^* = S_3 = 10$。

最优投资方案为全部资金投于第 3 个项目，可得最大收益为 200 万元。

进一步思考：读者可以比较一下将 x_1，x_2，x_3 的顺序颠倒过来设定阶段的情况及结果，这样求解结果会简单很多，因此，动态规划的求解和建模有很大的关系。

习　题

1. 七个城市之间的距离如图 7－3 所示。

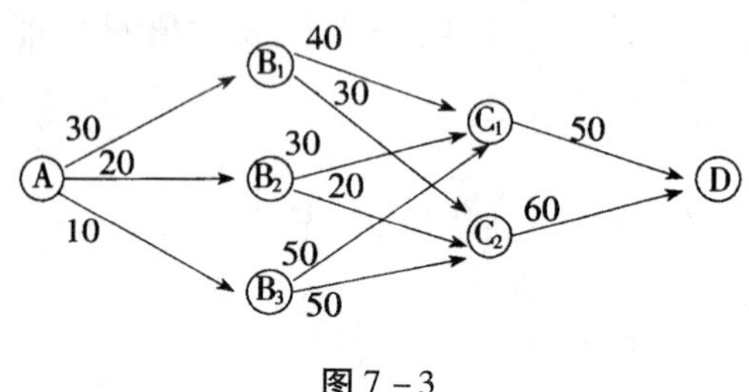

图 7－3

求：从城市 A 到城市 D 的最短路线及其距离。

2. 设一个如图 7－4 所示的网络图。

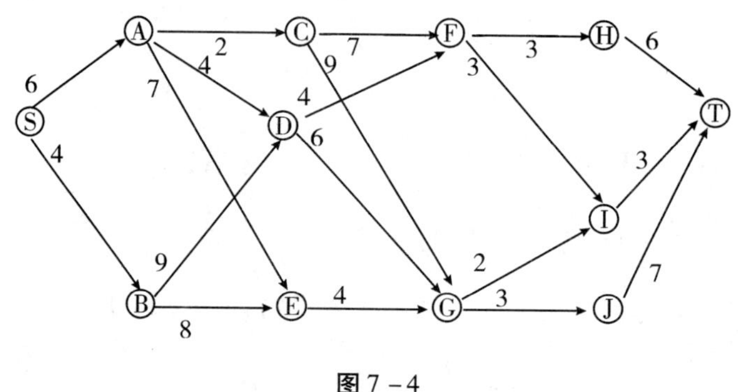

图 7－4

求：从起点 S 到终点 T 的最短路径及其路长。

3. 某公司拟将 400 万元资金用于 A、B、C 三个项目的追加投资，各项目效益值如表 7－6 所示。问怎样分配资金才能使总收益最大？

表 7－6　　单位：万元

项目	投资额				
	0	1	2	3	4
A	38	41	48	60	66
B	40	42	50	60	65
C	38	62	68	70	70

4. 用动态规划方法求解：

(1)

$$\max z = x_1 x_2^2 x_3$$
$$\text{s. t.} \quad x_1 + x_2 + x_3 = 4$$
$$x_i \geqslant 0, \ i = 1, \ 2, \ 3$$

(2)

$$\max z = 4x_1^2 + x_2^2 + 2x_3^2 + 12$$
$$\text{s. t.} \quad 3x_1 + 2x_2 + x_3 = 9$$
$$x_i \geqslant 0, \ i = 1, \ 2, \ 3$$

(3)

$$\max z = 10x_1 + 22x_2^2 + 17x_3^2$$
$$\text{s. t.} \quad 2x_1 + 4x_2 + 3x_3 \leqslant 20$$
$$x_i \geqslant 0 \text{ 且为整数}, \ i = 1, \ 2, \ 3$$

5. 某汽车公司的某型号汽车，每辆年利润函数 $r(t)$ 与年均维修费用函数 $u(t)$ 如表 7－7 所示，购买同型号新汽车每辆 20 万元，如果汽车公司将汽车卖出，其价格如表 7－8所示，该公司年初有一辆新汽车，试给出 4 年盈利最大的更新计划。

表 7－7

役龄（年）	0	1	2	3
$r(t)$	20	18	17.5	15
$u(t)$	2	2.5	4	6

表 7－8

役龄（年）	0	1	2	3
价格（万元）	17	16	15.5	15

6. 设某人有 400 万元，计划在四年内全部用于投资。已知在一年内若投资用去 x 万元就能获得 $\sqrt{x}$ 万元的效用。每年没有用掉的金额连同利息（年利息 10%）可再用于下一年的投资。而每年已打算用于投资的金额不计利息，试制订金额的使用计划，使四年内获得的总效用最大。

7. 某工厂有 100 台机器，拟分四个周期使用，在每一周期有两种生产任务。据经验，把机器 x_1 台投入第一种生产任务，则在一个生产周期中将有 $\frac{1}{3}x_1$ 台机器作废；余下的机器全部投入第二种生产任务，则有 $\frac{1}{10}$ 的机器作废。如果干第一种生产任务每台机器可收益 10，干第二种生产任务每台机器可收益 7，问如何分配机器可使总的收益最大？

8. 某企业以初始资金 c 买进两种设备的方式进行投资。若 x 是投资于甲种设备的金额，那么在第一年年底得到的利润是 $g_1(x)$，投资于乙种设备得到的利润是 $g_2(c-x)$。企业确定一年后报废设备。设时期 t，甲、乙两种设备的残值各为 $p_t x$、$q_t(c-x)$，其中 p_t、q_t 分别为时期 t 的甲、乙两台设备的残值系数。在每一年年底企业把报废所得的收入再进行投资。

在今后 N 年，每年收益函数皆为 g_1，g_2。设 $c = 10\ 000$ 元，$N = 5$，$g_1(z) = 0.5z$，$g_2(z) = 0.7z$，p_t 和 q_t 如表 7－9 所示。

表 7－9

t	1	2	3	4	5
p_t	0.5	0.9	0.4	0.5	0.9
q_t	0.6	0.1	0.5	0.7	0.5

问如何投资才能使五年的总利润最大?

本章小结

动态规划是 1951 年美国数学家贝尔曼（R. Bellman）等人创建的解决最优化问题的一种新方法。动态规划不像线性规划那样有一个标准的数学表达式和确定的一组规则，而必须对基本概念和方法正确理解，并应以丰富的想象力去建立模型，用创造性的技巧去求解。在建立动态规划模型时，要根据具体的问题，将问题恰当地分成若干个相互联系的阶段，以便按一定的次序求解；然后定义恰当的状态变量、决策变量、策略；正确给出状态转移方程、指标函数和最优值函数，以及递推方程；最后根据贝尔曼原理求解。动态规划可以用来解决最优路径问题、资源分配问题、生产调度问题、库存问题、装载问题、排序问题、设备更新问题、生产过程最优控制问题等。本章重点介绍了动态规划在多阶段决策、一维资源分配、高低负荷分配方面的应用。

8 图与网络分析

本章要求

- □ 掌握图的一些基本概念。
- □ 掌握树的概念和最小支撑树的求解算法。
- □ 掌握网络最短路问题的算法。
- □ 掌握网络最大流问题的算法。
- □ 掌握最小费用最大流问题的算法。
- □ 掌握各种网络模型的应用及计算机软件求解方法。

图论是运筹学中有着广泛应用的一个分支。管理科学、计算机科学、信息论、控制论、物理、化学、生物学、心理学等不同领域内的许多问题都可以通过描述为图论模型来解决。

欧拉（E. Euler）在1736年发表图论方面的第一篇论文，解决了著名的哥尼斯堡城七桥问题，被公认为图论的创始人。18世纪的哥尼斯堡城中流过一条河（普雷·格尔河），河上有七座桥联结着河的两岸和河中的两个小岛，如图8－1（a）所示。

当时，那里的人们热衷于研究这样的问题：一个散步者能否走过七座桥，且每座桥只走过一次，最后回到出发点。这就是著名的七桥难题。

欧拉将这个问题归结为如图8－1（b）所示的问题。他用A、B、C、D四点表示河的两岸和小岛，用两点间的连线表示桥。七桥问题变为：从A、B、C、D任一点出发，能否通过每条边一次且仅一次，再回到该点？欧拉证明了这样的走法是不存在的，并给出了这类问题的一般结论：图中的每个点都只与奇数条边相关联，不可能将这个图不重复地一笔画成。这就是古典图论中的一个著名问题。

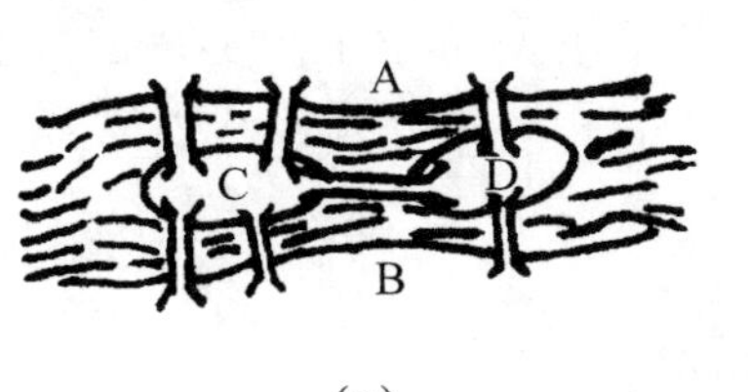

(a)

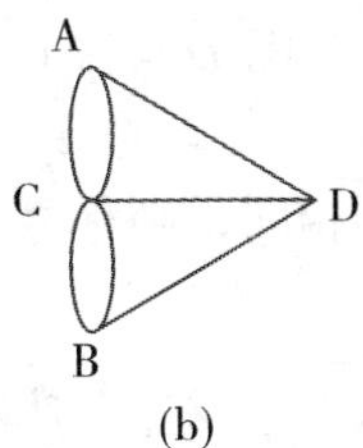

(b)

图8－1

图论的内容极其丰富，不能一一介绍。在本章中，将介绍图与树的基本概念以及图与网络中最重要的三个应用模型——最短路模型、最大流模型及最小费用最大流模型。

8.1 图的基本概念

一个图是由一些点及一些点之间的连线所组成的。两点之间不带箭头的连线称为边，边的集合用 E 表示，连接点 v_i，$v_j \in v$ 的边记为 $[v_i, v_j]$；带箭头的连线称为弧，弧的集合用 A 表示，一条方向从 v_i 指向 v_j 的弧记为 (v_i, v_j)。

定义 1 一个图是一个有序二元组 $G=(V, E)$ 或 $D=(V, A)$。其中 $V=\{v_i\}$ 为点集，$E=\{e_j\}$ 为边集，$A=\{a_k\}$ 为弧集，V 中的元素 v_i 叫作顶点，E 中的元素 e_j 叫作边，A 中的元素 a_k 叫作弧。

$G=(V, E)$ 叫作无向图，$D=(V, A)$ 叫作有向图。

当 V，E 或 V，A 为有限集合时，G 或 D 称为有限图；否则，称为无限图。本章只讨论有限图。

两个点 v_i，v_j 属于 V，如果边 $[v_i, v_j]$ [或 (v_i, v_j)] 属于 E（或 A），则称 v_i，v_j 两点是相邻的，称 v_i，v_j 为边（或弧）的端点。

两条边 e_i，e_j（或弧 a_i，a_j）属于 E（或 A），如果它们有一个公共端点 u，则称两条边（或弧）是关联边（或弧）。

定义 2 以点 u 为端点的边的个数叫作点 u 的次。次为 1 的点称为悬挂点，连接悬挂点的边称为悬挂边。次为 0 的点称为孤立点。次为奇数的点称为奇点，次为偶数的点称为偶点。

定义 3 由点和两点之间的边构成的 $(v_{i1}, v_{i2}, \cdots, v_{ik})$ 称为链，若 $v_{i1}=v_{ik}$，则称之为一个圈，记为 $(v_{i1}, v_{i2}, \cdots, v_{ik-1}, v_{i1})$。若链中的点 v_{i1}，v_{i2}，…，v_{ik} 都是不同的，则称之为初等链。若圈 $(v_{i1}, v_{i2}, \cdots, v_{ik-1}, v_{i1})$ 的点 v_{i1}，v_{i2}，…，v_{ik-1} 都是不同的，则称之为初等圈。

定义 4 图 $G=(V, E)$ 中，若任何两个点之间至少有一条链，则称 G 是连通图；否则，称为不连通图。

给了一个图 $G=(V, E)$，如果图 $G'=(V', E')$，使 $V=V'$ 及 $E' \subseteq E$，则称 G' 是 G 的一个支撑子图。

定义 5 如果有向图 $D=(V, A)$ 中，链 $(v_{i1}, a_{i1}, v_{i2}, a_{i2}, \cdots, v_{ik-1}, a_{ik-1}, v_{ik})$ 对于 $t=1, 2, \cdots, k-1$，均有 $a_{it}=(v_{it}, v_{it+1})$，则称之为从 v_{i1} 到 v_{ik} 的一条路。若路的第一个点和最后一个点相同，则称之为回路。

例 1 用点和线表示城市及铁路线情况。

用点表示我国的北京、上海、郑州、武汉、天津、济南、徐州、南京、青岛、连云港十个城市，用线表示这十个城市之间的铁路线情况如图 8－2 所示。

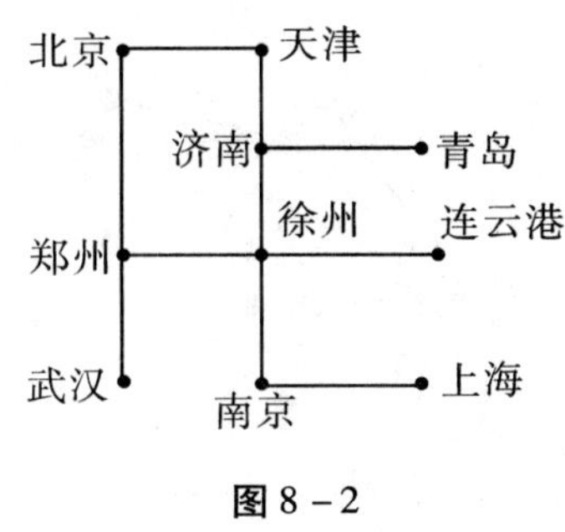

图 8－2

8.2 树

8.2.1 树的基本概念

定义 6 一个无圈的连通图称为树。

树图具有以下一些性质：

(1) 任何树必有次为 1 的节点，称之为树叶；

(2) 树是无圈的连通图，因而任意两点之间有且仅有一条通路，任意去掉一条树枝，该树就被分割成两个互相不连通的图；

(3) 树的任意两个顶点间添加一条边，就构成一个圈，此连通图就不能再称为树；

(4) 一个连通图具有很多树，这些树都是原连通图的部分图，即包括了原连通图的所有顶点。

例 2 某大学的组织机构图。

某大学的部分组织机构图如图 8－3（a）所示。

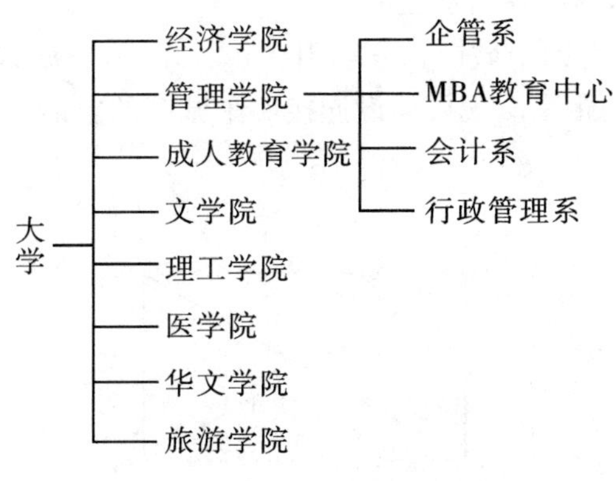

图 8－3（a）

如果用图表示，该大学的部分组织机构图就是一个树，如图 8－3（b）所示。

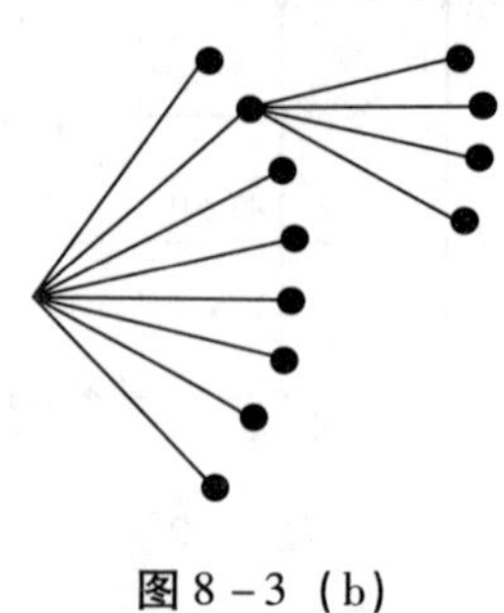

图 8-3（b）

定义7 设图 $T=(V, E')$ 是图 $G=(V, E)$ 的支撑子图，如果图 $T=(V, E')$ 是一个树，则称 T 是 G 的一个支撑树。

定义8 设图 $G=(V, E)$，对 G 中的每条边 (v_i, v_j)，相应地有一个数 W_{ij}，则称这样的图 G 为赋权图，W_{ij}称为边 $[v_i, v_j]$ 上的权。

这里所说的“权”，是指与边有关的数量指标。根据实际问题的需要，可以赋予它不同的含义，例如表示距离、时间、费用等。

定义9 设有一个连通图 $G=(V, E)$，每一边 $e=[v_i, v_j]$ 有一个非负权 $w(e)=W_{ij}$ $(W_{ij}\geqslant 0)$。如果 $T=(V, E')$ 是 G 的一个支撑树，称 E'中所有边的权之和为支撑树 T 的权，记为 $W(T)$，即

$$W(T)=\sum_{[v_i,v_j]\in T} W_{ij} \tag{8.1}$$

如果支撑树 T^* 的权 $W(T^*)$ 是 G 的所有支撑树的权中最小者，则称 T^* 是 G 的最小支撑树（简称最小树），即 $W(T^*)=\min\limits_{T} W(T)$。式中，对 G 的所有支撑树 T 取最小。

例3 架设电话线使其总长度最短。

如图 8-4（a）所示有四个城镇，分别用点 v_1、v_2、v_3、v_4 表示，边 $[v_i, v_j]$ 旁所标数字为城镇 v_i 与 v_j 之间的距离。现要架设连接四个城镇的电话线，问应如何架设电话线而使其总长度最短？

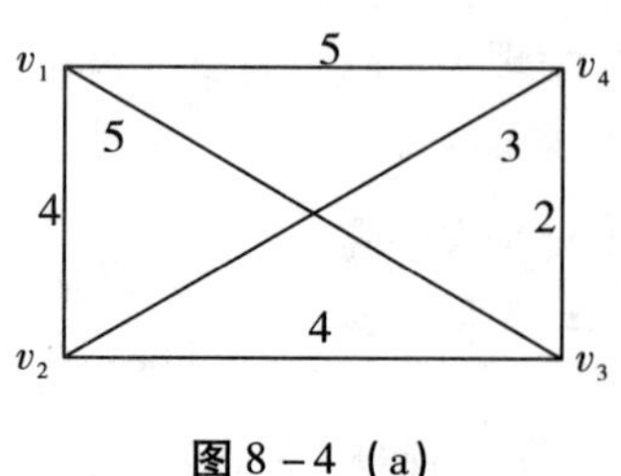

图 8-4（a）

赋权图被广泛地应用于解决工程技术及科学生产管理等领域的最优化问题，最小支撑

树问题就是赋权图上的最优化问题之一。例 3 中的问题就是求赋权图上的最小树问题。

8.2.2　最小支撑树

最小支撑树的算法很多，以下介绍常见的两种算法。

1. Kruskal 法或称避圈法

将连通图所有边按权数从小到大排序，每步从未选的边中选一条权最小的边，逐条衔接，但不能接成圈（在每一步中，如果有两条或两条以上的边都是权最小的边，则从中任选一条）。图 8－4（a）中最小支撑树的构成步骤是：(v_3，v_4)，(v_2，v_4)，(v_1，v_2)，如图 8－4（b）所示。

2. 破圈法

任取一个圈，从圈中去掉一条权最大的边（如果有两条或两条以上的边都是权最大的边，则任意去掉其中一条）。在余下的图中，重复这个步骤，直到得到一个不含圈的图为止，这时的图便是一个最小支撑树。

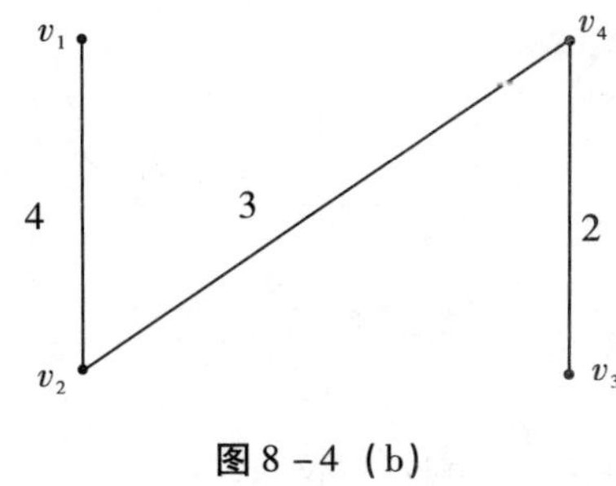

图 8－4（b）

图 8－4（a）中最小支撑树的破圈步骤是：(v_1，v_4)，(v_1，v_3)，(v_2，v_3)。

例 4　使用破圈法设计电话线。

某工厂内联结六个车间的道路网如图 8－5（a）所示，已知每条道路的长，要求沿道架设联结六个车间的电话线网，使电话线的总长度最小。

破圈的顺序如图 8－5（b）所示，结果如图 8－5（c）所示，电话线总长度为 15。

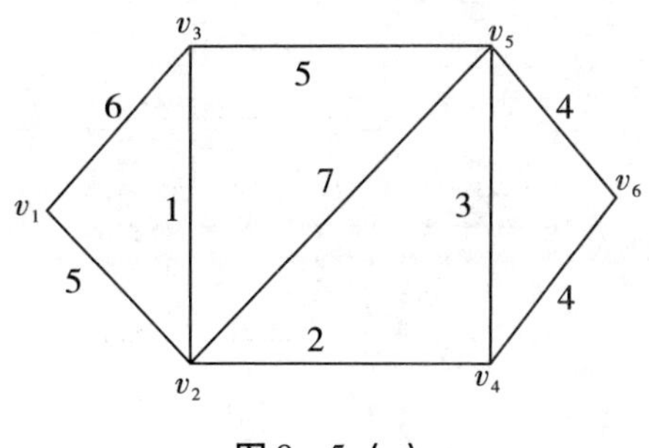

图 8－5（a）

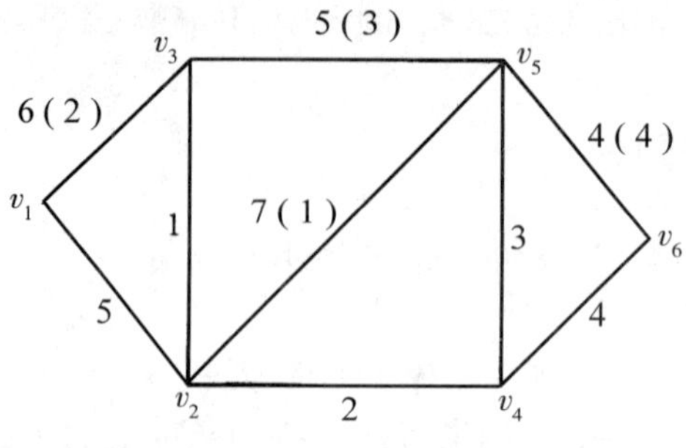

图 8-5 (b)

注：括号中的数字是破圈的顺序。

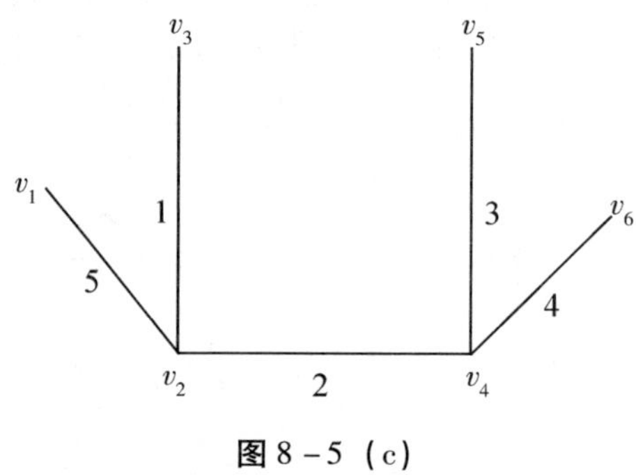

图 8-5 (c)

8.2.3 最小支撑树的计算机求解

用 QM for Windows 软件求解例 4 中的最小支撑树时，选择“网络模型（Network Models）”菜单，出现三个模块供选择；选择“最小支撑树（Minimum Spanning Tree）”，图 8-6（a)是例 4 的输入数据界面，图 8-6（b）是例 4 的输出结果界面。

Example4

Branch name	Start node	End node	Cost
Branch 1	1	2	5.
Branch 2	1	3	6.
Branch 3	2	3	1.
Branch 4	3	5	5.
Branch 5	2	5	7.
Branch 6	2	4	2.
Branch 7	4	5	3.
Branch 8	4	6	4.
Branch 9	5	6	4

图 8-6 (a)

Network Models Results

Example5 Solution NOTE: The solution is not unique

Branch name	Start node	End node	Cost	Include	Cost
Branch 1	1.	2.	5.	Y	5.
Branch 2	1.	3.	6.		
Branch 3	2.	3.	1.	Y	1.
Branch 4	3.	5.	5.		
Branch 5	2.	5.	7.		
Branch 6	2.	4.	2.	Y	2.
Branch 7	4.	5.	3.	Y	3.
Branch 8	4.	6.	4.	Y	4.
Branch 9	5.	6.	4.		
Total					15.

图 8－6（b）

8.3 最短路问题

8.3.1 问题的提出

例5 总费用最小的旅行路线。

已知图 8－7（a）所示的单行线交通网，每弧旁的数字表示通过这条单行线所需要的费用。现在某人要从 v_1 出发，通过这个交通网到 v_8 去，求使总费用最小的旅行路线。

从 v_1 到 v_8 的旅行路线是很多的，例如，可以从 v_1 出发，依次经过 v_3、v_2、v_5，然后到 v_8；也可以从 v_1 出发，依次经过 v_2、v_5，然后到 v_8。但我们的目的是找出从 v_1 到 v_8 总费用最小的旅行路线，求解过程如图 8－7（b）所示。

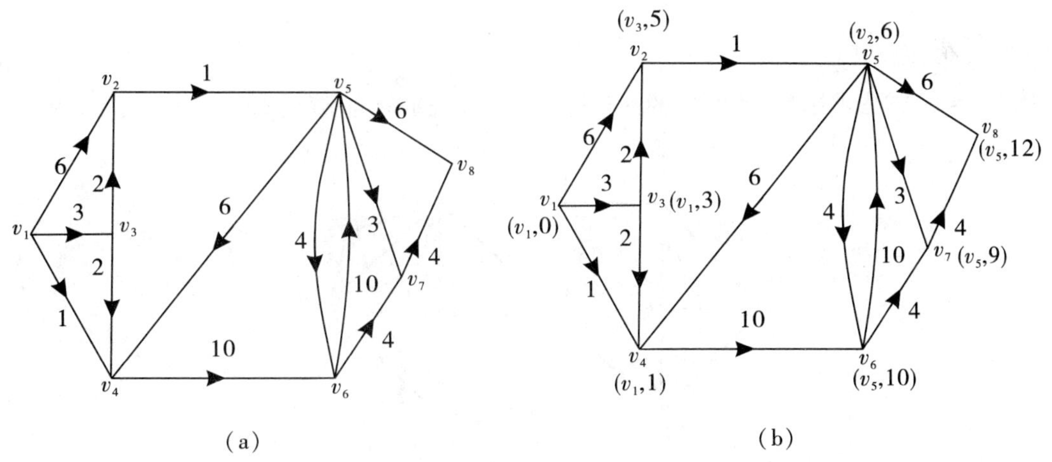

图 8－7

给定一个赋权有向图，即给了一个有向图 $D=(V, A)$，对每一个弧 $a=(v_i, v_j)$，相应有权 $w(a)=W_{ij}$，又给定 D 中的两个顶点 v_s、v_t。设 P 是 D 中从 v_s 到 v_t 的一条路，定义路 P 的权是 P 中所有弧的权之和，记为 $W(P)$。

定义 10　最短路问题就是要在所有从 v_s 到 v_t 的路中，求一条权最小的路，即求一条从 v_s 到 v_t 的路 P_0，使 $W(P_0)=\min\limits_{P} W(P)$。

路 P_0 的权称为从 v_s 到 v_t 的距离，记为 $d(v_s, v_t)$，显然 $d(v_s, v_t)$ 与 $d(v_t, v_s)$ 不一定相等。

最短路问题是重要的优化问题之一，它不仅可以直接应用于解决生产实际的许多问题，如管道铺设、线路安排、厂区布局、设备更新等，而且经常作为一个基本工具用于解决其他的优化问题。

8.3.2　最短路算法

在一个赋权有向图中寻求最短路时，经常要用到如下事实：如果 P 是 D 中从 v_s 到 v_j 的最短路，v_i 是 P 中的一个点，那么，从 v_s 沿 P 到 v_i 的路是从 v_s 到 v_i 的最短路。事实上，如果这个结论不成立，设 Q 是从 v_s 到 v_i 的最短路，令 P'是从 v_s 沿 Q 到达 v_i，再从 v_i 沿 P 到达 v_j 的路，那么 P'的权就比 P 的权小，这与 P 是从 v_s 到 v_j 的最短路矛盾。

在权为非负的有向图中，目前公认最好的求最短路的方法是由Dijkstra于 1959 年提出来的。Dijkstra 方法的基本思想是从 v_s 出发，逐步地向外探寻最短路。执行过程中，与每个点对应，记录下一个数（称为这个点的标号），它或者表示从 v_s 到该点的最短路的权（称为 P 标号，即 Permanent 标号），或者是从 v_s 到该点的最短路的权的上界（称为 T 标号，即 Temp 标号），方法是每一步去修改 T 标号，并且把某一个具 T 标号的点变为具 P 标号的点，从而使 D 中具 P 标号的顶点数多一个，这样，至多经过 $p-1$ 步，就可以求出从 v_s 到各点的最短路。

例 6　最短路算法。

用 Dijkstra 方法求图 8－8 所示的赋权图中，从 v_1 到 v_9 的最短路。

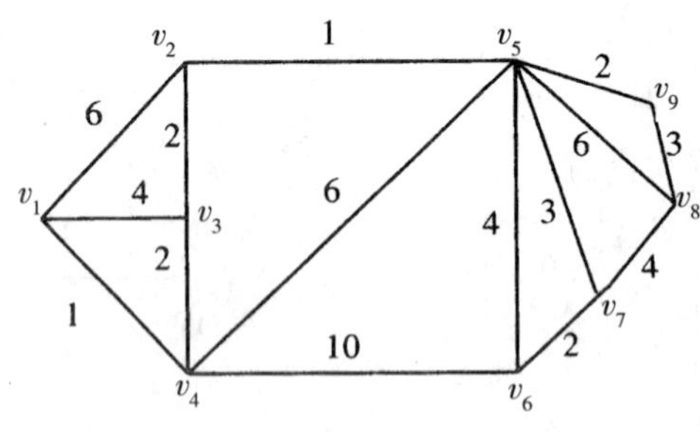

图 8－8

解：第 1 步，给 v_1 点标号 $(v_1, 0)$，如图 8－9（a）所示，该点既是 T 标号点，也是 P 标号点。

第 2 步，沿 v_1 点向外扩展，则相邻的 v_2，v_3，v_4 标号分别为 $v_2(v_1, 6)$，$v_3(v_1, 4)$，

v_4（v_1，1）。因为 v_4（v_1，1）最小，则 v_4 成为P标号点，如图8－9（b）所示。

第3步，沿 v_1 点，v_4 点向外扩展，则相邻的 v_2，v_3，v_5，v_6 标号分别为 v_2（v_1，6），v_3［（v_1，4），（v_4，3）］，v_5（v_4，7），v_6（v_4，11）。因为 v_3（v_4，3）最小，则 v_3 成为P标号点，如图8－9（c）所示。

第4步，沿 v_1，v_3，v_4 点向外扩展，则相邻的 v_2，v_5，v_6 标号分别为 v_2［（v_1，6），（v_3，5）］，v_5（v_4，7），v_6（v_4，11）。因为 v_2（v_3，5）最小，则 v_2 点成为P标号点，如图8－9（d）所示。

按此方法，逐步得到 v_5（v_2，6），v_9（v_5，8），v_7（v_5，9），v_6（v_5，10），v_8（v_9，11），标号步骤分别如图8－9（e）、（f）、（g）、（h）、（i）所示。

所以 v_1 到 v_9 的最短路为8，根据标号的过程回溯，路径为 $v_1 \to v_4 \to v_3 \to v_2 \to v_5 \to v_9$。

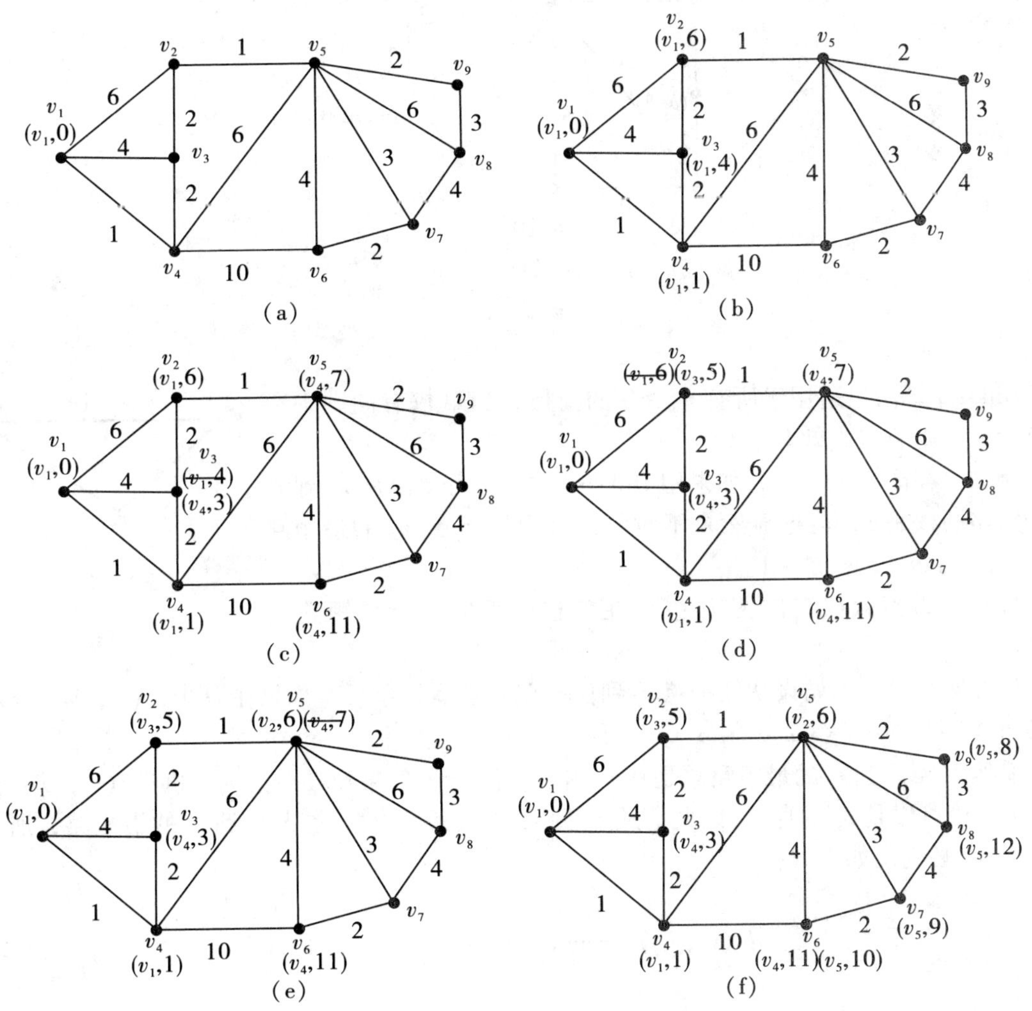

图8－9

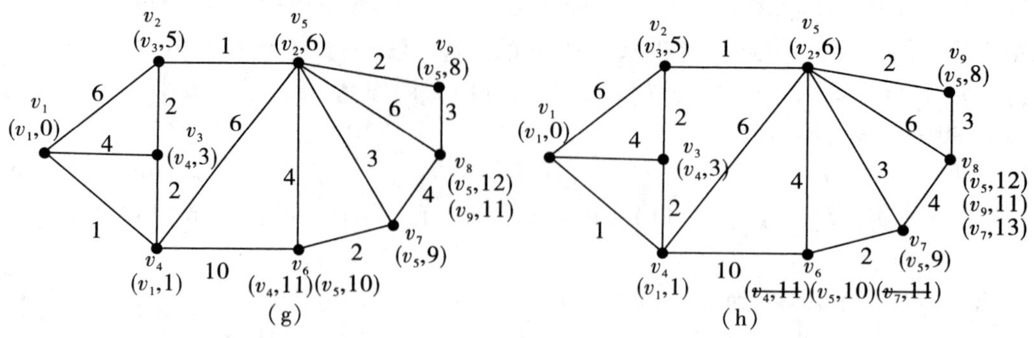

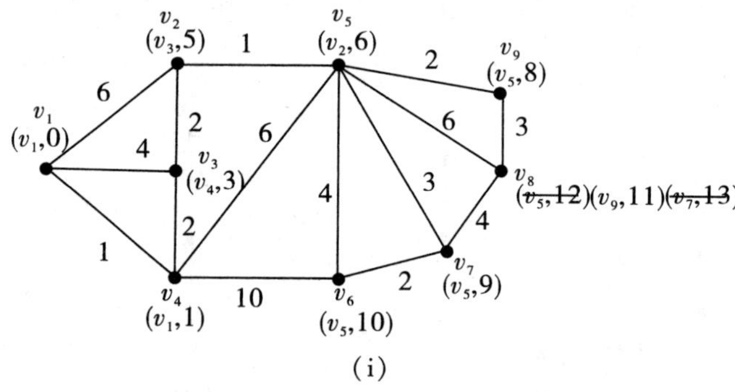

图 8－9

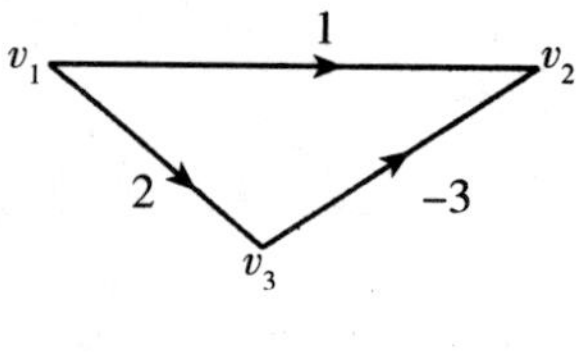

图 8－10

Dijkstra 算法只适用于所有 $w_{ij} \geq 0$ 的情形，当赋权有向图中存在负权时，则算法失效。

例如，在图 8－10 中，如果用 Dijkstra 方法，可得出从 v_1 到 v_2 的最短路的权是 1，但这显然是不对的，因为从 v_1 到 v_2 的最短路是（v_1，v_3，v_2），权是 －1。

现在介绍当赋权有向图 D 中存在负权的弧时，求最短路的方法。

为方便起见，不妨设从任一点 v_i 到任一点 v_j 都有一条弧［如果在 D 中，$(v_i, v_j) \notin A$，则添加弧 (v_i, v_j)，令 $w_{ij} = +\infty$］。

显然，从 v_s 到 v_j 的最短路总是从 v_s 出发，沿着一条路到某个点 v_i，再沿 (v_i, v_j) 到 v_j（这里 v_i 可以是 v_s 本身）。因此，从 v_s 到 v_i 的这条路必定是从 v_s 到 v_j 的最短路，所以 $d(v_s, v_j)$ 必满足如下方程：

$$d(v_s, v_j) = \min_i \{d(v_s, v_i) + w_{ij}\} \tag{8.2}$$

为了求得这个方程的解 $d(v_s, v_1)$，$d(v_s, v_2)$，…，$d(v_s, v_p)$［这里 $P = P(D)$］，可以用如下的递推公式：

开始时，令 $d^{(1)}(v_s, v_j) = w_{sj}$（$j = 1, 2, \cdots, p$），

对于 $t=2,3,\cdots$ 有 $d^{(t)}(v_s, v_j) = \min\limits_i \{d^{(t-1)}(v_s, v_i) + w_{ij}\}$ $(j=1, 2, \cdots, p)$，若进行到某一步，例如第 k 步时，对所有的 $j=1, 2, \cdots, p$，有

$$d^{(k)}(v_s, v_j) = d^{(k-1)}(v_s, v_j)$$

则 $\{d^{(k)}(v_s, v_j)\}$ $(j=1, 2, \cdots, p)$ 即 v_s 到各点的最短路的权。

例 7　赋权有向图中各点的最短路。

求图 8－11 所示赋权有向图中从 v_1 到各点的最短路。

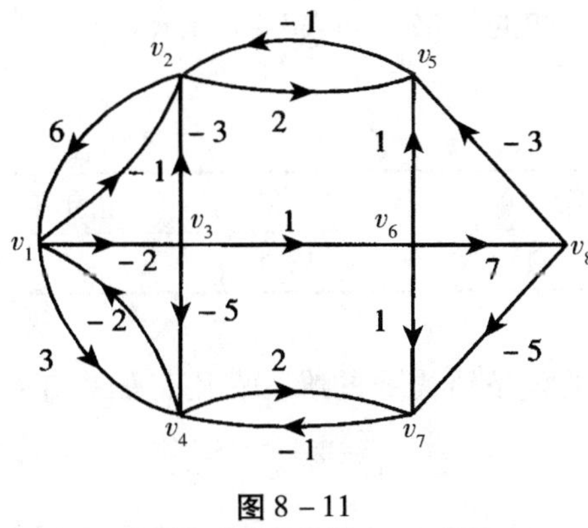

图 8－11

解：利用上述递推公式，求解结果如表 8－1 所示（表中未写数字的空格内是 +∞）。

表 8－1

	w_{ij}											
	v_1	v_2	v_3	v_4	v_5	v_6	v_7	v_8	$t=1$	$t=2$	$t=3$	$t=4$
v_1	0	−1	−2	3					0	0	0	0
v_2	6	0			2				−1	−5	−5	−5
v_3		−3	0	−5		1			−2	−2	−2	−2
v_4	−2			0			2		3	−7	−7	−7
v_5		−1			0					1	−3	−3
v_6					1	0	1	7		−1	−1	−1
v_7				−1			0			5	−5	−5
v_8					−3		−5	0			6	6

可以看到，当 $t=4$ 时，对所有 $j=1, 2, \cdots, 8$，有 $d^{(t-1)}(v_1, v_j) = d^{(t)}(v_1, v_j)$，于是表中最后一列的 0，−5，−2，−7，−3，−1，−5，6 就分别是从 v_1 到 $v_1, v_2, \cdots, v_8$ 的最短路的权。

为了进一步求得从 v_s 到各点的最短路，可以类似于 Dijkstra 方法，给每一个点以 λ 值，开始，$\lambda(v_s)=0$，$\lambda(v_i)=s\ (i\neq s)$；在迭代的过程中，如果 $d^{(t)}(v_s, v_j)=\min\{d^{(t-1)}(v_s, v_i)+w_{ij}\}=d^{(t-1)}(v_s, v_{i_0})+w_{i_0 j}$，则把这时的 $\lambda(v_j)$ 修改为 i_0；迭代终止时，根据各点的 λ 值，可以得到从 v_s 到各点的最短路。v_1 到 v_8 的最短路是（v_1，v_3，v_6，v_8）。

例 8　设备更新的应用。

某企业使用一台设备，在每年年初，企业领导部门都要决定是购置新的，还是继续使用旧的。若购置新设备，就要支付一定的购置费用；若继续使用旧设备，则须支付一定的维修费用，现在的问题是如何制订一个五年之内的设备更新计划，使得总的支付费用最少。若已知该种设备在各年年初的价格，如表8－2所示：

表 8－2

第 1 年	第 2 年	第 3 年	第 4 年	第 5 年
11	11	12	12	13

还已知使用不同时间（年）的设备所需要的维修费用，如表 8－3 所示：

表 8－3

使用年数	0～1	1～2	2～3	3～4	4～5
维修费用	5	6	8	11	18

解：可以把这个设备更新计划问题转化为最短路问题，如图 8－12（a）所示。

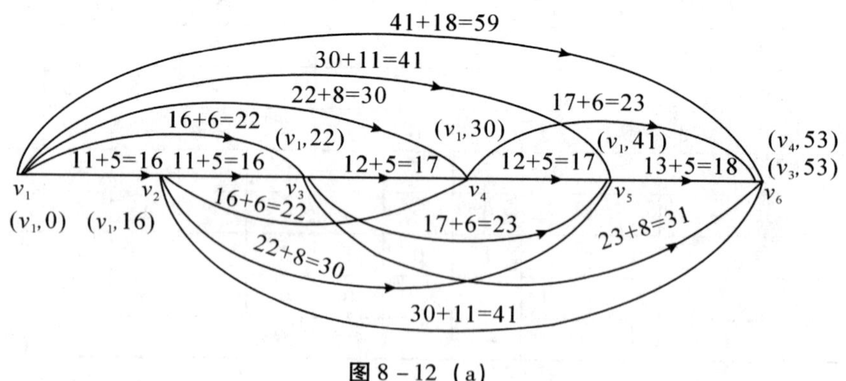

图 8－12（a）

用点 v_i 代表“第 i 年年初购进一台新设备”这种状态（加设一点 v_6，可以理解为第 5 年年底）。从 v_i 到 v_{i+1}，…，v_6 各画一条弧，弧（v_i，v_j）表示在第 i 年年初购进的设备一

直使用到第 j 年年初（第 $j-1$ 年年底）。

每条弧的权可以按已知的资料计算出来。例如，(v_1, v_4) 是第1年年初购进的一台新设备（支付购置费11），一直使用到第3年年底（支付维修费5+6+8=19），故 (v_1, v_4) 上的权为30。

这样一来，制订一个最优的设备更新计划问题就等价于寻求从 v_1 到 v_6 的最短路问题。

按求解最短路的计算方法［如图8-12（a）中所标注的结果］，$\{v_1, v_3, v_6\}$ 及 $\{v_1, v_4, v_6\}$ 均为最短路，即有两个最优方案。一个方案是在第1年、第3年各购置一台新设备；另一个方案是在第1年、第4年各购置一台新设备，五年总的支付费用均为53。

用 QM for Windows 求解，选择“网络模型（Network Models）”菜单，出现三个模块供选择；选择“最短路（Shortest Route）”，图8-12（b）是输入数据界面，图8-12（c）是输出结果界面。

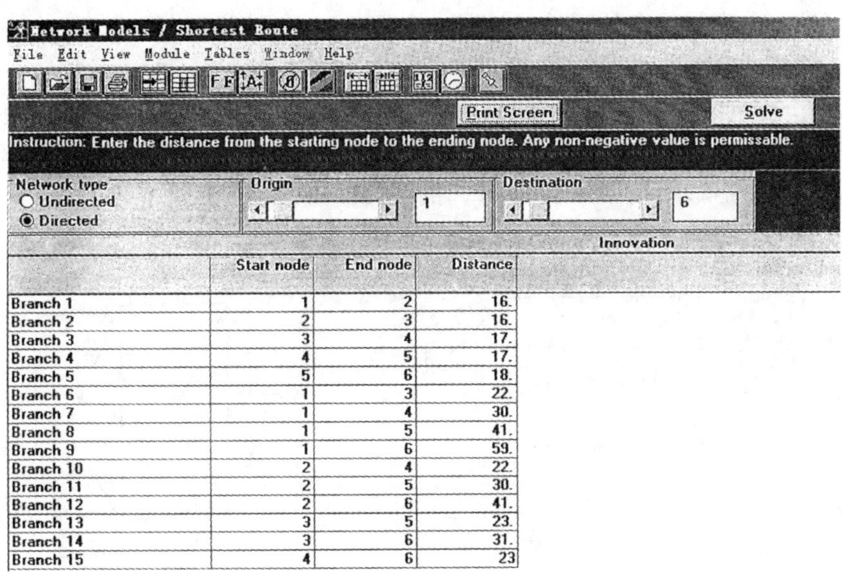

	Start node	End node	Distance
Branch 1	1	2	16.
Branch 2	2	3	16.
Branch 3	3	4	17.
Branch 4	4	5	17.
Branch 5	5	6	18.
Branch 6	1	3	22.
Branch 7	1	4	30.
Branch 8	1	5	41.
Branch 9	1	6	59.
Branch 10	2	4	22.
Branch 11	2	5	30.
Branch 12	2	6	41.
Branch 13	3	5	23.
Branch 14	3	6	31.
Branch 15	4	6	23

图8-12（b）

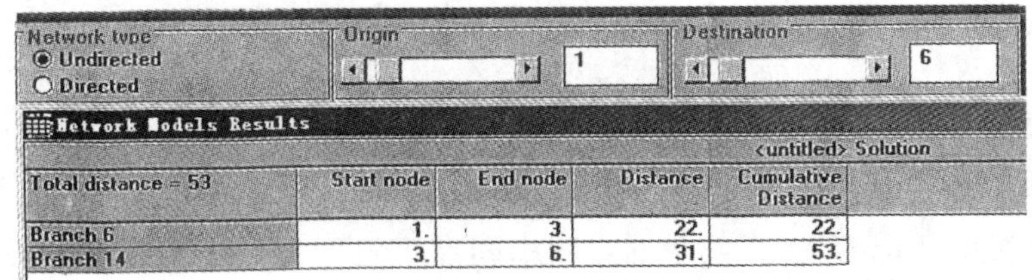

Total distance = 53	Start node	End node	Distance	Cumulative Distance
Branch 6	1.	3.	22.	22.
Branch 14	3.	6.	31.	53.

图8-12（c）

8.4 网络最大流问题

研究网络能通过的流量是生产和管理工作中常遇到的现实问题。例如：交通网络中要评估车辆的最大通过能力；生产流水线上产品的最大加工能力；供水网络中通过的水流量；信息网络中的信息传送能力等。这类网络的组成弧都具有确定的通过能力，称为容量；而实际通过弧的流量则因网络各弧容量配置关系，有些常常达不到额定容量值，因此，研究实际能通过的最大流量问题，可以充分发挥网络的设备能力，并且能为使最大流量增大应如何改造网络提供明确的建议。

图 8－13（a）是连接某产品产地 v_s 和销地 v_t 的交通网，每弧（v_i，v_j）代表从 v_i 到 v_j 的运输线，产品经这条弧由 v_i 输送到 v_j，弧旁括号中的第一个数字表示这条运输线的最大通过能力，第二个数字是现有的运输量情况。产品经过交通网从 v_s 输送到 v_t，现在要制订一个运输方案使从 v_s 运到 v_t 的产品的数量最多。

图 8－13（b）给出了一个运输方案，每条弧旁的数字表示在这个方案中每条运输线上的运输数量。这个方案使 4 个单位的产品从 v_s 运到 v_t。在这个交通网上输送量是否还可以增多，或者说这个运输网络中，从 v_s 到 v_t 的最大输送量是多少？

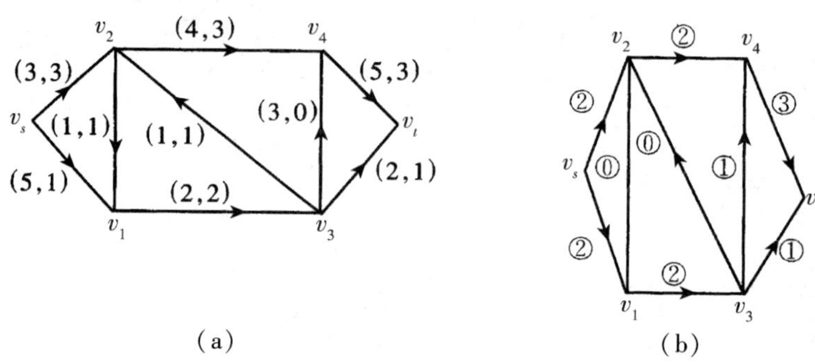

图 8－13

8.4.1 基本概念与基本定理

1. 网络与流

定义 11 给定一个有向图 $D=(V, A)$，在 V 中指定了一点，称为发点（记为 v_s），指定另一点，称为收点（记为 v_t），其余的点叫中间点。对于每一个弧（v_i，v_j）$\in A$，对应有一个 C（v_i，v_j）$\geqslant 0$（或简写为 c_{ij}），称为弧的容量。通常，称这样的 D 为一个网络，记作 D（V，A，C）。

所谓网络上的流，是指定义在弧集合 A 上的一个函数 $f=\{f(v_i, v_j)\}$，并称 f（v_i，v_j）为弧（v_i，v_j）上的流量（或简称为 f_{ij}）。

图 8－13（a）就是一个网络，v_s 是发点，v_t 是收点，其他点是中间点，弧旁括号中的

第一个数字是 c_{ij}；图 8－13（b）中弧旁的数字表示该弧上的运输量，就是该弧的流量，即 $f_{s2}=2$，$f_{s1}=2$，等等。

2. 可行流与最大流

在运输网络的实际问题中，可以看到对于流有两个明显的要求：一是每个弧上的流量不能超过该弧的最大通过能力（即弧的容量）；二是中间点的流量为零。因为对于每个点，运出这点的产品总量与运进这点的产品总量之差，是这点的净输出量，简称为这一点的流量。由于中间点只起转运作用，所以中间点的流量必为零。而发点的净流出量和收点的净流入量必相等，也是这个方案的总输送量。

定义 12　满足下述条件的流 f 称为可行流。

（1）容量限制条件：对每一弧 $(v_i, v_j)\in A$，$0\leqslant f_{ij}\leqslant c_{ij}$。

（2）平衡条件：

对于中间点：流出量＝流入量，即对每个 i（$i\neq s, t$）有

$$\sum_{(v_i,v_j)\in A} f_{ij}-\sum_{(v_j,v_i)\in A} f_{ji}=0 \tag{8.3}$$

对于发点 v_s：记 $$\sum_{(v_s,v_j)\in A} f_{sj}-\sum_{(v_j,v_s)\in A} f_{js}=v(f) \tag{8.4}$$

对于收点 v_t：记 $$\sum_{(v_t,v_j)\in A} f_{tj}-\sum_{(v_j,v_t)\in A} f_{jt}=-v(f) \tag{8.5}$$

式中 $v(f)$ 称为这个可行流的流量，即发点的净输出量或收点的净输入量。

可行流总是存在的，比如令所有弧的流量 $f_{ij}=0$，就得到一个可行流（称为零流），其流量 $v(f)=0$。

最大流问题就是求一个流 $\{f_{ij}\}$，使其流量 $v(f)$ 达到最大，并且满足

$$0\leqslant f_{ij}\leqslant c_{ij} \qquad (v_i, v_j)\in A \tag{8.6}$$

$$\sum f_{ij}-\sum f_{ji}=\begin{cases} v(f) & i=s \\ 0 & i\neq s, t \\ -v(f) & i=t \end{cases} \tag{8.7}$$

最大流问题是一个特殊的线性规划问题，即求一组 $\{f_{ij}\}$，在满足（1）和（2）的条件下，使 $v(f)$ 达到极大。

采用线性规划的方法求解图 8－13（a）的结果如图 8－14 所示（为了叙述方便，将 f 改为相应的 x）。

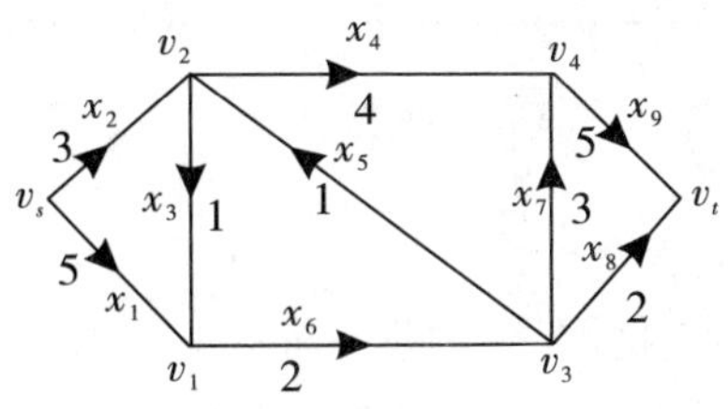

图 8－14

$$
\begin{aligned}
&\max z = x_1 + x_2 \\
&\text{s. t.}\quad x_2 + x_5 = x_3 + x_4 \quad （对于 v_2 点）\\
&\qquad x_1 + x_3 = x_6 \quad （对于 v_1 点）\\
&\qquad x_4 + x_7 = x_9 \quad （对于 v_4 点）\\
&\qquad x_6 = x_5 + x_7 + x_8 \quad （对于 v_3 点）\\
&\qquad x_1 \leqslant 5\\
&\qquad x_2 \leqslant 3\\
&\qquad x_3 \leqslant 1\\
&\qquad x_4 \leqslant 4\\
&\qquad x_5 \leqslant 1 \quad （流量限制）\\
&\qquad x_6 \leqslant 2\\
&\qquad x_7 \leqslant 3\\
&\qquad x_8 \leqslant 2\\
&\qquad x_9 \leqslant 5\\
&\qquad x_i \geqslant 0，\ i = 1，2，3，\cdots，9
\end{aligned}
$$

采用 QM for DOS 软件求解的部分结果如图 8－15 所示。

```
Program: Linear Programming

Problem Title :

***** Input Data *****

Max.  Z =  1x1 + 1x2

Subject to

C1    1x2 - 1x3 - 1x4 + 1x5 = 0
C2    1x1 + 1x3 - 1x6 = 0
C3    1x4 + 1x7 - 1x9 = 0
C4    1x5 - 1x6 + 1x7 + 1x8 = 0
C5    1x1 <= 5
C6    1x2 <= 3
C7    1x3 <= 1
C8    1x4 <= 4
C9    1x5 <= 1
C10   1x6 <= 2
C11   1x7 <= 3
C12   1x8 <= 2
C13   1x9 <= 5

***** Program Output *****

Final Optimal Solution At Simplex Tableau : 8
```

z = 5.000

Variable	Value	Reduced Cost
x 1	2.000	0.000
x 2	3.000	0.000
x 3	0.000	1.000
x 4	3.000	0.000
x 5	0.000	0.000
x 6	2.000	0.000
x 7	0.000	0.000
x 8	2.000	0.000
x 9	3.000	0.000

图 8－15

3. 增广链

若给一个可行流 $f = \{f_{ij}\}$，把网络中使 $f_{ij} = c_{ij}$ 的弧称为饱和弧，使 $f_{ij} < c_{ij}$ 的弧称为非饱和弧；把 $f_{ij} = 0$ 的弧称为零流弧，$f_{ij} > 0$ 的弧称为非零流弧。

若 u 是网络中连接发点 v_s 和收点 v_t 的一条链，定义链的方向是从 v_s 到 v_t，则链上的弧被分为两类：一类是弧的方向与链的方向一致，叫作前向弧，前向弧的全体记为 u^+；另一类弧与链的方向相反，称为后向弧，后向弧的全体记为 u^-。

在图 8－13（a）中，(v_s, v_2)，(v_2, v_1)，(v_3, v_2)，(v_1, v_3) 是饱和弧，其他弧是非饱和弧；(v_3, v_4) 为零流弧，除 (v_3, v_4) 外所有的弧都是非零流弧。

在链 $u=(v_s, v_1, v_2, v_3, v_4, v_t)$ 中，

$u^+=\{(v_s, v_1), (v_s, v_2), (v_2, v_4), (v_3, v_4), (v_4, v_t), (v_3, v_t)\}$

$u^-=\{(v_2, v_1), (v_3, v_2)\}$

定义 13　若 f 是一个可行流，u 是从 v_s 到 v_t 的一条链，若 u 满足下列条件，称之为（关于可行流 f 的）一条增广链。

在弧 $(v_i, v_j)\in u^+$ 上，$0\leqslant f_{ij}<c_{ij}$，即 u^+ 中每一弧是非饱和弧。

在弧 $(v_i, v_j)\in u^-$ 上，$0<f_{ij}\leqslant c_{ij}$，即 u^- 中每一弧是非零流弧。

4. 截集与截量

设 S，$T\subset V$，$S\cap T=\phi$，把始点在 S、终点在 T 中的所有弧构成的集合，记为 (S, T)。

定义 14　给定网络 $D=(V, A, G)$，若点集 V 被剖分为两个非空集合 V_1 和 $\overline{V_1}$，使 $V_s\in V_1, V_t\in\overline{V_1}$，则把弧集 $(V_1, \overline{V_1})$ 称为（分离 V_s 和 V_t 的）截集。

显然，若把某一截集的弧从网络中去掉，从 V_s 到 V_t 便不存在路，所以，直观上说，截集是从 V_s 到 V_t 的必经之路。

定义 15　给一截集 $(V_1, \overline{V_1})$，把截集 $(V_1, \overline{V_1})$ 中所有弧的容量之和称为这个截集的容量（简称为截量），记为 $C(V_1, \overline{V_1})$，即

$$C(V_1, \overline{V_1})=\sum_{(v_i,v_j)\in(V_1,\overline{V_1})} C_{ij} \tag{8.8}$$

显然，若对于一个可行流 f^*，网络中有一个截集 $(V_1^*, \overline{V_1^*})$，使 $V(f^*)=C(V_1^*, \overline{V_1^*})$，则 f^* 必是最大流，而 $(V_1^*, \overline{V_1^*})$ 必定是 D 的所有截集中容量最小的一个，即最小截集。

定理 1　可行流 f^* 是最大流，当且仅当不存在关于 f^* 的增广链。

定理 2　任一个网络 D 中，从 V_s 到 V_t 的最大流的流量等于分离 V_s 和 V_t 的最小截集的容量。

定理的有关证明可以参考相关的资料。

定理 1 为我们提供了寻求网络中最大流的一个方法。若给了一个可行流 f，只要判断 D 中有无关于 f 的增广链：如果有增广链，则可以改进 f，得到一个流量增大的新的可行流；如果没有增广链，则得到最大流。

在实际计算时，用给顶点标号的方法来定义 V_1^*。在标号的过程中，有标号的顶点表示是 V_1^* 中的点，没有标号的点表示不是 V_1^* 中的点。一旦 V_t 有了标号，就表明找到一条增广链；如果标号过程进行不下去了，而 V_t 尚未标号，则说明不存在增广链，于是得到最大流，同时也得到一个最小截集。

8.4.2 最大流的标号法（Ford-Fulkerson）

从一个可行流出发（若网络中没有给定f，则可以设f是零流），要经过标号过程与调整过程。

1. 标号过程

在这个过程中，网络中的点或者是标号点（又分为已检查和未检查两种），或者是未标号点。每个标号点的标号包含两个部分：第一个标号表明它的标号是从哪一点得到的，以便找出增广链；第二个标号是为确定增广链的调整量用的。

标号过程开始，总是先给v_s标上（0，$+\infty$），这时v_s是标号而未检查的点，其余都是未标号点。一般地，取一个标号而未检查的点v_i，对一切未标号点v_j：

（1）若在弧（v_i，v_j）上，$f_{ij}<c_{ij}$，则给v_j标号［v_i，l（v_j）］。这里$l(v_j)=\min[l(v_i), c_{ij}-f_{ij}]$，这时$v_j$成为标号而未检查的点。

（2）若在弧（v_j，v_i）上，$f_{ji}>0$，则给v_j标号［$-v_i$，l（v_j）］。这里$l(v_j)=\min[l(v_i), f_{ji}]$，这时$v_j$成为标号而未检查的点。

于是v_i成为标号而已检查过的点。重复上述步骤，一旦v_t被标上号，表明得到一条从v_s到v_t的增广链u，而转入调整过程。

若所有标号都已检查过，而标号过程进行不下去，则算法结束，这时的可行流就是最大流。

2. 调整过程

首先按v_t及其他点的第一个标号，用“反向追踪”的办法，找出增广链u。例如，设v_t的第一个标号为v_k（或$-v_k$），则弧（v_k，v_t）［或相应的（v_t，v_k）］是u上的弧，接下来检查k的第一标号，若为v_i（或$-v_i$），则找出（v_i，v_k）［或相应的（v_k，v_i）］，再检查v_i的第一个标号，依次下去，直到v_s为止。这时，被找出的弧就构成了增广链u。令调整量$\theta=l(v_t)$，即v_t的第二个标号。

令
$$f'_{ij}=\begin{cases} f_{ij}+\theta & (v_i, v_j)\in u^+ \\ f_{ij}-\theta & (v_i, v_j)\in u^- \\ f_{ij} & (v_i, v_j)\in u \end{cases} \tag{8.9}$$

去掉所有的标号，对新的可行流$f'=\{f'_{ij}\}$，重新进入标号过程。

例9　用标号法求最大流。

例9　用标号法求图8－13（a）所示网络的最大流，弧旁的数字是(c_{ij}，f_{ij})。

解：（1）标号过程。

① 首先给v_s标上（0，$+\infty$）。

② 检查v_s，在弧（v_s，v_2）上，$f_{s2}=c_{s2}$，不满足标号条件。在弧（v_s，v_1）上，$f_{s1}=1$，

$c_{s1}=5$，$f_{s1}<c_{s1}$，则 v_1 的标号为 $[v_s, l(v_1)]$，其中 $l(v_1)=\min[l(v_s), (c_{s1}-f_{s1})]=\min[+\infty, (5-1)]=4$。

③ 检查 v_1，在弧 (v_1, v_3) 上，$f_{13}=2$，$c_{13}=2$，不满足标号条件。在弧 (v_2, v_1) 上，$f_{21}=1>0$，则给 v_2 标号为 $[-v_1, l(v_2)]$，这里 $l(v_2)=\min[l(v_1), f_{21}]=\min[4, 1]=1$。

④ 检查 v_2，在弧 (v_2, v_4) 上，$f_{24}=3$，$c_{24}=4$，$f_{24}<c_{24}$，则给 v_4 标号为 $[v_2, l(v_4)]$，这里 $l(v_4)=\min[l(v_2), (c_{24}-f_{24})]=\min[1, 1]=1$。

在弧 (v_3, v_2) 上，$f_{32}=1>0$，给 v_3 标号为 $[-v_2, l(v_3)]$，这里 $l(v_3)=\min[l(v_2), f_{32}]=\min[1, 1]=1$。

⑤ 在 v_3，v_4 中任选一个进行检查，例如，在弧 (v_3, v_t) 上，$f_{3t}=1$，$c_{3t}=2$，$f_{3t}<c_{3t}$，给 v_t 标号为 $[v_3, l(v_t)]$，这里 $l(v_t)=\min[l(v_3), (c_{3t}-f_{3t})]=\min[1, 1]=1$。

因 v_t 有了标号，故转入调整过程。

(2) 调整过程按点的第 1 个标号找到一条增广链，如图 8－16 (a) 中双箭头线所示。

显然 $u^+=\{(v_s, v_1), (v_3, v_t)\}$

$u^-=\{(v_2, v_1), (v_3, v_2)\}$

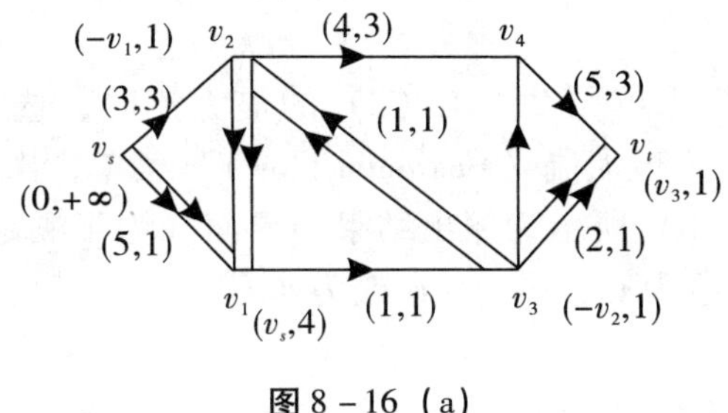

图 8－16 (a)

将 $\theta=1$ 在 u 上调整 f:

$$u^+\text{上}: f_{s1}+\theta=1+1=2$$
$$f_{3t}+\theta=1+1=2$$

$$u^-\text{上}: f_{21}-\theta=1-1=0$$
$$f_{32}-\theta=1-1=0$$

其余的 f_{ij} 不变。

调整后得到如图 8－16 (b) 所示的可行流，令这个可行流进入标号过程，寻找增广链。

开始给 v_s 标以 $(0, +\infty)$，于是检查 v_s，给 v_1 标以 $(v_s, 3)$ 检查 v_1，弧 (v_1, v_3) 上，$f_{13}=c_{13}$，弧 (v_2, v_1) 上，$f_{21}=0$，均不符合条件，标号过程无法继续下去，算法结束。

这时的可行流图 8－16 (b) 即所求最大流。最大流量为 $v(f)=f_{s1}+f_{s2}=f_{4t}+f_{3t}=5$。

与此同时，可以找到最小截集 $(V_1, \overline{V_1})$，其中 V_1 为标号点集合，$\overline{V_1}$ 为未标号点集合。

$V_1=\{v_s, v_1\}$，$\overline{V_1}=\{v_2, v_3, v_4, v_t\}$，于是 $(V_1, \overline{V_1})=\{(v_s, v_2), (v_1, v_3)\}$ 是最小截集，它的容量必然也是5。

用标号法找增广链以求最大流的结果，同时得到一个最小截集。最小截集容量的大小影响总的输送量的提高。因此，为提高总的输送量，必须首先考虑改善最小截集中各弧的输送状况，提高它们的通过能力。另外，一旦最小截集中弧的通过能力降低，就会使总的输送量减少。

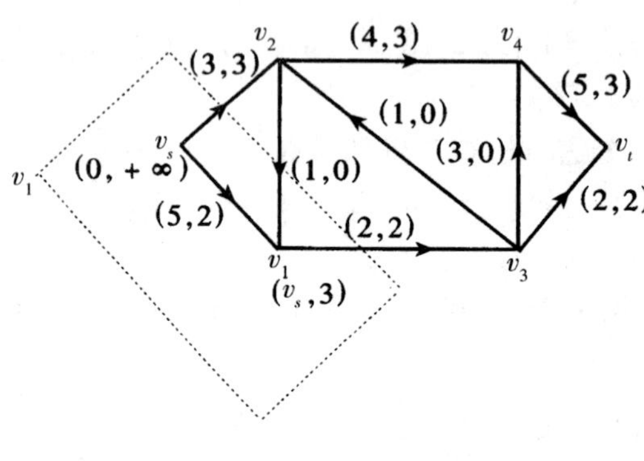

图 8－16（b）

采用 QM for DOS 软件求解图 8－16（a）的最大流时，选择“网络模型（Network Models）”菜单，然后选择“最大流（Maximum Flow）”菜单，出现图 8－17（a）所示输入数据的界面，图 8－17（b）所示为输出结果的界面（为了满足 QM 输入数据格式的要求，将节点 v_s 改为 v_1，v_1 改为 v_2，……，v_t 改为 v_6）。

```
Network Models / Maximum Flow

Problem Title :   Example
Number of Nodes                6
Number of Branches             9

              SN     EN        Value     Inv. Value
Branch   1     1      2            5              0
Branch   2     1      3            3              0
Branch   3     3      2            1              0
Branch   4     2      4            2              0
Branch   5     4      3            1              0
Branch   6     3      5            4              0
Branch   7     4      5            3              0
Branch   8     4      6            2              0
Branch   9     5      6            3              0

Help  New  Load  Save  Edit  Run  Print  Install  Directory  Block  Esc  →
```

图 8－17（a）

```
Program: Network Models / Maximum Flow

Problem Title : Example

***** Input Data *****

-----------------------------------------
 SN        EN           Flow      Inv. Flow
-----------------------------------------
 1  ---->  2            5.00        0.00
 1  ---->  3            3.00        0.00
 3  ---->  2            1.00        0.00
 2  ---->  4            2.00        0.00
 4  ---->  3            1.00        0.00
 3  ---->  5            4.00        0.00
 4  ---->  5            3.00        0.00
 4  ---->  6            2.00        0.00
 5  ---->  6            3.00        0.00
-----------------------------------------

***** Program Output *****

------------------------------
 SN       EN           Flow
------------------------------
 1 ---->  2            2.000
 1 ---->  3            3.000
 2 ---->  4            2.000
 3 ---->  5            3.000
 4 ---->  6            2.000
 5 ---->  6            3.000
------------------------------

Total Maximum Flow    :      5.000

***** End of Output *****
```

图 8－17（b）

8.5 最小费用最大流问题

8.5.1 基本概念

1. 最小费用最大流问题

最小费用最大流问题是对每一条弧都给出单位流量费用的容量网络 $D=(V, A, B)$（称为费用容量网络），求取最大流 X，使输送流量的总费用 $C(X)=\sum c_{ij}x_{ij}$ 为最小的一类优化问题。

其中，b_{ij} 表示弧 (v_i, v_j) 上的容量，x_{ij} 表示弧 (v_i, v_j) 上的流量，c_{ij} 表示弧 (v_i, v_j) 上通过单位流量所花的费用。

2. 最小费用流

对一费用容量网络，具有相同流量 f 的可行流中，总费用最小的可行流称为该费用容量网络关于流量 f 的最小费用流，流量简称为 f 的最小费用流。

3. 增广链的费用

沿着一条关于可行流 X 的增广链（流量修正路线）μ，以修正量 $\varepsilon=1$ 进行调整，得到新的可行流 $\tilde{x}$，则称 $C(\tilde{x})-C(X)$ 为增广链 μ 的费用。

此时，

①$\tilde{x}$ 的流量 $f(\tilde{x})=f(X)+1$；

②增广链 μ 的费用就是以单位调整量调整可行流时所付出的费用；

③当修正量 $\varepsilon=1$ 时，

$$C(\tilde{x})-C(X)=\left[\sum_{\mu^+}c_{ij}(\tilde{x}_{ij}-x_{ij})+\sum_{\mu^-}c_{ij}(\tilde{x}_{ij}-x_{ij})\right]=\sum_{\mu^+}c_{ij}-\sum_{\mu^-}c_{ij}$$

8.5.2 求解最小费用最大流问题的对偶法

1. 求解途径

（1）始终保持网络中的可行流是最小费用流，然后不断调整，使流量逐步增大，最终成为最小费用的最大流。

（2）始终保持可行流是最大流，通过不断调整使费用逐步减小，使流量最终成为最大流量的最小费用流。

2. 算法原理

（1）定理。

若 X 是流量为 $f(X)$ 的最小费用流，μ 是关于 X 的所有增广链中费用最小的增广链，那么沿着 μ 去调整 X 得到的新的可行流 $\tilde{x}$ 就是流量为 $f(\tilde{x})$ 的最小费用流。

（2）实现思路。

基于上述求解途径，根据上述定理，只要找到最小费用增广链，在该链上调整流量，便能得到增加流量后的最小费用流。循环往复，直至求出最小费用最大流。对偶法原理和步骤如图 8－18 所示。

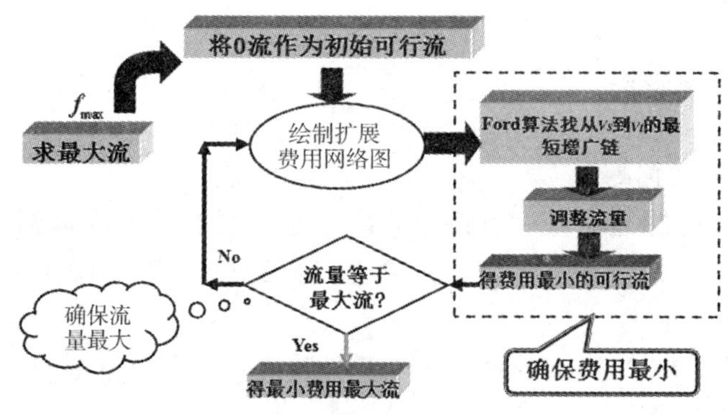

图 8－18 对偶法原理和步骤

实施中的关键：构造增广费用网络图（即扩展费用网络图），借助最短路算法寻找最小费用增广链。

增广链流量调整：正向弧增加流量 ε_j，反向弧减少流量 ε_j。

理由：正向饱和弧不标记，反向零流弧不标记。如果不构造增广费用网络，就无法调整流量，而且，饱和弧的流量无法减少，非饱和弧的流量只能增加、不能减少。

（3）增广费用网络图的构造方法。

将网络中的每一条弧 (v_i, v_j) 都变成一对方向相反的弧，以形成四通八达的“路”，权数定义如下：

非饱和且非零流 $(0 < x_{ij} < b_{ij})$ 弧上
$$W_{ij} = \begin{cases} c_{ij} & \text{原有弧（流量可以增加）} \\ -c_{ij} & \text{后加弧（流量可以减少）} \end{cases}$$

零流弧上
$$W_{ij} = \begin{cases} c_{ij} & \text{原有弧（流量可以增加）} \\ \infty & \text{后加弧（流量不能再减少）} \end{cases}$$

饱和弧上
$$W_{ij} = \begin{cases} \infty & \text{原有弧（流量不能再增加）} \\ -c_{ij} & \text{后加弧（流量可以减少）} \end{cases}$$

将上述思想加以简化，出现∞处相应的弧不画，按下面的方法具体构造增广费用网络图。

①零流弧上，保持原弧不变，将单位费用作为为权数，即 $w_{ij} = c_{ij}$。

V_i $(b_{ij},c_{ij},0)$ V_j 原网络 ⟺ V_i (b_{ij},c_{ij}) V_j 增广费用网络

②非饱和弧上 $(0 \leqslant x_{ij} < b_{ij})$，原有弧以单位费用作为权数，后加弧（虚线弧）以单位费用的负数作为权数。

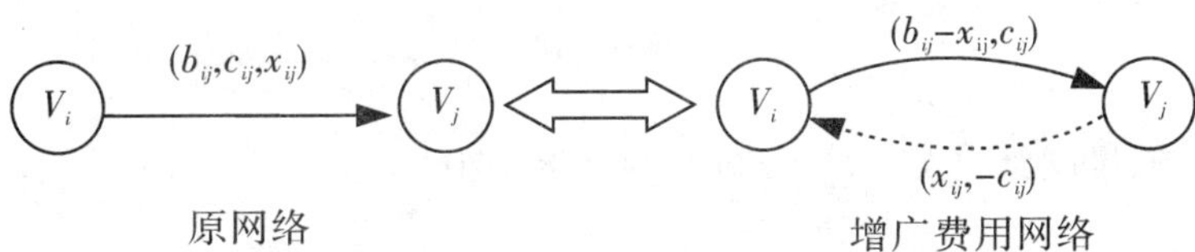

③饱和弧上 $(x_{ij} = b_{ij})$，去掉原有弧，添上后加弧（虚线弧），权数为单位费用的负数。

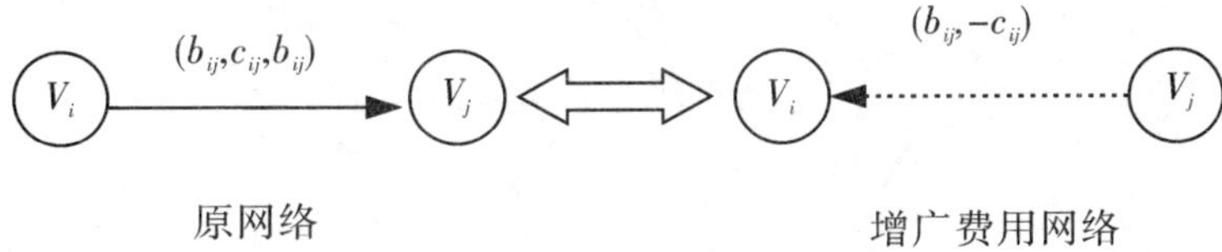

于是，在容量网络中寻找最小费用增广链就相当于在增广费用网络图（扩展费用网络图）中寻找从发点到收点的最短路。

注意：将找到的最短路还原到原网络图中（将虚线弧改成原图中的反向弧）。

3. 步骤

第一步——用 Ford-Fulkerson 算法求出该容量网络的最大流量 f_{max}。

第二步——取初始可行流为零流，其必为流量为 0 的最小费用流（为什么?）。

第三步——一般为第 $k-1$ 次迭代，得一最小费用流 $X^{(k-1)}$，对当前可行流构造增广费用网络图 $W\left[X^{(k-1)}\right]$，用最短路算法求出从发点到收点的最短路。

若不存在最短路，则 $X^{(k-1)}$ 即最小费用最大流，停止迭代。

否则，转下一步。

第四步——将最短路还原成原网络图中的最小费用增广链 μ，在 μ 上对可行流 $X^{(k-1)}$ 进行调整，得到新的可行流图，若其流量等于 $f_{\max}$，迭代结束。否则转入第一步，进入下一次迭代过程。

4. 举例

增广费用网络图［容量费用图（b_{ij}，c_{ij}）］第零次迭代，见图 8 - 19。

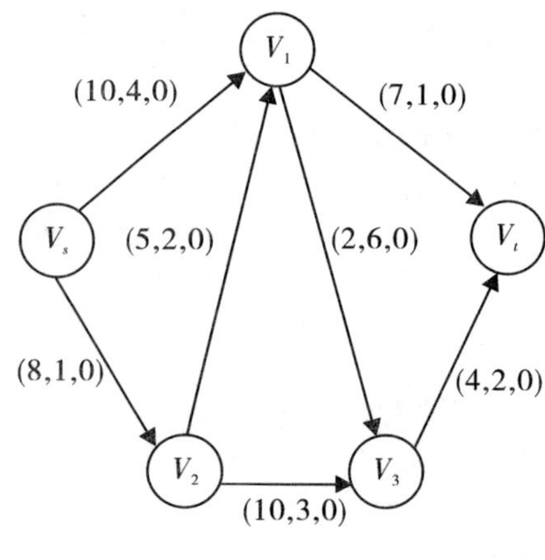

图 8 - 19

可行流图［流量网络（b_{ij}，c_{ij}，x_{ij}）］见图 8 - 20。

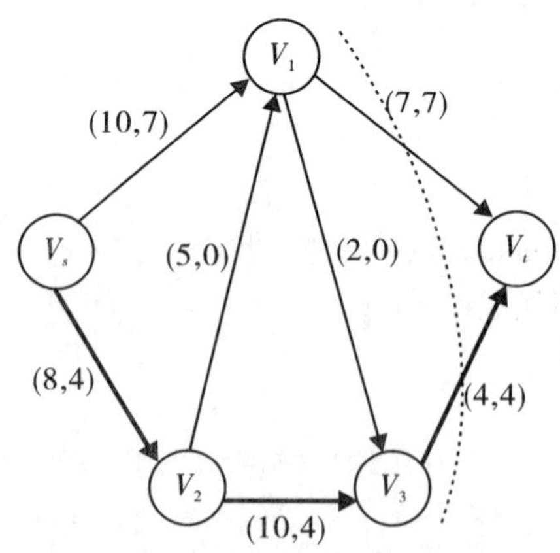

最大流图 $f_{\max}$=4+7=11(未标费用)

图 8 - 20

第一次迭代见图 8－21。

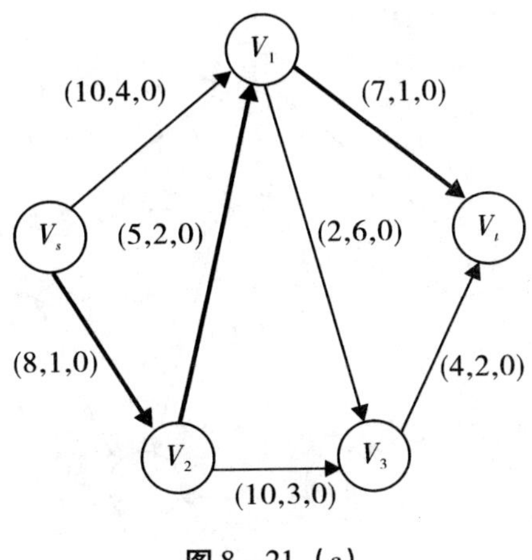

图 8－21（a）

注：①原图全部是零流弧，保持原边不变，单位费用为权；

②所有的权均大于零，可用 D 氏标号法求出最短路：$v_s \to v_2 \to v_1 \to v_t$，恰也是最小费用增广链。

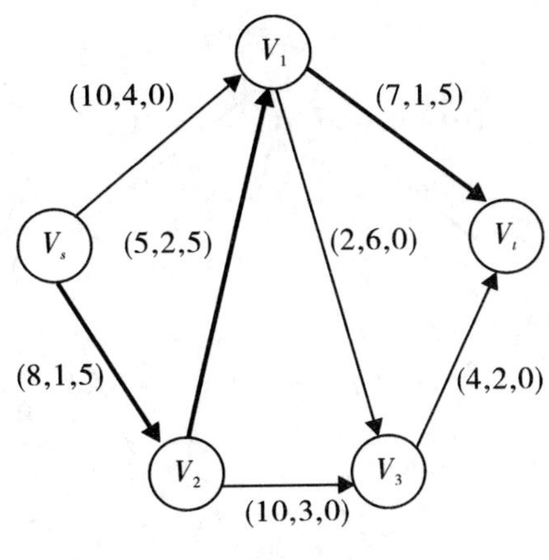

图 8－21（b）

注：①流量调整量 $\varepsilon_1 = \min\{8-0,\ 5-0,\ 7-0\} = 5$，总流量 $f_1 = 5$；

②最小费用增广链的费用 $\sum c_{ij} = 1 + 2 + 1 = 4$；

③总费用 $C_1 = 4 \times 5 = 20$。

第二次迭代见图 8－22。

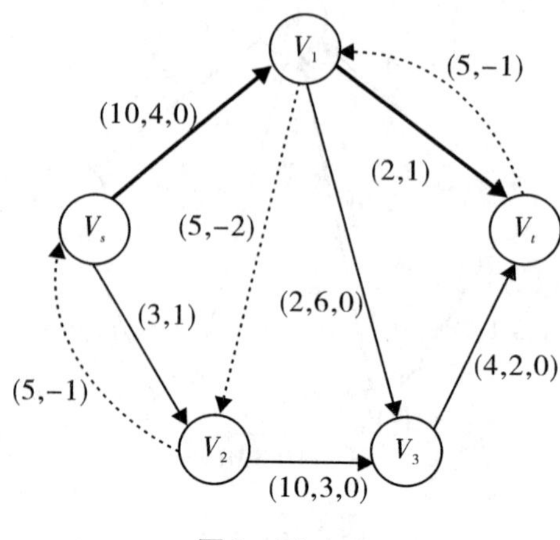

图 8－22（a）

注：①零流弧保持原边，非饱和且非零流弧（v_s，v_2）和（v_1，v_t）增添后加弧，饱和弧（v_2，v_1）去掉原弧增添后加弧；

②用列表法求出最短路：$v_s \to v_1 \to v_t$，恰也是最小费用增广链。

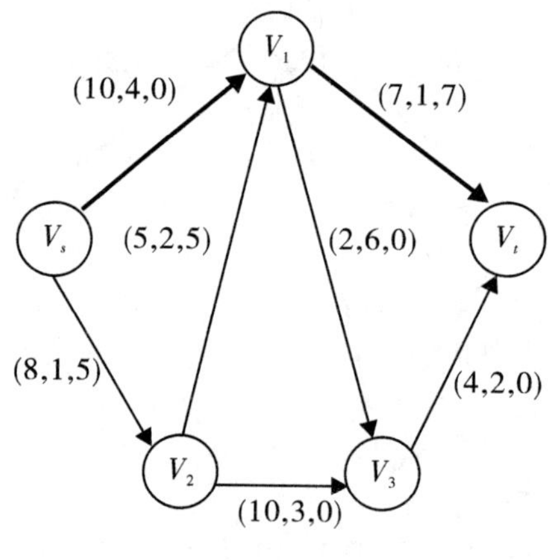

图 8－22（b）

注：①流量调整量 $\varepsilon_2 = \min\{10-0，2-0\} = 2$，总流量 = 原流量 + 新增流量 $= 5+2=7$；

②最小费用增广链的费用 $\sum c_{ij} = 4+1=5$；

③总费用 C_2 = 原费用 + 新增费用 $= 20+5\times 2=30$。

第三次迭代见图 8－23。

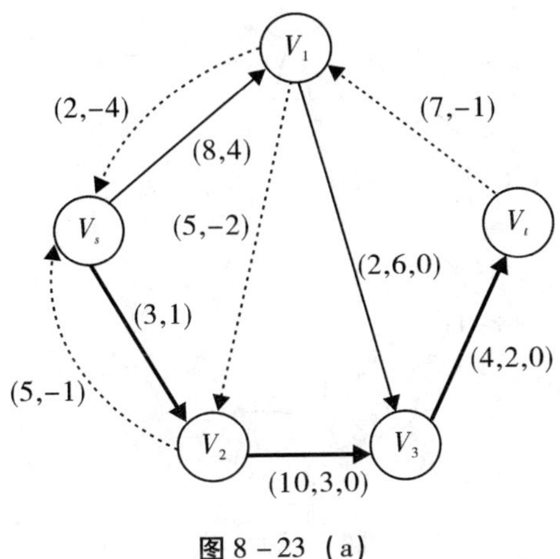

图 8－23（a）

注：①零流弧保持原边，此外的非饱和弧增添后加弧，饱和弧去掉原边增添反向虚线弧；

②用列表法求得最短路 $v_s \to v_2 \to v_3 \to v_t$，恰也是最小费用增广链。

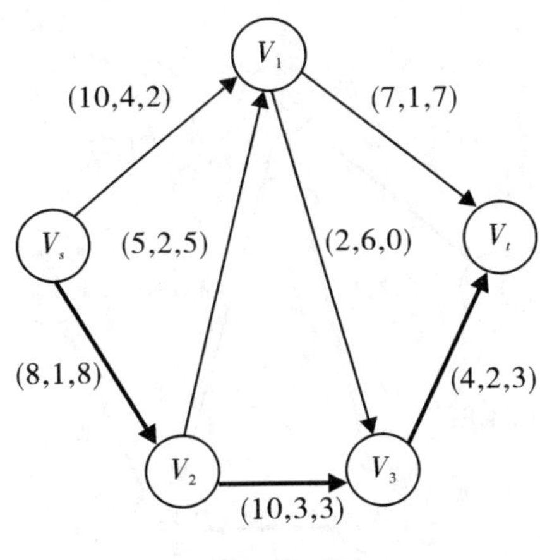

图 8－23（b）

注：①流量调整量 $\varepsilon_3 = \min\{3-0,\ 10-0,\ 4-0\} = 3$，总流量＝原流量＋新增流量＝7＋3＝10；

②最小费用增广链的费用 $\sum c_{ij} = 1+3+2=6$；

③总费用 C_2＝原费用＋新增费用＝$30+6\times3=48$。

第四次迭代见图 8－24。

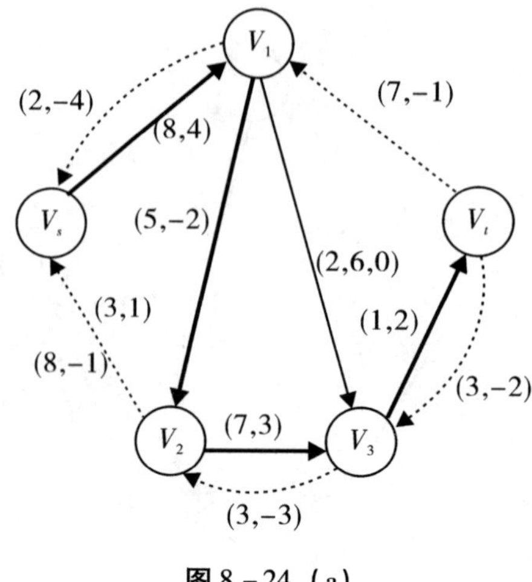

图 8－24（a）

注：①零流弧保持原边，此外的非饱和弧增添后加弧，饱和弧去掉原边增添反向虚线弧；

②用列表法求得最短路 $v_s \to v_1 \to v_2 \to v_3 \to v_t$；

③对应的最小费用增广链是 $v_s \xrightarrow{+} v_1 \xrightarrow{-} v_2 \xrightarrow{+} v_3 \xrightarrow{+} v_t$。

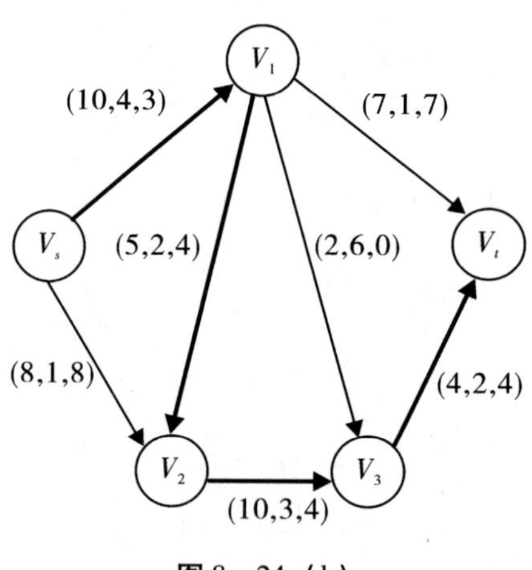

图 8－24（b）

注：①流量调整量 $\varepsilon_4 = \min\{8-0, 5-0, 7-0, 1-0\} = 1$，总流量＝原流量＋新增流量＝10＋1＝11；

②最小费用增广链的费用 $\sum c_{ij} = 4-2+3+2=7$；

③总费用 C_2＝原费用＋新增费用 ＝48＋7×1＝55。

由于总流量 11 已达到最大流量，故停止迭代，当前的可行流图即最大流图。

习　题

1. 用破圈法求出图 8－25 所示的最小支撑树。

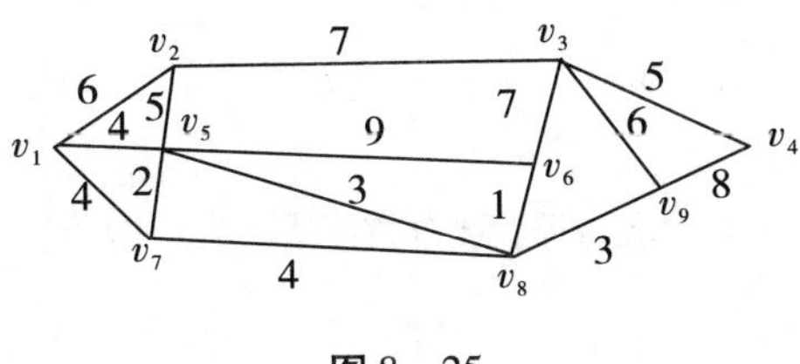

图 8－25

2. 如图 8－26 所示，v_0 是一个仓库，v_9 是商店，求一条从 v_0 到 v_9 的最短路。

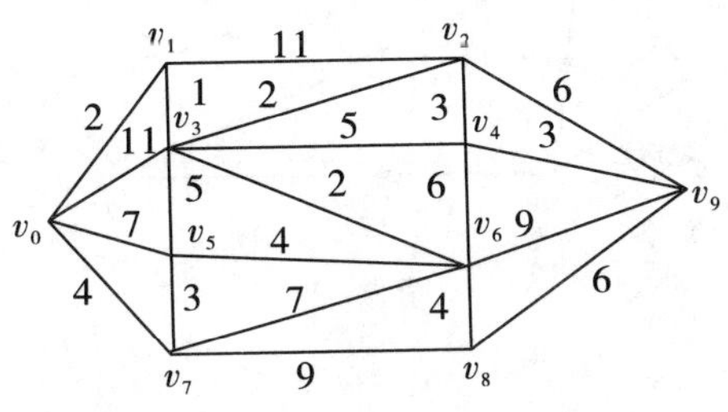

图 8－26

3. 某设备今后 5 年的价格预测分别是（5，5，6，7，8），若该设备连续使用，其第 j 年的维修费分别为（1，2，3，5，6）。某单位今年购进一台，问如何使用可使 5 年里总支出最小？

4. 求图 8－27 网络中的最大流。

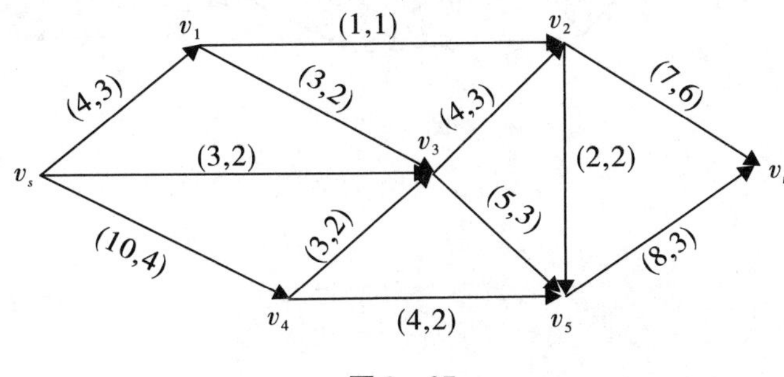

图 8－27

5. 如图 8－28 所示，从 v_0 派车到 v_8，中间可经过 v_1，v_2，…，v_7 各站，若各站间道路旁的数字表示单位时间内此路上所能通过的最多车辆数，问应如何派车才能使单位时间

到达 v_8 的车辆最多？

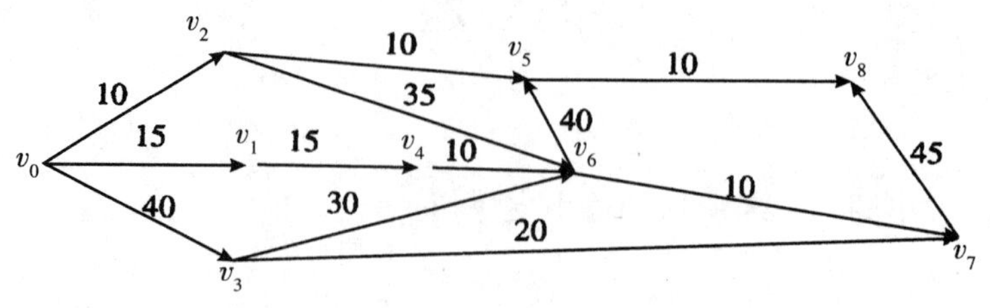

图 8－28

6．如图 8－29 所示的网络中，每弧旁的数字是（c_{ij}，f_{ij}）。

（1）确定所有的截集。

（2）求最小截集的容量。

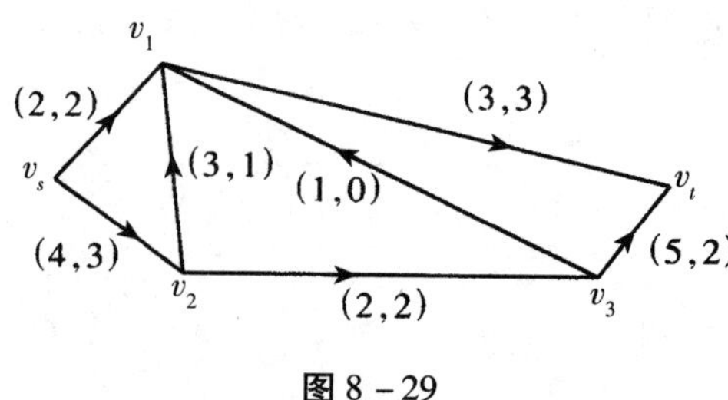

图 8－29

7．求如图 8－30 所示的网络最大流。

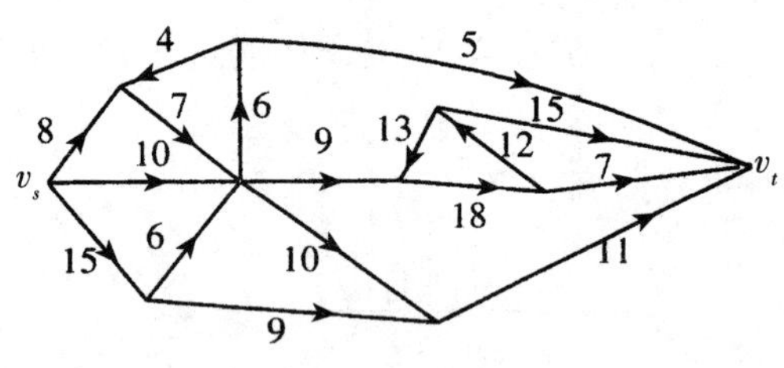

图 8－30

本章小结

图论是应用十分广泛的运筹学分支，它已广泛应用在物理、化学、控制论、信息论、科学管理、电子计算机等各个领域。本章主要介绍了图的一些基本概念，包括边、弧、有向图、无向图、端点、初等圈、初等链等；树及最小支撑树问题的算法；网络最短路问题的算法及其在设备更新问题上的实际应用；网络最大流问题及其算法；最小费用最大流问题及其算法；给出了不同问题模型的计算机软件求解方法和结果。

9　CPM 与 PERT

本章要求

- □　掌握网络计划模型的建立。
- □　掌握网络计划的各种时间参数的计算。
- □　掌握 CPM 问题的主关键路线的求法。
- □　掌握 PERT 问题的时间估计和求解。
- □　掌握网络计划问题的时间优化、时间—资源优化、时间—费用优化的方法。
- □　掌握 CPM/PERT 问题的计算机软件求解方法。
- □　掌握搭接网络时间参数的计算。

9.1　网络计划

用网络分析的方法编制的计划称为网络计划。它是 20 世纪 50 年代末发展起来的一种编制大型工程进度计划的有效方法。1956 年，美国杜邦公司在制订企业不同业务部门的系统规划时，制订了第一套网络计划。这种计划借助于网络表示各项工作与所需时间，以及各项工作的相互关系。通过网络分析研究工程费用与工期的相互关系，并找出在编制计划时及计划执行过程中的关键路线。这种方法称为主关键路线法（Critical Path Method，缩写为 CPM）。1958 年美国海军武器部在制订研制“北极星”导弹计划时，同样应用了网络分析方法与网络计划。但是它注重于对各项工作安排的评价和审查。这种计划称为计划评审方法（Program Evaluation Review Technique，缩写为 PERT）。鉴于这两种方法的差别，CPM 主要应用于以往类似工程中已取得一定经验的承包工程；PERT 更多地应用于研究与开发项目。在这两种方法得到应用推广之后，又陆续地出现了类似的最低成本和估算计划法、产品分析控制法、人员分配法、物质分配和多种项目计划制订法等。虽然方法很多，各自侧重的目标有所不同，但它们都应用的是 CPM 和 PERT 的基本原理和方法。20 世纪 60 年代我国开始应用 CPM 和 PERT，并根据其基本原理与计划的表达形式，称它们为网络技术或网络方法，又按照网络计划的主要特点——统筹安排，把这些方法称为统筹法。

国内外应用网络计划的实践表明，它具有一系列的优点，特别适用于生产技术复杂、工作项目繁多且联系紧密的一些跨部门的工作计划。例如，新产品的研制开发、大型工程项目、生产技术准备、设备大修等计划，还可以应用在人力、物力、财力等资源的安排，合理组织报表、文件流程等方面。

编制网络计划包括绘制网络图、计算时间参数、确定关键路线及网络优化等环节，这也是当今项目管理中的重要内容。

9.1.1 网络图

例 1 编制网络计划。

某项研制新产品工程的各个工序与所需时间以及它们之间的相互关系如表 9－1 所示（将项目分解成工序的方法可以采用 Work Breakdown Structure，即 WBS 技术）。

表 9－1

工序	工序代号	所需时间（天）	紧后工序
产品设计与工艺设计	a	60	b，c，d，e
外购配套件	b	45	l
下料、锻件	c	10	f
工装制造 1	d	20	g，h
木模、铸件	e	40	h
机械加工 1	f	18	l
工装制造 2	g	30	k
机械加工 2	h	15	l
机械加工 3	k	25	l
装配调试	l	35	

要求编制该项工程的网络计划。

为编制网络计划，首先需绘制网络图。网络图是由节点（点）、弧及权所构成的有向图，即有向的赋权图。绘制网络图可用节点式网络图法（Activity on Node，缩写为 AON）、双代号网络图法或活动图法（Activity Diagram Method，缩写为 ADM），这些在我国的教科书中被广泛采用。

（1）节点。节点表示一项活动（事项）的开始或结束。节点用圆圈和里面的数字表示，数字表示节点的编号，如①、②等。

网络图左方第一个节点称作网络的始点事项，它只表示这项计划任务的开始；右方最后的一个节点称作网络图的终点事项，它只表示这项计划任务的结束（完工）。介于网络始点和终点之间的节点，称作网络的中间节点，它的意义是双重的：既表示前一活动事项的结束，又表示后一活动事项的开始。

（2）弧。一项计划任务可以分解为许多项具体的活动（或作业工序）。弧表示一个工序，用“→”表示。每项工序都有相应的名称，如例 1 中“产品设计与工艺设计”就是一个工序，一般用代号标在弧的上方。

（3）权。权表示为完成某个工序所需要的时间或资源等数据，通常标注在弧的下面或其他合适的位置上，例如：

$$\xrightarrow[\text{时间值}]{\text{工序名称}} \text{或} \xrightarrow[60]{A}$$

（4）虚工序与先行（后续）作业。网络图中的虚箭线（弧）表示虚活动，是既不消耗资源也不占用时间的活动。它只表示前后工序的衔接关系。它没有活动名称，可以给它加上一个名称，如用 Du_1、Du_2……表示。

网络图中的活动，依先后顺序有先行作业、后续作业、平行作业之称，如图 9－1 所示。

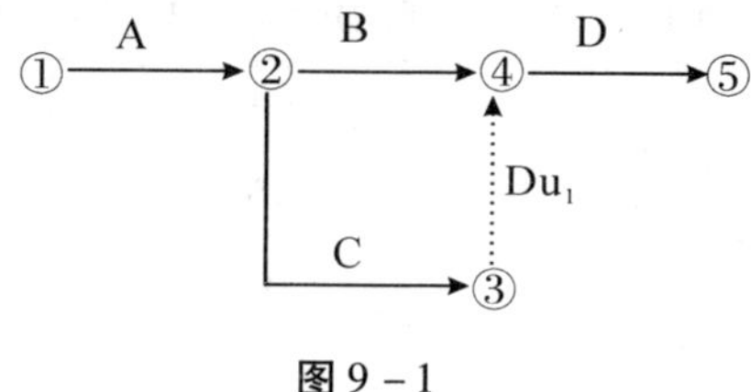

图 9－1

图 9－1 表示的活动关系为：A 是 B 的先行作业（又称紧前工序）；B 和 C 是平行作业；D 是 B、C 的后续作业（又称紧后工序），D 直接受制于 B。

在图 9－2 中，箭线 a，b，…，l 分别代表 10 个工序。箭线下面的数字表示为完成该工序所需的时间（天数）。节点①，②，…，⑧分别表示某一或某些工序的开始和结束。例如，节点②表示 a 工序的结束和 b、c、d、e 工序的开始。

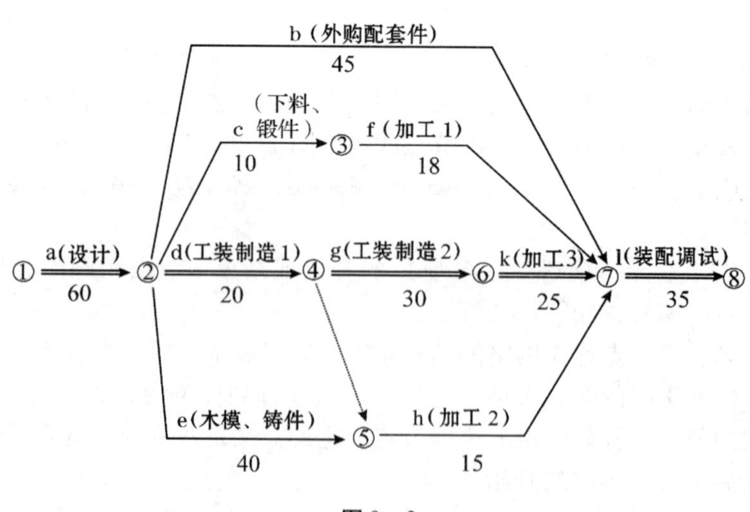

图 9－2

用一条弧和两个节点表示一个确定的工序，例如，②$\xrightarrow{b}$⑦表示一个确定的工序 b。工序开始的节点常以ⓘ表示，称为箭头节点；工序结束的节点常以ⓙ表示，称为箭尾节点。工序的箭尾事项与箭头事项称为该工序的相关事项。在一张网络图上，只能有始点和终点两个节点分别表示工程的开始和结束，其他节点既表示上一个（或若干个）工序的结束，又表示下一个（或若干个）工序的开始。

9.1.2 网络规则

为了正确反映工程中各个工序的相互关系，在绘制网络图时，应遵循以下规则。

（1）在网络图中，不允许出现循环线路，即箭线不能从某个节点出发，又回到同一节点上来，如图9－3所示。

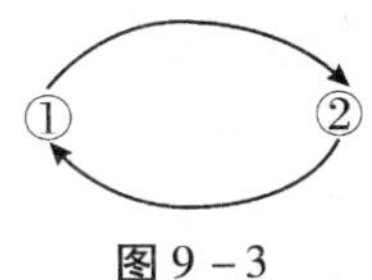

图9－3

（2）在网络图中，每一条箭线的头尾都必须有节点，不能从一条箭线的中间引出另一条箭线来，如图9－4所示。

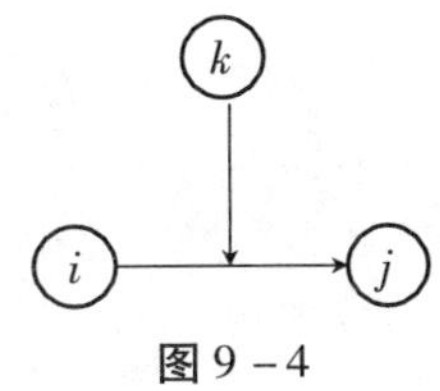

图9－4

（3）在网络图中，不允许出现没有先行作业和没有后续作业的中间事项。如果实际出现时，把没有先行作业的中间事项同网络的始点事项连接起来，把没有后续作业的中间事项同网络的终点事项连接起来。

（4）节点的编号不能重复使用，否则，网络就出现了循环，如图9－5所示。

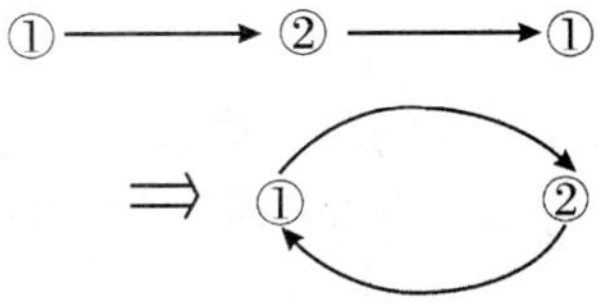

图9－5

（5）相邻两个节点之间只允许有一条箭线直接相连，必要时可以引入虚箭线，如表9－2所示的工序逻辑关系对应的网络图9－6。

表9－2

工序	紧前工序
a	—
b	—
c	a，b

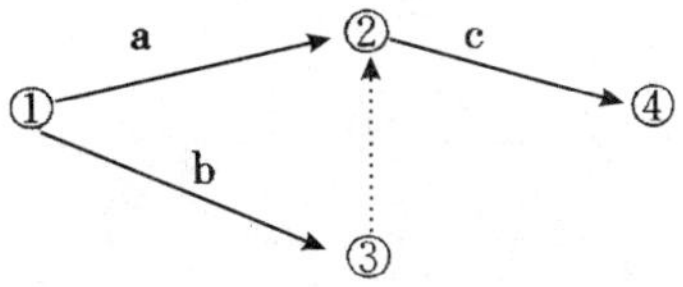

图9－6

（6）方向、时序和节点编号。网络图是有向的，一般遵循从左到右、从上到下、从小到大的原则给节点编号。

例 1 的网络图如图 9－2 所示，下面再看一个例子。

例 2　绘制网络图。

某项工程的工序名称、工序时间以及工序之间的逻辑关系如表 9－3 所示。绘制该工程项目的网络图。

表 9－3

工序（作业）名称	A	B	C	D	E	F	G	H	I
紧前工序	—	—	A	B	B	C，D	C，D	E，F	G
工序时间	4	6	6	7	5	9	7	4	8

解：该工程项目的网络图如图 9－7 所示。

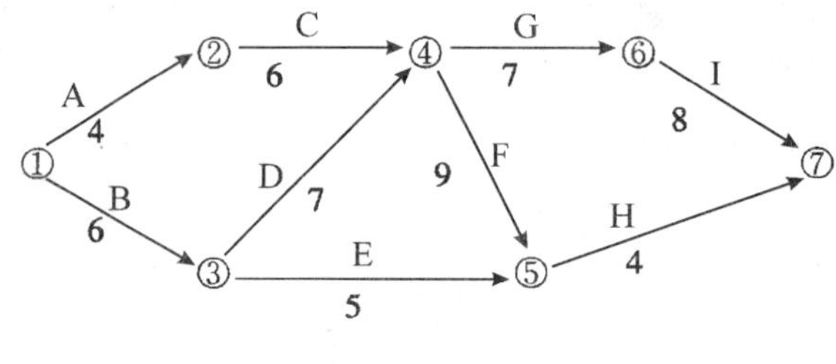

图 9－7

9.1.3　网络时间、关键路线与关键工序

1. 路线与关键路线

在网络图中，从始点开始，按照各个工序的顺序，连续不断地到达终点的一条通路称为路线，如在图 9－2 中，共有五条路线，五条路线的组成及所需的时间如表 9－4 所示。

表 9－4

路线	路线组成	各工序所需的时间之和
1	①→②→⑦→⑧	60＋45＋35＝140
2	①→②→③→⑦→⑧	60＋10＋18＋35＝123
3	①→②→④→⑥→⑦→⑧	60＋20＋30＋25＋35＝170
4	①→②→④→⑤→⑦→⑧	60＋20＋15＋35＝130
5	①→②→⑤→⑦→⑧	60＋40＋15＋35＝150

完成各个工序需要时间最长的路线称为关键路线，或称主要矛盾线，在图中用粗线表示（或双箭线表示）。如果能够缩短关键工序所需的时间，就可以缩短工程的完工时间。编制网络计划的基本思想就是在一个庞大的网络图中找出关键路线。对各个关键工序，优先安排资源，挖掘潜力，采取相应的措施，尽量压缩所需的时间。而对非关键路线上的各个工序，只要在不影响工程完工时间的条件下，抽出适当的人力、物力等资源，用在这些工序上，以达到缩短工程工期、合理利用资源等目的。在执行计划的过程中，可以明确工作的重点，对各个关键工序加以有效的控制和调度。

关键路线是相对的，也是可以变化的。在采取了一定的技术组织措施之后，关键路线有可能变为非关键路线，而非关键路线也有可能变为关键路线。

2. 网络时间的计算

网络图的网络时间有两个含义：一是指活动的延续时间；二是指活动的开始或结束的某一时刻。为了编制网络计划和找出关键路线，要计算网络图中各个事项及各个工序的有关时间，其中包括作业时间、节点时间、工序时间、时差等。

（1）作业时间。

作业时间 $T(i,j)$ 是指完成某一项工作所需要的时间。确定作业时间有两种方法：一种是单一时间估计法；另一种是三种时间估计法。

在具备劳动定额资料的条件下，或者在具有类似工序的作业时间消耗的统计资料时，可以根据这些资料，用分析对比的方法确定作业时间，在确定作业时间时，只给出一个时间值。这是单一时间估计法。

三种时间估计法将在后面PERT的内容中详细介绍。

（2）事项时间 $T(j)$。

① 事项最早时间 $T_E(i)$。

通常是按箭头事项计算事项最早时间，用 $T_E(i)$ 表示，它等于从始点事项起到本事项最长路线的时间长度。计算事项最早时间是从始点事项开始，自左向右逐个事项向前计算。假设始点事项的最早时间等于零，即 $T_E(1)=0$，箭头事项的最早时间等于箭尾事项最早时间加上作业时间。当同时有两个或若干个箭线指向箭头事项时，选择各工序的箭尾事项最早时间与各自工序作业时间的最大值，即

$$
\begin{aligned}
&T_E(1)=0 \\
&T_E(j)=\max\{T_E(i)+T(i,j)\},\ j=2,3,\cdots,n
\end{aligned}
\tag{9.1}
$$

式中，$T_E(i)$ 为箭头事项的最早时间；

$T_E(j)$ 为箭尾事项的最早时间。

公式（9.1）表明网络图节点时间顺推计算时，取多个值当中的最大值。

事项的最早时间也是工序的最早完工时间，结果填入各事项左下方的方框内，如图9-8所示。

② 事项最迟时间 $T_L(i)$。

它是指箭头事项各工序的最迟必须结束时间，或箭尾事项各工序的最迟必须开始

时间。

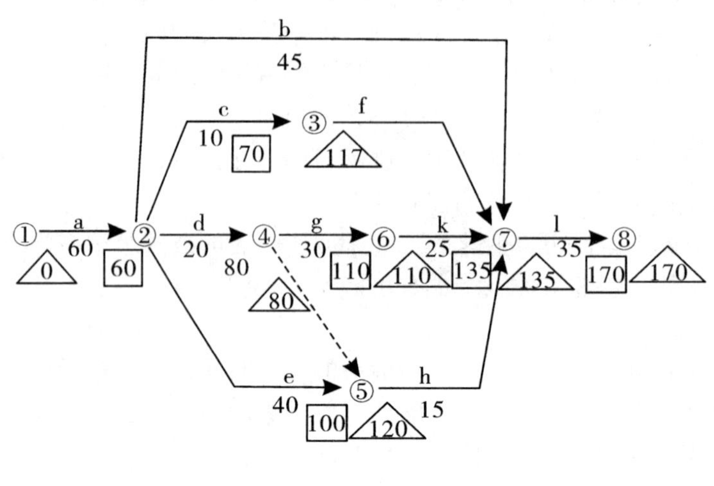

图 9 - 8

为了尽量缩短工程的完工时间，把终点事项的最早时间，即工程的最早结束时间作为终点事项的最迟时间。事项最迟时间通常按箭尾事项的最迟时间计算，从右向左反顺序进行。箭尾事项ⓙ的最迟时间等于箭头事项ⓘ的最迟时间减去工序ⓘ→ⓙ的作业时间。当箭尾事项同时引出两个以上箭线时，该箭尾事项的最迟时间必须同时满足这些工序的最迟必须开始时间。所以在这些工序的最迟必须开始时间中选一个最早（时间值最小）的时间，即

$$T_L(n) = T_E(n) \qquad (n \text{ 为终点事项}) \tag{9.2}$$
$$T_L(i) = \min\{T_L(j) - T(i, j)\}, \ i = n-1, \cdots, 2, 1$$

式中，$T_L(j)$ 为箭尾事项的最迟时间；

$T_L(i)$ 为箭头事项的最迟时间。

公式（9.2）表明网络图节点时间逆推计算时取多个值当中的最小值。

事项的最迟时间也是工序的最迟开工时间，将各事项的最迟时间记入该事项右下角的三角形框内，如图 9 - 8 所示。

③ 工序的最早开始时间、最早结束时间、最迟结束时间与最迟开始时间。

a. 工序最早开始时间 $T_{ES}(i, j)$。

任何一个工序都必须在其紧前工序结束后才能开始。紧前工序最早结束时间即工序最早可能开始时间，简称工序的最早开始时间，用 $T_{ES}(i, j)$ 表示，它等于该工序箭尾事项的最早时间，即

$$T_{ES}(i, j) = T_E(j) \tag{9.3}$$

b. 工序最早结束时间 $T_{EF}(i,j)$。

它是工序最早可能结束时间的简称，它等于工序最早开始时间加上该工序的作业时间，即

$$T_{EF}(i,j)=T_{ES}(i,j)+T(i,j) \tag{9.4}$$

c. 工序最迟结束时间 $T_{LF}(i,j)$。

在不影响工程最早结束时间的条件下，工序最迟必须结束的时间简称工序最迟结束时间，用 $T_{LF}(i,j)$ 表示。它等于工序的箭头事项的最迟时间，即

$$T_{LF}(i,j)=T_L(i) \tag{9.5}$$

d. 工序最迟开始时间 $T_{LS}(i,j)$。

在不影响工程最早结束时间的条件下，工序最迟必须开始的时间简称工序最迟开始时间，它等于工序最迟结束时间减去工序的作业时间，即

$$T_{LS}(i,j)=T_{LF}(i,j)-T(i,j) \tag{9.6}$$

e. 工序总时差 $T_F(i,j)$。

在不影响工程最早结束时间的条件下，工序最早开始（或结束）时间可以推迟的时间，称为该工序的总时差，即

$$T_F(i,j)=T_{LS}(i,j)-T_{ES}(i,j)$$

或

$$T_{LF}(i,j)-T_{EF}(i,j)=T_L(j)-T_E(i)-T(i,j) \tag{9.7}$$

工序的总时差越大，表明该工序在整个网络中的机动时间越长，可以在一定范围内将该工序的人力、物力资源利用到关键工序上去，以达到缩短工序结束时间的目的。

f. 工序单时差 $T_{FF}(i,j)$。

在不影响紧后工序最早开始时间的条件下，工序最早结束时间可以推迟的时间，称为该工序的单时差，即

$$T_{FF}(i,j)=T_{ES}(j,k)-T_{EF}(i,j) \tag{9.8}$$

式中，$T_{ES}(j,k)$ 为工序ⓘ→ⓙ的紧后工序的最早开始时间。

总时差为零的工序，开始和结束的时间没有一点机动的余地。由这些工序所组成的路线就是网络中的关键路线，这些工序就是关键工序。

例 3　网络时间计算。

图 9－7 所示的网络图的网络时间计算结果如表 9－5 所示。

表 9－5　　**工序的时间及时差**

作业名称	节点编号		作业时间	最早开始与结束时间		最迟开始与结束时间		时差	关键路线
	i	j		T_{ES}	T_{EF}	T_{LS}	T_{LF}		
A	1	2	4	0	4	3	7	3	
B	1	3	6	0	6	0	6	0	√
C	2	4	6	4	10	7	13	3	
D	3	4	7	6	13	6	13	0	√
E	3	5	5	6	11	19	24	13	
F	4	5	9	13	22	15	24	2	
G	4	6	7	13	20	13	20	0	√
H	5	7	4	22	26	24	28	2	
I	6	7	8	20	28	20	28	0	√

所以关键工序为 B、D、G、I。

关键路线为：①→③→④→⑥→⑦。

9.1.4　CPM 的计算机求解

启动 QM for Windows，在主菜单“Module”下选择“Project Management（PERT/CPM)”，然后在主菜单“File”下选择“New”，就会出现图 9－9（a）所示的界面。

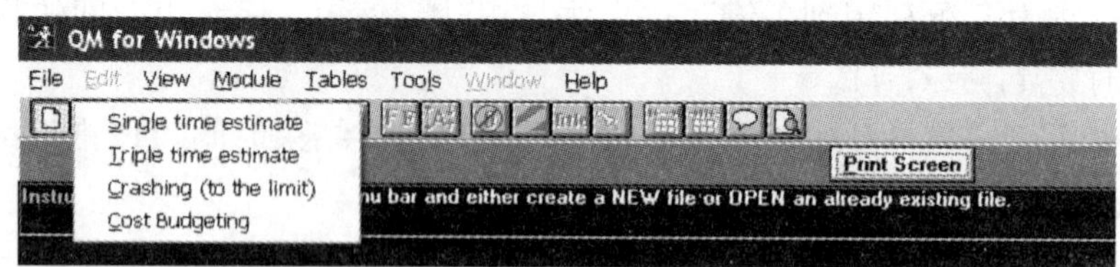

图 9－9（a）

在图 9－9（a）中，选择“Single time estimate”，就会出现图 9－9（b）所示的输入数据界面。

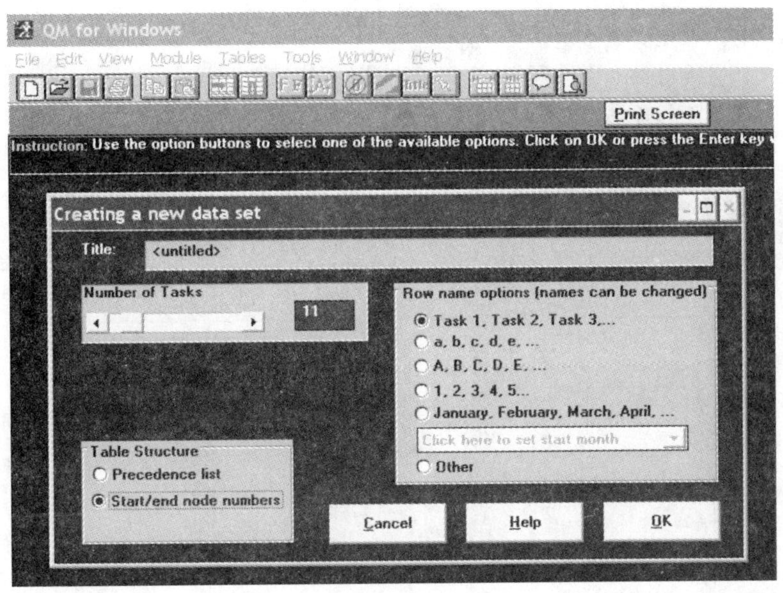

图 9－9（b）

在“Number of Tasks”下输入参数 11，在“Table Structure”下选择“Start/end node numbers”，然后选择“OK”，就会出现图 9－9（c）所示的输入数据界面。

QM for Windows

File Edit View Module Tables Tools Window Help

Print Screen

Instruction: Enter the time for task 11. Any non-negative value is permissible.

Network type: Precedence list / Start/end node numbers　Method: Single time estimate

	Start node	End node	Activity time
Task 1	1	2	60
Task 2	2	3	10
Task 3	2	4	20
Task 4	2	5	40
Task 5	2	7	45
Task 6	3	7	18
Task 7	4	5	0
Task 8	4	6	30
Task 9	6	7	25
Task 10	5	7	15
Task 11	7	8	35

图 9－9（c）

输入完模型的数据后，点击“Solve”，就可以得到模型的计算结果，如图 9－9（d）所示。

QM for Windows

File Edit View Module Tables Tools Window Help

Print Screen

Instruction: There are more results available in additional windows. These may be opened by double clic

○ Precedence list
◉ Start/end node numbers

Single time estimate

Project Management (PERT/CPM) Results

	Start node	End node	Activity time	Early Start	Early Finish	Late Start	Late Finish	Slack
Project			170.					
Task 1	1.	2.	60.	0.	60.	0.	60.	0.
Task 2	2.	3.	10.	60.	70.	107.	117.	47.
Task 3	2.	4.	20.	60.	80.	60.	80.	0.
Task 4	2.	5.	40.	60.	100.	80.	120.	20.
Task 5	2.	7.	45.	60.	105.	90.	135.	30.
Task 6	3.	7.	18.	70.	88.	117.	135.	47.
Task 7	4.	5.	0.	80.	80.	120.	120.	40.
Task 8	4.	6.	30.	80.	110.	80.	110.	0.
Task 9	6.	7.	25.	110.	135.	110.	135.	0.
Task 10	5.	7.	15.	100.	115.	120.	135.	20.
Task 11	7.	8.	35.	135.	170.	135.	170.	0.

图 9－9（d）

在主菜单“Window”下选择“Charts”，可以得到模型计算结果的甘特图，如图 9－9（e）所示。

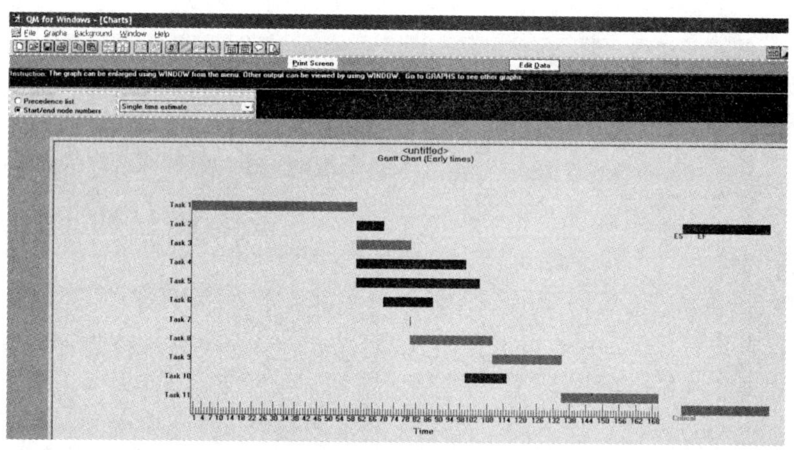

图 9－9（e）

掌握和控制关键路线是网络计划技术的重点。关键路线决定着一项计划的工期。在关键路线上各工序的作业时间如果提前或延迟一天，整个工期就提前或延迟一天。因此，要缩短工期或生产周期，提高经济效益，就必须从缩短关键路线的延续时间入手。掌握关键路线，就抓住了重点，抓住了主要矛盾。在组织和指挥生产时，应充分利用时差，可抽调非关键路线上的人力、物力资源等来支持关键路线，以保证关键路线不误工期或提前完工。

9.2 网络计划的优化

前面主要是从时间进度，即控制工期方面论述了网络计划技术的一些基本原理。但是，在实际工作中，编制一个计划，不仅要考虑工期、时间合理利用的问题，还要考虑资源合理利用和降低成本费用的问题。时间、资源和成本是相互联系、互为条件的，有时又是矛盾的，网络计划的目的是编制一个时间短、进度快、资源耗费少、成本低的计划方案。网络计划优化的基本方法是利用时差，不断改善网络计划的最初方案，使之获得最佳工期、最低成本和对资源的最合理利用。逐次优化，时差便逐次减少，直至大部分或全部消失，求得最优方案。网络计划优化主要有两个方面的内容：一是时间—资源优化；二是时间—费用优化。

9.2.1 时间—资源的优化

时间—资源优化就是在一定的工期条件下，通过平衡资源，求得工期与资源的最佳结合。

在编制网络计划、安排工程进度的同时，要考虑尽量合理地利用现有资源，并缩短工程周期。但是，由于一项工程所包含的工序繁多，涉及的资源利用情况比较复杂，往往不可能在编制网络计划时，一次对进度和资源利用作出统筹合理的安排，常常需要进行几次综合平衡之后，才能得到在时间进度及资源利用方面都比较合理的计划方案。具体的要求和做法是：

（1）优先安排关键工序所需要的资源。

（2）利用非关键工序的总时差，错开各工序的开始时间，拉平资源需要量的高峰。

（3）在确实受到资源限制，或者在考虑综合经济效益的条件下，也可以适当地推迟工程的完工时间。

例4 资源与时间进度的综合平衡。

在图9－8中，若完成工序d、f、g、h、k的机械加工工人数有限制，并已知现有机械加工工人数为65人，假定这些工人可以完成上述五个工序中的任何一个，各工序所需要的工人数及上述工序的总时差如表9－6所示。

若上述各工序均按最早时间安排，在完成各关键工序的75天中，所需要的机械加工工人数如图9－10（a）所示。在图的上半部中，工序代号后括号内的数字是该工序所需的机械加工工人数，“-·-·-·-”表示非关键工序总时差的长度。图中的下半部分是不同时间内所需要的机械加工工人数，一般称为资源负荷图。

表 9－6

工序	起始时间	作业时间（天）	结束时间	延续时间（天）	所需的机械加工工人数
d	第 60 天	20	第 80 天	不可延续	58
f	第 70 天	18	第 88 天	135	22
g	第 80 天	30	第 110 天	不可延续	42
h	第 100 天	15	第 115 天	135	39
k	第 110 天	25	第 135 天	不可延续	26

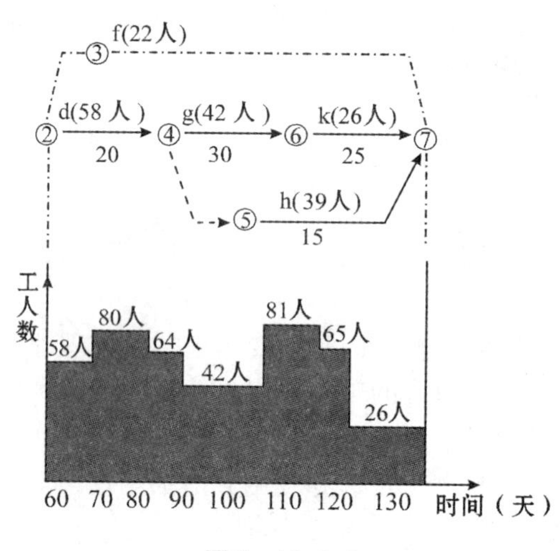

图 9－10（a）

显然，图 9－10（a）中的资源负荷是不均匀的，其中有两段时间所需要的工人数都超过了现有工人数。还有两段时间的工人数远远少于现有的工人数，这种安排是不妥当的。

若各工序都按最迟开始时间安排，则从第 117 天至第 120 天的期限内，需要的机械加工工人数为 87 人，也超过了现有的工人数。

若利用非关键工序 f、h 的总时差，工序 f 从第 80 天开始，工序 h 从第 110 天开始，就可以拉平资源负荷的高峰，既保证了整个工程周期内各工序所需要的工人数，又避免了某段时间内所需要的工人数远远少于现有工人数。其具体安排如图 9－10（b）所示。

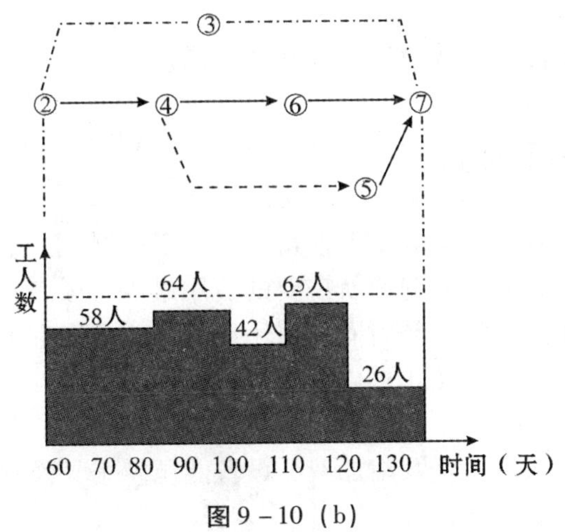

图9－10（b）

上面以人力资源的限制与要求负荷尽量均匀为例，说明了利用非关键工序总时差拉平资源负荷高峰，经过若干次调整，得到一个可行的最优计划方案的一般方法。这种方法适用于人力、物力、财力等各种资源与时间进度的综合平衡，从而选择一个最优的计划方案。

在拉平资源负荷高峰的过程中，还可以采取非关键工序分段作业及减少所需资源等措施，必要时也可以根据计划目标和综合经济效益的要求，适当地拖长工程周期，降低资源的日均负荷。

如何评价一个工程进度计划对资源利用的均衡程度呢？一般是以日资源利用量的方差为标准。方差越小，则均衡性越好。若工程进度计划给定后，用 λ_t 表示第 t 天对资源的需求量，T 表示计划工期，则日资源利用量的均值为

$$\overline{\lambda}=\frac{1}{T}\sum_{t=1}^{T}\lambda_t \tag{9.9}$$

式中 $\sum_{t=1}^{T}\lambda_t$ 实际上就是完成整个工程所需的资源总量，当计划工期 T 固定时，$\overline{\lambda}$ 是一个与具体进度无关的常量。而根据方差的定义，有

$$\begin{aligned}\lambda_\sigma^2&=\frac{1}{T}\sum_{t=1}^{T}(\lambda_t-\overline{\lambda})^2=\frac{1}{T}\sum_{t=1}^{T}(\lambda_t^2-2\overline{\lambda}\lambda_t+\overline{\lambda}^2)\\&=\frac{1}{T}\sum_{t=1}^{T}\lambda_t^2-\overline{\lambda}^2\end{aligned} \tag{9.10}$$

于是，问题就成为在计划工期固定的条件下，找到一种进度计划使方差 λ_σ^2 取极小值。最理想的情况是负荷完全均衡，此时 $\lambda_\sigma^2=0$。

对于图9－10（a）网络所示的时间计划，初始进度计划表的 $\lambda_\sigma^2=440.31$，可见它的

资源利用是很不均衡的。而在劳动力资源限额为 65 人的条件下，进行时间—资源优化后，所得进度表的 $\lambda_{\sigma}^{2}=180.04$，它的资源利用就比较均衡了。

9.2.2 时间—费用的优化

在编制网络计划的过程中，研究如何使得工程完工的时间短、费用少，或者在保证既定工程完工时间的条件下，研究如何使所需要的费用最少，或者在限制费用的条件下，研究如何使工程完工时间最短。这就是时间—费用优化所要研究和解决的问题。

为完成一项工程，所需要的费用可以分为两大类：

（1）直接费用。

其中包括直接生产工人的工资及附加费，设备能源、工具及材料消耗等直接与完成工序有关的费用。

为了缩短工序的作业时间，需要采取一定的技术组织措施，相应地要增加一部分直接费用。在一定条件下，工序的作业时间越短，直接费用越多。

缩短一天增加的直接费用称为直接费用变动率，用 g 表示，如果以线性变化的规律来考虑，则工序的直接费用变动率为

$$g=\frac{\text{极限时间的工序直接费用}-\text{正常时间的工序直接费用}}{\text{正常时间}-\text{极限时间}} \tag{9.11}$$

（2）间接费用。

其中包括管理人员的工资、办公费等。间接费用通常按照施工时间的长短分摊，在一定的生产规模内，工序的作业时间越短，分摊的间接费用越少。完成工程项目（由各工序组成）的直接费用、间接费用、总费用与工程完工（完成各工序）时间的关系，一般情况如图 9－11 所示。

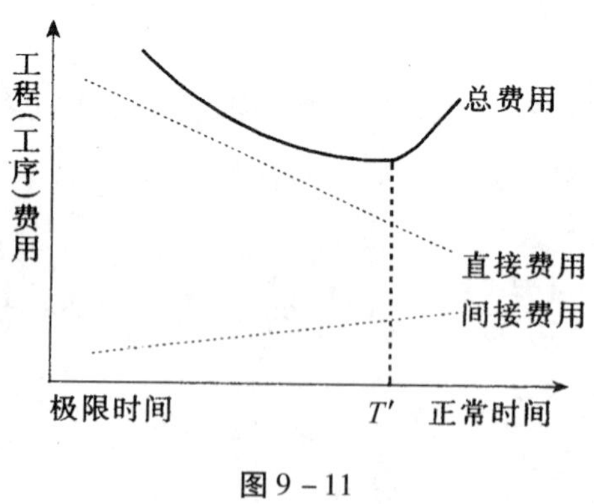

图 9－11

图中的正常时间是在现有的生产技术条件下，由各工序的作业时间所构成的工程完工时间。极限时间是为了缩短各工序的作业时间而采取一切可能的技术组织措施之后，可能

达到的最短作业时间和完成工程项目的最短时间。

在进行时间—费用优化时，需要计算在采取各种技术组织措施之后，工程项目不同的完工时间所对应的工序总费用和工程项目所需要的总费用。使得工程费用最低的工程完工时间称为最低成本日程（如图9-11中的T'值）。编制网络计划，无论是以降低费用为主要目标，还是以尽量缩短工程完工时间为主要目标，都要计算最低成本日程，从而提出时间—费用的优化方案。

例5　网络优化的思路与方法。

已知图9-8中各道工序正常情况下的作业时间（已标在各条弧线的下面）和极限时间，以及与正常时间、极限时间对应各工序所需要的直接费用和每缩短一天工期需要增加的费用如表9-7所示。

表9-7

工序	正常情况下		采取各种措施后		直接费用变动率（元/天）
	正常时间（天）	工序的直接费用（元）	极限时间（天）	工序的直接费用（元）	
a	60	10 000	60	10 000	∞
b	45	4 500	30	6 300	120
c	10	2 800	5	4 300	300
d	20	7 000	10	11 000	400
e	40	10 000	35	12 500	500
f	18	3 600	10	5 440	230
g	30	9 000	20	12 500	350
h	15	3 750	10	5 750	400
k	25	6 250	15	9 150	290
l	35	12 000	35	12 000	∞

又已知工程项目每天的间接费用为400元，按图9-8及表9-7中的已知资料，若按图9-8安排，工程的工期为170天，则工程的直接费用（各工序的直接费用之和）为68 900元，间接费用为170天×400元/天=68 000元，总费用为136 900元，把这个按正常时间进行的方案作为第Ⅰ方案。

如果要缩短第Ⅰ方案的完工时间，首先要缩短关键路线上直接费用变动率最低的工序作业时间。在第Ⅰ方案中的关键工序a、d、g、k、l中，工序k的直接费用变动率最低。已知这个工序的作业时间只能缩短10天，则总工期可以缩短到160天。这时各工序的直接费用为第Ⅰ方案中的直接费用（68 900元）再加上缩短工程周期而增加的直接费用，即68 900元+（290元/天×10天）=71 800元，间接费用为第Ⅰ方案的间接费用减去由于缩短工期而节省的间接费用，即170天×400元/天-（10天×400元/天）=68 000元-4 000元=64 000元，总费用为71 800元+64 000元=135 800元，工期为160天，把这个方案作为第Ⅱ方案。它比第Ⅰ方案的工期缩短了10天，总费用节省了1 100元（136 900元－135 800元）。显然第Ⅱ方案比第Ⅰ方案经济效益好。此时，还是只有一条关键路线①→②→④→⑥→⑦→⑧。

可以看到，工序g还可以压缩10天，此时工程总的直接费用增加了350元/天×10天＝3 500元，即71 800元＋3 500元＝75 300元，而总的间接费用也减少了400元/天×10天＝4 000元，即64 000元－4 000元＝60 000元，总的费用为75 300元＋60 000元＝135 300元，工期为150天，把这个方案作为第Ⅲ方案。它比第Ⅱ方案的工期缩短了10天，总的费用节省了500元（135 800元－135 300元）。显然，第Ⅲ方案比第Ⅱ方案经济效益好，比第Ⅰ方案经济效益更好。此时，在第Ⅲ方案中已有两条关键路线，即①→②→④→⑥→⑦→⑧与①→②→⑤→⑦→⑧。

如果再缩短工程周期，则两条关键路线的工期要同时压缩，才有可能缩短总的工期。如果在方案Ⅲ的基础上再缩短工程工期5天，则须d工序须缩短5天，h工序须缩短5天（只能缩短5天），则工序的直接费用为75 300＋400×5＋400×5＝79 300（元），间接费用为60 000－400×5＝58 000（元），总费用为79 300＋58 000＝137 300（元），把这个方案记为方案Ⅳ。这个方案的总费用比第Ⅲ、Ⅱ、Ⅰ方案的总费用都高。显然，第Ⅲ方案对应的工程周期150天即最低成本日程。

方案Ⅳ和方案Ⅲ相比，工期缩短了5天，工程的总费用增加了2 000元（137 300元－135 300元）。显然，用2 000元的工程费用可以换来提前5天的工期。

如果在方案Ⅳ的基础上再将d工序压缩5天，同时将e工序压缩5天，称这个方案为方案Ⅴ。显然，方案Ⅴ的总的直接费用为79 300元＋400元/天×5天＋500元/天×5天＝83 800元，总的间接费用为400元/天×140天＝56 000元，总的工程费用为83 800元＋56 000元＝139 800元。它和方案Ⅲ相比，工期缩短了10天（150天－140天），费用增加4 500元（139 800元－135 300元）。显然，用4 500元的工程费用可以换来提前10天的工期。

网络优化的思路与方法应贯穿于网络计划的编制、调整与执行的过程。

9.2.3 CPM在赶工情况下的计算机求解

用QM for Windows求解例5时，选择主菜单“File”下的“Crashing (to the limit)”，然后在“Number of Tasks”输入11，在“Table Structure”下选择“Start/end node numbers”，点击“OK”，出现图9－12（a）所示的数据输入界面，输入模型数据后，点击“Solve”，出现图9－12（b）所示的计算输出结果界面。在“Window”下选择“Crash Schedule”，则输出从正常时间到极限压缩时间下的各种赶工顺序时间，如图9－12（c）所示。

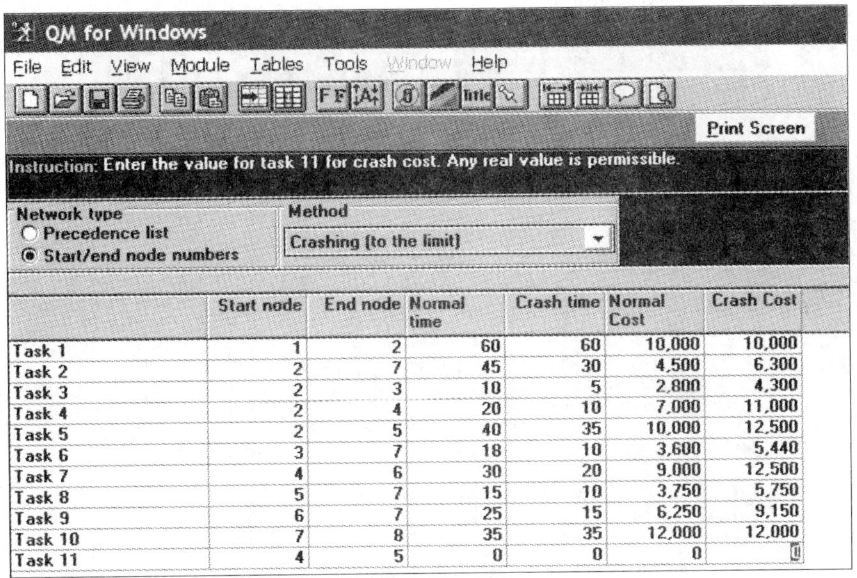

	Start node	End node	Normal time	Crash time	Normal Cost	Crash Cost
Task 1	1	2	60	60	10,000	10,000
Task 2	2	7	45	30	4,500	6,300
Task 3	2	3	10	5	2,800	4,300
Task 4	2	4	20	10	7,000	11,000
Task 5	2	5	40	35	10,000	12,500
Task 6	3	7	18	10	3,600	5,440
Task 7	4	6	30	20	9,000	12,500
Task 8	5	7	15	10	3,750	5,750
Task 9	6	7	25	15	6,250	9,150
Task 10	7	8	35	35	12,000	12,000
Task 11	4	5	0	0	0	0

图 9－12（a）

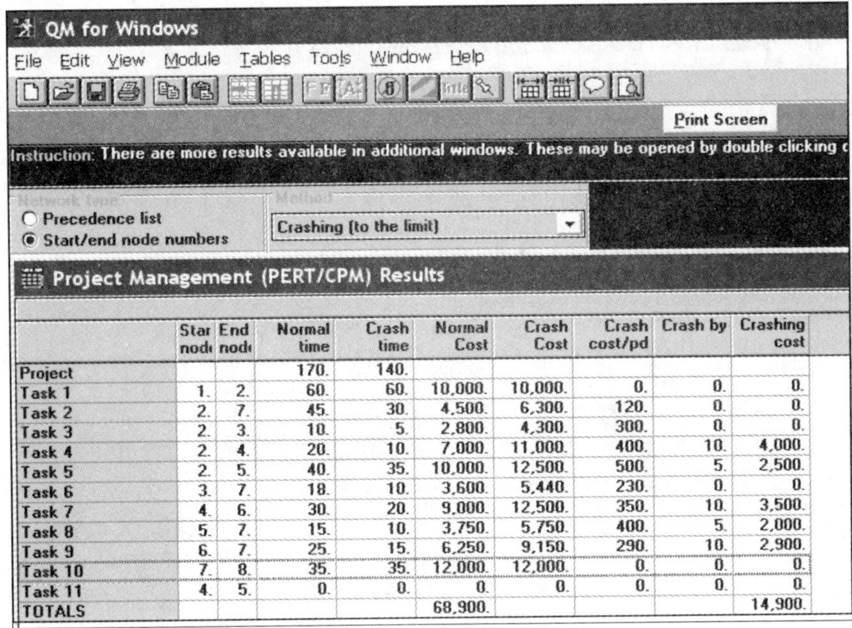

	Star node	End node	Normal time	Crash time	Normal Cost	Crash Cost	Crash cost/pd	Crash by	Crashing cost
Project			170.	140.					
Task 1	1.	2.	60.	60.	10,000.	10,000.	0.	0.	0.
Task 2	2.	7.	45.	30.	4,500.	6,300.	120.	0.	0.
Task 3	2.	3.	10.	5.	2,800.	4,300.	300.	0.	0.
Task 4	2.	4.	20.	10.	7,000.	11,000.	400.	10.	4,000.
Task 5	2.	5.	40.	35.	10,000.	12,500.	500.	5.	2,500.
Task 6	3.	7.	18.	10.	3,600.	5,440.	230.	0.	0.
Task 7	4.	6.	30.	20.	9,000.	12,500.	350.	10.	3,500.
Task 8	5.	7.	15.	10.	3,750.	5,750.	400.	5.	2,000.
Task 9	6.	7.	25.	15.	6,250.	9,150.	290.	10.	2,900.
Task 10	7.	8.	35.	35.	12,000.	12,000.	0.	0.	0.
Task 11	4.	5.	0.	0.	0.	0.	0.	0.	0.
TOTALS					68,900.				14,900.

图 9－12（b）

QM for Windows

File Edit View Module Tables Tools Window Help

Print Screen

Instruction: There are more results available in additional windows. These may be opened by double clicking or using the WINDOW option in the Main M

Precedence list
Start/end node numbers

Crashing (to the limit)

Crash schedule

									<untitled> solution		
project time	Task 1	Task 2	Task 3	Task 4	Task 5	Task 6	Task 7	Task 8	Task 9	Task 10	Task 11
170	0.	0.	0.	0.	0.	0.	0.	0.	0.	0.	0.
169	0.	0.	0.	0.	0.	0.	0.	0.	1.	0.	0.
168	0.	0.	0.	0.	0.	0.	0.	0.	2.	0.	0.
167	0.	0.	0.	0.	0.	0.	0.	0.	3.	0.	0.
166	0.	0.	0.	0.	0.	0.	0.	0.	4.	0.	0.
165	0.	0.	0.	0.	0.	0.	0.	0.	5.	0.	0.
164	0.	0.	0.	0.	0.	0.	0.	0.	6.	0.	0.
163	0.	0.	0.	0.	0.	0.	0.	0.	7.	0.	0.
162	0.	0.	0.	0.	0.	0.	0.	0.	8.	0.	0.
161	0.	0.	0.	0.	0.	0.	0.	0.	9.	0.	0.
160	0.	0.	0.	0.	0.	0.	0.	0.	10.	0.	0.
159	0.	0.	0.	0.	0.	0.	1.	0.	10.	0.	0.
158	0.	0.	0.	0.	0.	0.	2.	0.	10.	0.	0.
157	0.	0.	0.	0.	0.	0.	3.	0.	10.	0.	0.
156	0.	0.	0.	0.	0.	0.	4.	0.	10.	0.	0.
155	0.	0.	0.	0.	0.	0.	5.	0.	10.	0.	0.
154	0.	0.	0.	0.	0.	0.	6.	0.	10.	0.	0.
153	0.	0.	0.	0.	0.	0.	7.	0.	10.	0.	0.
152	0.	0.	0.	0.	0.	0.	8.	0.	10.	0.	0.
151	0.	0.	0.	0.	0.	0.	9.	0.	10.	0.	0.
150	0.	0.	0.	0.	0.	0.	10.	0.	10.	0.	0.
149	0.	0.	0.	1.	0.	0.	10.	1.	10.	0.	0.
148	0.	0.	0.	2.	0.	0.	10.	2.	10.	0.	0.
147	0.	0.	0.	3.	0.	0.	10.	3.	10.	0.	0.
146	0.	0.	0.	4.	0.	0.	10.	4.	10.	0.	0.
145	0.	0.	0.	5.	0.	0.	10.	5.	10.	0.	0.
144	0.	0.	0.	6.	1.	0.	10.	5.	10.	0.	0.
143	0.	0.	0.	7.	2.	0.	10.	5.	10.	0.	0.
142	0.	0.	0.	8.	3.	0.	10.	5.	10.	0.	0.
141	0.	0.	0.	9.	4.	0.	10.	5.	10.	0.	0.
140	0.	0.	0.	10.	5.	0.	10.	5.	10.	0.	0.

图 9－12（c）

9.2.4 网络计划的线性规划求解方法

在网络计划的时间—费用优化的研究过程中，假设工序时间的缩短与工序直接费用的增加呈线性变化，工程项目的间接费用的减少与工程项目工期的缩短也呈线性变化，则可以用线性规划的方法求解网络计划的最低成本日程。下面以例 1 来分析。

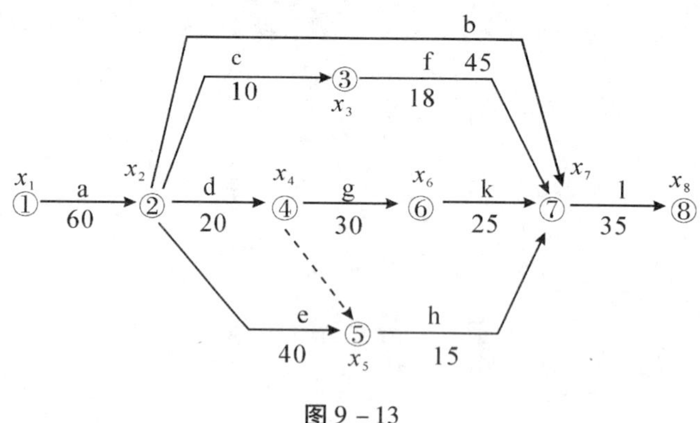

图 9－13

假设节点①，…，⑧的最早开工时间分别为 x_1，…，x_8，工序 a，b，…，l 在最低成本日程中被压缩的时间分别为 γ_a，γ_b，…，γ_l。在不考虑压缩工序时间的情况下，

对于节点①：$x_1 \geqslant 0$

对于节点②：$x_2 \geqslant x_1 + 60$，即节点②的最早开工时间必须不小于节点①的最早开工时

间加工序 a 所需的时间。

⋮

对于节点⑦：$x_7 \geqslant x_2 + 45$

$x_7 \geqslant x_3 + 18$

$x_7 \geqslant x_6 + 25$

$x_7 \geqslant x_5 + 15$

在考虑压缩工序时间，进行时间—费用优化的过程中，

对于节点①：$x_1 \geqslant 0$

对于节点②：$x_2 \geqslant x_1 + 60 - \gamma_a$

⋮

对于节点⑦：$x_7 \geqslant x_2 + 45 - \gamma_b$

$x_7 \geqslant x_3 + 18 - \gamma_f$

$x_7 \geqslant x_6 + 25 - \gamma_k$

⋮

$x_7 \geqslant x_5 + 15 - \gamma_h$

而最低成本日程的间接费用为 $x_8 \times 400$，总的直接费用为 68 900 元加上被压缩工序压缩后增加的直接费用，即 $\gamma_a \times \infty + \gamma_b \times 120 + \cdots + \gamma_k \times 290 + \gamma_l \times \infty$。因为工序 a 和 l 为不可压缩工序，即 $\gamma_a = \gamma_l = 0$。因此线性规划的目标函数为：

$$\min z = 68\,000 + x_8 \times 400 + \gamma_b \times 120 + \gamma_c \times 300 + \cdots + \gamma_k \times 290$$

约束条件为：

$$\text{s. t.} \quad \begin{aligned} & x_1 = 0 \\ & x_2 \geqslant x_1 + 60 - \gamma_a \\ & \vdots \\ & x_7 \geqslant x_2 + 45 - \gamma_b \\ & x_7 \geqslant x_3 + 18 - \gamma_f \\ & x_7 \geqslant x_6 + 25 - \gamma_k \\ & x_7 \geqslant x_5 + 15 - \gamma_h \\ & x_7 \geqslant x_7 + 35 - \gamma_l \\ & \gamma_a = 0 \\ & \gamma_b \leqslant 15 \\ & \gamma_c \leqslant 5 \\ & \vdots \\ & \gamma_l = 0 \\ & x_1, x_2, \cdots, x_6 \geqslant 0, \gamma_b, \gamma_c, \cdots, \gamma_k \geqslant 0 \end{aligned}$$

求得的结果为 $x_8=150$ 天，$z=135\ 300$ 元，$\gamma_k=10$，$\gamma_g=10$，其他 γ_b，γ_c，γ_d，γ_e，γ_f，γ_h，γ_l 均等于0。

9.3 PERT

PERT 是以极小的成功希望在1956年诞生的。当时美国海军北极星潜艇导弹处于早期研制阶段，那时已经成立了一个特别计划办公室来管理这个规模宏大而复杂的任务。负责人后来发现，所有传统的管理方法对掌握计划进度都不适用。由于不能确定关键性的研究和设计阶段何时才能完成，协调11 000个承包商工作的任务就难以开展。特别计划办公室的维·法茨尔（Willard Fazar）在洛克希德导弹和太空小组的帮助以及爱伦、哈密尔顿、布茨等的参谋下，设计了含不定因素的 PERT 网络流程图，而不是像通常的关键路线法那样，对每一任务估以单一的时间。法茨尔建议采用三种时间估计：乐观的、正常的和保守的。这样的多重估计给计算增加了麻烦，但它们仍然在高速计算机的能力范围内。PERT 从1958年开始投入运行以来一直工作得很好。北极星核潜艇舰队副总司令小拉伯尔（W. F. Raborn，Jr.）对于第一颗北极星导弹的研制比原来估计的时间提前两年完成，予以了 PERT 极高的评价。

PERT 的方法主要应用在以下一些方面。

（1）建设。协助计划建设工程项目，特别是大的建筑物，并控制建筑活动以充分利用工人的工时使工程总费用达到最小。

（2）研究与开发。用于监督纯理论的项目或应用于复杂的研制与开发任务，将研制与开发实际经费限于预算总额之内。

（3）新产品。控制将来新产品的发展和投入市场。

（4）大的经营合同。大的经营合同可以用 PERT 限制总的工时和费用。有些合同甚至已经要求用 PERT 做投标的准备工作。

（5）设备的安装。当安装设备时，用于规划一系列要求高集成化的活动，如计算机及其主体设备。

（6）初次投产运行。控制制造线的初次投产运行，包括必要的调试检验和修正。

（7）系统和过程的安装。用于安装不论是简单还是复杂的系统和过程。

（8）维护和检修。协助解决维修问题，特别是用于钢铁、化工、石油、玻璃以及造纸工业方面。

9.3.1 PERT 的时间估计

实际工程项目的时间分布基本上反映为图9－14所示的三种曲线之一。PERT 设计者面临的问题是寻找一个特定形式的分布来满足最短的（乐观的）、最长的（保守的）和最可能时间的条件。显然，最可能时间（m）要比最乐观时间（a）和最保守时间（b）加权重得多，或者肯定地说，计划完成的日期接近最可能时间的可能性比接近两端时间的可能性更大。对一个工序期望时间 t_e 和方差 σ_e^2 可用下列公式计算得到：

$$t_e = \frac{a + 4m + b}{6} \tag{9.12}$$

$$\sigma_e^2 = \left(\frac{b - a}{6}\right)^2 \tag{9.13}$$

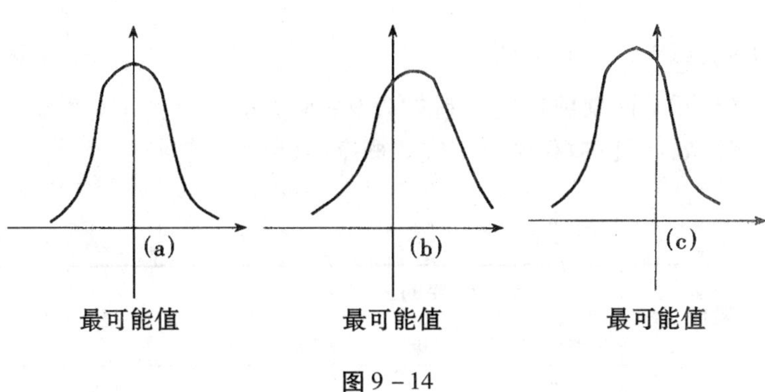

图 9－14

对于正态钟形曲线用这个公式计算时求得的 t_e 值恰好代表这个钟形曲线的中间值，这正是我们在这种曲线形式下所希望的值。

在左斜或右斜的 β 分布情况下，期望时间到底位于最可能时间值的左边还是右边要依三种时间值而定。曾经有人对 β 分布情况下的 t_e 精度做过研究，这些研究都表明期望时间的计算误差太小，在实际的应用中可以忽略其影响。

9.3.2 PERT 的计算方法

求出了每道工序工作的平均期望时间 t_e 和方差 σ_e^2 后，就可以同确定型网络图一样，计算有关时间参数及总完工日期 T_E。

由于各道工序本身包含着随机因素，所以整个任务的总完工日期也是一个期望值。总完工日期是关键路线上各道工序的平均工时之和，即 $T_E = \sum t_e$，所以总的完工日期的方差就是关键路线上所有工序的方差之和 $\sum \sigma_e^2$。当工序足够多，每一道工序的工时对整个任务的完工工期影响不大时，由中心极限定理可知，总的完工工期服从以 T_E 为均值，以 $\sum \sigma_e^2$ 为方差的正态分布。

为了达到严格控制工期，确保任务在计划期内完成的目的，可以计算在某一给定期限 T_K 前完成工程的概率。可以指定多个完工日期 T_K，直到求得足够可靠的计划完工期 T_K^*，将其作为总工期。

$$P\ (T \leqslant T_K) = \int_{-\infty}^{T_K} N\ \left(T_E,\ \sqrt{\sum \sigma_e^2}\right)\ \mathrm{d}t$$

$$= \int_{-\infty}^{\frac{T_K - T_E}{\sqrt{\sum \sigma_e^2}}} N(0, 1)\, dt = \Phi\left(\frac{T_K - T_E}{\sqrt{\sum \sigma_e^2}}\right) \tag{9.14}$$

其中，$N\left(T_E, \sqrt{\sum \sigma_e^2}\right)$ 为以 T_E 为均值，$\sqrt{\sum \sigma_e^2}$为均方差的正态分布。$N(0, 1)$为以 0 为均值，1 为均方差的标准正态分布。

例 6　PERT 的计算。

已知某项研究与开发计划项目的资料如表 9－8 所示，求：①计算完成这一计划项目需要的天数；②该计划项目在 60 天内完成的概率。

表 9－8

工序	紧前工序	需要的天数			工序期望时间	方差
		最乐观（a）	最可能（m）	最保守（b）		
a	—	7	7	7	7.000	0.000
b	—	6	7	9	7.160	0.250
c	—	8	10	15	10.500	1.361
d	b，c	9	10	12	10.167	0.250
e	a	6	7	8	7.000	0.111
f	d，e	15	20	27	20.333	4.000
g	d，e	18	20	24	20.333	1.000
h	c	4	5	7	5.167	0.250
i	g，f	4	5	7	5.167	0.250
j	i，h	7	10	30	12.833	14.694

解：根据公式计算各工序的期望时间与方差的结果，如表 9－8 所示。项目的网络图如图 9－15 所示。

由图中的计算结果可知，该项目有两条关键路线，一是路线 1，对应的关键工序为 c、d、f、i、j；二是路线 2，对应的关键工序为 c、d、g、i、j。两条关键路线总的完工时间都为 59 天。

进一步思考：59 天完工的概率有多大？

关键路线 1 对应的方差和 $\sigma_1^2 = 1.361 + 0.000 + 0.250 + 4.000 + 0.000 + 0.250 + 14.694 = 20.555$

关键路线 2 对应的方差和 $\sigma_2^2 = 1.361 + 0.000 + 0.250 + 1.000 + 14.694 = 17.305$

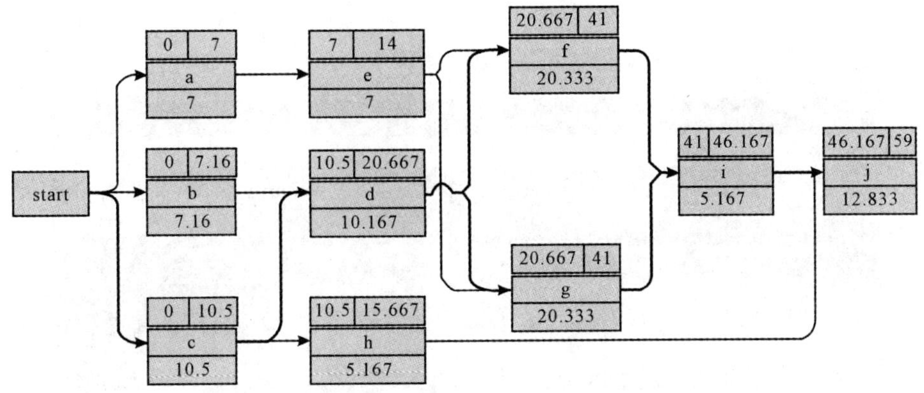

图 9-15

对应关键路线1，60天完工的概率为：

$$\lambda_1=\frac{T_K-T_E}{\sigma_1}=\frac{60-59}{\sqrt{20.53}}=\frac{1}{4.53}\approx 0.22$$

$$P（\lambda_1=0.22）=58.7\%$$

对应关键路线2，60天完工的概率为：

$$\lambda_2=\frac{T_K-T_E}{\sigma_2}=\frac{60-59}{\sqrt{17.305}}=\frac{1}{4.160}\approx 0.240$$

$$P（\lambda_2=0.240）=59.4\%$$

显然，项目的总体完工概率为58.7%。

故完成这一项目所需的天数为59天，计划在60天内完成的概率为58.7%。

进一步思考：① 为什么要选择较小的概率？② 如果要达到100%的概率，工期应该是多少天呢？

9.3.3 PERT的计算机求解

用QM for Windows软件求解例6时，选择主菜单“File”下的“Triple time estimate”，然后在“Number of Tasks”下输入参数12，在“Table Structure”下选择“Start/end node numbers”，点击“OK”，图9-16（a）是输入数据界面，输入数据后，点击“Solve”，图9-16（b）是计算结果输出界面。在“Window”下选择“Task time computations”，则输出图9-16（c）所示的每道工序的计算结果，选择“Charts”可以输出该模型的甘特图，如图9-16（d）所示。

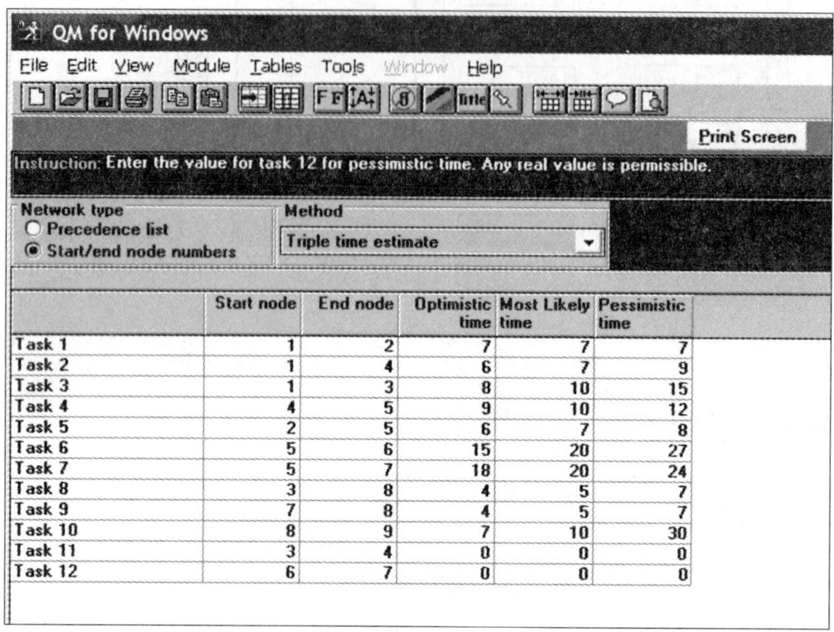

QM for Windows

File Edit View Module Tables Tools Window Help

Print Screen

Instruction: Enter the value for task 12 for pessimistic time. Any real value is permissible.

Network type: ○ Precedence list ◉ Start/end node numbers

Method: Triple time estimate

	Start node	End node	Optimistic time	Most Likely time	Pessimistic time
Task 1	1	2	7	7	7
Task 2	1	4	6	7	9
Task 3	1	3	8	10	15
Task 4	4	5	9	10	12
Task 5	2	5	6	7	8
Task 6	5	6	15	20	27
Task 7	5	7	18	20	24
Task 8	3	8	4	5	7
Task 9	7	8	4	5	7
Task 10	8	9	7	10	30
Task 11	3	4	0	0	0
Task 12	6	7	0	0	0

图 9 – 16（a）

Project Management (PERT/CPM) Results

	Star nod	End nod	Activity time	Early Start	Early Finish	Late Start	Late Finish	Slack	Standard Deviation
Project			59.						4.6428
Task 1	1.	2.	7.	0.	7.	6.6667	13.6667	6.6667	0.
Task 2	1.	4.	7.1667	0.	7.1667	3.3333	10.5	3.3333	0.5
Task 3	1.	3.	10.5	0.	10.5	0.	10.5	0.	1.1667
Task 4	4.	5.	10.1667	10.5	20.6667	10.5	20.6667	0.	0.5
Task 5	2.	5.	7.	7.	14.	13.6667	20.6667	6.6667	0.3333
Task 6	5.	6.	20.3333	20.6667	41.	20.6667	41.	0.	2.
Task 7	5.	7.	20.3333	20.6667	41.	20.6667	41.	0.	1.
Task 8	3.	8.	5.1667	10.5	15.6667	41.	46.1667	30.5	0.5
Task 9	7.	8.	5.1667	41.	46.1667	41.	46.1667	0.	0.5
Task 10	8.	9.	12.8333	46.1667	59.	46.1667	59.	0.	3.8333
Task 11	3.	4.	0.	10.5	10.5	10.5	10.5	0.	0.
Task 12	6.	7.	0.	41.	41.	41.	41.	0.	0.

图 9 – 16（b）

◇ Task time computations	Start node	End node	Optimistic time	Most Likely time	Pessimistic time	Activity time	Standard Deviation	Variance
Task 1	1.	2.	7.	7.	7.	7.	0.	0.
Task 2	1.	4.	6.	7.	9.	7.1667	0.5	0.25
Task 3	1.	3.	8.	10.	15.	10.5	1.1667	1.3611
Task 4	4.	5.	9.	10.	12.	10.1667	0.5	0.25
Task 5	2.	5.	6.	7.	8.	7.	0.3333	0.1111
Task 6	5.	6.	15.	20.	27.	20.3333	2.	4.
Task 7	5.	7.	18.	20.	24.	20.3333	1.	1.
Task 8	3.	8.	4.	5.	7.	5.1667	0.5	0.25
Task 9	7.	8.	4.	5.	7.	5.1667	0.5	0.25
Task 10	8.	9.	7.	10.	30.	12.8333	3.8333	14.6944
Task 11	3.	4.	0.	0.	0.	0.	0.	0.
Task 12	6.	7.	0.	0.	0.	0.	0.	0.
Project results								
Total of critical								21.5556
Square root of total							4.6428	

图 9－16（c）

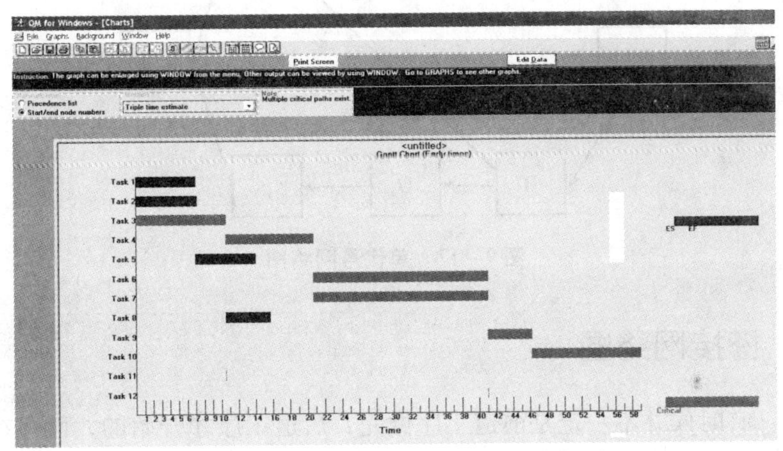

图 9－16（d）

9.4　单代号网络图与搭接网络图

9.4.1　单代号网络图

有时在西方的教材和软件中采用的是另一种形式的网络图绘制法，即箭杆式网络图法(Activity on Arc，缩写为 AOA)、单代号网络图法或 PDM 图法(Precedence Diagram Method)，这种网络图易于表达工序的时间参数和工序之间的搭接情况，图 9－17 就是这种网络图。微软公司开发的项目管理软件 Project 使用的也是这种网络图表达法，所以单代号网络图应用得越来越广泛了。

在单代号网络图中，弧表示工序间前后的逻辑关系，节点表示工序，而且在该网络图中一般在最前面加上一个节点表示项目的开始，在最后加上一个节点表示项目的结束。例如，某项目的逻辑关系如表 9 - 9 所示，对应的单代号网络图如图 9 - 17 所示。

表 9 - 9　　某项目的工序逻辑关系

序号	工序	紧前工序	序号	工序	紧前工序
1	A	—	4	D	B
2	B	—	5	E	B，C
3	C	A	6	F	D

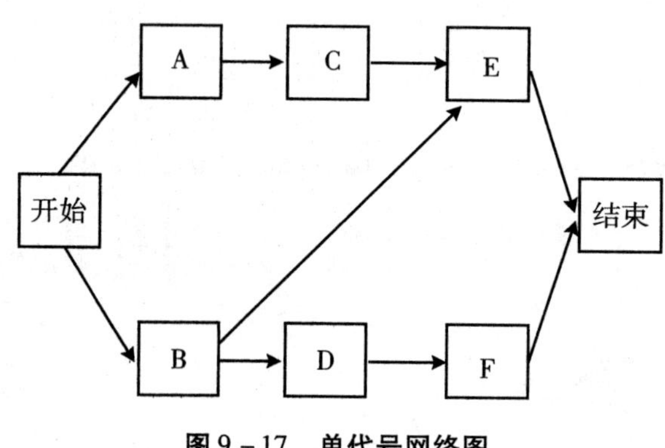

图 9 - 17　单代号网络图

9.4.2　搭接网络图

在项目中，有时候并不一定是前道工序做完，后道工序才开始的，而存在重叠或搭接的情况。有时会存在如下四种情况：

（1）前道工序结束和后道工序开始的搭接，即 FS（Finish - Start）搭接。例如 FS5，表示前道工序结束和后道工序开始之间的时间相差 5。

（2）前道工序结束和后道工序结束的搭接，即 FF（Finish - Finish）搭接。例如 FF5，表示前道工序结束和后道工序结束之间的时间相差 5。

（3）前道工序开始和后道工序开始的搭接，即 SS（Start - Start）搭接。例如 SS5，表示前道工序开始和后道工序开始之间的时间相差 5。

（4）前道工序开始和后道工序结束的搭接，即 SF（Start - Finish）搭接。例如 SF5，表示前道工序开始和后道工序结束之间的时间相差 5。

有搭接关系网络图时间的计算和没有搭接关系网络图时间的计算的基本原理是一样的。图 9 - 18（a）和图 9 - 18（b）是两个有搭接关系网络图的时间计算结果。

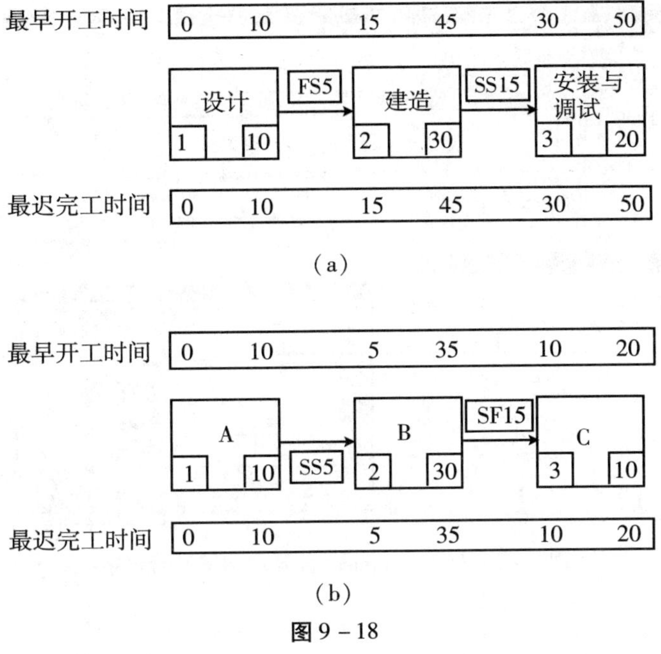

图9-18

注：在表示工序的节点中，前一个数字表示工序顺序号，第二个数字表示工序持续的时间。

图9-19（a）是一个有搭接关系网络图的计算结果。

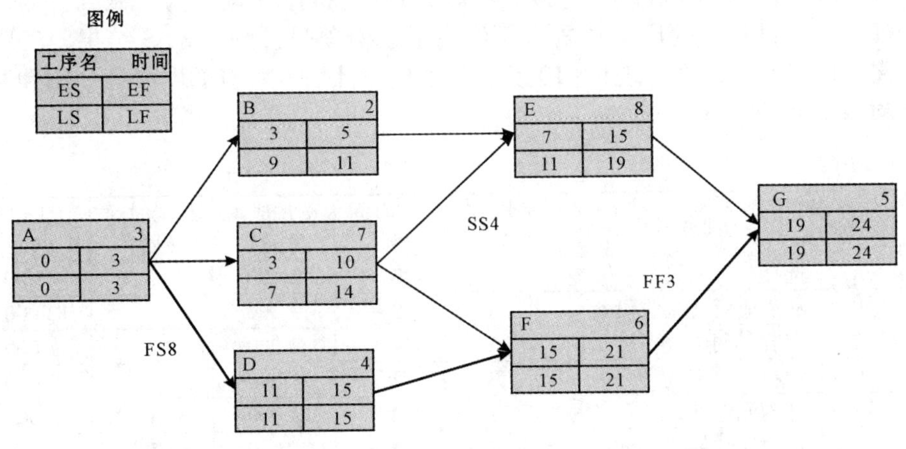

图9-19（a） 有搭接关系网络图的时间计算结果

图9-19（b）是用Project计算的结果项目工期24，右边是项目的甘特图，“任务信息”卡中表达的是G和F之间FF3的搭接情况。

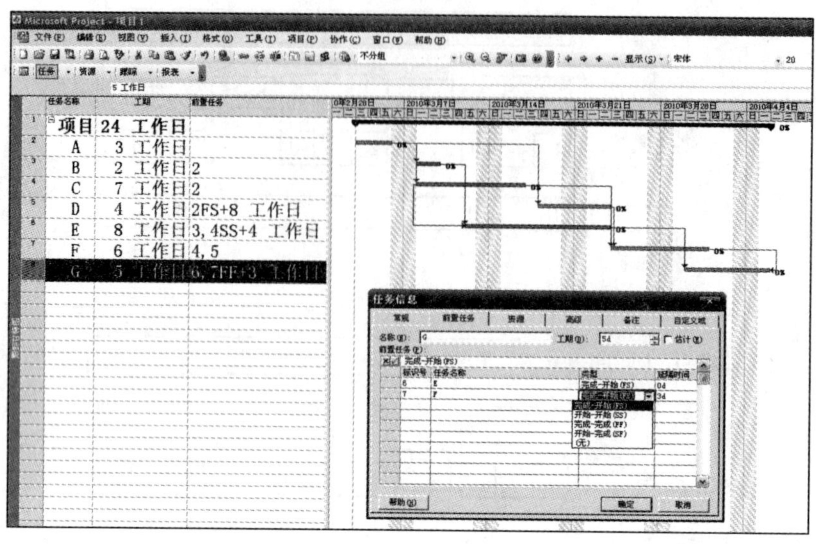

图 9－19（b） Project 计算的结果及甘特图

9.5 案 例

A 公司正在开发一种新产品，公司要求必须最迟在 24 周之后将新产品投放市场，定价 125 元/件。由公司的市场部负责协调全部的研究与推广活动。为了做到计划周密、有序，市场部根据项目管理的原理和要求，作出了一份项目计划。WBS 结果、工序间逻辑关系以及需要的时间、成本如表 9－10 所示。根据该计划，对应的网络计划图和甘特图如图 9－20 和图 9－21 所示。

表 9－10

序号	任务代号	任务名称	紧前任务	正常时间（周）	正常成本（元）	赶工时间（周）	赶工成本（元）
1	A	选择与订购设备	—	3	2 000	2	45 00
2	B	从供应商处接收设备	A	8	9 000	6	12 000
3	C	安装与调试设备	A	4	2 000	2	7 000
4	D	物料清单定稿	B	2	1 000	1	2 000
5	E	订购元部件	C	2	2 000	1	3 000
6	F	接收元部件	E	5	0	5	0
7	G	首次生产运行	D,F	6	12 000	3	24 000
8	H	营销计划定稿	—	4	3 500	2	8 000
9	I	做杂志广告	H	4	5 000	3	8 000
10	J	草拟电视广告	H	3	8 000	2	15 000
11	K	做电视广告	J	4	50 000	3	70 000
12	L	开始广告活动	I,K	6	10 000	6	10 000
13	M	把产品推向消费者	G,L	1	5 000	1	5 000

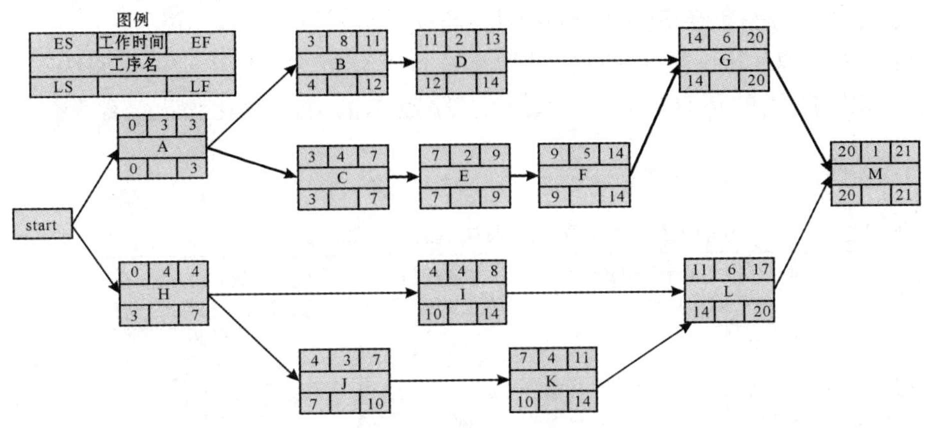

图 9－20　计划的网络图

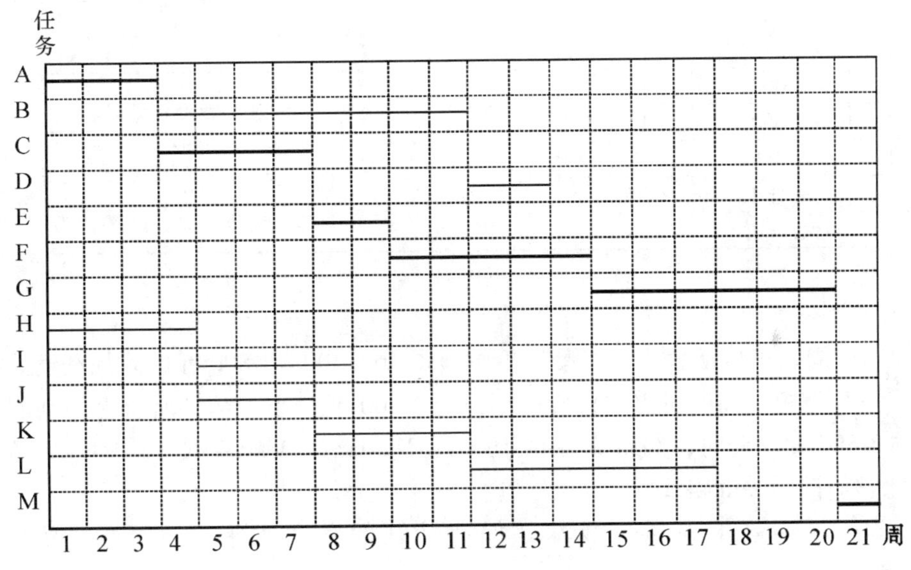

图 9－21　计划的甘特图

按照该计划，整个项目在第 21 周就可以完成。可在这时，总裁得到可靠消息，竞争者 B 公司也正在开发类似的产品，而且他们也打算在差不多的时间推出。为此，总裁希望提前 6 周将该新产品推出上市，前 6 周的销量大约每周 300 件。6 周以后，估计竞争者的类似产品也会上市，本公司将该产品售价降到 109 元/件，与竞争者差距在 10 元以内，以保持产品的竞争力。总裁希望能以赶工的方式加快项目的进程，为此，市场部会同财务部一起分析了赶工的可能性和赶工需要的成本，结果如表 9－10 所示。同时，公司的生产能力在产品推出市场的前期即 6 周时间内达不到量产的规模，每周只能生产 500 件。此时，生产经营安全率为：$\frac{500-300}{500}\times 100\% = 40\%$，企业的经营风险处于很低的水平。因此，总裁需要市场部拿出一套赶工情况分析报告。

市场部根据表 9－10、图 9－20 中的数据进行了分析，找出了主关键路线、次关键路线以及第三关键路线的情况，分析了每个工序赶工的成本变化情况。结果如表 9－11 所示。

表 9－11　　　　赶工成本的变化以及关键路线情况

序号	任务代号	每周赶工成本(元)	最大可能赶工时间(周)	主关键路线任务(21 周)	次关键路线任务(20 周)	第三关键路线任务(18 周)
1	A	+2 500	1	√	√	
2	B	+1 500	2		√	
3	C	+2 500	2	√		
4	D	+1 000	1		√	
5	E	+1 000	1	√		
6	F	无法赶工	0	√		
7	G	+4 000	3	√	√	
8	H	+2 250	2			√
9	I	+3 000	1			
10	J	+7 000	1			√
11	K	+20 000	1			√
12	L	无法赶工	0			√
13	M	无法赶工	0	√	√	√

1. 赶工 1 周分析

如果提前 1 周，可以从较高的产品售价中获得 16×300＝4 800 元的附加利润。在主关键路线上任务 E 缩短 1 周所付出的代价最小，为 1 000 元，小于额外所获得的利润，这样可以净节约 3 800 元。此时，路线 A→B→D→G→M 和路线 A→C→E→F→G→M 的长度为 20 周，因此它们都是关键路线。

此时，为了平衡赶工支付的成本并保持计划的利润水平，每周产量需要提高：$\frac{1\ 000\text{ 元}}{(125-109)\text{ 元/件}}=62.5$ 件。此时，生产经营安全率为 $\frac{500-(300+62.5)}{500}\times 100\%=27.5\%$，企业的经营风险处于比较低的水平。

2. 赶工 2 周分析

因为现在有了两条关键路线，所以需要从每条路线上各选出一项（赶工费率最低的）任务或对公共任务进行赶工。挑选公共任务 A 进行赶工，赶工成本为 2 500 元。项目总工期可以再缩短 1 周，赶工成本小于 4 800 元的每周附加利润。这样可以再次净节约 2 300 元。此时项目长度为 19 周，A→B→D→G→M 和 A→C→E→F→G→M 仍然都是关键路线。

此时，为了平衡赶工支付的成本并保持计划的利润水平，产量需要提高：$\frac{[(1\ 000+2\ 500)/2]\text{ 元}}{(125-109)\text{ 元/件}}\approx 109$ 件。此时，生产经营安全率为 $\frac{500-(300+109)}{500}\times 100\%=18.2\%$，企业有一定的市场风险了。

3. 赶工 3 周分析

再次对两条关键路线进行赶工分析。从每条路线上各选出一项（赶工费率最低的）任务或对公共任务进行赶工。挑选路线 A→B→D→G→M 的任务 D 进行赶工，赶工成本为 1 000元。同时再挑选路径 A→C→E→F→G→M 的任务 C 进行赶工，赶工成本为 2 500 元。项目总工期可以再缩短 1 周，成本为1 000 + 2 500 = 3 500 元，小于 4 800 元的每周附加利润。此时，将净节约1 300元。项目总工期缩短 3 周，累计开支净节约 7 400 元。此时项目长度为 18 周，路线A→B→D→G→M、A→C→E→F→G→M 和 H→J→K→L→M 都是关键路线。

此时，为了平衡赶工支付的成本并保持计划的利润水平，产量需要提高：$\frac{[(1\ 000+2\ 500+3\ 500)/3]\text{元}}{(125-109)\text{元/件}}\approx 146$ 件。此时，生产经营安全率为$\frac{500-(300+146)}{500}\times 100\%=10.8\%$，企业将会面临很大的市场风险了。

4. 赶工 4 周分析

如果进一步考虑赶工，三条关键路线要同时赶工。任务 D 和 C 同时缩短 1 周，或者任务 G 缩短 1 周，赶工成本都是 4 000 元。此外，任务 H 也必须缩短 1 周，所以项目总工期缩短到 17 周时，需要再次增加赶工成本 4 000 + 2 250 = 6 250 元。由于赶工成本大于每周额外的收入 4 800 元，同时产能也达不到要求，因为此时产量需要提高 $\frac{[(1\ 000+2\ 500+3\ 500+6\ 250)/4]\text{元}}{(125-109)\text{元/件}}\approx 207$ 件。此时产能要求达到 300 + 207 = 507 件，已超出了最大产能 500 件。出于利润和产能的考虑，本项目没有比 18 周更好的时间结构了。

将各种赶工方案分析情况报给了总裁，总裁在综合考虑利润和风险的情况下，他认为可能 19 周更好。

习　题

1. 已知资料如表 9 - 12 所示，要求：①绘制网络图；②确定关键路线。

表 9 - 12

工序	紧前工序	工序时间	工序	紧前工序	工序时间	工序	紧前工序	工序时间
A	G，M	3	E	C	5	I	A，L	2
B	H	4	F	A，E	5	K	F，I	1
C	—	7	G	B，C	2	L	B，C	7
D	L	3	H	—	5	M	C	3

2. 已知有关资料如表 9－13 所示，要求：①绘制网络图；②计算各项时间参数；③确定关键路线。

表 9－13

工序	紧前工序	工序时间	工序	紧前工序	工序时间	工序	紧前工序	工序时间
a	—	60	g	b，c	7	m	j，k	5
b	a	14	h	e，f	12	n	i，l	15
c	a	20	i	f	60	o	n	2
d	a	30	j	d，g	10	p	m	7
e	a	21	k	h	25	q	o，p	5
f	a	10	l	j，k	10			

3. 已知有关资料如表 9－14 所示，求出该项工程的最低成本日程。

表 9－14

活动	作业活动	紧前活动	正常完成进度的直接费用（元）	赶进度一天所需费用（元）
A	4	—	2 000	500
B	8	—	3 000	400
C	6	B	1 500	300
D	3	A	500	200
E	5	A	1 800	400
F	7	A	4 000	700
G	4	B，D	1 000	300
H	3	E，F，G	1 500	600
合计			15 300	
工程的间接费用（元/天）			500	

4. 已知下列网络有关数据如表 9－15 所示，间接费用为15 元/天。求最低成本日程。

表 9－15

工序代号	正常时间		赶工情况	
	工时（天）	费用（元）	工时（天）	费用（元）
①→②	6	100	4	120
②→③	9	200	5	280
②→④	3	80	2	110
③→④	0	0	0	0
③→⑤	7	150	5	180
④→⑥	8	250	3	375
④→⑦	2	120	1	170
⑤→⑧	1	100	1	100
⑥→⑧	4	180	3	200
⑦→⑧	5	130	2	220

5. 一项小修计划包括的工作如表 9－16 所示，求：①正常计划工期与最少工期各是多少天？②日常经营费用为 50 元/天，最佳工期应是多少天？列出每项工作的相应工时。

表 9－16

工作	网络说明	最少工时（天）	正常工时（天）	成本变动率（元）
A	（1，2）	6	9	20
B	（1，3）	5	8	25
C	（1，4）	10	15	30
D	（2，4）	3	5	10
E	（3，4）	6	9	15
F	（4，5）	1	2	40

6. 某工程资料如表 9－17 所示。

表 9－17

工作	紧前工作	最乐观时间（a）	最可能时间（m）	最保守时间（b）
A	—	2	5	8
B	A	6	9	12
C	A	5	14	17
D	B	5	8	11
E	C，D	3	6	9
F	—	3	12	21
G	E，F	1	4	7

要求：①画出网络图；②求出每道工时的期望值和均方差；③求出工程完工期的期望值和均方差；④计算工程期望完工期提前 3 天的概率和推迟 5 天的概率。

7. 有一项加工任务，每天最多能分配给 20 人去完成，各工序的延续时间和需要的人数（括号内数字）以及时间参数如图 9－22 所示。在保证 24 天完成的前提下，应如何调整工序的安排，才能使每天劳力的安排尽量均匀？

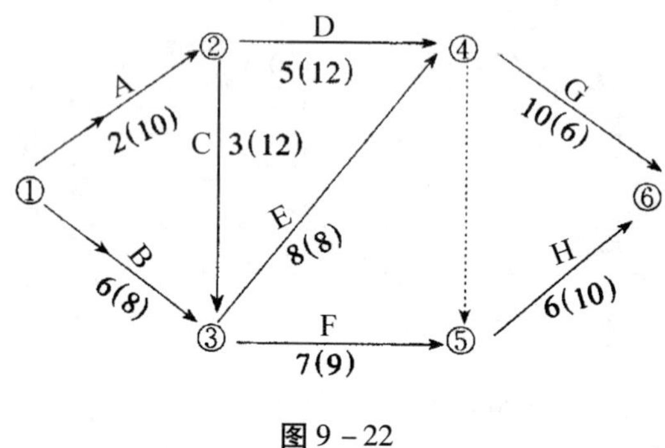

图 9－22

8. 某施工计划的网络图如图 9－23 所示，各工序所需的人数如表 9－18 所示，要求每天出勤的人数不超过 10 人，工期不超过 19 天，应如何调整工序才能使每天出勤人数较为均匀？

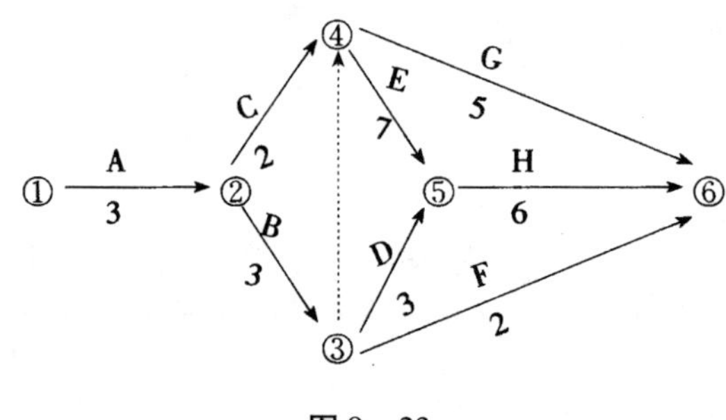

图 9－23

表 9－18

工序	人数	工序	人数
A	5	E	2
B	7	F	1
C	3	G	6
D	2	H	5

9. 考虑由 A，B，…，I 九道工序组成加工任务，各工序的顺序和完成时间的估计值如表 9－19 所示。

(1) 画出计划网络图。
(2) 求出关键路线、期望的完工日期和方差。
(3) 总工期不迟于40天的概率为多少?
(4) 如要求完工的概率至少为0.95，完工日期应定为多少天?

表9-19

工序	紧前工序	最乐观时间(a)	最可能时间(m)	最保守时间(b)
A	—	3	6	15
B	—	2	5	14
C	A	6	12	30
D	A	2	5	8
E	C	8	11	17
F	D	3	6	15
G	B	3	9	27
H	E，F	1	4	7
I	G	4	19	28

本章小结

网络计划是20世纪50年代发展起来的一种编制大型工程进度计划的有效方法，CPM主要应用于以往在类似工程中已经取得一定经验的承包工程，PERT更多地应用于研究与开发项目。本章主要介绍了网络图的构成，包括节点、弧和权以及网络计划建模的原则、方法；网络计划时间参数的计算方法，包括最早完工时间、最迟完工时间、最早开工时间、最迟开工时间。在此基础上，介绍了CPM主关键路线的求解方法；网络计划的时间优化方法，时间—资源的合理调配和优化，在赶工情况下的网络计划时间—费用的优化；单代号网络和有搭接情况下的网络图。还介绍了PERT问题的时间估计的原理和方法，以及PERT问题的求解方法，并给出了不同模型的计算机求解结果。

10 决策论

本章要求

- □ 掌握基于不同决策准则的不确定性决策问题的决策方法。
- □ 掌握风险决策的决策树方法。
- □ 掌握效用的概念以及效用曲线的确定方法。
- □ 理解和掌握基于效用曲线的决策方法。
- □ 掌握层次分析法的原理和方法。
- □ 掌握计算机软件求解的方法。

决策是在人们政治、经济、技术和日常生活中普遍存在的一种选择方案的行为。决策是管理中经常发生的一种活动。决策是决定的意思。在人们的日常生活中，在企业的经营活动中，在国家和政府的政治活动中做决定的情况是常有的。决策的正确与否会给人民、企业或国家带来收益或损失。若一个企业在生产中发生执行错误，造成产品报废，可能只是几百或几千元的损失。而在新产品试制中，一个错误造成的损失可能是几万或几百万甚至更多。在国际市场的竞争活动中，一个错误的决策可能造成几亿甚至几十亿的损失，甚至可能导致企业破产。在一切失误中，决策的失误是最大的失误，一着不慎，损失重大。

关于决策的重要性，诺贝尔奖获得者西蒙有一句名言"管理就是决策"。这就是说管理的核心是决策。决策是一种选择行为，最简单的选择是回答"是"与"否"，较为复杂的决策是从多种方案中选一。研究决策的学问，并将现代科学技术成就应用于决策中，称为决策科学。决策科学包含的内容十分广泛，如决策心理学、决策的数量化方法、决策的评价、决策支持系统以及决策自动化等。本章的主要内容是从运筹学中定量分析方法的角度对决策科学予以介绍。

10.1 决策的分类

决策是作出决断的活动。决策由如下因素构成：决策问题、决策目标、决策环境的状态、可供选择的方案。决策环境中的系统状态会影响决策后果，根据系统状态的特点，通常把决策问题分为如下三大类：

1. 确定型决策

在这类问题中，假设方案的后果在决策环境中是确定的。形成这种决策有两种可能：一是影响后果的各因素都是确定性的变量，或是随机因素，但很弱，以致可以忽略。二是受到对决策环境认识的局限，只好人为地忽略随机因素的作用；随着认识的不断深入，人们会采用新的决策方法。

2. 不确定型决策

在这类问题中，假定决策后果在决策环境中是不确定的，甚至不知道不确定性的统计规律（即概率）。形成这种决策的原因有二：一是由于人们认识的深入，把原来确定型决策转化为不确定型决策。例如在制订销售计划时，如不考虑市场需求变化，该问题就是确定型决策。二是决策后果在决策很长一段时间后才表现出来，在这期间，决策环境会变化，这种变化必然会影响到决策的后果。

3. 风险型决策（概率型决策）

风险型决策是对不确定型决策的再认识，或者是对不确定型决策的统计分析。风险型决策假定决策环境是变化的，其变化状态的概率是可知的。风险型决策的基本特点是要求决策环境中的状态是重复的，因而可以利用统计的方法确定其概率。例如，每年的市场需求变化，天气的变化状态，一项试验成功、失败的可能性等。

任何决策不论其决策问题简单与否，都遵循如下过程：

第一，提出问题。提出问题应建立在对决策环境进行详细分析的基础上，例如，企业由于产品结构不合理而影响到企业的销售。因此，问题应是如何确定产品的结构而使企业获得较大的利润。

第二，制订解决这个问题的各种方案。方案应尽可能多，应计算方案在给定系统状态下的后果值。

第三，选择进行决策的方法。决策论中提出了多种决策方法，决策者根据决策问题的特点，决策环境中系统状态的特点，选择最恰当的方法。

第四，对各种方案进行计算，根据计算结果确定最佳方案。

10.2 不确定型决策

不确定型决策的基本特征是无法确切知道哪种自然状态将出现，而且对各种状态出现的概率（主观的或客观的）也不清楚，这种情况下的决策主要取决于决策者的素质和要求。

问题的一般描述：假设决策者有 m 种策略 A_1，A_2，…，A_m，而市场状况有 n 种可能 E_1，E_2，…，E_n。决策者采用不同的策略 A_i，则在不同的市场状况 E_j 下有不同的收益或损失 a_{ij}。则 m 种策略、n 种市场状况下的收益或损失构成了一个损益矩阵，如表 10－1 所示。

表 10－1

A_i \ E_j	E_1	E_2	…	E_n
A_1	a_{11}	a_{12}	…	a_{1n}
A_2	a_{21}	a_{22}	…	a_{2n}
⋮	⋮	⋮	⋮	⋮
A_m	a_{m1}	a_{m2}	…	a_{mn}

下面介绍几种常用的处理不确定型决策问题的方法，实际上是几种常用的原则。以下均假设决策矩阵中的元素 a_{ij} 为收益值。

10.2.1 不确定型决策的准则

1. 悲观准则（max - min 准则）

决策者对系统所取的状态持悲观的态度。对于每一个方案，系统都取最不利的状态，即使方案取最小后果值，再从最小值中取最大者。决策者以十分保守悲观的态度进行决策。

记 $$u(A_i)=\min_{1\leqslant j\leqslant n} a_{ij},\ i=1,\ 2,\ \cdots,\ m$$

则最优方案 A_i^* 应满足

$$u(A_i^*)=\max_{1\leqslant i\leqslant m} u(A_i)=\max_{1\leqslant i\leqslant m}\ \min_{1\leqslant j\leqslant n} a_{ij} \tag{10.1}$$

2. 乐观准则（max - max 准则）

决策者对每一种方案都持乐观的态度，系统都取使方案为最优后果值的状态，这是十分理想化的决策思想。

记 $$u(A_i)=\max_{1\leqslant j\leqslant n} a_{ij},\ i=1,\ 2,\ \cdots,\ m$$

则最优方案 A_i^* 应满足

$$u(A_i^*)=\max_{1\leqslant i\leqslant m} u(A_i)=\max_{1\leqslant i\leqslant m}\ \max_{1\leqslant j\leqslant n} a_{ij} \tag{10.2}$$

3. 折中准则

折中准则是介于悲观准则和乐观准则之间的一个准则，其特点是对客观状态的估计既不完全乐观，也不完全悲观，而是采用一个乐观系数 α 来反映决策者对状态估计的乐观程度，具体的计算方法是：取 $\alpha\in[0,\ 1]$，令

$$u(A_i)=\alpha\cdot\max_{1\leqslant j\leqslant n} a_{ij}+(1-\alpha)\min_{1\leqslant j\leqslant n} a_{ij},\ i=1,\ 2,\ \cdots,\ m$$

然后，从 $u(A_i)$ 中选择最大者为最优方案，即

$$u(A_i^*)=\max_{1\leqslant i\leqslant m}\left[\alpha\max_{1\leqslant j\leqslant n} a_{ij}+(1-\alpha)\min_{1\leqslant j\leqslant n} a_{ij}\right] \tag{10.3}$$

显然，当 $\alpha=1$ 时，即乐观准则的结果；当 $\alpha=0$ 时，即悲观准则的结果。

4. 等可能性准则（Laplace 准则）

这种准则的思想在于将各种可能出现的状态“一视同仁”，即认为它们出现的可能性

都是相等的，均为$\frac{1}{n}$（有 n 个状态）。然后，再按照期望收益最大的原则来选择最优方案。

记 $$u(A_i)=\frac{1}{n}\sum_{j=1}^{n}a_{ij},\ i=1,2,\cdots,m$$

则最优方案 A_i^* 应满足

$$u(A_i^*)=\max_{1\leqslant i\leqslant m}u(A_i)=\max_{1\leqslant i\leqslant m}\left(\frac{1}{n}\sum_{j=1}^{n}a_{ij}\right) \tag{10.4}$$

5. 最小机会损失准则（min－max 准则）

在决策过程中，当可能出现几种状态时，决策者必然要选择使收益最大的方案。但是如果决策者由于决策失误而没有选择收益最大的方案，则会感到后悔和遗憾。最小机会损失准则的基本思想就是尽量减少决策后的遗憾，使决策者失去的获取收益的机会最少。具体计算时，首先要根据收益矩阵算出决策者的“机会损失矩阵”，该矩阵的元素（称为后悔值）b_{ij}的计算公式为

$$b_{ij}=\max_{1\leqslant i\leqslant m}a_{ij}-a_{ij},\ i=1,2,\cdots,m;\ j=1,2,\cdots,n$$

然后，记 $$r(A_i)=\max_{1\leqslant i\leqslant n}b_{ij},\ i=1,2,\cdots,m$$

所选的最优方案应使

$$r(A_i^*)=\min_{1\leqslant j\leqslant m}r(A_i)=\min_{1\leqslant j\leqslant m}\max_{1\leqslant i\leqslant n}b_{ij} \tag{10.5}$$

例 1 不确定型决策。

设某工厂按批生产某产品并按批销售，每件产品的成本为 30 元，批发价格为每件 35 元。若每月生产的产品当月销售不完，则每件损失 1 元，工厂每投产一批是 10 件，最大月生产能力为 40 件，决策者可选择的生产方案为 0、10、20、30、40 五种。假设决策者对其产品的需求情况一无所知，试问这时决策者应如何决策？

解：这个问题可用决策矩阵来描述。决策者可选的行动方案有五种，这是他的策略集合：记作 $\{A_i\}$，$i=1,2,3,4,5$。经分析，他可断定将发生五种销售情况，即销量为 0、10、20、30、40，但不知它们发生的概率。这就是事件集合。记作 $\{E_j\}$，$j=1,2,3,4,5$。每一个“策略—事件”对都可以计算出相应的收益值或损失值。如当月选择月产量为 20 件时，销售量为 10 件，这时收益额为：$10\times(35-30)-1\times(20-10)=40$（元）。

可以一一计算出各“策略—事件”对所对应的收益值或损失值，记作 a_{ij}，将这些数据汇总在矩阵中，如表 10－2 所示。

表 10－2　　　　　　　　　　　　　　损益矩阵表

A_i \ E_j		事件				
		0	10	20	30	40
策略	0	0	0	0	0	0
	10	－10	50	50	50	50
	20	－20	40	100	100	100
	30	－30	30	90	150	150
	40	－40	20	80	140	200

（1）按照悲观准则决策。

$$u(A_1)=0，u(A_2)=-10，u(A_3)=-20$$
$$u(A_4)=-30，u(A_5)=-40$$
$$u(A_1)=\max_{1\leq i\leq 5}(A_i)=0$$

则 A_1 为最优方案，选择生产 0 件。

（2）按照乐观准则决策。

$$u(A_1)=0，u(A_2)=50，u(A_3)=100，u(A_4)=150$$
$$u(A_5)=200$$
$$u(A_5)=\max_{1\leq i\leq 5}u(A_i)=200$$

则 A_5 为最优方案，选择生产 40 件。

（3）按照折中准则决策。

现取 $\alpha=0.3$，则 $1-\alpha=0.7$，有

$$u(A_1)=0.3\times 0+0.7\times 0=0$$
$$u(A_2)=0.3\times 50+0.7\times(-10)=8$$
$$u(A_3)=0.3\times 100+0.7\times(-20)=16$$
$$u(A_4)=0.3\times 150+0.7\times(-30)=24$$
$$u(A_5)=0.3\times 200+0.7\times(-40)=32$$
$$u(A_5)=\max_{1\leq i\leq 5}(A_i)=32$$

则 A_5 为最优方案，选择生产 40 件。

（4）按照等可能性准则决策。

$$u(A_1)=\frac{1}{5}(0+0+0+0+0)=0$$

$$u(A_2)=\frac{1}{5}(-10+50+50+50+50)=38$$

$$u(A_3)=\frac{1}{5}(-20+40+100+100+100)=64$$

$$u(A_4)=\frac{1}{5}(-30+30+90+150+150)=78$$

$$u(A_5)=\frac{1}{5}(-40+20+80+140+200)=80$$

$$u(A_5)=\max_{1\leqslant i\leqslant 5}u(A_i)=80$$

则 A_5 为最优方案，选择生产 40 件。

（5）按照最小机会损失准则决策。

首先将收益矩阵中各元素变换为每一“策略—事件”对的机会损失值。结果如表 10－3所示。

表 10－3

	E_j / A_i	事件				
		0	10	20	30	40
策略	0	0	50	100	150	200
	10	10	0	50	100	150
	20	20	10	0	50	100
	30	30	20	10	0	50
	40	40	30	20	10	0

$u(A_1)=200$，$u(A_2)=150$，$u(A_3)=100$，$u(A_4)=50$，$u(A_5)=40$

$$u(A_5)=\min_{1\leqslant i\leqslant 5}u(A_i)=40$$

则 A_5 为最优方案，选择生产 40 件。

10.2.2 不确定型决策的计算机求解

用 QM 软件求解例 1 时，选择“决策分析（Decision Analysis）”主菜单，然后选择决策表（Decision Tables），图 10－1（a）是输出结果界面，图 10－1（b）是计算等可能性情况的结果（输入概率均为 0.2）。

Profits (maximize)
Costs (minimize)
0.3

Decision Table Results

<untitled> Solution

	Scenario 1	Scenario 2	Scenario 3	Scenario 4	Scenario 5	EMV	Row Min	Row Max	Hurwicz
Probabilities	0.2	0.2	0.2	0.2	0.2				
Option 1	0.	0.	0.	0.	0.	0.	0.	0.	0.
Option 2	-10.	50.	50.	50.	50.	38.	-10.	50.	8.
Option 3	-20.	40.	100.	100.	100.	64.	-20.	100.	16.
Option 4	-30.	30.	90.	150.	150.	78.	-30.	150.	24.
Option 5	-40.	20.	80.	140.	200.	80.	-40.	200.	32.
					maximum	80.	0.	200.	32.
						Best EV	maximin	maximax	Best

Summary
The maximum expected monetary value is 80 given by Option 5
The maximin is 0 given by Option 1
The maximax is 200 given by Option 5

图 10－1（a）

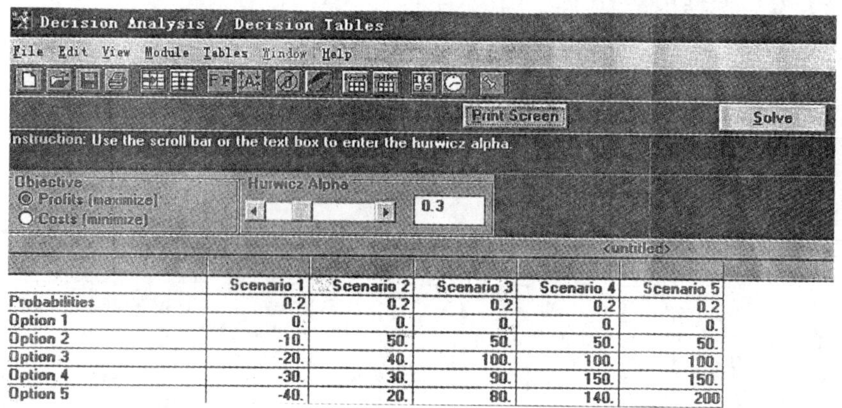
Decision Analysis / Decision Tables
File Edit View Module Tables Window Help
Print Screen
Solve
Instruction: Use the scroll bar or the text box to enter the hurwicz alpha.
Objective
Profits (maximize)
Costs (minimize)
Hurwicz Alpha
0.3
<untitled>

	Scenario 1	Scenario 2	Scenario 3	Scenario 4	Scenario 5
Probabilities	0.2	0.2	0.2	0.2	0.2
Option 1	0.	0.	0.	0.	0.
Option 2	-10.	50.	50.	50.	50.
Option 3	-20.	40.	100.	100.	100.
Option 4	-30.	30.	90.	150.	150.
Option 5	-40.	20.	80.	140.	200

图 10－1（b）

在主菜单“Window”下选择“Regret or Opportunity Loss”，则可以得到图10－1（c），为最小机会损失准则下的决策输出结果。

Decision Analysis / Decision Tables
File Edit View Module Tables Window Help
Print Screen
Edit Data
Instruction: There are more results available in additional windows. These may be opened by double clicking or using the WINDOW
Profits (maximize)
Costs (minimize)
0.3

Regret or Opportunity Loss

<untitled> Solution

	Scenario 1 Regret	Scenario 2 Regret	Scenario 3 Regret	Scenario 4 Regret	Scenario 5 Regret	Maximum Regret
Probabilities	0.2	0.2	0.2	0.2	0.2	
Option 1	0.	50.	100.	150.	200.	200.
Option 2	10.	0.	50.	100.	150.	150.
Option 3	20.	10.	0.	50.	100.	100.
Option 4	30.	20.	10.	0.	50.	50.
Option 5	40.	30.	20.	10.	0.	40.
Minimax regret						40.

图 10－1（c）

在不确定型决策中是因人、因地、因时选择决策准则的，但在实际中当决策者面临不确定型决策问题时，首先应获取有关各事件发生的信息，使不确定型决策转化为风险决策。

10.3 风险决策

风险决策是指决策者对客观情况不甚了解，但对将要发生各事件的概率是已知的，决策者往往通过调查、根据过去的经验或主观估计等途径来获得这些概率。在风险决策中，一般采用期望值作为决策准则，常用的有最大期望收益决策准则和最小机会损失决策准则。

1. 最大期望收益决策准则（Expected Monetary Value，缩写为 EMV）

决策矩阵的各元素代表“策略—事件”对的收益值。各事件发生的概率为 p_j，先计算各策略的期望收益值

$$u(A_i)=\sum_{j=1}^{n}p_j a_{ij},\ i=1,2,\cdots,m \tag{10.6}$$

然后从这些期望收益值中选择最大者，它对应的策略为决策应选策略，即

$$u(A_i^*)=\max_{1\leqslant i\leqslant m}\sum_{j=1}^{n}p_j a_{ij} \tag{10.7}$$

以例 1 的数据进行计算，如表 10－4 所示。

表 10－4　　收益矩阵及概率

A_i \ E_j / p_j		事件				
		0	10	20	30	40
		0.1	0.2	0.4	0.2	0.1
策略	0	0	0	0	0	0
	10	－10	50	50	50	50
	20	－20	40	100	100	100
	30	－30	30	90	150	150
	40	－40	20	80	140	200

$u(A_1)=0.1\times0+0.2\times0+0.4\times0+0.2\times0+0.1\times0=0$

$u(A_2)=0.1\times(-10)+0.2\times50+0.4\times50+0.2\times50+0.1\times50=44$

$u(A_3)=0.1\times(-20)+0.2\times40+0.4\times100+0.2\times100+0.1\times100=76$

$u(A_4)=0.1\times(-30)+0.2\times30+0.4\times90+0.2\times150+0.1\times150=84$

$u(A_5)=0.1\times(-40)+0.2\times20+0.4\times80+0.2\times140+0.1\times200=80$

$u(A_4)=\max\limits_{1\leq i\leq 5}u(A_i)=84$

即 A_4 为最优方案，选择生产 30 件。

用 QM 软件求解上例时，在“决策分析（Decision Analysis）”主菜单下选择“决策表（Decision Tables）”子菜单，图 10－2（a）和图 10－2（b）为计算输出结果界面。

Perfect Information

Example1 Solution

	Scenario 1	Scenario 2	Scenario 3	Scenario 4	Scenario 5	Maximum
Probabilities	0.1	0.2	0.4	0.2	0.1	
Option 1	0.	0.	0.	0.	0.	
Option 2	-10.	50.	50.	50.	50.	
Option 3	-20.	40.	100.	100.	100.	
Option 4	-30.	30.	90.	150.	150.	
Option 5	-40.	20.	80.	140.	200.	
Perfect Information	0.	50.	100.	150.	200.	
Perfect*probability	0.	10.	40.	30.	20.	100.
Best Expected Value						84.
Exp Value of Perfect Info						16.

图 10－2（a）

Expected Value Multiplications

Example1 Solution

	Scenario 1	Scenario 2	Scenario 3	Scenario 4	Scenario 5	Row sum (Exp Val)
Probabilities	0.1	0.2	0.4	0.2	0.1	
Option 1	0.	10.	40.	30.	20.	100.
Option 2	1.	0.	20.	20.	15.	56.
Option 3	2.	2.	0.	10.	10.	24.
Option 4	3.	4.	4.	0.	5.	16.
Option 5	4.	6.	8.	2.	0.	20.

图 10－2（b）

2. 最小机会损失决策准则（Expected Opportunity Loss，缩写为 EOL）

矩阵的各元素代表“策略—事件”对的机会损失值，各事件发生的概率为 p_j，先计算各策略的期望损失值

$$u(A_i)=\sum_{j=1}^{n}p_jb_{ij},\ i=1,\ 2,\ \cdots,\ m \tag{10.8}$$

然后从这些期望损失值中选取最小者，它对应的策略为决策应选策略，即

$$u(A_i^*)=\min_{1\leq i\leq m}\sum_{j=1}^{n}p_jb_{ij} \tag{10.9}$$

仍以例 1 的数据为例进行计算，如表 10－5 所示。

表 10－5　机会损失矩阵及概率

A_i \ E_j 事件 \ p_j		0	10	20	30	40
		0.1	0.2	0.4	0.2	0.1
策略	0	0	50	100	150	200
	10	10	0	50	100	150
	20	20	10	0	50	100
	30	30	20	10	0	50
	40	40	30	20	10	0

$u(A_1) = 0.1\times0 + 0.2\times50 + 0.4\times100 + 0.2\times150 + 0.1\times200 = 100$

$u(A_2) = 0.1\times10 + 0.2\times0 + 0.4\times50 + 0.2\times100 + 0.1\times150 = 56$

$u(A_3) = 0.1\times20 + 0.2\times10 + 0.4\times0 + 0.2\times50 + 0.1\times100 = 24$

$u(A_4) = 0.1\times30 + 0.2\times20 + 0.4\times10 + 0.2\times0 + 0.1\times50 = 16$

$u(A_5) = 0.1\times40 + 0.2\times30 + 0.4\times20 + 0.2\times10 + 0.1\times0 = 20$

$u(A_4) = \min\limits_{1\leqslant i\leqslant5} u(A_i) = 16$

即 A_4 为最优方案，选择生产 30 件。

从上面的计算与分析结果可知，EMV 与 EOL 决策准则是一样的。有关的证明请参阅相关资料。

3. *按期望值和方差进行决策*

上面介绍的决策分析方法是按收益期望值最大的准则进行决策的，有时会遇到两个方案的收益期望值相等的情况。显然，方案的方差小意味着风险较小，就要采用期望值和方差共同进行决策，即采用收益期望值最大、方差最小的准则来进行决策。

例 2　按期望值和方差进行决策。

假定某企业要从三个投资方案中选择一个，对于各个方案，不同净现值出现的概率如表 10－6 所示。

如果用乐观准则进行决策，决策方案应该是方案 B，因为方案 B 获得 16 万元的概率最大。如果用悲观准则进行决策，决策方案应该是方案 C，因为方案 C 损失 4 万元的概率最小。如果用等可能性准则进行决策，决策方案应该是方案 A。

采用最大期望收益决策准则来进行决策，很显然，方案 A、B、C 的期望值是一样的，比较它们的方差情况，方案 C 的最小，方案 B 的最大，因此，三个方案中 C 最优，A 次之，B 最差，最优决策方案应该是 C。

（思考：如果方案的期望值较大，对应的方差也较大，应如何决策？）

表 10－6　　不同方案的净现值情况

方案	净现值（万元）					净现值期望值（万元）	方差 [(百万元)²]
	－4	1	6	11	16		
A	0.2	0.2	0.2	0.2	0.2	6	5 000
B	0.2	0.2	0.25	0.1	0.25	6	5 250
C	0.0	0.4	0.3	0.2	0.1	6	2 500

4. 生存风险度决策方法

当决策者面临着关于生死存亡的重大风险时，他对决策方案的选择与一般情况下的选择会有很大不同。这时，可以用生存风险度的大小来进行决策。

生存风险度
$$SD=\frac{\text{决策可能带来的最大损失}}{\text{致命损失}} \tag{10.10}$$

例如，一个企业有资产 200 万元，若火灾的概率是每年 0.000 1，需支付的火灾保险费是每年 500 元，火灾损失的数学期望值是：200 万元 ×0.000 1 = 200 元。

数学期望值显然小于 500 元，但是企业仍然愿意参加火灾保险，这是因为决策者面临威胁其生存的事件，在一般情况下按期望值大小进行风险决策的方法已经不再适用了。如果按生存风险度的情况来进行决策，上述企业的致命损失为 200 万元。

假设 20 年为该企业的生命周期。

投保情况下：
$$SD_1=\frac{500\text{ 元}\times 20\text{ 年}}{200\text{ 万}}=0.5\%$$

不投保情况下：
$$SD_2=\frac{200\text{ 万}}{200\text{ 万}}=100\%$$

显然，$0.5\% \ll 100\%$，即投保情况下企业的生存风险度远远小于不投保情况下的生存风险度，即企业要采取投保的决策。

（思考：企业投保与不投保的转折点是多少？）

又例如，一个拥有 500 万元资本的大企业，要拿出 50 万元进行风险投资；另一个只有 50 万元的小企业也考虑进行同样的投资。假如成功率都是 40%，成功后获利都是 200 万元。大企业就可能采取投资的决策，因其收益的数学期望值是 $0.4\times200-0.6\times50=50$（万元），而 $SD=50/500=10\%$，不可能导致倒闭。

对于小企业，其 $SD=50/50=100\%$，是致命的影响，故可能采取不投资的策略。

5. 决策树决策方法

决策树与期望值决策方法本质上是同一种方法，都是求期望值最大的方案。对单级的风险决策问题用期望值法较简单，而对多级的风险决策问题（即状态概率取值是分层次的），用决策树更直观、简单明了。决策树能清楚地、一致地描述决策过程。

在决策树中，“□”表示决策点，由此引出的分枝称为策略分枝；“○”表示自然状态节点，由此引出的分枝称为概率分枝，分枝旁标明的数字就是各个状态的概率；“△”表示决策终点，旁边所标的数字表示各个策略在相应状态下的收益值；“○”上面的数字为相应策略的收益期望值。

在计算过程中，从根节点开始按照决策过程构造决策树，往往把根节点画在决策树的左边。

从树叶开始，由右向左逐级求出各机会点的期望值，并把它写在机会点上。

在决策点上作出决策，选择期望收益值最大（选择机会损失值最小）的决策枝，并把它标在决策点旁边。舍去其他的决策枝，这个过程叫剪枝。

重复以上计算步骤，直到在根节点作出决策。

例 3　用决策树决策法作出决策。

某研究所考虑向某工厂提出开发一种新产品的建议，为了提出此建议需进行一些初步的研究工作，花费 2 万元。根据该所的经验和对该工厂、产品以及竞争者的估计（可能有另外的机构向该厂提出开发建议），建议提出后，估计有 60% 的可能得到合同，40% 得不到。如得到合同，该产品有两种生产方法，旧方法要花费 28 万元，成功的概率为 80%；新方法只需花费 18 万元，但成功的概率仅为 50%。如果该所得到合同并研制成功，厂方将付给该所 70 万元技术转让费，若研制失败，该所须付赔偿费 15 万元。现须作出决策，该所是否应提出研制建议？

解：(1) 先画决策树，如图 10－3 所示。

(2) 采用期望值法。

机会点 4：$E_4=70\times0.8-15\times0.2=56-3=53$（万元）。

机会点 5：$E_5=70\times0.5-15\times0.5=27.5$（万元）。

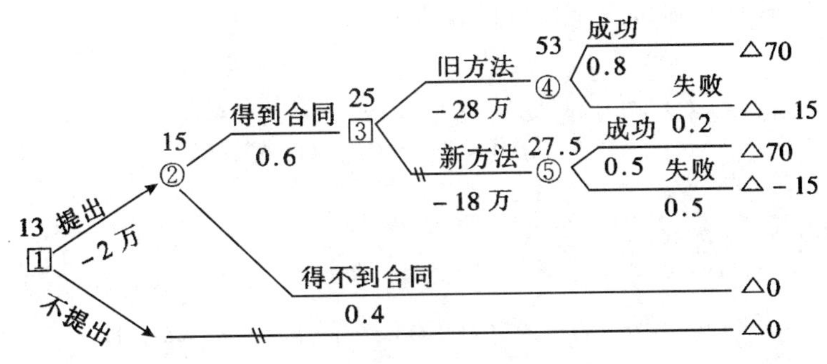

图 10－3

(3) 旧方法期望的收益为 53－28＝25（万元），新方法期望的收益为 27.5－18＝9.5（万元）。因此，剪掉新方法这一枝，决策点 3 选择旧方法。

(4) 机会点 2 的期望值 $E_2=0.6\times25+0.4\times0=15$（万元）。

(5) 提出建议的期望收益为 15－2＝13（万元），不提出建议的期望收益为 0。因此，剪掉不提出建议的一枝，决策点 1 选择提出建议。

6. 贝叶斯决策（Bayes 决策）

在决策树法中，状态的概率直接影响到期望值的计算结果，因此，状态的概率是影响决策正确性的关键性因素。人们可以通过收集更多的资料进行调查，修正状态的概率分布。这可以利用贝叶斯公式来实现，它体现了最大限度地利用现有的信息，并加以连续的观察和重新估计，其步骤为：

（1）先由过去的经验或专家估计获得将发生事件的事前（先验）概率。

（2）根据调查或试验计算得到条件概率，可以利用贝叶斯公式：

$$P(B_i \mid A) = \frac{P(B_i)P(A \mid B_i)}{\sum P(B_i)P(A \mid B_i)} \tag{10.11}$$

全概率公式
$$P(A) = \sum_{i=1}^{m} P(B_i)P(A \mid B_i) \tag{10.12}$$

计算出各事件的事后（后验）概率。

例4　贝叶斯决策。

某钻探大队在某地区进行石油勘探，主观估计该地区有油的概率为 $P(O)=0.5$，无油的概率为 $P(D)=0.5$。为了提高勘探的效果，先做地震试验，根据积累的资料得知，凡有油地区做地震试验结果好的概率为 $P(F \mid O)=0.9$，做试验结果不好的概率为 $P(U \mid O)=0.1$；凡无油地区做试验结果好的概率为 $P(F \mid D)=0.2$，做试验结果不好的概率为 $P(U \mid D)=0.8$。问在该地区做地震试验后，有油与无油的概率各是多少？

解：先计算做地震试验好与不好的概率。

先用全概率公式计算做地震试验好的概率：

$$\begin{aligned} P(F) &= P(O)P(F \mid O)+P(D)P(F \mid D) \\ &= 0.5\times0.9+0.5\times0.2=0.55 \end{aligned}$$

做地震试验不好的概率：

$$\begin{aligned} P(U) &= P(O)P(U \mid O)+P(D)P(U \mid D) \\ &= 0.5\times0.1+0.5\times0.8=0.45 \end{aligned}$$

利用贝叶斯公式计算各事件的事后（后验）概率。

做地震试验好的条件下有油的概率：

$$P(O \mid F) = \frac{P(O)P(F \mid O)}{P(F)} = \frac{0.45}{0.55} = \frac{9}{11}$$

做地震试验好的条件下无油的概率：

$$P(D|F)=\frac{P(D)P(F|D)}{P(F)}=\frac{0.10}{0.55}=\frac{2}{11}$$

做地震试验不好的条件下有油的概率：

$$P(O|U)=\frac{P(O)P(U|O)}{P(U)}=\frac{0.05}{0.45}=\frac{1}{9}$$

做地震试验不好的条件下无油的概率：

$$P(D|U)=\frac{P(D)P(U|D)}{P(U)}=\frac{0.40}{0.45}=\frac{8}{9}$$

以上计算过程用图表示，如图 10－4 所示。

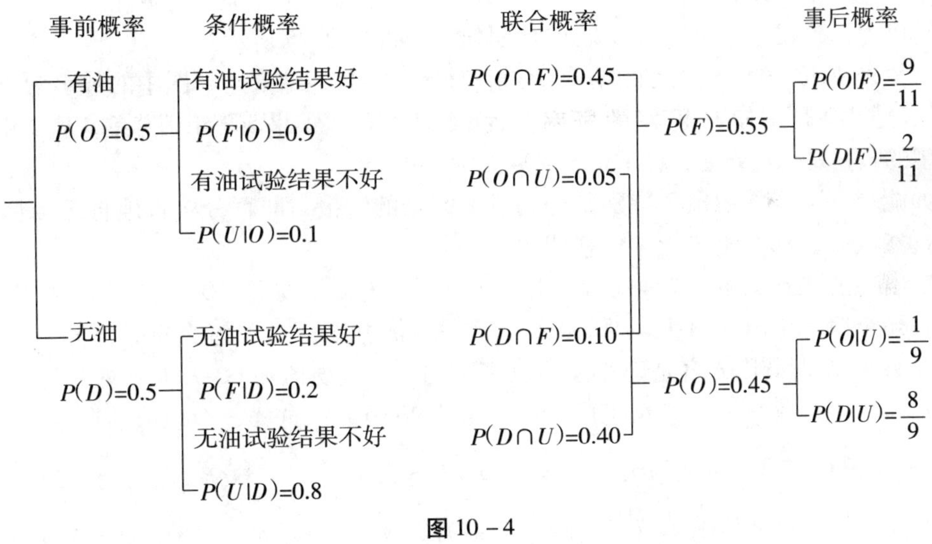

图 10－4

10.4 全情报的价值（EVPI）

当决策者耗费了一定的经费进行调研，获得了各事件发生概率的信息时，应当采用“随机应变”的战术。这时，所得的期望收益称为全情报的期望收益，记作 EPPI（Expected Payoff with Perfect Information）。这时收益应当大于或至少等于最大期望收益，即 EPPI $\geqslant$ EMV*，则

$$\text{EVPI} = \text{EPPI} - \text{EMV}^* \tag{10.13}$$

称为全情报的价值（Expected Value of Perfect Information，简称为 EVPI）。这就说明获取情报的费用不能超过 EVPI 值，否则，就没有增加收入。

例 5　全情报的价值体现。

假定某公司生产一种新产品，根据市场研究，这种产品今后 10 年的销路可能出现下列三种情况，如表 10－7 所示。

表 10－7

概率	产品	第一期（2 年）	第二期（8 年）	符号
2/5	畅销货	销路好（H_1）	销路好（H_2）	（H_1，H_2）
1/5	时髦货	销路好（H_1）	销路差（L_2）	（H_1，L_2）
2/5	滞销货	销路差（L_1）	销路差（L_2）	（L_1，L_2）

现在研究两个建设方案，一个方案是建设大工厂；另一个方案是建设小工厂，如两年内销路好，可考虑扩建。试比较两个方案（具体数据如图 10－5 所示）。

解：根据决策树的计算方法，在图上进行计算和剪枝的结果是（图中的数字为折现后的净现值）：建小工厂，如果前 2 年销路好，后 8 年不扩建；如果前 2 年销路差，后 8 年也不扩建。期望的收益是 104 万元，即 EMV＝104 万元。

假如能得到更多的情报，特别是得到所谓完全的情报，即百分之百地肯定今后将出现哪一种自然状态，那么必然能够提高期望值。

今后出现的状态只有三种可能性 H_1H_2、H_1L_2、L_1L_2，如图 10－6 所示。从图中可以看出，如果今后肯定出现 H_1H_2，则建大工厂是最优方案，净现值为 300 万元；如果今后肯定出现 H_1L_2，则最优方案是建小工厂（不扩建），净现值为 60 万元；如果今后肯定出现状态 L_1L_2，则最优方案是建小工厂，净现值为 90 万元。这样，净现值的期望值为 $300\times\frac{2}{5}+60\times\frac{1}{5}+90\times\frac{2}{5}=168$（万元），即 EPPI＝168 万元。

同上面计算的最大值 104 万元比较，期望值提高了 64 万元（168 万元－104 万元＝64 万元），这个提高是由于有了完全情报而得到的，它叫作全情报的价值，即 EVPI＝64 万元，它代表该企业为获得这项情报而愿意付出的代价的最高额。

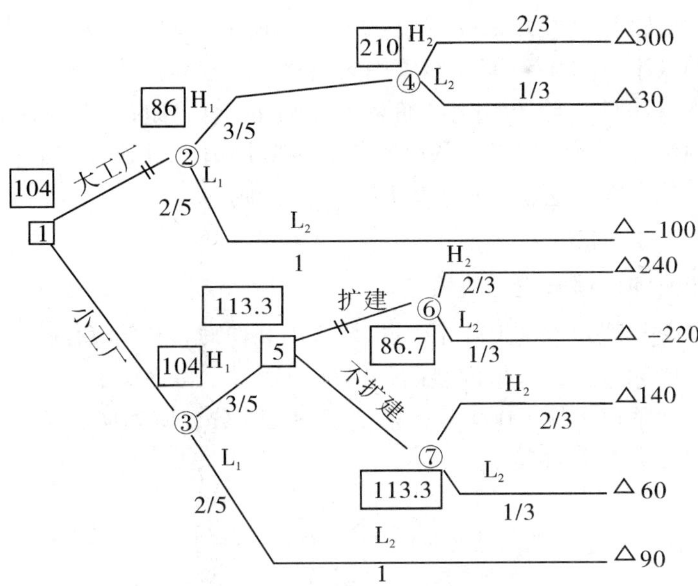

图 10－5　建厂方案的折现决策树

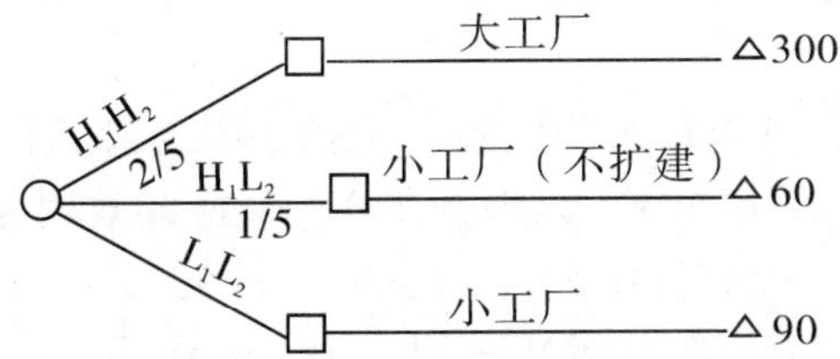

图10－6　完全情报下建厂方案的折现决策树

10.5　效用理论的决策

10.5.1　效用理论的基本概念

效用这一概念首先是由贝努利（D. Bernoulli）提出的，他认为人们对其钱财真实价值的考虑与他的钱财拥有量之间存在对数关系，如图 10－7 所示，这就是贝努利的货币效用函数，即边际效用递减函数。经济管理学家将效用作为指标，用它来衡量人们对某些事物的主观价值、态度、偏爱、倾向等。例如在风险的情况下进行决策，决策者对风险的态度是不同的。用效用这个指标来量化决策者对待风险的态度，可以给每个决策者测定他对待风险态度的效用曲线（函数）。效用值是一个相对的指标值，一般规定：对决策者最爱好、

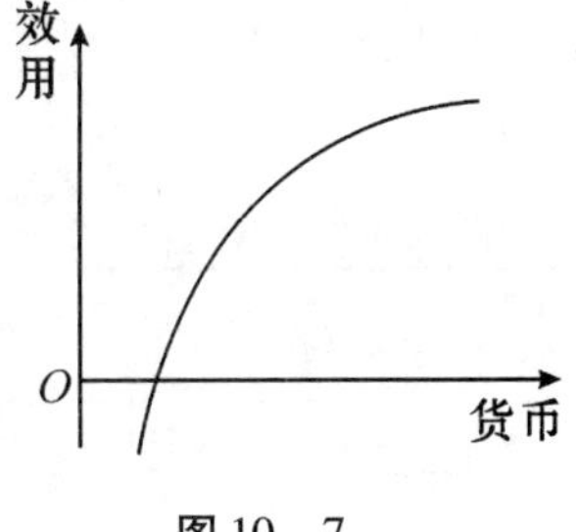

图 10－7

最倾向、最愿意的事物（事件）的效用值赋予1，而最不爱好的事物（事件）赋予0，也可以用其他范围的数字，如0~100，但效用无量纲。通过效用指标可以对某些难以量化而有质的差别的事物（事件）给予量化。如某人面临多种方案的工作选择时，要考虑地点、工作性质、单位福利等。可将要考虑的因素折合为效用值，得到各方案的综合效用值，然后选择效用值最大的方案，这就是最大效用值决策准则。

例6　按期望值和效用值进行决策。

假设有外壳完全相同的木盒100个，70个盒内装白球，30个盒内装黑球。现从这100个盒中任取一盒，请你猜，如这盒内装的是白球，猜对了得500分，猜错了罚200分；如这盒内装的是黑球，猜对了得1 000分，猜错了罚150分，应如何决策？

解：（1）按期望值进行决策。

$$E_2 = 500 \times 0.7 - 200 \times 0.3 = 290$$

$$E_3 = -150 \times 0.7 + 1\ 000 \times 0.3 = 195$$

很明显，决策的结果应该是猜白。

（2）按效用值进行决策。

在实际的决策情况下，可能有人“冒险”猜黑，因为猜黑有可能获得1 000分。

以获得1 000分对应的效用为1，以失去200分对应的效用为0，现有三个人的效用曲线以1、2、3表示（其中1代表折中型，2代表保守型，3代表冒险型），如图10－8所示，效用情况如表10－8所示，对应的决策树如图10－9所示。

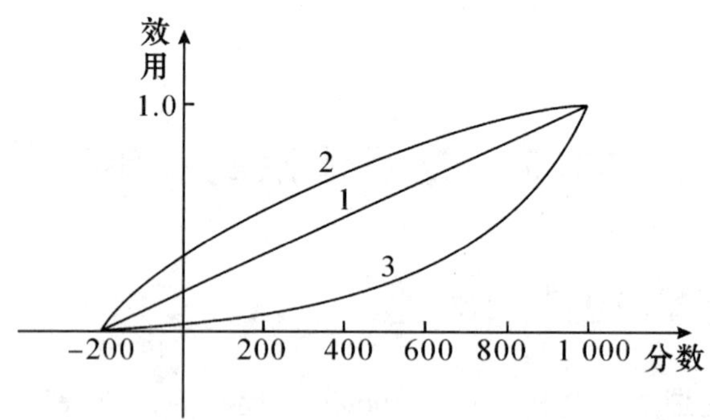

图10－8

表10－8　效用表

决策者	效用值			
	-200	-150	500	1 000
1	0	0.041 7	0.583 3	1
2	0	0.050 0	0.600 0	1
3	0	0.010 0	0.200 0	1

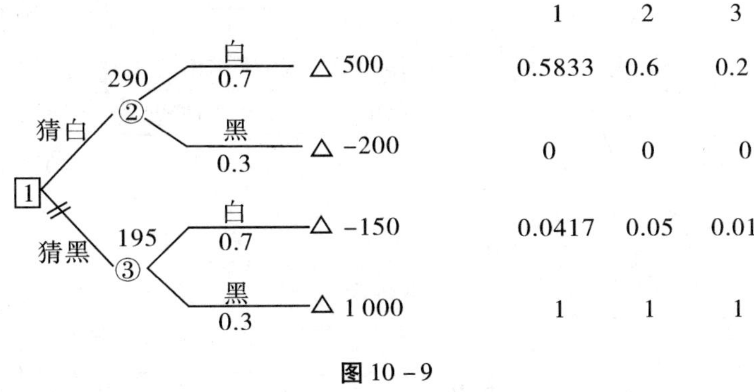

图 10 – 9

对于决策者 1：

$$E_2 = 0.7 \times 0.583\,3 + 0 \times 0.3 = 0.408\,3$$
$$E_3 = 0.7 \times 0.041\,7 + 0.3 \times 1 = 0.329\,2 \qquad E_2 > E_3$$

决策结果是猜白。

对于决策者 2：

$$E_2 = 0.7 \times 0.6 + 0 \times 0.3 = 0.42$$
$$E_3 = 0.7 \times 0.05 + 1 \times 0.3 = 0.335 \qquad E_2 > E_3$$

决策结果是猜白。

对于决策者 3：

$$E_2 = 0.7 \times 0.2 + 0.3 \times 0 = 0.14$$
$$E_3 = 0.7 \times 0.01 + 0.3 \times 1 = 0.307 \qquad E_3 > E_2$$

决策结果是猜黑。

很显然，决策者 2 是保守型的决策者，决策者 3 是冒险型的决策者，与效用曲线的结果是相吻合的。

例 7　用决策树求解。

设某石油钻探队，在一片估计能出油的荒田上钻探。可以先做地震试验，然后决定钻井与否；或不做地震试验，只凭经验决定钻井与否。做地震试验的费用每次为 3 000 元，钻井费用为 10 000 元。若钻井后出油，这个钻井队可以收入 40 000 元；若不出油就没有任何收入。在各种情况下出油的概率已经估计出来了，并标在图 10 – 10 上，问钻井队的决策者应如何作出决策使收入的期望值最大？

解：上述决策问题用决策树来求解，直接在图上进行计算与剪枝。

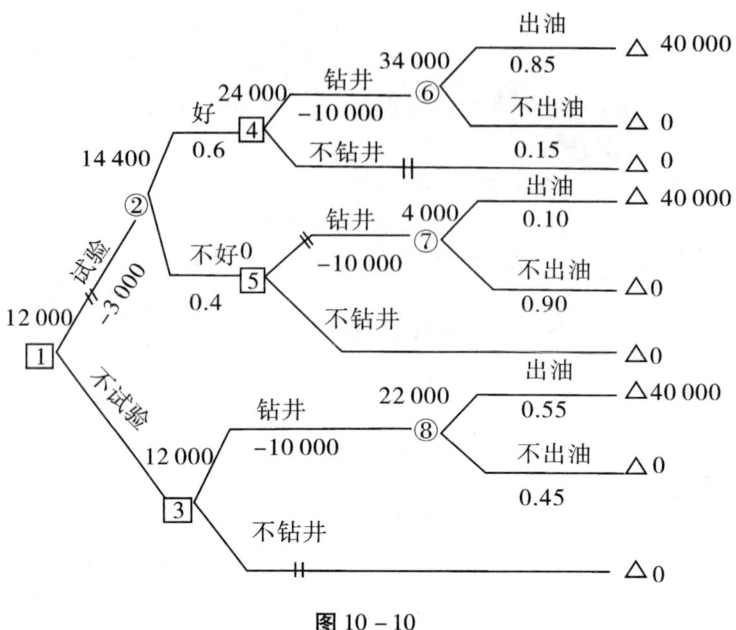

图 10 – 10

这个问题的决策结果为：不做地震试验，直接判断钻井，收入的期望值为 12 000 元。

例 8　效用曲线的应用。

如果决策者的效用曲线如图 10 – 11 所示，试用最大效用期望值为决策准则进行决策。

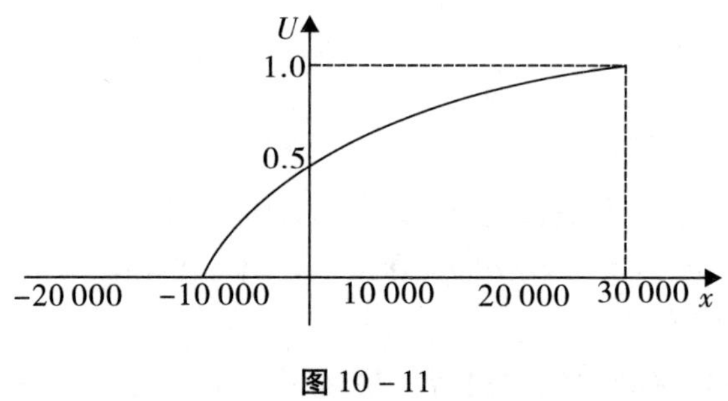

图 10 – 11

解：同例 7 一样采用决策树为工具，在决策树的右端标上纯收入。

$$纯收入 = 收入 - 支出$$

然后由决策者的效用曲线查得各纯收入相应的效用值，并将此值记在相应的纯收入旁，如图 10 – 12 所示。

根据以上的决策结果，是先做地震试验，若结果好，则钻井；若结果不好，则不钻井。显然，这个决策是保守型的，因为决策者的效用曲线是保守型的。

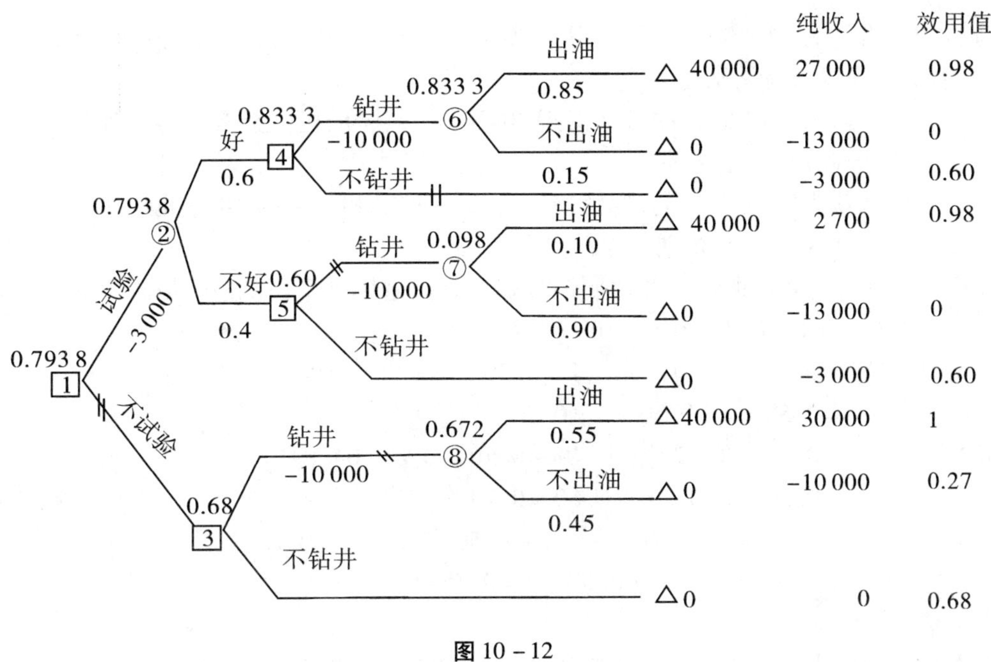

图 10－12

10.5.2 效用曲线的确定

确定效用曲线的基本方法有两种，一种是直接提问法，另一种是对比提问法。

（1）直接提问法，是向决策者提出一系列问题，要求决策者进行主观衡量并作出回答。例如，向某决策者提问："今年你的企业获利了 100 万元，那么获利多少，你会加倍满意?"设这个决策者回答 200 万元。通过这样不断地提问与回答，可以绘制出这个决策者的获利效用曲线。但这种提问与回答是十分含糊的，很难确切，所以应用较少。

（2）对比提问法，设决策者面临两种可供选择的方案 A_1、A_2。A_1 表示他无任何风险地得到一笔金额 x_2；A_2 表示他可以以概率 P 得到一笔金额 x_1，或以概率（$1-P$）损失金额 x_3；且 $x_1>x_2>x_3$，设 $U(x_1)$ 表示金额 x_1 的效用值。在某条件下，当这个决策者认为 A_1、A_2 两方案等价时，可表示为

$$PU(x_1)+(1-P)U(x_3)=U(x_2) \tag{10.14}$$

确切地讲，这个决策者认为 x_2 的效用值等价于 x_1、x_3 的效用值，于是可以用对比提问法来测定决策者的风险效用曲线。

例 9　效用曲线的绘制及应用。

有一投资者，面临一个带有风险的投资问题。在可供选择的投资方案中，可能出现的最大收益为 20 万元，可能出现的最少收益为 －10 万元。为了确定该投资者在决策问题上的效用函数，对投资者进行了以下一系列的询问，现将询问结果归纳如下：

（1）投资者认为“以50%的机会得到20万元，50%的机会失去10万元”和“稳获0元”，二者对他来说没有差别；

（2）投资者认为“以50%的机会得到20万元，50%的机会什么也得不到”和“稳获8万元”，二者对他来说没有差别；

（3）投资者认为“以50%的机会得到0元，50%的机会失去10万元”和“肯定失去6万元”，二者对他来说没有差别。

画出该投资者的效用曲线，并说明该投资者是回避风险型还是追逐风险型的。

解：$U(20)=1$，$U(-10)=0$

（1）$U(0)=0.5\times U(20)+(1-0.50)\times U(-10)$
$=0.50\times 1+0.50\times 0=0.50$

（2）$U(8)=0.50\times U(20)+(1-0.50)\times U(0)$
$=0.50\times 1+0.50\times 0.50=0.75$

（3）$U(-6)=0.50\times U(0)+(1-0.50)\times U(-10)$
$=0.50\times 0.50+0.50\times 0=0.25$

根据这五个点描绘出该投资者的效用曲线，如图10－13所示。

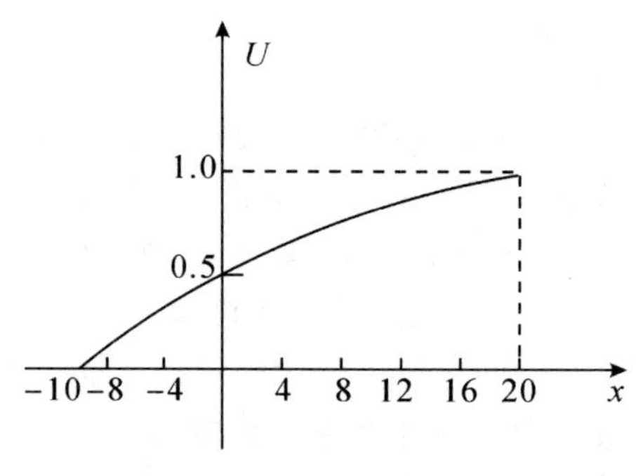

图10－13

由效用曲线图可知，该决策者是回避风险型的。

从以上例子中向决策者提问及其回答的情况来看，不同的决策者会选择不同的值，最后会得到不同形状的效用曲线，并表示不同决策者对待风险的不同态度。一般可以分为保守型、折中型、冒险型三种，其对应的曲线如图10－14所示。

具有折中型效用曲线的决策者认为，他的收入金额的增长与效用值的增长成等比关系（这种情况等同于按期望值进行决策）。具有保守型效用曲线的决策者认为，损失金额愈多他愈敏感；相反，对收入的增加比较迟钝，即他不愿意承受损失的风险。具有冒险型效用曲线的决策者认为，他对损失的金额比较迟钝，而对收入的增加比较敏感，即他可以承受损失的风险。这是三种典型，某一决策者可能兼有三种类型，在不同的决策问题上，表现出其中某一种类型的效用决策准则。

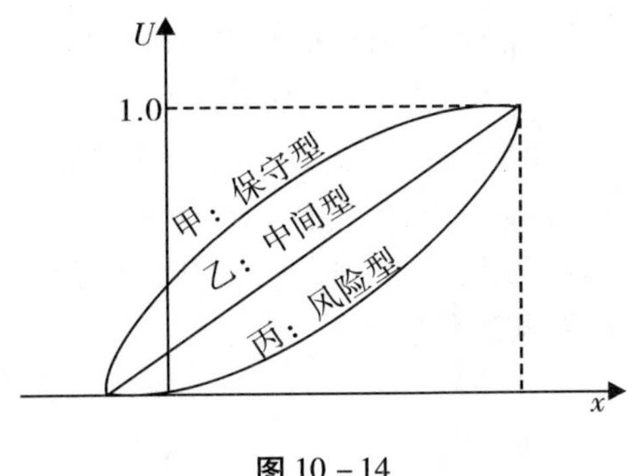

图 10－14

10.5.3 效用曲线的拟合

使用计算机处理时需用解析式来表示效用曲线，并对决策者测得的数据进行拟合，常用的关系式有以下六种。

（1）线性函数 $U(x)=c_1+a_1(x-c_2)$ （10.15）

（2）指数函数 $U(x)=c_1+a_1[1-e^{a_2(x-c_2)}]$ （10.16）

（3）双指数函数 $U(x)=c_1+a_1[2-e^{a_2(x-c_2)}-e^{a_3(x-c_3)}]$ （10.17）

（4）指数加线性函数 $U(x)=c_1+a_1[1-e^{a_2(x-c_2)}+a_3(x-c_3)]$ （10.18）

（5）幂函数 $U(x)=a_1+c_1\cdot a_2[c_2(x-a_3)]^{a_4}$ （10.19）

（6）对数函数 $U(x)=c_1+a_1\ln(c_3x-c_2)$ （10.20）

10.6 层次分析法（AHP）

层次分析法（Analytic Hierarchy Process，缩写为 AHP）是美国运筹学家萨提（T. L. Satty）于 20 世纪 70 年代提出的，它是一种定性与定量相结合的决策分析方法。这种方法适用于结构较为复杂，决策准则较多而且不易量化的决策问题，可以紧密地与决策者的主观判断及推理联系起来，对决策者的推理过程进行量化的描述，可以避免决策者在结构复杂和方案较多时在逻辑推理上产生失误，这种方法近年来在国内外得到了广泛的应用。

10.6.1 AHP 法的原理

1. 基本原理

设有 n 件物体 A_1，A_2，…，A_n，它们的重量分别为 w_1，w_2，…，w_n。若将它们两两地比较重量，其比值可以构成 $n\times n$ 矩阵 A。

$$A=\begin{pmatrix} w_1/w_1 & w_1/w_2\cdots & w_1/w_n \\ w_2/w_1 & w_2/w_2\cdots & w_2/w_n \\ \vdots & \vdots & \vdots \\ w_n/w_1 & w_n/w_2\cdots & w_n/w_n \end{pmatrix}$$

A 矩阵具有如下性质：若用重量向量

$$W=(w_1, w_2, \cdots, w_n)^{\mathrm{T}}$$

乘矩阵 A，得到

$$A\cdot W=\begin{pmatrix} w_1/w_1 & w_1/w_2\cdots & w_1/w_n \\ w_2/w_1 & w_2/w_2\cdots & w_2/w_n \\ \vdots & \vdots & \vdots \\ w_n/w_1 & w_n/w_2\cdots & w_n/w_n \end{pmatrix}\cdot\begin{pmatrix} w_1 \\ w_2 \\ \vdots \\ w_n \end{pmatrix}=n\begin{pmatrix} w_1 \\ w_2 \\ \vdots \\ w_n \end{pmatrix}=nW$$

即
$$(A-nI)\ W=0 \tag{10.21}$$

由矩阵理论可知，W 为特征向量，n 为特征值。若 W 为未知时，则可根据决策者对物体之间两两相比的关系，主观作出比值的判断，或用 Delphi 法来确定这些比值，使 A 矩阵为已知，故判断矩阵记作 $\bar{A}$。

根据正矩阵的理论，可以证明，若 A 矩阵有以下特点（设 $a_{ij}=w_i/w_j$）：

（1）$a_{ij}=1$（$i=j$）

（2）$a_{ij}=1/a_{ji}$（$i, j=1, 2, \cdots, n$）

（3）$a_{ij}=a_{ik}/a_{jk}$（$i, j=1, 2, \cdots, n$）

则该矩阵具有唯一非零的最大特征值 $\lambda_{\max}$，且 $\lambda_{\max}=n$。

若给出的判断矩阵 $\bar{A}$ 具有上述特性，则该矩阵具有完全一致性。然而人们对复杂事物的各因素进行两两比较时，不可能做到判断的完全一致性，而存在估计误差，这必然导致特征值及特征向量也有偏差。这时问题由 $AW=nW$ 变成 $\bar{A}W'\equiv\lambda_{\max}W'$，这里 $\lambda_{\max}$ 是判断矩阵 $\bar{A}$ 的最大特征值，W' 便是带有偏差的相对权重向量。这就是由判断不相容而引起的误差。为了避免误差太大，所以要衡量判断矩阵 $\bar{A}$ 的一致性。当判断矩阵 $\bar{A}$ 完全一致时，因 $a_{ij}=1$（$i=j$），$\sum\limits_{i=1}^{n}\lambda_i=\sum\limits_{i=1}^{n}a_{ij}=n$，存在唯一的非零 $\lambda=\lambda_{\max}=n$。而当判断矩阵 $\bar{A}$ 存在判断不一致的情况时，一般是 $\lambda_{\max}\geqslant n$，这时

$$\lambda_{\max}+\sum_{i\neq\max}\lambda_i=\sum_{i=1}^{n}a_{ii}=n$$

由于
$$\lambda_{\max}-n=-\sum_{i\neq\max}\lambda_i$$

以其平均值作为检验判断矩阵 $\bar{A}$ 的一致性指标

$$CI = \frac{\lambda_{max} - n}{n-1} = \frac{-\sum_{i \neq max} \lambda_i}{n-1} \tag{10.22}$$

当 $\lambda_{max} = n$，$CI = 0$ 为完全一致。CI 值越大，判断矩阵 $\bar{A}$ 的完全一致性越差。一般只要 $CI \leqslant 0.1$，就认为判断矩阵 $\bar{A}$ 的一致性可以接受；否则，重新进行两两比较判断。

判断矩阵 $\bar{A}$ 的维数 n 越大，判断的一致性将越差，故应放宽对高维判断矩阵 $\bar{A}$ 一致性的要求。于是引入修正值 RI，如表 10－9 所示，并取更为合理的 CR 为衡量判断矩阵 $\bar{A}$ 一致性的指标。

$$CR = \frac{CI}{RI} \tag{10.23}$$

表 10－9　　维数和 *RI* 值

维数	1	2	3	4	5	6	7	8	9
RI	0.00	0.00	0.58	0.96	1.12	1.24	1.32	1.41	1.45

2. 标度

为了使各因素之间进行两两比较得到量化的判断矩阵 $\bar{A}$，引入表 10－10 的标度。心理学家的研究提出，人们区分信息等级的极限能力为 7±2，因此，特制定表 10－10。

表 10－10　　标度指标及含义

标度 a_{ij}	含义
1	i 因素与 j 因素同等重要
3	i 因素比 j 因素略为重要
5	i 因素比 j 因素较为重要
7	i 因素比 j 因素更为重要
9	i 因素的重要程度远大于 j 因素
2，4，6，8	是以上两两比较之间的中间状态对应的标度值
倒数	若 j 因素与 i 因素比较，得到判断值为 $a_{ij} = 1/a_{ji}$

10.6.2 层次模型

（1）决策目标。它指明进行决策应达到的目的，这类目标很抽象，因此，应被分解为若干个子目标，子目标相对于总目标来说更具体、更容易比较。例如，从 n 个投资方案中，选择最佳的投资方案。

（2）层次分析图。它是由总目标（A 层）到子目标（B 层）直至具体指标（C 层）的层次图，层次图从总目标开始从上到下展开，如图 10－15 所示。

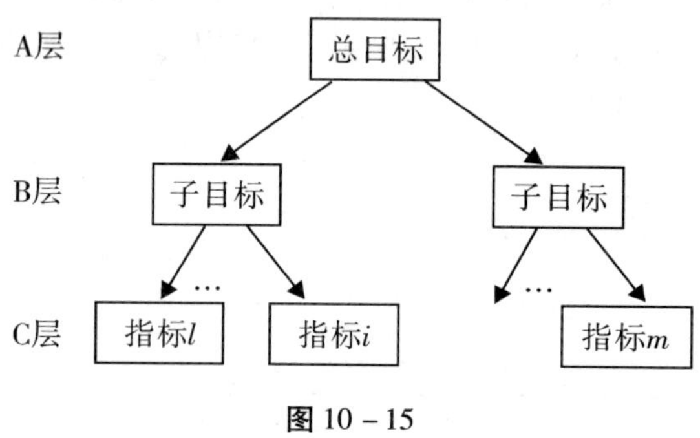

图 10－15

（3）一组方案。为了实现总目标而制订的供决策者选择的一组方案。这组方案在层次图的各项指标下是可以比较的。

10.6.3 AHP 法的决策过程

1. 画层次图

第一层：总目标层，在一个层次图中只有一个总目标。

第二层：子目标层，总目标有时太抽象，各方案在总目标下不容易比较优先级。另外，总目标有时由许多子目标构成。

第三层：指标层，用以比较各种方案的一组指标，就目标分解来说，指标层是较低层。指标比目标更具体，各种方案在此指标下，容易比较优先级。该层也称为准则层。

第四层：方案层是决策者为了实现总目标制订的一组方案，在层次图中属于最低层。该层也称为措施层。

在构造层次图时，既要避免出现重复指标，又要防止遗漏某些指标。构造出一个好的能全面刻画各方案优先级的指标是决策的基础。

2. 计算方法

（1）对每一个因素，构造判断矩阵 $\overline{A}$。由决策人或专家组通过对两两因素的比较，用表 10－10 的标度打分，得到判断矩阵 $\overline{A}=(a_{ij})_{n\times n}$。

（2）确定各因素的优先次序。利用求矩阵 A 的最大特征根和特征向量，确定各因素的优先次序，其计算过程如下：

① 计算优先矩阵每一行元素的乘积 M_i：

$$M_i = \sum_{j=1}^{n} a_{ij}, \ j = 1, 2, \cdots, n \tag{10.24}$$

② 计算 M_i 的 n 次方根：

$$\overline{W}_i = \sqrt[n]{M_i}, \ i = 1, 2, \cdots, n \tag{10.25}$$

③ 对向量 $\overline{W} = (\overline{w}_1, \overline{w}_2, \cdots, \overline{w}_n)^{\mathrm{T}}$ 归一化：

$$w_i = \overline{w}_i / \sum_{j=1}^{n} \overline{w}_j \tag{10.26}$$

$W = (w_1, w_2, \cdots, w_n)^{\mathrm{T}}$ 为最大特征根相应的特征向量。

④ 计算优先矩阵的最大特征根 $\lambda_{\max}$：

$$\lambda_{\max} = \sum_{j=1}^{n} \frac{(A \cdot W)_i}{nW_i} \tag{10.27}$$

$(A \cdot W)_i$ 表示向量 AW 的第 i 个元素。

3. 计算随机一致性比率 CR

（1）查平均一致性指标 RI 值表。

（2）计算优先矩阵一致性指标 CI。

$$CI = \frac{\lambda_{\max} - n}{n - 1}$$

（3）计算随机一致性比率 $CR = CI/RI$。

当 $CR < 0.10$ 时，认为优先矩阵具有一致性，否则，就须调整判断矩阵。

4. 求方案相对总目标的排序

从总目标开始逐层求子目标相对总目标的权重，再求各指标相对子目标的权重，最后求各方案在指标下的排序。

第 $i+1$ 层中子目标 S 权重的计算方法：设 S 属于第 i 层中 k 个子目标中的子目标，这 k 个子目标的权重分别为 w_{i1}，w_{i2}，$\cdots$，w_{ik}，而 S 在这 k 个子目标下的排序值为 v_1，v_2，$\cdots$，v_k，则 S 的权重为

$$W = \sum_{i=1}^{k} w_{ij} \times v_j \tag{10.28}$$

例 10　供应商的选择。

某公司为了从四家合格的供应商 S_1、S_2、S_3、S_4 中选择一家作为明年原材料的供应商，假设供应商选择评价指标为供货速度、价格、服务和质量。

将供应商选择问题所包含的因素划分为下面的层次，包括目标层（A）、准则层（B）、方案层（C），其中 C 层是四个备选的供应商 S_1、S_2、S_3 和 S_4。用框图的形式说明层次的递阶结构与因素的从属关系。

解：（1）构造层次分析图如图 10－16（a）所示。

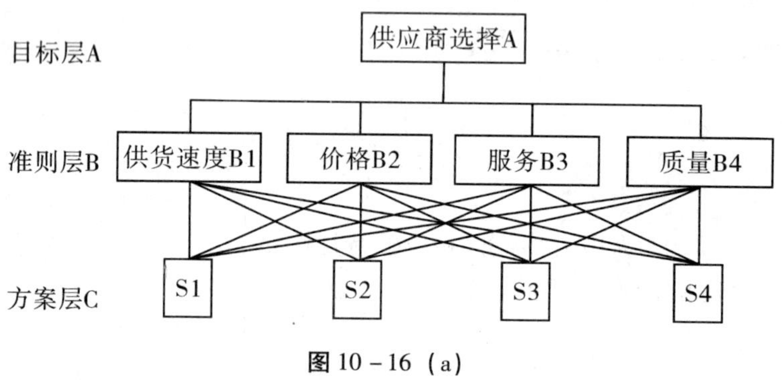

图 10－16（a）

在某层次分析软件下，构造的模型如图 10－16（b）所示。

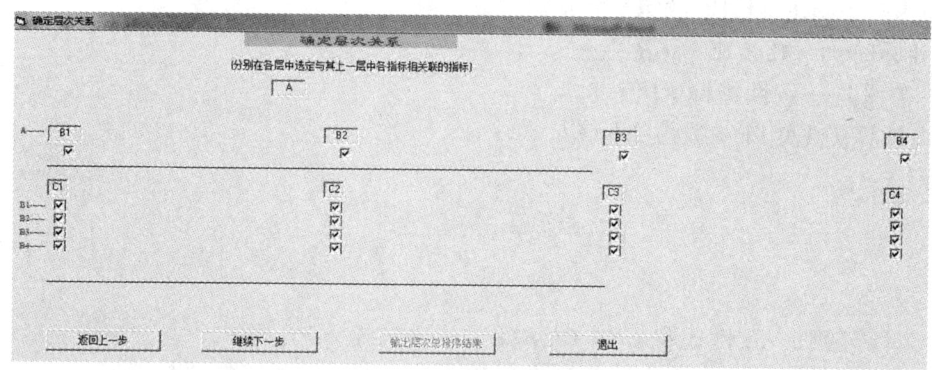

图 10－16（b）　层次分析软件下模型的构建

（2）构造判断矩阵，并求出相对优先次序。

①A－B 间判断矩阵，相对序，一致性检验。

相对于供应商选择这个目标，对供货速度、价格、服务、质量给出的判断矩阵如表 10－11所示：

表 10－11

	供货速度	价格	服务	质量
供货速度	1	2	4	3
价格	1/2	1	3	3
服务	1/4	1/3	1	2
质量	1/3	1/3	1/2	1

计算得到的最大特征值为 $\lambda_{max} = 4.132$

特征向量：$W_A(B_i) = (0.462, 0.304, 0.133, 0.101)^T$

$CI = 0.044$，查平均一致性指标 RI 值表得：$RI = 0.900$，则 $CR = \frac{CI}{RI} = \frac{0.044}{0.900} \approx 0.049 < 0.10$，判断矩阵满足一致性。

软件输入判断矩阵及输出的计算结果如图 10－16（c）所示。

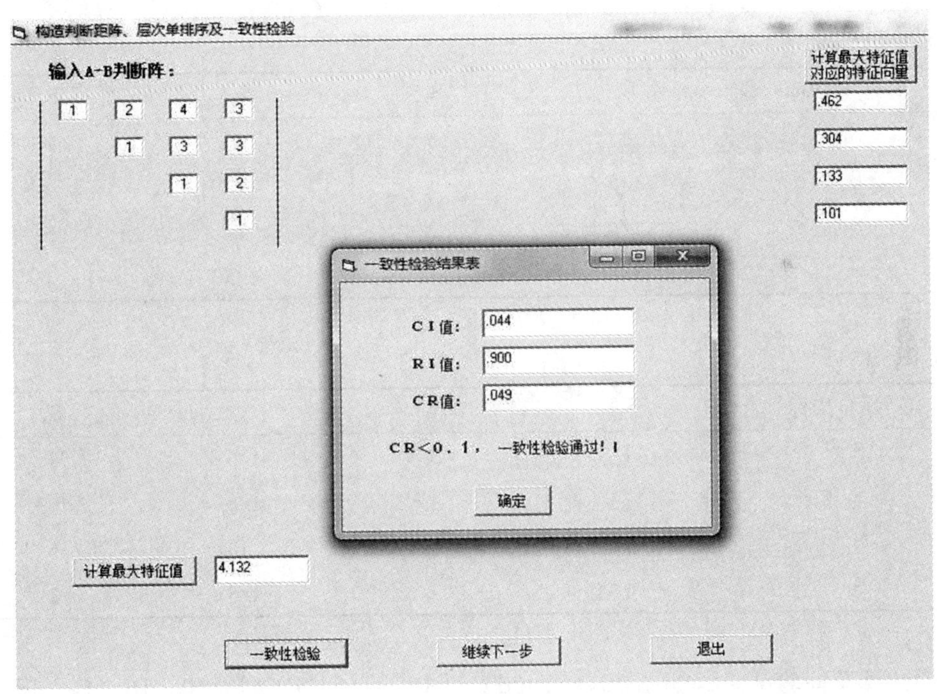

图 10－16（c） 判断矩阵的输入及计算结果

②B_1-C、B_2-C、B_3-C、B_4-C 的判断矩阵，相对序，一致性检验的判断矩阵分别见表 10－12 至表 10－15：

表 10－12

a）供货速度指标	S_1	S_2	S_3	S_4
S_1	1	5	6	1/3
S_2	1/5	1	2	1/6
S_3	1/6	1/2	1	1/8
S_4	3	6	8	1

表 10－13

b）价格指标	S_1	S_2	S_3	S_4
S_1	1	1/3	5	8
S_2	3	1	7	9
S_3	1/5	1/2	1	2
S_4	1/8	1/9	1/2	1

表 10－14

c）服务指标	S_1	S_2	S_3	S_4
S_1	1	5	4	8
S_2	1/5	1	1/2	4
S_3	1/4	2	1	5
S_4	1/8	1/4	1/5	1

表 10－15

d）质量指标	S_1	S_2	S_3	S_4
S_1	1	3	1/5	1
S_2	1/3	1	1/8	1/3
S_3	5	8	1	5
S_4	1	3	1/5	1

软件计算及检验结果，如图 10－16（d）、图 10－16（e）、图 10－16（f）、图 10－16（g）所示，判断矩阵也都能通过一致性检验。

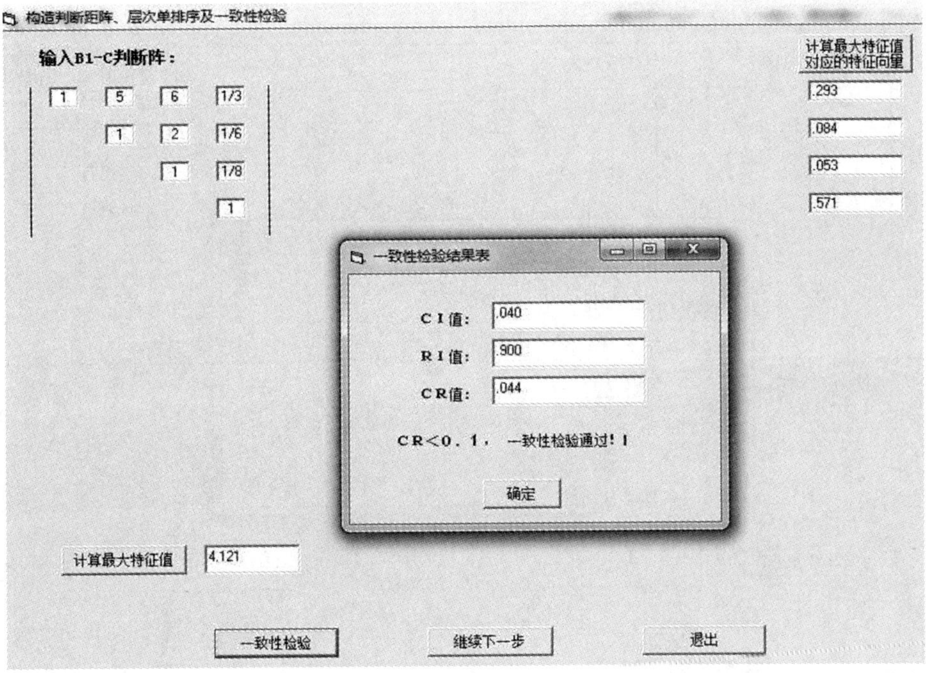

构造判断矩阵、层次单排序及一致性检验

输入B1-C判断阵：

1	5	6	1/3
	1	2	1/6
		1	1/8
			1

计算最大特征值对应的特征向量：.293　.084　.053　.571

一致性检验结果表

CI值：.040

RI值：.900

CR值：.044

CR<0.1，一致性检验通过！！

确定

计算最大特征值　4.121

一致性检验　继续下一步　退出

图 10－16（d）　B_1-C 的判断矩阵的输入及计算结果

构造判断矩阵、层次单排序及一致性检验

输入B2-C判断阵：

1	1/3	5	8
	1	7	9
		1	2
			1

计算最大特征值对应的特征向量：.299　.580　.076　.045

一致性检验结果表

CI值：.038

RI值：.900

CR值：.042

CR<0.1，一致性检验通过！！

确定

计算最大特征值　4.113

一致性检验　继续下一步　退出

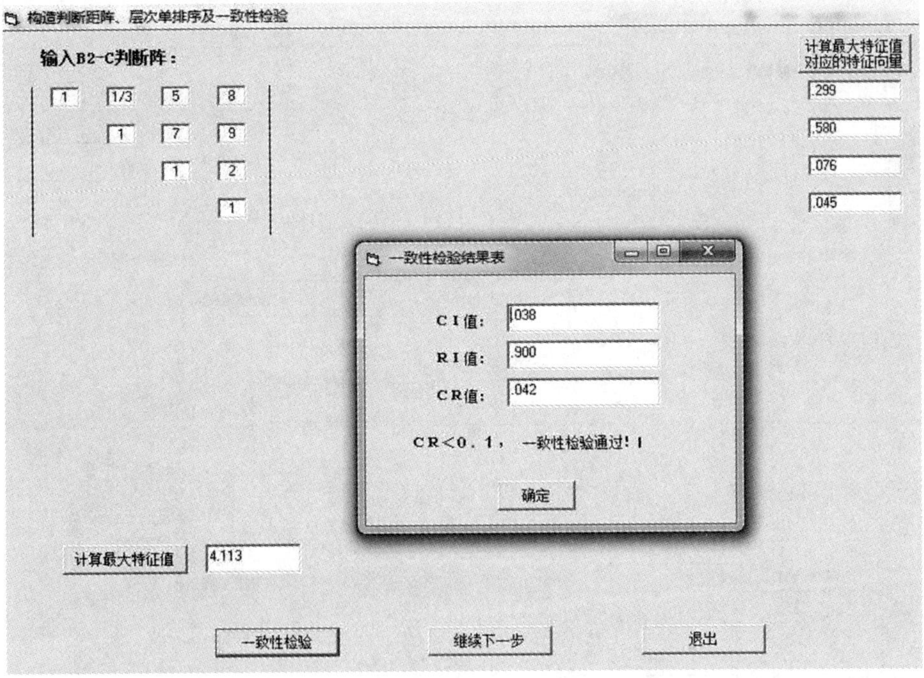

图 10－16（e）　B_2-C 的判断矩阵的输入及计算结果

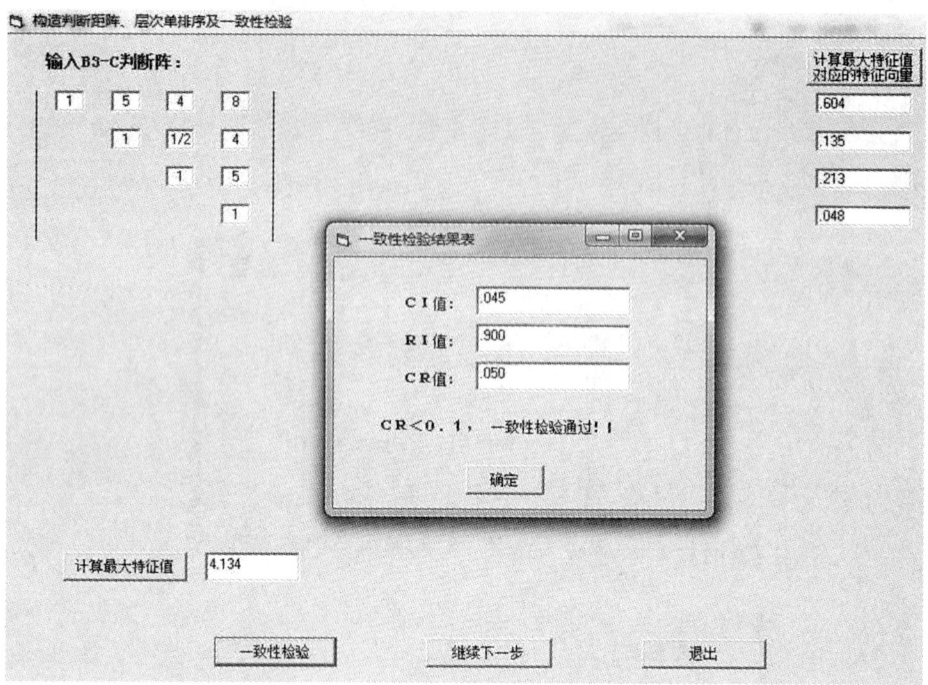

图 10－16（f） B_3-C 的判断矩阵的输入及计算结果

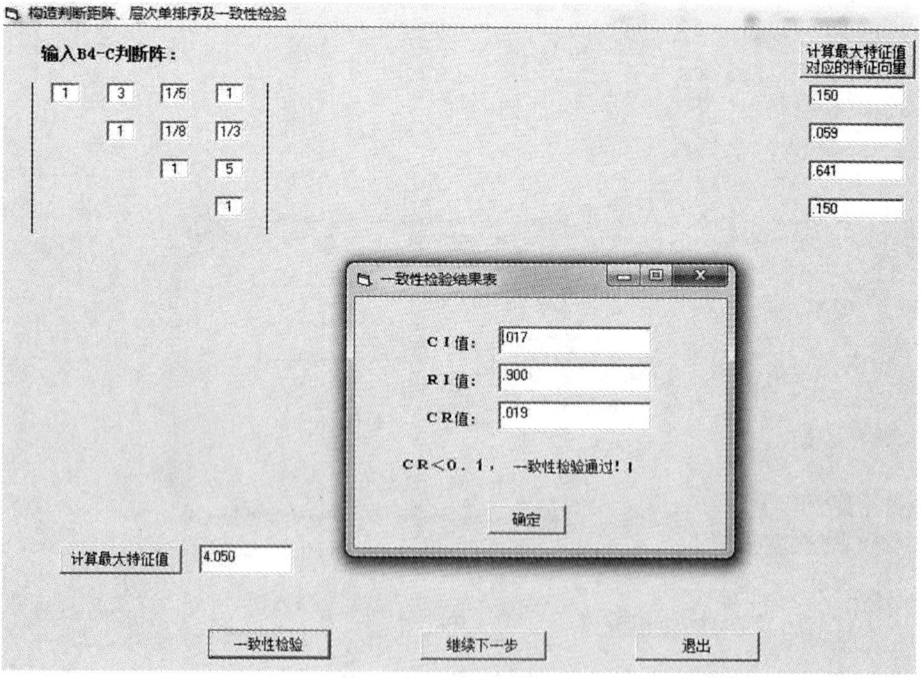

图 10－16（g） B_4-C 的判断矩阵的输入及计算结果

所有计算结果的汇总见表 10－16 所示。

表 10－16　　所有判断矩阵的计算结果

i	1	2	3	4
$W_{B_i}(S_j)$	0.293	0.299	0.604	0.150
	0.084	0.580	0.135	0.059
	0.053	0.076	0.213	0.641
	0.571	0.045	0.048	0.150
$\lambda_{max}^{(i)}$	4.121	4.113	4.134	4.050
CR_{B_i}	0.044	0.042	0.050	0.019
RI_{B_i}	0.900	0.900	0.900	0.900
CI_{B_i}	0.040	0.038	0.045	0.017

③层次的总排序。

从上到下求各因素的权重，直到求出各方案在这些权重下的总排序。

$$W_A(S_j) = \sum_{i=1}^{4} W_{B_i}(S_{B_j}) \cdot W_A(B_i) \qquad i = 1,2,3,4\ ;j = 1,2,3,4$$

以 $j = 1$ 为例，

$$\begin{aligned} W_A(S_1) &= \sum_{i=1}^{4} W_{B_i}(S_{B_j}) \cdot W_A(S_{Bi}) \\ &= 0.462 \times 0.293 + 0.304 \times 0.299 + 0.133 \times 0.604 + 0.101 \times 0.150 \\ &\approx 0.322 \end{aligned}$$

其他的同理可以计算得到相应的结果：$W_A(S_2) \approx 0.239$，$W_A(S_3) \approx 0.141$，$W_A(S_4) \approx 0.299$，即 $W_A(S) = (0.322, 0.239, 0.141, 0.299)$。

④总排序的一致性检验。

$CI = \sum_{i=1}^{4} W_A(B_i) \cdot CI_{B_i}$，$W_A(B_i)$ 表示 B_i 相对于总目标的权重系数，CI_{B_i} 为以 B_i 为上层节点优先矩阵的一致性指标。$CI = \sum_{i=1}^{4} W_A(B_i) \cdot CI_{B_i} = 0.462 \times 0.040 + 0.304 \times 0.038 + 0.133 \times 0.045 + 0.101 \times 0.017 \approx 0.038$。

RI_{B_i} 表示与 CI_{B_i} 相对应的平均随机一致性指标。

$RI = \sum_{i=1}^{4} W_A(B_i) \cdot RI_{B_i} = 0.462 \times 0.900 + 0.304 \times 0.900 + 0.133 \times 0.900 + 0.101 \times 0.900 = 0.900$。

$CR = \dfrac{CI}{RI} \approx \dfrac{0.038}{0.900} \approx 0.042 < 0.10$，满足一致性指标。

结果表明，供应商 S_1 所占比重最大，所以应该优先考虑选择供应商 S_1。计算总排序一致性比率 $CR=0.042<0.1$，因此决策结果是可信的，即最优方案是选择供应商 S_1。软件最后输出的结果如图 10－16（h）所示。

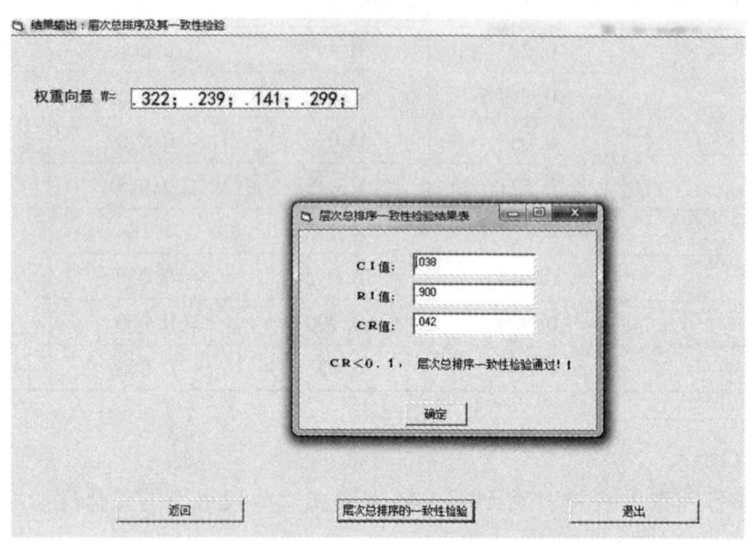

图 10－16（h） 计算结果的最后输出

进一步思考：（1）如果最后计算的总体排序 CR 通不过检验，怎么办？
（2）如果是专家群给出判断矩阵，如何确定判断矩阵中的值？

习 题

1．某机器制造公司生产 H 产品，为了扩大产量，有三种可行的方案：一是扩建现有工厂，二是新建一个工厂，三是把增产部分的产品转包给其他企业生产。而市场情况有三种：销路好、销路一般和销路差，这三种市场情况出现的可能性不知道，但估计实行三种不同方案后在五年内给企业带来的损益状况如表 10－17 所示。

表 10－17

方案	对产品需求		
	销路好	销路一般	销路差
扩建	100	20	－10
新建	60	50	0
转包	20	20	20

（1）用折中准则（$\alpha=0.7$）进行决策。

（2）用悲观准则进行决策。

（3）用等可能性准则进行决策。

2. 某企业预计试制一种新产品，投资方案有Ⅰ、Ⅱ、Ⅲ三个，在不同的市场需求下所获得的经济效益如表 10－18 所示。

表 10－18

投资方案	经济效益		
	高	中	低
Ⅰ	50	0	－5
Ⅱ	125	50	25
Ⅲ	250	0	－200

（1）试用最小机会损失决策准则进行决策。

（2）试用乐观准则进行决策。

3. 某水电企业根据社会用电情况，对未来售电的预测是：出现高售电的概率为 0.5；出现中售电的概率为 0.4；出现低售电的概率为 0.1。企业现有两个可供选择的方案：一是扩建电站，需投资 200 万元；另一是配套改造，需投资 80 万元。扩建电站和配套改造在不同自然状态下，采用不同方案五年内的年度平均售电利润预测如表 10－19 所示。

表 10－19

自然状态	概率	不同方案下年度平均售电利润	
		扩建电站	配套改造
高售电	0.5	80	60
中售电	0.4	40	40
低售电	0.1	10	20

用决策树法来说明采用何种方案好。

4. 某电力建设工地有一批施工机械，5—9 月暂不用，10 月重新使用。该地区在 5—9 月可能遭受洪水侵袭。有两种方案供选择：一种是将机械搬走，用时再运回，往返需运费 1 000 元；另一种是将机械留在原地，有两种具体的措施：

（1）用 400 元做一平台，放置机械，这样可以防高水位，但不能防洪水。

（2）不做平台，若遇高水位则损失 800 元；若遇大洪水，无论有无平台均损失 1 400 元。从历史水文资料预测，2—9 月正常水位概率为 0.75，高水位概率为 0.22，大洪水概率为 0.03。在这种情况下，问采用哪种方案经济合理？

5. 某工厂准备大批量投产一种新产品，估计这种产品销路好的概率为0.7，销路差的概率为0.3。如果销路好，可获利1 200万元；销路差，将亏损150万元。为了更深入细致地分析这个决策问题，以避免盲目性所造成的损失，该厂的管理人员考虑先建设一个小型试验工厂，先行小批量试生产和试销，为销售情况获取更多的信息。根据市场研究，估计试销时销路好的概率为0.8，如果试销的销路好，则以后大批量投产时销路好的概率为0.85；如果试销的销路差，则以后大批量投产时销路好的概率为0.1。

（1）试求通过先行小批量试生产而取得情报的价值。

（2）假如建设小型试验工厂所需费用为5万元，那么建设此小型试验工厂是否值得？

6. 某户外设备商店要决定在即将来临的滑雪季节究竟应存储大量、中等数量还是小量的滑雪设备。从过去的数据得知，滑雪季节中滑雪设备的需求量近似地服从正态分布，其均值为θ（$\theta=5$、10或15单位，根据滑雪条件而定），方差为10。已知θ的先验分布结果如表10－20所示。

表10－20

θ_j	$\theta_1=5$	$\theta_2=10$	$\theta_3=15$
$P(\theta_j)$	0.2	0.5	0.3

商店在各存储方案下的损益情况如表10－21所示。

表10－21

方案	$\theta_1=5$	$\theta_2=10$	$\theta_3=15$
a_1：大量	8	12	20
a_2：中等数量	10	14	14
a_3：小量	12	12	12

（1）用期望值法求商店的最优存储量。

（2）假如通过对以往季节的研究和未来气候的分析，估计未来季节的需要量为8单位，问此时商店的贝叶斯决策是什么？

7. 某公司需要决定是建大厂还是建小厂来生产一种新产品，该产品的市场寿命为10年。建大厂的投资费用为280万元，建小厂的投资费用为140万元。估计10年内销售状况的概率分布为：需求高的概率为0.5，需求中等的概率为0.3，需求低的概率为0.2。公司进行了“成本—产量—利润”分析，对不同的工厂规模和市场需求量进行组合，算出了它们的年收益，如表10－22所示。

表 10－22　　　　单位：万元

方案	需求高	需求中等	需求低
建大厂	100	60	－20
建小厂	25	45	55

（1）试用期望货币值标准进行决策（10 年）。

（2）假如采用期望效用值标准进行决策。在对该经理进行了一系列询问之后，得到如下回答：

该经理认为：①“以 0.5 的概率得到 720 万元，以 0.5 的概率损失 480 万元”和“肯定损失 120 万元”，二者对他来说是一样的；②“以 0.5 的概率得到 720 万元，以 0.5 的概率损失 120 万元”和“肯定得到 180 万元”，二者对他来说是一样的；③“以 0.5 的概率损失 480 万元，以 0.5 的概率损失 120 万元”和“肯定损失 340 万元”，二者对他来说是一样的。

试根据以上询问的结果，画出该经理在此决策问题中的效用曲线。运用所画的效用曲线，求出该经理对此问题的最优决策。

本章小结

决策是管理过程中经常发生的一种活动，在一切失误中，决策的失误是最大的失误。本章主要介绍了不确定型决策问题的模型和算法，包括基于乐观准则、悲观准则、等可能性准则、最小机会损失准则、折中准则的决策方法；风险决策的决策树、决策方法以及全情报的价值；效用理论在决策中的应用以及效用曲线的确定方法；在定性和定量相结合分析中广泛应用的层次分析法（AHP），并给出了相应模型的计算机软件求解结果。

11　排队论

本章要求

- ☐ 理解排队论中的基本概念；掌握排队系统的主要数量指标。
- ☐ 掌握单服务台负指数分布排队系统的分析方法和结果。
- ☐ 掌握多服务台负指数分布排队系统的分析方法和结果。
- ☐ 初步了解非负指数分布排队系统的一些结果。
- ☐ 掌握使用计算机软件求解排队问题的方法。
- ☐ 掌握排队系统的经济分析与最优化问题。

11.1　基本概念

在现实世界中，经常会发生为了获得某种服务而排队等待的现象。例如，乘客在车站等车，病人去医院看病，顾客在商店购物，工人去仓库领料等。当要求服务的对象的数量超过服务机构的容量时就会出现排队现象。

排队的队列除了有形的，还有无形的。如多个旅客同时打电话到火车站售票处订购车票，当其中一个人正在通话时，其他人只好在各自的电话机旁等待通话，尽管他们分散在各处，但形成了一个无形的队列。另外，排队者不一定是人，也可以是物。例如，零件等待加工，出故障的机器等待修理，码头上的货船等待卸货，需降落的飞机因跑道不空而在空中盘旋等。同样，服务者不一定是人，也可以是物，如上述后两例中卸货的设备、机场的跑道等。

为了叙述方便，我们将要求服务的对象统称为“顾客”，而将提供服务的服务者统称为“服务台”（或“服务员”）。因此，顾客与服务台的含义完全是广义的。

在各种排队系统中，由于顾客到达和（或）服务时间的随机性，可以说排队现象是无法完全消除的。通常，提高服务机构的水平（增加服务台或提高服务速率等）可减少排队现象，但这样会增加成本或发生空闲浪费；如果服务水平低下，排队现象就会严重，对顾客个人和对社会都会带来不利影响。因此，管理决策人员必须考虑如何在顾客需要和服务水平两者之间取得平衡，以期提高服务质量，降低成本。

排队论（也称随机服务系统理论）就是为解决上述问题而发展的一门学科，它研究的内容是丰富多彩的。本章将介绍排队论的一些基本知识，分析若干常见的排队模型，并讨论排队系统的经济分析与最优化问题。

11.1.1 排队系统的组成和特征

图 11－1 是排队过程的一般模型。各个顾客由顾客源（总体）出发，到达服务机构前排队等候接受服务。某些顾客在看到等候队列的长度以后，决定不进入服务系统。部分排在队列里的顾客，在排了一段时间队以后也变得不耐烦，在接受服务之前离开了队列，留在队列里的顾客在得到服务后便离去。

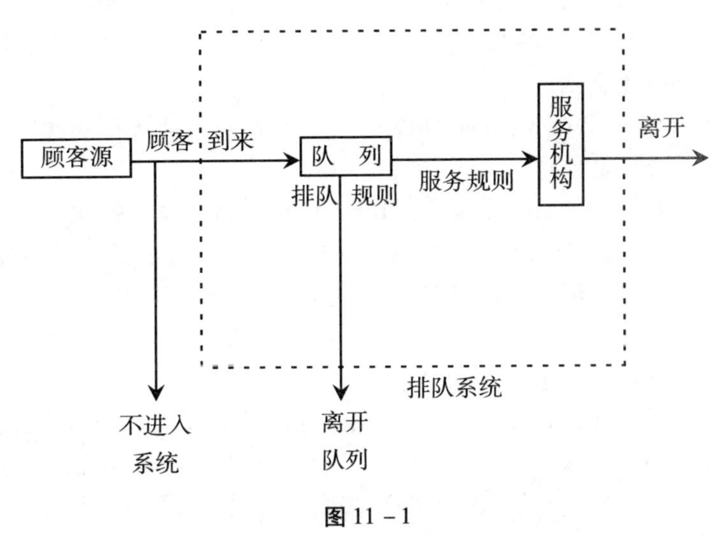

图 11－1

一般排队系统都有三个基本组成部分：输入过程、排队规则和服务机构。

1. 输入过程

输入过程是说明顾客按怎样的规律到达系统。要完全刻画一个输入过程，需要以下三方面：

（1）顾客总体（顾客源）数。它可能是有限的，也可能是无限的。例如，车间内出故障待修的机器显然是有限的总体，而河流上游流入水库的水量可以认为是无限的。

（2）顾客到达的方式。其中包括单个到达和成批到达。例如，在一场球类比赛中，进入场地的团体单位的观众就是成批到达的。

（3）顾客（单个或成批）相继到达的间隔时间。它可以是确定型的，也可以是随机型的。例如，在自动装配线上装配的各部件就必须按确定的间隔时间到达装配点。而到医院就诊的病人、送到修理间修理的机器、通过十字路口的车辆等，这些人或物到达的间隔时间都是随机型的。对于随机型的情形，要知道相继到达的间隔时间或单位时间的顾客到达数的概率分布。

2. 排队规则与服务规则

排队规则有损失制、等待制和混合制三种。当顾客到达时，若所有服务台均被占用，该顾客随即离去，这种排队规则称为损失制或即时制，因为这将流失一些顾客。例如，一位旅客到达某家旅馆，如果旅馆已经客满，他就会离开到别处投宿。当顾客到达时，若所有服务台均被占用，顾客并不离去而是排队等待服务，这种排队规则称为等待制。如排队等待售票、故障设备等待维修等。混合制是等待制与损失制相结合的一种排队规则，一般是指允许排队，但又不允许队列无限延长下去。具体有队长（系统中的顾客数）有限制、等待时间有限制、逗留时间（等待时间与服务时间之和）有限制三种情况。

对于等待制和混合制，服务台为顾客进行服务所采用的规则通常有：

（1）先到先服务（First Come，First Service. 简称 FCFS）。即按顾客到达的先后对顾客进行服务。这是最普遍的情形。

（2）后到先服务（Late Come，First Service. 简称 LCFS）。仓库中存放的钢板，后叠放上去的都先被领走了，就属于这种情况。又如在情报系统中最后到达的信息往往是最有价值的，应首先加以分析和利用。

（3）随机服务（Service in Random Order，简称 SIRO）。从等待的顾客中随机地选取其一进行服务，如电话交换台接通呼叫电话就是一例。

（4）有优先权的服务（Priority，简称 PR）。具有较高优先权的顾客可先于较低优先权的顾客得到服务。如老人、儿童先进入车站；病危的患者优先就诊；遇到重要数据需要处理时，计算机立即中断对其他数据的处理等，均属于这种服务规则。

3. 服务机构

服务机构的情况可以从以下三方面来描述。

（1）服务台的数量及结构形式。从数量上说，服务台有单台和多台之分。从结构形式上看，服务台有：(a) 单队—单服务台式，(b) 多队—多服务台并列式，(c) 单队—多服务台并列式，(d) 单队—多服务台串列式，(e) 多服务台混合式等等。详见图 11－2。

（2）服务方式。它是指在某一时刻接受服务的顾客数，有单个服务和成批服务两种。如公共汽车对在站台等候的顾客就进行成批服务。

（3）服务时间。它和顾客相继到达的间隔时间一样，也分为确定型和随机型。但多数情况下是随机型的，为此，需要知道它的概率分布。

在排队论中讨论的是到达间隔时间和服务时间两者至少有一个是随机型的情形。下面介绍若干常见分布的表示符号。

M——负指数分布（因为它具有 Markov 性）。

D——确定型（Deterministic），表示定长输入或定长服务。

E_k——k 阶爱尔朗（Erlang）分布。

GI——一般相互独立（General Independent）的间隔时间的分布。

G——一般（General）服务时间的分布。

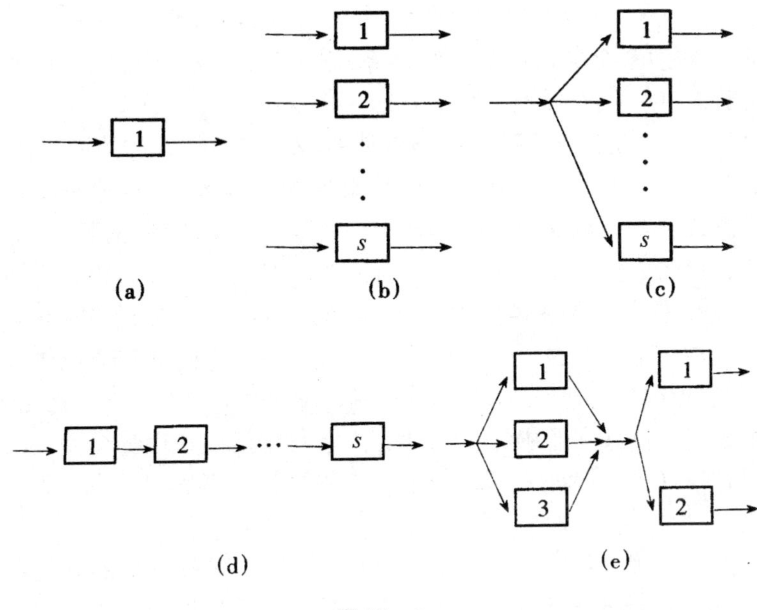

图 11－2

11.1.2 排队系统的描述符号与分类

为了区别各种排队系统，通常采用如下的表达方式：

A/B/C/D/E/F

其中，A 处填写顾客到达间隔时间的分布；

B 处填写服务时间的分布；

C 处填写服务台的数目；

D 处填写系统的容量，即可容纳的最多顾客数，缺省值为∞（无穷大）；

E 处填写顾客源数目，缺省值为∞；

F 处填写服务规则，如 FCFS、LCFS 等，缺省值为 FCFS。

例如，M/M/1 表示顾客到达间隔时间为负指数分布（即输入过程为泊松流，见后）、服务时间为负指数分布、单服务台、系统容量为无限（等待制）、顾客源无限、采用先到先服务规则的排队模型。D/G/3/N 则表示确定型输入、一般服务时间分布、有 3 个服务台、系统容量为 N（$N \geqslant 3$）、顾客源无限、采用先到先服务规则的排队模型。

11.1.3 排队系统的主要数量指标

研究排队系统的目的是通过了解系统的状况，对系统进行调整和改进，使系统处于最优或满意的运行状态。为此，必须确定用以判断系统运行优劣的主要数量指标。这些指标通常是：

（1）队长，亦称为系统状态，是指排队系统中的顾客数（排队等待的顾客数与正在接受服务的顾客数之和），它的期望值记作 L_s。

排队长（队列长），是指在系统中排队等待服务的顾客数，它的期望值记作 L_q。

易见，[队长] = [队列长] + [正接受服务的顾客数]。一般来说，L_s（或 L_q）越大，顾客越不满意，因为排队成龙是顾客最厌烦的事情。对于服务机构，L_s（或 L_q）也是值得关心的指标，因为它们与服务率、系统所需要的空间大小等问题有密切的关系。

（2）逗留时间，是指一个顾客在系统中停留的全部时间，它的期望值记作 W_s。

等待时间，是指一个顾客在系统中排队等待的时间，它的期望值记作 W_q。

由此可知，[逗留时间] = [等待时间] + [服务时间]。

在机器出故障停机待修问题中，无论是等待修理或正在修理都会使工厂遭受停工的损失，因此，逗留时间（停工时间）是主要的；但在就诊、购物等问题中的顾客们常常只关心等待时间的长短。

此外，还有忙期（服务机构连续繁忙的时间长度）、服务机构的利用率，以及在损失制或混合制系统中，由于部分顾客被拒绝而使服务机构受到损失的损失率等。这些也是很重要的指标。

计算上述性能指标的基础是系统状态的概率，这些状态概率一般跟时刻 t 有关。我们用 $P_n(t)$ 表示在时刻 t 系统状态为 n（即系统中有 n 个顾客）的概率。一般来说，求出与 t 有关的瞬态概率 $P_n(t)$ 是不容易的，即使求出也很难利用。而实际上很多系统运行了较长的一段时间后，系统的状态概率分布不再随时间变化，即当 t 充分大时，$P_n(t)$ 充分接近某常数 P_n，这时称系统达到稳态（Steady State）或统计平衡状态（Statistical Equilibrium State），称 P_n 为稳态概率（系统处于稳态时有 n 个顾客的概率）。本书只研究稳态的情形。

11.2 到达间隔时间的分布和服务时间的分布

当分析某个排队系统时，首先要研究它属于哪类模型，因此，要根据实测的数据研究顾客到达间隔时间的分布和服务时间的分布。本节介绍几种常见的概率分布。

11.2.1 负指数分布

若随机变量 T 的概率密度为

$$f_T(t)=\begin{cases}\lambda e^{-\lambda t} & t\geq 0\\ 0 & t<0\end{cases} \tag{11.1}$$

其中 $\lambda>0$，则称 T 服从参数 λ 的负指数分布。它的分布函数是

$$P\{T \leqslant x\} = \int_{-\infty}^{x} f_T(t)\,dt = \begin{cases} 1 - e^{-\lambda x} & x \geqslant 0 \\ 0 & x < 0 \end{cases} \tag{11.2}$$

容易算出：数学期望（平均值）$E[T] = \frac{1}{\lambda}$，方差 $\mathrm{Var}[T] = \frac{1}{\lambda^2}$。

若顾客到达间隔时间服从参数 λ 的负指数分布，则$\frac{1}{\lambda}$表示顾客到达平均间隔时间，所以 λ 就表示单位时间内平均到达的顾客数，称之为平均到达率。

若对一个顾客的服务时间服从参数 μ 的负指数分布，则$\frac{1}{\mu}$表示一个顾客的平均服务时间，而 μ 就表示单位时间平均完成服务的顾客数，称之为平均服务率。

11.2.2 泊松（Poisson）流

泊松流又叫最简单流，它是以单位时间内到达顾客数的概率分布来刻画输入过程的。

若单位时间内到达的顾客数服从泊松分布，即单位时间内到达 n 个顾客的概率为

$$\frac{\lambda^n e^{-\lambda}}{n!},\quad n = 0, 1, 2, \cdots \tag{11.3}$$

其中 $\lambda > 0$，则称输入过程为泊松流。

因为泊松分布的参数 λ 就是它的期望值，所以泊松流的平均到达率就是 λ。

可以证明，顾客到达间隔时间为负指数分布（参数 λ），与输入过程为泊松流（参数 λ）是等价的。所以，在排队模型中都用 M 表示。

输入过程为泊松流，服务时间为负指数分布的排队模型是现实中使用最广泛、数学处理最简单的模型，所以在排队论中有着重要的作用。

11.2.3 爱尔朗（Erlang）分布

设 $T_1, T_2, \cdots, T_k$ 是 k 个相互独立的随机变量，服从相同参数 $k\mu$ 的负指数分布，则称

$$T = T_1 + T_2 + \cdots + T_k$$

服从 k 阶爱尔朗分布。它的数学期望和方差分别是

$$E[T] = k \cdot \frac{1}{k\mu} = \frac{1}{\mu},\quad \mathrm{Var}[T] = k \cdot \left(\frac{1}{k\mu}\right)^2 = \frac{1}{k\mu^2}$$

可以证明，k 阶爱尔朗分布的概率密度是

$$b_k(t)=\begin{cases}\dfrac{k\mu(k\mu t)^{k-1}}{(k-1)!}e^{-k\mu t} & t\geq 0\\ 0 & t<0\end{cases} \tag{11.4}$$

如果一个顾客要经过串列的 k 个服务台的服务，每个服务台的服务时间相互独立，服从相同的负指数分布（参数 $k\mu$），那么顾客走完这 k 个服务台所需要的服务时间就服从 k 阶爱尔朗分布。

k 阶爱尔朗分布是一类适用性很广泛的概率分布，当 $k=1$ 时，它是负指数分布；当 $k\geq 30$ 时，k 阶爱尔朗分布近似于正态分布；当 $k\to\infty$ 时，方差 $\mathrm{Var}[T]=\frac{1}{k\mu^2}\to 0$，变成确定性分布。所以 k 阶爱尔朗分布可看成完全随机（$k=1$）与完全确定之间的分布，能更广泛地适用于现实世界。

11.3 单服务台负指数分布排队系统的分析

本节将讨论输入过程为泊松流、服务时间服从负指数分布的单服务台排队系统。

11.3.1 标准的 M/M/1 模型（即 M/M/1/∞/∞/FCFS）

设平均到达率为 λ，平均服务率为 μ，并设 $\lambda<\mu$（否则队列将排至无限远而使系统不能达到稳态）。

对于负指数分布系统，可以通过图 11－3 所示的状态转移图来求得系统处于稳态时的状态概率 P_n（系统有 n 个顾客的概率）。

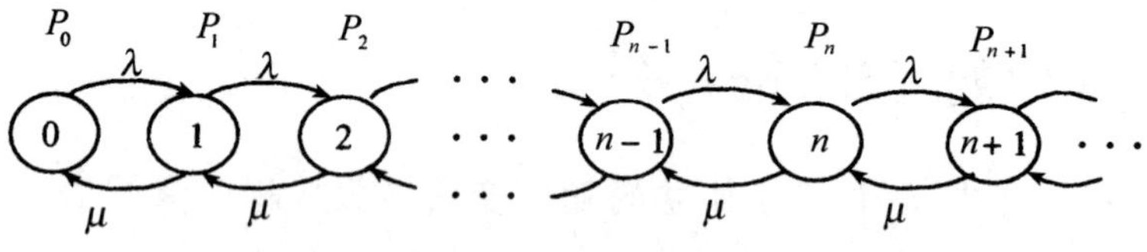

图 11－3

在图 11－3 中，圆圈中的数字表示系统的状态（顾客数），箭头表示从一个状态到另一个状态的转移。当系统处于稳态时，对于每一个状态来说，转入率应该等于转出率（这就是系统在稳态下的“流入＝流出”原理）。例如对于状态 n（$n\geq 1$），转入率是 $\lambda P_{n-1}+\mu P_{n+1}$，而转出率是 $\lambda P_n+\mu P_n=(\lambda+\mu)P_n$，因此有

$$\lambda P_{n-1}+\mu P_{n+1}=(\lambda+\mu)P_n,\ n\geq 1 \tag{11.5}$$

根据上述原理，我们可得到任一状态下的平衡方程。

对于状态 0，平衡方程为 $\mu P_1 = \lambda P_0$，从而得到

$$P_1 = (\lambda/\mu) P_0$$

将它代入（11.5）式，令 $n=1$，可得

$$\lambda P_0 + \mu P_2 = (\lambda + \mu)(\lambda/\mu) P_0$$

因此有 $\quad P_2 = (\lambda/\mu)^2 P_0$

类似可得 $\quad P_3 = (\lambda/\mu)^3 P_0$

一般地 $\quad P_n = (\lambda/\mu)^n P_0,\ n \geqslant 1 \qquad (11.6)$

由概率的性质知

$$\sum_{n=0}^{\infty} P_n = 1 \qquad (11.7)$$

记 $\rho = \lambda/\mu$，则 $0 < \rho < 1$。把（11.6）式代入（11.7）式得

$$P_0 \sum_{n=0}^{\infty} \rho^n = P_0 \cdot \frac{1}{1-\rho} = 1$$

最后有

$$\begin{cases} P_0 = 1 - \rho \\ P_n = (1-\rho)\rho^n,\ n \geqslant 1 \end{cases} \qquad (11.8)$$

我们称 P_0 为系统的空闲率。由（11.8）式可看出，ρ 是系统中至少有一个顾客的概率，也就是服务台处于繁忙状态的概率，因而也称 ρ 为服务强度或服务机构的利用率。

以（11.8）式为基础就可以算出系统的运行指标。

系统中顾客的平均数（平均队长）为

$$\begin{aligned} L_s &= \sum_{n=1}^{\infty} nP_n = \sum_{n=1}^{\infty} n(1-\rho)\rho^n \\ &= \rho - \rho^2 + 2\rho^2 - 2\rho^3 + 3\rho^3 - 3\rho^4 \\ &= \rho + \rho^2 + \rho^3 + \cdots \\ &= \frac{\rho}{1-\rho} \end{aligned}$$

或
$$L_s = \frac{\lambda/\mu}{1-(\lambda/\mu)} = \frac{\lambda}{\mu-\lambda}$$

排队等待的平均顾客数（平均队列长）

$$\begin{aligned} L_q &= \sum_{n=1}^{\infty}(n-1)P_n = \sum_{n=1}^{\infty} nP_n - \sum_{n=1}^{\infty} P_n \\ &= L_s - (1-P_0) = L_s - \rho \\ &= \frac{\rho^2}{1-\rho} \\ &= \frac{\rho\lambda}{\mu-\lambda} \end{aligned}$$

为了简化计算过程，下面介绍在排队论中普遍成立的两个关系式。

（1）任何排队模型，当处于稳态时，都有下面的 Little 公式：

$$L_s = \lambda_e W_s \qquad L_q = \lambda_e W_q \tag{11.9}$$

其中，λ_e 为平均有效到达率，它是指单位时间内平均进入系统的顾客数。

应注意：平均到达率 λ 是指单位时间内平均到达的顾客数。对于等待制排队系统，$\lambda_e = \lambda$；但对于损失制和混合制的排队系统，到达的顾客不一定全部进入系统，因此 λ_e 与 λ 是不同的。

Little 公式的证明从略。

（2）
$$W_s = W_q + \frac{1}{\mu} \tag{11.10}$$

在式子［逗留时间］=［等待时间］+［服务时间］两边取期望值便可得公式(11.10)。

对于 M/M/1 模型有 $\lambda_e = \lambda$，从 Little 公式便可得到平均逗留时间

$$W_s = \frac{L_s}{\lambda} = \frac{\frac{\lambda}{\mu-\lambda}}{\lambda} = \frac{1}{\mu-\lambda}$$

使用（11.10）式可求得平均等待时间

$$W_q = W_s - \frac{1}{\mu} = \frac{1}{\mu-\lambda} - \frac{1}{\mu} = \frac{\lambda}{\mu(\mu-\lambda)} = \frac{\rho}{\mu-\lambda}$$

现将以上各式归纳如下

$$
\begin{aligned}
&(1)\ L_s=\frac{\lambda}{\mu-\lambda} \qquad &(2)\ L_q=\frac{\rho\lambda}{\mu-\lambda} \\
&(3)\ W_s=\frac{1}{\mu-\lambda} \qquad &(4)\ W_q=\frac{\rho}{\mu-\lambda}
\end{aligned}
\tag{11.11}
$$

以上各指标的计算公式是对先到先服务的服务规则适用的。对于后到先服务和随机服务的服务规则，虽然服务的顺序不一样，但 L_s、L_q、W_s、W_q 这些由期望值表达的量是不会改变的，所以（11.11）公式对三种服务规则都适用。

在 QM for Windows 中，点击界面的"Module"主菜单，选择"Waiting Lines"后，再在主菜单栏"File"中选择"New"，就会看到该软件可以求解的排队模型菜单（如图 11－4所示）。

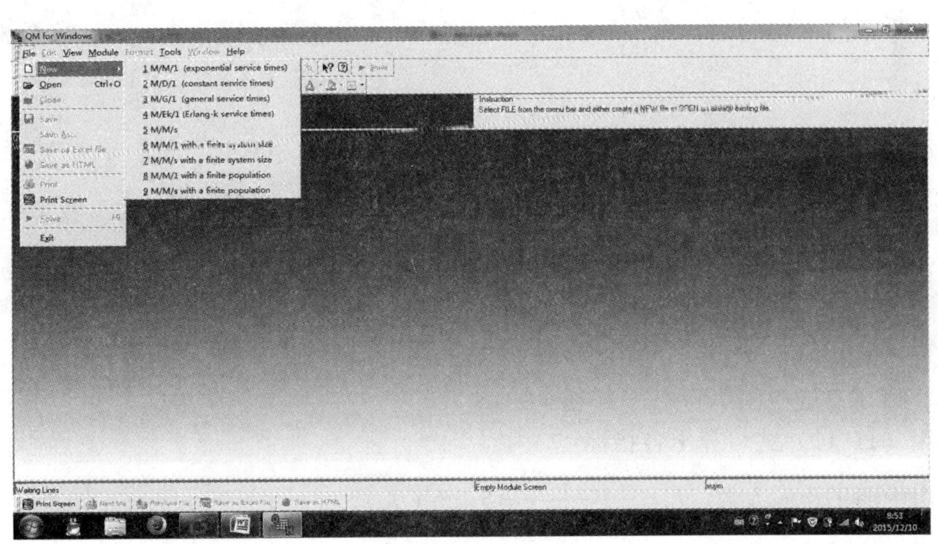

图 11－4

例 1　M/M/1 排队系统。

某医院手术室根据病人就诊和完成手术时间的记录，任意抽查 100 个工作小时，每小时来就诊的病人数 n 的出现次数如表 11－1 所示。又任意抽查 100 个完成手术的病历，所用时间 m（小时）出现的次数如表 11－2 所示。

（1）求手术室的空闲率、在病房中的平均病人数、排队等待的平均病人数、病人在病房中的平均逗留时间和平均等待时间。

（2）若希望病人的平均逗留时间减少一半，则每小时平均完成手术的人数应提高多少?

表 11－1

到达的病人数 n	出现次数 f_n
0	10
1	28
2	29
3	16
4	10
5	6
6 以上	1
合计	100

表 11－2

为病人完成手术的时间 m（小时）	出现次数 f_m
0～0.2	38
0.2～0.4	25
0.4～0.6	17
0.6～0.8	9
0.8～1.0	6
1.0～1.2	5
1.2 以上	0
合计	100

解：首先算出每小时病人平均到达率 $=\dfrac{\sum nf_n}{100}=2.1$（人/小时）。

每次手术的平均时间 $=\dfrac{\sum \overline{m}f_m}{100}=0.4$（小时/人）（这里取 $\overline{m}=0.1$，0.3，0.5，0.7，0.9，1.1）。

每小时完成手术人数（平均服务率）$=\dfrac{1}{0.4}=2.5$（人/小时）。

取 $\lambda=2.1$，$\mu=2.5$，通过统计检验方法，可以认为病人到达数服从参数为 2.1 的泊松分布，手术时间服从参数为 2.5 的负指数分布。因此本例为 M/M/1 排队系统。$\rho=\dfrac{\lambda}{\mu}=\dfrac{2.1}{2.5}=0.84<1$。

（1）手术室的空闲率为 $P_0=1-\rho=0.16$

使用（11.11）式可算出各指标：

病房中的平均病人数 $L_s=\dfrac{2.1}{2.5-2.1}=5.25$（人）

排队等待的平均病人数 $L_q=0.84\times5.25=4.41$（人）

病人在病房中平均逗留时间 $W_s=\dfrac{1}{2.5-2.1}=2.5$（小时）

病人在病房中平均等待时间 $W_q=\dfrac{0.84}{2.5-2.1}=2.1$（小时）

（2）记 μ' 为提高后的平均服务率，依题意要求

$$W'_s=\frac{1}{\mu'-2.1}=\frac{1}{2}\times2.5=1.25\qquad\left(\text{即 } W'_s=\frac{1}{2}W_s\right)$$

可求出 $\mu'=2.9$，即每小时若能平均完成手术 2.9 人，可使病人在病房中的平均逗留时间比原来减少一半。

在“File”菜单下，选择“M/M/1（exponential service times）”模型，输入相关参数，点击主菜单的“Solve”，求解模型，可以得到以上问题对应的输出结果，如图 11－5 所示。

Waiting Lines Results

Parameter	Value	Parameter	Value	Minutes	Seconds
		(untitled) Solution			
M/M/1 (exponential service		Average server utilization	0.84		
Arrival rate(lambda)	2.1	Average number in the queue(Lq)	4.41		
Service rate(mu)	2.5	Average number in the system(Ls)	5.25		
Number of servers	1.	Average time in the queue(Wq)	2.1	126.	7,559.998
		Average time in the system(Ws)	2.5	150.	8,999.998

图 11－5

例 2　M/M/1 排队模型。

汽车按泊松流到达某高速公路收费口，平均每小时 90 辆。每辆车通过收费口的时间服从均值 35 秒的负指数分布。

（1）在收费口有多于 2 辆车排队等待的概率是多少？

（2）因司机们抱怨等待时间太长，管理部门拟采用自动收款装置使平均收费时间缩短到 30 秒，但条件是原收费口平均等待车辆超过 6 辆，且新装置的利用率不低于 75% 时才采用，问新装置能否被采用？

解：这是 M/M/1 排队模型。

（1）$\lambda=90$（辆/小时），原收费口平均服务率 $\mu=3\ 600/35$（辆/小时），$\rho=\lambda/\mu=0.875<1$。

在原收费口有多于 2 辆车排队等待的概率就是系统中有多于 3 辆车的概率，其值为

$$1-P_0-P_1-P_2-P_3=\rho^4=(0.875)^4\approx 0.586\ 2$$

（2）原收费口平均等待车辆数为

$$L_q=\frac{\rho^2}{1-\rho}=\frac{(0.875)^2}{1-0.875}=6.125\text{（辆）}$$

采用新装置后的平均服务率 $\mu'=3\ 600/30=120$（辆/小时），相应的利用率 $\rho'=\frac{\lambda}{\mu'}=\frac{90}{120}=0.75$。因此新装置能被采用。

11.3.2 系统容量有限制的情形（M/M/1/N）

如果系统的最大容量为 N，因为只有一个服务台，所以排队等待的顾客数量最多为 $N-1$。当顾客到达时，若系统中已有 N 个顾客，则这个顾客就被拒绝进入系统而离去。因此当 $1<N<+\infty$ 时，系统是一个混合制系统；当 $N=1$ 时为损失制系统；当 $N\to+\infty$ 时，为上一小节所讨论的等待制系统。

当系统处于稳态时，其状态转移图如图 11－6 所示。

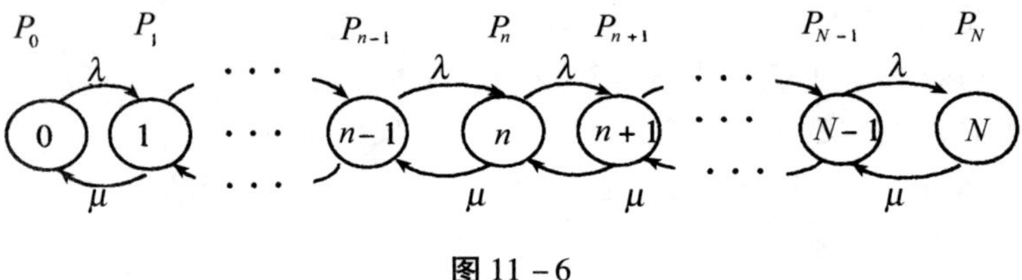

图 11－6

根据图 11－6 可得到各状态概率的平衡方程。

状态 0：　$\mu P_1=\lambda P_0$

状态 n：　$\lambda P_{n-1}+\mu P_{n+1}=(\lambda+\mu)P_n$，$1\leqslant n\leqslant N-1$

状态 N：　$\lambda P_{N-1}=\mu P_N$

与 M/M/1 模型类似可得到关系式

$$P_n=(\lambda/\mu)^n P_0 \tag{11.12}$$

仍记 $\rho=\dfrac{\lambda}{\mu}$（这里不再要求 $\rho<1$），并使用概率的性质

$$P_0+P_1+\cdots+P_N=1$$

可得

$$P_0=\left(1+\sum_{n=1}^{N}\rho^n\right)^{-1} \tag{11.13}$$

从而得

$$P_0=\begin{cases}\dfrac{1-\rho}{1-\rho^{N+1}}, & \rho\neq1\\[2mm] \dfrac{1}{N+1}, & \rho=1\end{cases} \tag{11.14}$$

因此，当 $\lambda\neq\mu$，即 $\rho\neq1$ 时，有

$$\begin{cases} P_0 = \dfrac{1-\rho}{1-\rho^{N+1}} \\ P_n = \rho^n \left(\dfrac{1-\rho}{1-\rho^{N+1}} \right), \ 1 \leqslant n \leqslant N \end{cases} \tag{11.15}$$

当 $\lambda = \mu$，即 $\rho = 1$ 时，有

$$P_n = \frac{1}{N+1}, \ n = 0, \ 1, \ \cdots, \ N \tag{11.16}$$

使用稳态概率 P_n，不难推导出平均队长的计算公式（过程略）。

$$\begin{aligned} L_s &= \sum_{n=0}^{N} nP_n \\ &= \begin{cases} \dfrac{\rho}{1-\rho} - \dfrac{(N+1)\rho^{N+1}}{1-\rho^{N+1}}, & \rho \neq 1 \\ \dfrac{N}{2}, & \rho = 1 \end{cases} \end{aligned} \tag{11.17}$$

而平均队列长

$$L_q = \sum_{n=1}^{N} (n-1) P_n = L_s - (1 - P_0) \tag{11.18}$$

为了使用 Little 公式求出 W_s，W_q，先求出平均有效到达率 λ_e。注意到顾客到达不能进入系统的概率为 P_N（亦称为损失率），因此，顾客到达并能进入系统的概率为 $1 - P_N$，所以有

$$\lambda_e = \lambda (1 - P_N)$$

使用（11.15）式可以验证 $\lambda_e = \mu (1 - P_0)$

从而平均逗留时间

$$W_s = \frac{L_s}{\lambda_e} = \frac{L_s}{\mu (1 - P_0)} \tag{11.19}$$

平均等待时间

$$W_q = \frac{L_q}{\lambda_e} = \frac{L_q}{\mu (1 - P_0)} \tag{11.20}$$

我们也可以使用（11.10）式得到另一公式

$$W_q = W_s - \frac{1}{\mu} \tag{11.21}$$

例3　M/M/1/N 排队模型。

某加油站只有一个加油泵，而且场地很小，最多只能停放6辆排队等待加油的汽车。设汽车到达间隔时间和加油时间都服从负指数分布，平均每小时到达30辆汽车，每辆汽车加油平均需要1.5分钟。试问：

（1）来加油的汽车一到达就能立即加油的概率是多少？

（2）等候加油的汽车平均数是多少？

（3）平均有效到达率是多少？

（4）每辆汽车在加油站内停留的平均时间是多少？

（5）在可能到达的汽车中有百分之几不加油就离开？

解：这是一个M/M/1/7排队模型，其中 $\lambda=30$ 辆/小时，$\mu=40$ 辆/小时，$\rho=\frac{3}{4}$。

（1）来加油的汽车一到达就能立即加油的概率，实际就是加油站中一辆汽车也没有的概率，故

$$P_0=\frac{1-\rho}{1-\rho^{N+1}}=\frac{1-3/4}{1-(3/4)^8}\approx 0.2778$$

（2）使用（11.17）式有

$$L_s=\frac{3/4}{1-3/4}-\frac{8(3/4)^8}{1-(3/4)^8}\approx 2.11\text{（辆）}$$

再使用（11.18）式

$$L_q=2.11-(1-0.2778)\approx 1.39\text{（辆）}$$

（3）$\lambda_e=\mu(1-P_0)=40(1-0.2778)\approx 28.89$（辆/小时）

（4）$W_s=L_s/\lambda_e=2.11/28.89\approx 0.073$（小时）$=4.38$（分钟）

（5）题意即求加油站有7辆汽车的概率（损失率），故

$$P_7=\rho^7\left(\frac{1-\rho}{1-\rho^8}\right)=(3/4)^7\left[\frac{1-3/4}{1-(3/4)^8}\right]\approx 0.037=3.7\%$$

在"File"菜单下，选择"M/M/1 with a finite system size"模型，输入相关参数，点击主菜单的"Solve"，求解模型，可以得到以上问题对应的输出结果，如图 11 - 7（a）所示；在主菜单"Window"下，选择"Table of probabilities"，可以得到 1 辆车也没有的概率，结果如图 11 - 7（b）所示。

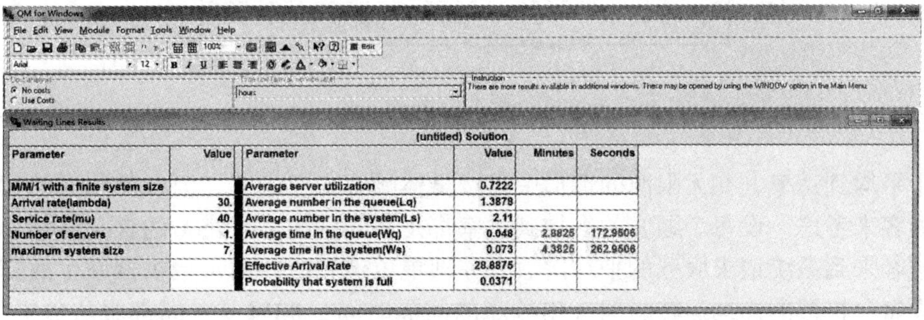

QM for Windows

(untitled) Solution

Parameter	Value	Parameter	Value	Minutes	Seconds
M/M/1 with a finite system size		Average server utilization	0.7222		
Arrival rate(lambda)	30.	Average number in the queue(Lq)	1.3878		
Service rate(mu)	40.	Average number in the system(Ls)	2.11		
Number of servers	1.	Average time in the queue(Wq)	0.048	2.8825	172.9506
maximum system size	7.	Average time in the system(Ws)	0.073	4.3825	262.9506
		Effective Arrival Rate	28.8875		
		Probability that system is full	0.0371		

图 11 - 7（a）

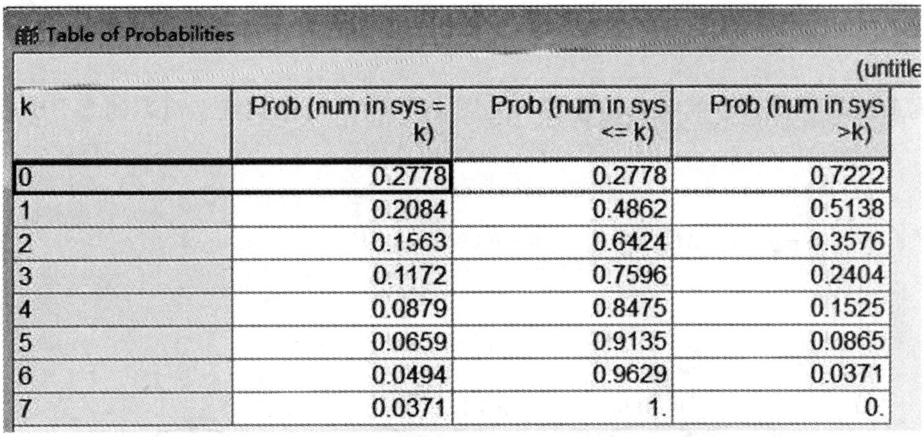

Table of Probabilities

(untitle

k	Prob (num in sys = k)	Prob (num in sys <= k)	Prob (num in sys >k)
0	0.2778	0.2778	0.7222
1	0.2084	0.4862	0.5138
2	0.1563	0.6424	0.3576
3	0.1172	0.7596	0.2404
4	0.0879	0.8475	0.1525
5	0.0659	0.9135	0.0865
6	0.0494	0.9629	0.0371
7	0.0371	1.	0.

图 11 - 7（b）

11.3.3 顾客源为有限的情形（$M/M/1/\infty/m$）

顾客源为有限的排队系统的主要特征是顾客总数是有限的，如只有 m 个顾客，每个顾客来到系统中接受服务后仍回到原来的总体，还有可能再来。这类排队系统的典型例子是机器看管问题：设有一个工人同时看管 m 台机器，当机器出故障时停下来等待该工人修理，所以出故障的机器就是要求获得服务的"顾客"，工人就是"服务台"。机器修好后再投入使用，仍然可能再发生故障。类似的例子还有 m 个终端共用一台打印机等。其一般模型如图 11 - 8 所示。在模型的表示符号中，第 4 项填写了 ∞，这表示对系统的容量没有限制，但实际上它永远不会超过 m，所以和写成（$M/M/1/m/m$）的意义相同。

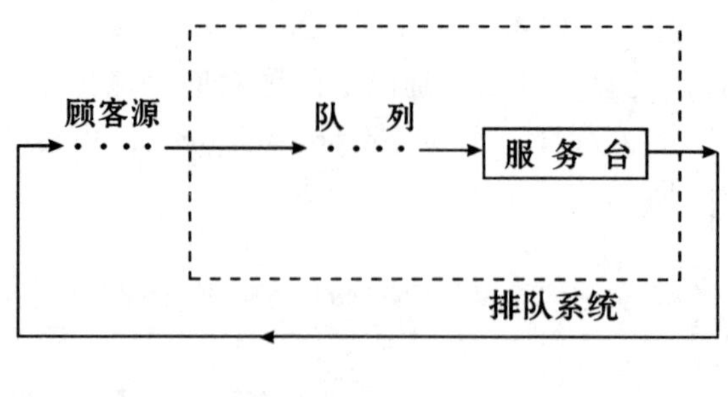

图 11-8

关于平均到达率，在无限源的情形中是按全体顾客来考虑的，但在有限源的情形中则按每个顾客来考虑。设每个顾客的平均到达率都是相同的 λ，此处 λ 的含义是指单位时间内每个顾客来到系统请求服务的平均次数，亦即单位运转时间内每台机器发生故障的平均次数。设每台机器的连续运转时间（出故障的间隔时间）和修复时间都服从负指数分布，参数分别为 λ 和 μ，由于在系统外的顾客平均数为 $m-L_s$，故系统的平均有效到达率为

$$\lambda_e=\lambda\ (m-L_s) \tag{11.22}$$

根据系统处于稳态下的状态转移图（见图 11-9），可得到状态概率的差分方程组

$$\begin{cases}\mu P_1=m\lambda P_0\\ \mu P_{n+1}+\ (m-n+1)\ \lambda P_{n-1}=\left[\ (m-n)\ \lambda+\mu\right]\ P_n \quad 1\leqslant n\leqslant m-1\\ \mu P_m=\lambda P_{m-1}\end{cases}$$

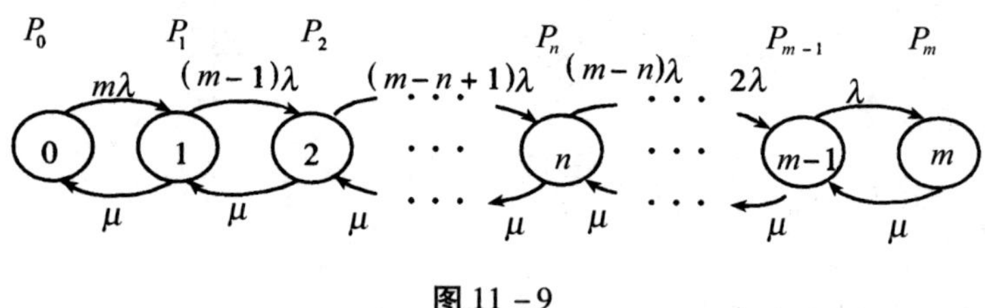

图 11-9

使用递推方法解上述差分方程组，并使用式子 $\sum_{j=0}^{m}P_j=1$，可得

$$\begin{cases}P_0=\left[\sum_{j=0}^{m}\dfrac{m!}{(m-j)!}\left(\dfrac{\lambda}{\mu}\right)^j\right]^{-1}\\ P_n=\dfrac{m!}{(m-n)!}\left(\dfrac{\lambda}{\mu}\right)^nP_0\quad,1\leqslant n\leqslant m\end{cases} \tag{11.23}$$

系统的各运行指标为

$$\begin{cases} L_s = m - \dfrac{\mu}{\lambda}\ (1 - P_0) \\ L_q = L_s - \ (1 - P_0)\ = m - \dfrac{(\lambda + \mu)\ (1 - P_0)}{\lambda} \end{cases} \tag{11.24}$$

$$\begin{cases} W_s = \dfrac{L_s}{\lambda_e} = \dfrac{m}{\mu\ (1 - P_0)} - \dfrac{1}{\lambda} \\ W_q = W_s - \dfrac{1}{\mu} \end{cases} \tag{11.25}$$

例4　M/M/1/∞/m 排队模型。

某工人负责看管5台机器，每台机器的连续运转时间服从平均值为15分钟的负指数分布。机器发生故障后，每次修理时间服从负指数分布，平均为12分钟。求：

（1）工人空闲的概率；

（2）五台机器都出故障的概率；

（3）出故障机器的平均数；

（4）等待修理机器的平均数；

（5）正常运转机器的平均数；

（6）每台机器的平均停工时间；

（7）每台机器的平均待修时间。

解：这是 M/M/1/∞/5 排队模型。其中 $\lambda = \dfrac{1}{15}$，$\mu = \dfrac{1}{12}$，$\dfrac{\lambda}{\mu} = 0.8$。于是有：

（1）$P_0 = [\dfrac{5!}{5!}\ (0.8)^0 + \dfrac{5!}{4!}\ (0.8)^1 + \dfrac{5!}{3!}\ (0.8)^2 + \dfrac{5!}{2!}\ (0.8)^3 + \dfrac{5!}{1!}\ (0.8)^4 + \dfrac{5!}{0!}\ (0.8)^5]^{-1}$

$= 0.007\,3$

（2）$P_5 = \dfrac{5!}{0!}\ (0.8)^5 P_0 = 0.287$

（3）$L_s = 5 - \dfrac{1}{0.8}\ (1 - 0.007\,3)\ \approx 3.76$（台）

（4）$L_q = 3.76 - \ (1 - 0.007\,3)\ \approx 2.77$（台）

（5）$m - L_s = 5 - 3.76 = 1.24$（台）

（6）$W_s = \dfrac{5}{\dfrac{1}{12}\ (1 - 0.007\,3)} - 15 \approx 46$（分钟）

（7）$W_q = 46 - 12 = 34$（分钟）

上述计算结果表明，正常运转的机器太少，机器停工时间过长，看管工人几乎没有空闲时间，故应采取措施提高服务效率或增加工人。

在“File”菜单下，选择“M/M/1 with a finite population”模型，输入相关参数，点

击主菜单的“Solve”，求解模型，可以得到以上问题对应的输出结果，如图 11－10（a）所示；工人空闲的概率是系统中没故障机器对应的概率，结果如图 11－10（b）所示。

Waiting Lines Results

Parameter	Value	Parameter	Value	Minutes	Seconds
		(untitled) Solution			
M/M/1 with a finite population		Average server utilization	0.9927		
Arvl rt PER CUSTOMER	4.	Average number in the queue(Lq)	2.7664		
Service rate(mu)	5.	Average number in the system(Ls)	3.7591		
Number of servers	1.	Average time in the queue(Wq)	0.5574	33.4412	2,006.472
population size	5.	Average time in the system(Ws)	0.7574	45.4412	2,726.472
		Effective Arrival Rate	4.9635		
		Probability that customer waits	0.9706		

11－10（a）

Table of Probabilities

(untitle

k	Prob (num in sys = k)	Prob (num in sys <= k)	Prob (num in sys >k)
0	0.0073	0.0073	0.9927
1	0.0292	0.0365	0.9635
2	0.0934	0.1299	0.8701
3	0.2242	0.3542	0.6458
4	0.3588	0.713	0.287
5	0.287	1.	0.

11－10（b）

11.4 多服务台负指数分布排队系统的分析

本节讨论输入过程为泊松流，服务时间服从负指数分布，单队、并列的多服务台（服务台数为 s）的排队系统。

11.4.1 标准的 M/M/s 模型（即 M/M/s/∞/∞/FCFS）

设顾客平均到达率为 λ，系统中各个服务台的工作相互独立且均具有相同参数 μ 的负指数分布服务时间。当顾客到达时，若有空闲的服务台则马上得到服务，否则，便排成一个队列等待。模型运作的示意图如图 11－11 所示。我们假设 $\lambda < s\mu$ 以保证系统的队列不会排至无限远，并称 $\rho = \frac{\lambda}{s\mu}$ 为服务强度或服务机构的利用率。

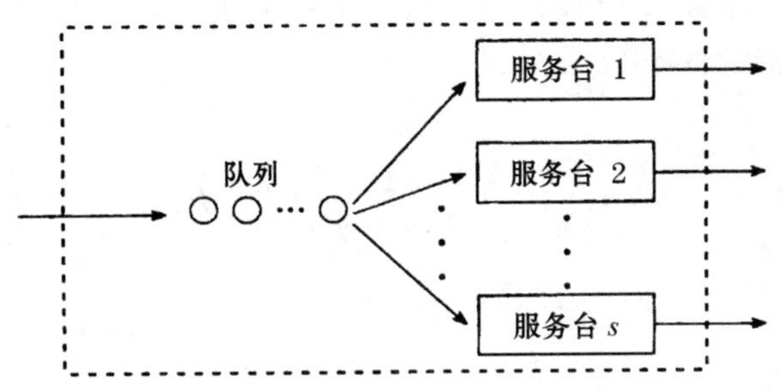

图 11－11

图 11－12 是系统处于稳态时的状态转移图。图中，从状态 1 转移到状态 0 的转移率是 μP_1。从状态 2 转移到状态 1 时，就是在两个服务台上接受服务的顾客中有一个完成服务而离去。因为不限哪一个，因此状态转移率便是 $2\mu P_2$。同理，考虑状态 n 转移到状态 $n-1$ 的情况，当 $n\leqslant s$ 时，状态转移率为 $n\mu P_n$；当 $n>s$ 时，由于只有 s 个服务台，因此只有 s 个顾客在接受服务，所以状态转移率应为 $s\mu P_n$。反过来，从状态 $n-1$ 转移到状态 n 的转移率为 λP_{n-1}（$n=1, 2, \cdots$）。由此可得到如下平衡方程组：

$$\begin{cases}\mu P_1=\lambda P_0 \\ \lambda P_{n-1}+(n+1)\mu P_{n+1}=(\lambda+n\mu)P_n & ,1\leqslant n<s \\ \lambda P_{n-1}+s\mu P_{n+1}=(\lambda+s\mu)P_n & ,n\geqslant s\end{cases}$$

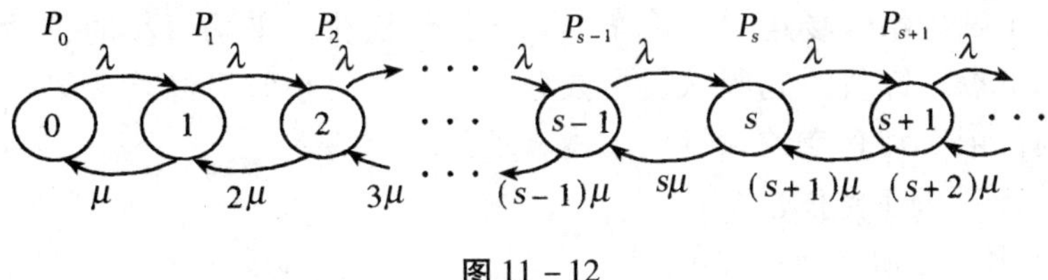

图 11－12

使用递推法并注意到 $\sum_{n=0}^{\infty}P_n=1$，可求得各状态概率

$$P_0=\left[\sum_{j=0}^{s-1}\frac{1}{j!}\left(\frac{\lambda}{\mu}\right)^j+\frac{1}{s!\,(1-\rho)}\left(\frac{\lambda}{\mu}\right)^s\right]^{-1} \tag{11.26}$$

$$P_n=\begin{cases}\dfrac{1}{n!}\left(\dfrac{\lambda}{\mu}\right)^n P_0 & ,n\leqslant s \\ \dfrac{1}{s!\ s^{n-s}}\left(\dfrac{\lambda}{\mu}\right)^n P_0 & ,n\geqslant s\end{cases} \tag{11.27}$$

当系统中的顾客数大于或等于服务台个数（$n \geqslant s$）时，再来的顾客必须等待，因此，顾客到达系统时需要等待的概率为

$$P_w = \sum_{n=s}^{\infty} P_n = \frac{1}{s!\ (1-\rho)}\left(\frac{\lambda}{\mu}\right)^s P_0 \tag{11.28}$$

系统的各运行指标为

$$L_q = \sum_{n=s+1}^{\infty}(n-s)\ P_n = \frac{P_w \cdot \rho}{1-\rho} = \frac{\rho}{s!\ (1-\rho)^2}\left(\frac{\lambda}{\mu}\right)^s P_0 \tag{11.29}$$

$$L_s = L_q + \frac{\lambda}{\mu} \tag{11.30}$$

$$W_q = \frac{L_q}{\lambda}$$

$$W_s = \frac{L_s}{\lambda} = W_q + \frac{1}{\mu}$$

由于上述计算公式都很复杂，故人们曾设计专门的数值表以供实际计算的使用。但目前计算机的使用已很普及，且配套的软件也相当丰富，因此，排队论中的许多复杂计算已经不再成为问题了。

例 5　M/M/s 排队系统。

运煤的汽车不断地给煤场运煤，汽车的到达为泊松流，平均每小时到达 9 辆。煤场设有三个相同的卸货点，卸货时间服从负指数分布，平均每小时可卸货 4 辆。现设汽车到达后排成一个队列，依次到有空的卸货点卸货。求：

（1）各卸货点都处于空闲的概率；

（2）汽车到达时必须等待的概率；

（3）平均队列长和平均队长；

（4）平均等待时间和平均逗留时间。

解：这是一个 M/M/s 排队系统。其中 $s=3$，$\frac{\lambda}{\mu}=2.25$，$\rho=\frac{\lambda}{s\mu}=\frac{2.25}{3}=0.75<1$。由有关公式可得到：

（1）各卸货点都处于空闲的概率：

$$P_0 = \left[\frac{(2.25)^0}{0!}+\frac{(2.25)^1}{1!}+\frac{(2.25)^2}{2!}+\frac{(2.25)^3}{3!\ (1-0.75)}\right]^{-1} = 0.0748$$

（2）汽车到达时必须等待的概率：

$$P_w = \frac{(2.25)^3}{3!\ (1-0.75)} \times 0.0748 = 0.5678$$

（3）平均队列长和平均队长：

$$L_q = \frac{0.5678 \times 0.75}{1-0.75} = 1.7034\ （辆）$$

$$L_s = L_q + \frac{\lambda}{\mu} = 1.7034 + 2.25 = 3.9534\ （辆）$$

（4）平均等待时间和平均逗留时间：

$$W_q = \frac{L_q}{\lambda} = \frac{1.7034}{9} \approx 0.1893\ （小时）$$

$$W_s = \frac{L_s}{\lambda} = \frac{3.9534}{9} \approx 0.4393\ （小时）$$

在“File”菜单下，选择“M/M/s”模型，输入相关参数，点击主菜单的“Solve”，求解模型，可以得到以上问题对应的输出结果，如图 11－13（a）所示；当系统中有大于 2 辆车时，再到达的汽车必须等待，概率结果如图 11－13（b）所示。

Waiting Lines Results

(untitled) Solution

Parameter	Value	Parameter	Value	Minutes	Seconds
M/M/s		Average server utilization	0.75		
Arrival rate(lambda)	9.	Average number in the queue(Lq)	1.7033		
Service rate(mu)	4.	Average number in the system(Ls)	3.9533		
Number of servers	3.	Average time in the queue(Wq)	0.1893	11.3551	681.3084
		Average time in the system(Ws)	0.4393	26.3551	1,581.308

图 11－13（a）

Table of Probabilities

(untitled) Solution

k	Prob (num in sys = k)	Prob (num in sys <= k)	Prob (num in sys >k)
0	0.0748	0.0748	0.9252
1	0.1682	0.243	0.757
2	0.1893	0.4322	0.5678
3	0.1419	0.5742	0.4258
4	0.1065	0.6806	0.3194
5	0.0798	0.7605	0.2395

图 11－13（b）

M/M/s 型系统与 s 个 M/M/1 型系统的比较：

在例 5 中，假设规定各有三分之一到来的汽车分别固定在 3 个卸货点卸货，这样就形成 3 个队列，因此，原来的 M/M/3 系统就变成了由 3 个 M/M/1 子系统组成的排队系统（见图 11－14），而每个子系统的平均到达率为

$$\lambda_1=\lambda_2=\lambda_3=\frac{9}{3}=3\text{（辆/小时）}$$

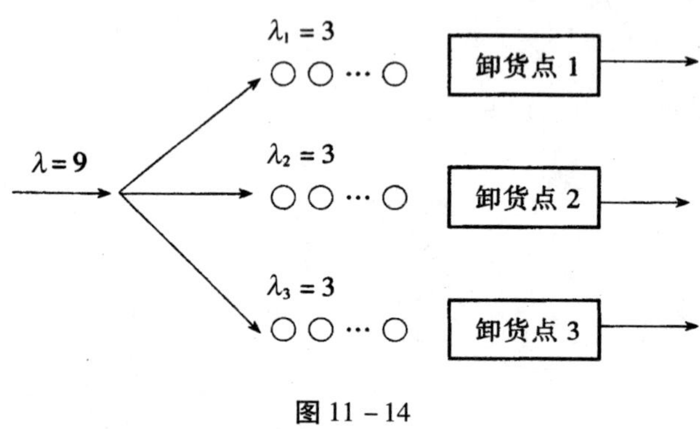

图 11－14

表 11－3 给出了 M/M/3 和 3 个 M/M/1 的比较。

表 11－3

指标	模型	
	M/M/3	3 个 M/M/1
空闲的概率 P_0	0.074 8	0.25（每个子系统）
顾客必须等待的概率 P_w	0.567 8	0.75
平均队长 L_s	3.953 4	9（整个系统）
平均队列长 L_q	1.703 4	2.25（每个子系统）
平均逗留时间 W_s（小时）	0.439 3	1
平均等待时间 W_q（小时）	0.189 3	0.75

不难看出前者比后者具有显著的优越性，即在服务台个数和服务率都不变的条件下，联合服务（单队排队方式）要比分散服务（多队排队方式）更为优越，这是对排队系统进行设计和管理时应注意的地方。

例 6　M/M/s 排队模型。

某理发店有若干名理发师，并有足够的位置接待人们排队等待理发。顾客到达间隔时间服从参数为 10（人/小时）的负指数分布，每名顾客的理发时间服从平均值为 20 分钟的负指数分布。理发店经理希望确定满足下列两个条件的理发师人数：

（1）理发店的利用率不低于 60%；

（2）一个顾客的平均等待时间少于 5 分钟。

解：这是 M/M/s 排队模型，其中 $\lambda=10$（人/小时），$\mu=3$（人/小时），s 待定。因为理发店的利用率为 $\rho=\dfrac{\lambda}{s\mu}$，所以第一个条件为 $\dfrac{10}{3s}\geqslant 60\%$，从而有 $s\leqslant 5.56$。

为了满足第一个条件，必须令 $s\leqslant 5$。但为了保证 $\rho=\dfrac{10}{3s}<1$，s 又必须等于或大于 4。所以 s 只能取值 4 或 5。

对于第二个条件，我们算出 $s=4$，$s=5$ 时 W_q 的值分别为 0.329 小时和 0.065 小时，即 19.74 分钟和 3.9 分钟。因此，同时满足上述两个条件的理发师人数为 5 人。

11.4.2 系统容量有限制的情形（M/M/s/N）

当系统的容量 $N=s$ 时，系统为损失制排队系统，当 $N>s$ 时为混合制排队系统。

使用类似于前面的分析方法，我们可得到系统处于稳态时的状态概率 P_n，$n=0$，1，2，…，N。然后计算：

$$L_s=\sum_{n=0}^{N}nP_n$$

$$L_q=\sum_{n=s}^{N}(n-s)P_n$$

注意到平均有效到达率 $\lambda_e=\lambda(1-P_N)$，再根据 Little 公式和式（11.10）可求得 W_s 和 W_q。

由于公式非常复杂，在实际计算中一般都使用专门的表格或借助于计算机进行计算。这里就不把公式一一列出来，下面的例子都是使用软件求出结果。

例 7　M/M/s/N 排队模型。

某理发店有 4 名理发师，除理发椅外，尚有 16 把椅子供顾客等待用。顾客按泊松流到达，平均每小时 25 人。当所有椅子都坐满时，到来的顾客将不再进入而离去。每名顾客的理发时间服从负指数分布，平均时间为 11.5 分钟。

（1）试求：① 新到顾客离去的概率；② 顾客一到达就能立即理发的概率；③ 等待理发的顾客平均数；④ 顾客从进理发店起到理完发的平均时间。

（2）若要平均有效到达率不低于 20.8 人/小时，理发店至少应增加多少把供顾客等待用的椅子？

解：（1）这是 M/M/4/20 排队模型，其中 $\lambda=25$（人/小时），$\dfrac{1}{\mu}=11.5$（分钟/人）$\approx$ 0.191 7（小时/人），因此 $\mu=5.217\ 4$（人/小时）。上机求解得：

① $P_{20}=0.170\ 59$

② 顾客一到达就能立即理发的概率为：

$$P_0+P_1+P_2+P_3=0.000\ 43+0.002\ 07+0.004\ 96+0.007\ 92=0.015\ 38$$

③ $L_q=11.593\ 9$

④ $W_s=0.750\ 808$（小时）$\approx 45.048\ 5$（分钟）

在“File”菜单下，选择“M/M/s with a finite system size”模型，输入相关参数，点击主菜单的“Solve”，求解模型，可以得到以上问题对应的输出结果，如图 11－15（a）所示；当系统中的人数小于等于 3 时，顾客一到达就能立即理发，概率结果如图 11－15（b）所示。

Waiting Lines Results

(untitled) Solution

Parameter	Value	Parameter	Value	Minutes	Seconds
M/M/s with a finite system size		Average server utilization	0.9936		
Arrival rate(lambda)	25.	Average number in the queue(Lq)	11.5939		
Service rate(mu)	5.2174	Average number in the system(Ls)	15.5681		
Number of servers	4.	Average time in the queue(Wq)	0.5591	33.5486	2,012.911
maximum system size	20.	Average time in the system(Ws)	0.7508	45.0485	2,702.91
		Effective Arrival Rate	20.7351		
		Probability that system is full	0.1706		

图 11－15（a）

Table of Probabilities

(unti

k	Prob (num in sys = k)	Prob (num in sys <= k)	Prob (num in sys >k)
0	0.0004	0.0004	0.9996
1	0.0021	0.0025	0.9975
2	0.005	0.0075	0.9925
3	0.0079	0.0154	0.9846
4	0.0095	0.0249	0.9751
5	0.0114	0.0362	0.9638
6	0.0136	0.0498	0.9502
7	0.0163	0.0662	0.9338

11－15（b）

（2）原模型的系统容量 $N=20$，相应的平均有效到达率 $\lambda_e=20.735\ 1$（人/小时），未达到要求。我们上机计算当 N 分别取值 21，22，…时 λ_e 的值，表 11－4 是计算结果。从表中可看出当 $N\geqslant 24$ 时，λ_e 才能超过 20.8 人/小时，因此，理发店至少应增加 4 把供顾客等待用的椅子。

表 11-4

N	20	21	22	23	24	25
λ_e	20.735 1	20.757 9	20.776 8	20.792 4	20.805 4	20.816 1

例 8　M/M/s/N 排队模型。

在某风景区准备建造旅馆，已知顾客到达为泊松流，每天平均到达 6 人（假设每人住一间房间）。顾客逗留时间服从平均值为 2 天的负指数分布。试确定旅馆的房间数目，使得损失率不超过 0.1，且每天平均空闲房间数最小。

解：这是 M/M/s/N 即时制模型，其中 $\lambda=6$（人/天），$\mu=\frac{1}{2}$（人/天），s 待定。

不难看出平均队长 L_s 为每天房间平均占用数，因此 $s-L_s$ 是每天平均空闲房间数，而满员概率 P_s 便是损失率。我们分别计算 s 取不同的值时 P_s 和 $s-L_s$ 的值来进行比较。注意到当 $\rho=\frac{\lambda}{s}=\frac{12}{s}>1$ 时，P_s 是很大的，因此只需从 $s=12$ 起开始计算，并在得到结论时便停止。表 11-5 是上机求解结果，由表中可见取 $s=15$ 便能满足要求。

表 11-5

s	12	13	14	15	16	17
P_s	0.198 6	0.154 9	0.117 2	0.085 7	0.060 4	0.040 9
L_s	9.617 2	10.141 2	10.593 5	10.971 2	11.275 0	11.509 2
$s-L_s$	2.382 8	2.858 8	3.406 5	4.028 8	4.725 0	5.490 8

11.4.3　顾客源为有限的情形（M/M/s/∞/m）

此类排队系统与 M/M/s/m/m 意义相同。它除了服务台为多个外，其余假设和 M/M/1/m/m 一样。我们假定 $m>s$，并设每个服务台的服务时间都服从参数 μ 的负指数分布。

类似于对 M/M/1/m/m 系统的分析方法，可以求出各状态概率 P_n（$n=0, 1, \cdots, m$），然后计算各运行指标 $L_s=\sum_{n=0}^{m}nP_n$，$L_q=\sum_{n=s}^{m}(n-s)P_n$，$\lambda_e=\lambda(m-L_s)$，$W_s=L_s/\lambda_e$，$W_q=L_q/\lambda_e$。由于 P_0、P_n 的计算公式过于复杂，我们不打算在此列出（本小节的例子主要使用计算机求解）。

例 9　M/M/s/m/m 排队模型。

设有两名工人负责 5 台机器的正常运行。每台机器的连续运转时间服从负指数分布，平均损坏率为 1 次/小时。两名工人能以相同的平均修复率 4 台/小时修好机器，修理时间也服从负指数分布。使用计算机求出各状态概率，然后求：（1）等待修理的机器平均数；（2）需要修理的机器平均数；（3）平均有效损坏率；（4）每台机器的平均待修时间；（5）每台机器的平均停工时间；（6）损坏的机器不能马上获得修理的概率。

解：这是 M/M/2/5/5 排队模型，其中 $\lambda=1$，$\mu=4$。上机可求出各状态概率：

$$P_0=0.314\,93,\ P_1=0.393\,66,\ P_2=0.196\,83,$$
$$P_3=0.073\,81,\ P_4=0.018\,45,\ P_5=0.002\,31$$

（1）$L_q=\sum\limits_{n=2}^{5}(n-2)P_n=P_3+2P_4+3P_5=0.117\,64$（台）

（2）$L_s=\sum\limits_{n=0}^{5}nP_n=P_1+2P_2+3P_3+4P_4+5P_5=1.094\,1$（台）

（3）$\lambda_e=\lambda(m-L_s)=1\times(5-1.094\,1)=3.905\,9$（台/小时）

（4）$W_q=L_q/\lambda_e=0.117\,64/3.905\,9\approx0.030\,12$（小时）

（5）$W_s=L_s/\lambda_e=1.094\,1/3.905\,9\approx0.280\,11$（小时）

（6）损坏的机器不能马上获得修理的概率为

$$P_2+P_3+P_4+P_5=1-P_0-P_1=0.291\,41$$

在"File"菜单下，选择"M/M/s　with a finite population"模型，输入相关参数，点击主菜单的"Solve"，求解模型，可以得到以上问题对应的输出结果，如图 11－16（a）所示；当系统中有大于 1 台机器出故障时，损坏的机器不能马上获得修理，概率结果如图 11－16（b）所示。

Waiting Lines Results

(untitled) Solution

Parameter	Value	Parameter	Value	Minutes	Seconds
M/M/s with a finite population		Average server utilization	0.4882		
Arvl rt PER CUSTOMER	1.	Average number in the queue(Lq)	0.1176		
Service rate(mu)	4.	Average number in the system(Ls)	1.0941		
Number of servers	2.	Average time in the queue(Wq)	0.0301	1.8071	108.4252
population size	5.	Average time in the system(Ws)	0.2801	16.8071	1,008.425
		Effective Arrival Rate	3.9059		
		Probability that customer waits	0.1937		

图 11－16（a）

k	Prob (num in sys = k)	Prob (num in sys <= k)	Prob (num in sys >k)
0	0.3149	0.3149	0.6851
1	0.3937	0.7086	0.2914
2	0.1968	0.9054	0.0946
3	0.0738	0.9792	0.0208
4	0.0185	0.9977	0.0023
5	0.0023	1.	0.

图 11－16（b）

例 10　联合服务与分散服务的比较。

某厂有若干台机器，它们连续运转时间都服从参数 $\lambda=0.5$（次/小时）的负指数分布。工人修理时间服从同一参数 $\mu=5$（台/小时）的负指数分布。今有两个方案：方案Ⅰ为 3 个工人各自独立看管机器，每人看管 6 台机器；方案Ⅱ为 3 个工人共同看管 20 台机器，试比较两个方案的优劣。

解：我们用机器发生故障不能马上得到修理的概率 P_w，等待修理机器的平均数 L_q，每台机器的平均停工时间 W_s，每台机器的平均待修时间 W_q 这四个指标来比较两个方案的优劣。

方案Ⅰ形成 3 个 M/M/1/6/6 排队模型，而方案Ⅱ为 M/M/3/20/20 排队模型。表 11－6给出了两个方案的比较，不难看出方案Ⅱ要比方案Ⅰ好。这是联合服务比分散服务更为优越的又一例证。

表 11－6

指标	方案Ⅰ	方案Ⅱ
P_w	0.515 485	0.332 376
L_q	0.988 992（整个系统）	0.338 855
W_s	0.327 904（小时）	0.237 916（小时）
W_q	0.127 904（小时）	0.037 916（小时）

11.5　非负指数分布排队系统简介

对一般具有非负指数分布的排队系统的分析是非常困难的，已超出了本书的范围。下面仅介绍较常见的 M/G/1 排队系统。

M/G/1 系统是单服务台的等待制系统，输入过程为泊松流，服务时间 T 的期望值

$E[T]=\frac{1}{\mu}$（即 μ 为平均服务率），方差 Var $[T]=\sigma^2$。记 $\rho=\frac{\lambda}{\mu}$，为了使系统能达到稳态，必须设 $\rho<1$。

我们不证明而使用如下的结果：

$$P_0=1-\rho \tag{11.31}$$

$$L_s=\rho+\frac{\rho^2+\lambda^2\sigma^2}{2(1-\rho)} \tag{11.32}$$

公式（11.32）就是排队论中著名的 Pollaczek – Khintchine（P – K）公式。它说明，只要知道 λ，$E[T]$ 和 Var $[T]$，不管 T 是什么类型的分布，都可以求出 L_s，然后通过 Little 公式和（11.10）式求出 L_q，W_s 和 W_q。具体有

$$L_q=L_s-\rho=\frac{\rho^2+\lambda^2\sigma^2}{2(1-\rho)} \tag{11.33}$$

$$W_q=\frac{L_q}{\lambda},\ W_s=\frac{L_s}{\lambda}=W_q+\frac{1}{\mu}$$

从 P – K 公式不难发现，当服务率 μ 给定后，可以通过减少方差 σ^2 来缩短 L_s，L_q，W_s 和 W_q。当且仅当 $\sigma^2=0$，即服务时间为定长时，上述各指标可减到最低水平。

例 11　M/G/1 排队模型。

设某电话间的顾客按泊松流到达，平均每小时到达 6 人。通话时间 T 的平均值为 8 分钟，标准差为 4 分钟。管理人员想知道平均队长和顾客平均等待时间是多少。

解：这是 M/G/1 排队模型，其中 $\lambda=6$（人/小时），$\frac{1}{\mu}=8$（分钟/人）$=\frac{2}{15}$（小时/人），$\sigma=4$（分钟/人）$=\frac{1}{15}$（小时/人），因此 $\rho=\frac{\lambda}{\mu}=0.8$，从而

$$L_s=0.8+\frac{(0.8)^2+6^2\times\left(\frac{1}{15}\right)^2}{2(1-0.8)}=2.8\text{（人）}$$

$$L_q=L_s-\rho=2\text{（人）}$$

$$W_q=2/6=\frac{1}{3}\text{（小时）}=20\text{（分钟）}$$

在“File”菜单下，选择“M/G/1 (general service times)”模型，输入相关参数，点击主菜单的“Solve”，求解模型，可以得到以上问题对应的输出结果，如图 11 – 17 所示。

(untitled) Solution

Parameter	Value	Parameter	Value	Minutes	Seconds
M/G/1 (general service times)		Average server utilization	0.8		
Arrival rate(lambda)	6.	Average number in the queue(Lq)	2.0004		
Service rate(mu)	7.5	Average number in the system(Ls)	2.8004		
Number of servers	1.	Average time in the queue(Wq)	0.3334	20.004	1,200.24
standard deviation	0.0667	Average time in the system(Ws)	0.4667	28.004	1,680.24

图 11－17

例 12　M/D/1 排队模型。

有一汽车冲洗台，汽车按泊松流到达，平均每小时到达 18 辆。冲洗一辆汽车的时间为 3 分钟。求此排队系统的 L_s，L_q，W_s，W_q。

解：此为 M/D/1 模型，当然可以用 M/G/1 模型的公式进行计算。其中 $\lambda=18$（辆/小时），$\mu=20$（小时/辆），$\sigma^2=0$，$\rho=\dfrac{\lambda}{\mu}=0.9$。由公式（11.32）、（11.33）可得

$$L_s=0.9+\frac{(0.9)^2}{2\ (1-0.9)}=4.95\ (\text{辆})$$

$$L_q=4.05\ (\text{辆})$$

$$W_s=\frac{4.95}{18}=0.275\ (\text{小时})\ =16.5\ (\text{分钟})$$

$$W_q=\frac{4.05}{18}=0.225\ (\text{小时})\ =13.5\ (\text{分钟})$$

例 13　当作 M/G/1 模型处理。

某单人裁缝店做西装，每套须经过 4 道不同的工序，4 道工序完成后才开始做另一套，每道工序所需时间服从同参数的负指数分布，平均需要 2 小时。顾客到达为泊松流，平均订货率为 5.5 套/周（设一周工作 6 天，每天工作 8 小时）。问一位顾客从订货到做好一套西装平均要多长时间？

解：记 T 为做完一套西装所需时间，T_i 为完成第 i 道工序所需时间，则 $T=T_1+T_2+T_3+T_4$。由此可知 T 服从 4 阶爱尔朗分布，所以这是 M/E_k/1（$k=4$）模型。但我们仍把它作为 M/G/1 模型来处理。

$\lambda=5.5$（套/周），$E[T_i]=2$（小时）$=\dfrac{1}{24}$（周），因此 $E[T]=\sum\limits_{i=1}^{4}E[T_i]=4\times\dfrac{1}{24}=\dfrac{1}{6}$（周/套），从而 $\rho=\lambda E[T]=\dfrac{5.5}{6}$。

另外，$\mathrm{Var}[T_i]=\left(\frac{1}{24}\right)^2$，因此 $\sigma^2=\mathrm{Var}[T]=\sum_{i=1}^{4}\mathrm{Var}[T_i]=4\times\left(\frac{1}{24}\right)^2=\frac{1}{144}$。代入（11.32）式，得

$$L_s=\frac{5.5}{6}+\frac{\left(\frac{5.5}{6}\right)^2+(5.5)^2\times\frac{1}{144}}{2\left(1-\frac{5.5}{6}\right)}$$
$$=7.22$$

使用 Little 公式，可得

$$W_s=L_s/\lambda=7.22/5.5=1.31\ (\text{周})$$

在“File”菜单下，选择“M/E_k/1（Erlang-k service times）”模型，输入相关参数，点击主菜单的“Solve”，求解模型，可以得到以上问题对应的输出结果，如图 11－18 所示。

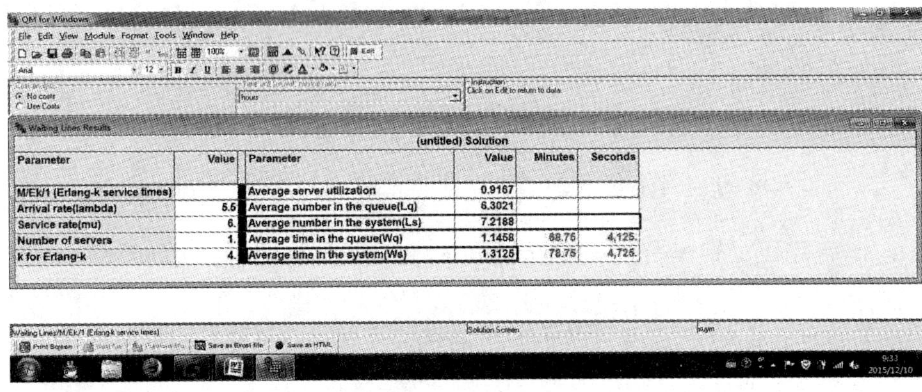

(untitled) Solution

Parameter	Value	Parameter	Value	Minutes	Seconds
M/Ek/1 (Erlang-k service times)		Average server utilization	0.9167		
Arrival rate(lambda)	5.5	Average number in the queue(Lq)	6.3021		
Service rate(mu)	6.	Average number in the system(Ls)	7.2188		
Number of servers	1.	Average time in the queue(Wq)	1.1458	68.75	4,125.
k for Erlang-k	4.	Average time in the system(Ws)	1.3125	78.75	4,725.

图 11－18

11.6 排队系统的经济分析与最优化

前面研究了若干类常见排队系统的主要数量指标，这些指标能够反映出排队系统的运行性能，对决策者在设计或改造系统时是很有帮助的。然而一般情况下，要得到完整的分析以实现系统的最优化，只有把上述指标与经济数据结合起来才能完成。排队系统的最优化问题分为两大类：系统的静态最优设计问题和系统的动态最优控制问题。前者的目的在于使系统达到最大效益，或者说在一定指标下使系统最为经济；后者是指对一给定的系统，如何营运可使某个目标函数达到最优。由于系统最优控制问题涉及更多的数学知识，因此，本节只讨论系统的静态最优设计问题。这类问题一般可借助费用模型来解决。

11.6.1 排队系统的费用分析

一般来说，为了减少顾客的等待费用（损失），需要提高服务水平（数量或质量），但这将增加服务机构的成本。为了在两者之间取得平衡，排队系统的经济分析通常是以系统的总费用最小为优化目标来确定服务水平的，系统总费用包括服务费用和等待费用两部分（如图 11－19 所示）。另外一些常用的目标函数有：使利润（服务收入与服务成本之差）为最大，或使等待费用与服务台闲置损失费用之和为最小等。

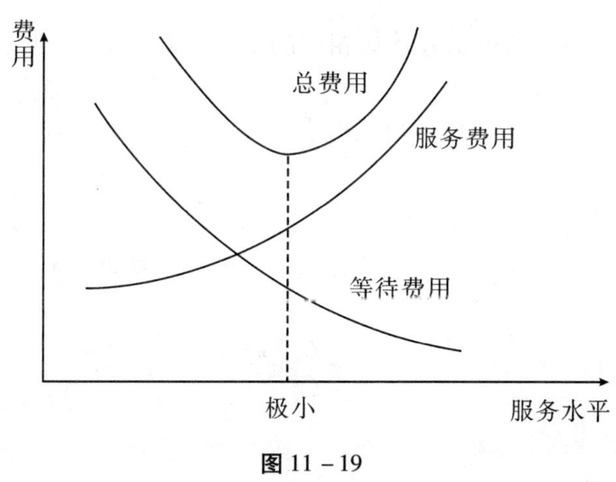

图 11－19

在稳态情形下，各种费用都是按单位时间来考虑的。通常，服务费用（成本）比较容易确定，而顾客的等待费用就有多种不同情况。例如，机器故障问题中的等待费用（由于机器待修而使生产遭受的损失）是可以计算出来的，但像病人就诊的等待费用（由于耽误可能使病情恶化造成的损失）以及由于队列过长而失掉潜在顾客所造成的营业损失等则不好估算。然而，为了使计算结果能符合实际情形，应尽一切努力确定等待费用并直接在排队系统的分析中把它考虑进去。

服务水平也具有不同的表现形式，主要有平均服务率 μ（代表服务机构的服务能力和经验等），其次是服务设备，如服务台的个数 s 以及系统的容量等。服务水平也可以通过服务强度 ρ 来表示。

11.6.2 多服务台模型中的最优服务台数

考虑标准的 M/M/s 模型，在稳态情形下，系统单位时间总费用（服务费用与等待费用之和）的期望值为

$$z = C_s \cdot s + C_w \cdot L \tag{11.34}$$

其中，s 为服务台数，C_s 是每个服务台单位时间的成本，C_w 为每个顾客在系统中停留（或排队等待）单位时间的费用，L 是平均队长（或平均队列长）。由于 C_s 和 C_w 是给定的，L 的值与 s 有关，因此 z 是 s 的函数，记为 $z(s)$。我们求最优解 s^* 使 $z(s^*)$ 为最小。

因为 s 只取正整数值，即 $z(s)$ 不是连续变量的函数，故不能用经典的微分法而采用边际分析法。不难看出，可以使用下面的关系式找出 s^*。

$$\begin{cases} z(s^*) \leqslant z(s^*-1) \\ z(s^*) \leqslant z(s^*+1) \end{cases} \tag{11.35}$$

依次求 $s=1, 2, 3, \cdots$ 时 L 的值，并计算相应的 $z(s)$ 的值；使用（11.35）式就能确定 s^* 的值。

注：将（11.34）式代入（11.35）式可得

$$\begin{cases} C_s \cdot s^* + C_w L(s^*) \leqslant C_s \cdot (s^*-1) + C_w L(s^*-1) \\ C_s \cdot s^* + C_w L(s^*) \leqslant C_s \cdot (s^*+1) + C_w L(s^*+1) \end{cases}$$

整理后得到

$$L(s^*) - L(s^*+1) \leqslant \frac{C_s}{C_w} \leqslant L(s^*-1) - L(s^*) \tag{11.36}$$

按（11.36）式亦可求出 s^*。

例 14　总费用的期望值最小。

某厂仓库负责向全厂工人发放材料。已知领料工人按泊松流到达，平均每小时来 20 人，发放时间服从平均值为 4 分钟的负指数分布。每个工人去领料所造成的停工损失为每小时 60 元，仓库管理员每人每小时的服务成本为 5 元。问该仓库应配备几名管理员才能使总费用的期望值最小？

解：这是求 M/M/s 排队模型最优服务台数的问题，其中 $\lambda=20$（人/小时），$\mu=\frac{60}{4}=15$（人/小时），$C_s=5$（元），$C_w=60$（元），系统单位时间的总费用的期望值为 $z(s)=C_s \cdot s + C_w L_s(s) = 5s + 60L_s(s)$。

为保证系统能达到稳态，必须使 $\rho=\frac{\lambda}{s\mu}<1$，因此，服务台的数目 $s \geqslant 2$。计算过程与结果如表 11－7 所示。由表 11－7 可见，应该取 $s^*=4$，即应配备 4 名管理员，相应的最小平均总费用为每小时 101.54 元。

表 11－7

s	$L_s(s)$	$C_w L_s(s)$	$C_s \cdot s$	$z(s)$
2	2.399	143.94	10	153.94
3	1.478	88.68	15	103.68
4	1.359	81.54	20	101.54
5	1.338	80.28	25	105.28

在“File”菜单下，选择“M/M/*s*”模型，启用“Use Costs”，如图 11－20（a）所示；输入相关参数（服务台数可以随便输入一个正整数值，只要服务台数乘以服务水平不低于到达水平即可），点击主菜单的“Solve”，求解模型，得到系统的成本，结果如图 11－20（b）所示；在“Window”主菜单下，选择“Cost vs. Servers”子菜单，运行模型，可以得到不同服务台数对应的系统成本，结果见 11－20（c）。

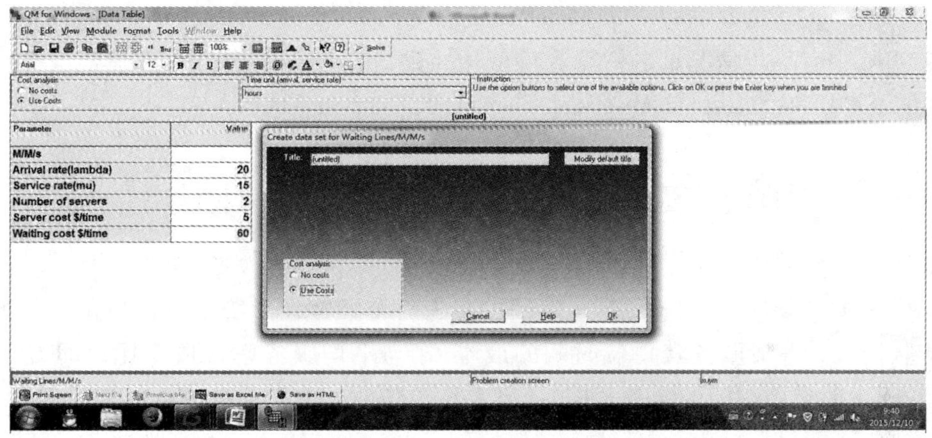

图 11－20（a）

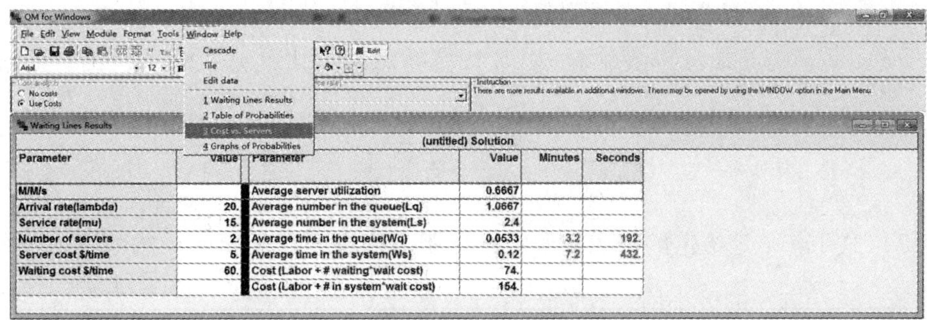

图 11－20（b）

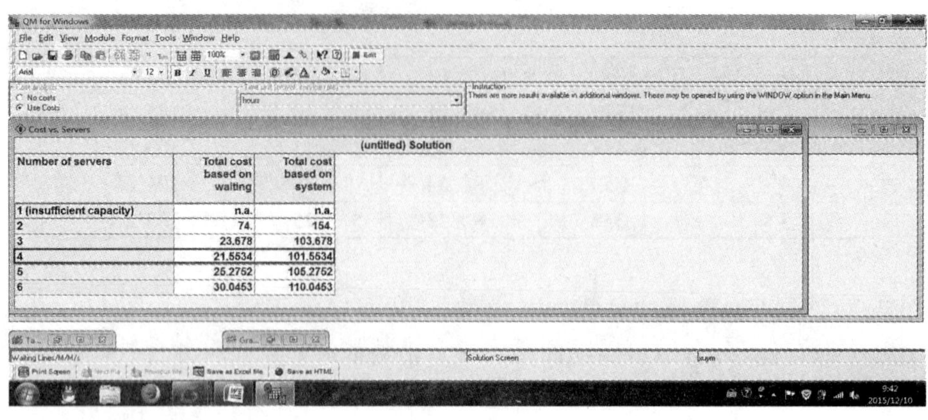

(untitled) Solution

Number of servers	Total cost based on waiting	Total cost based on system
1 (insufficient capacity)	n.a.	n.a.
2	74.	154.
3	23.678	103.678
4	21.5534	101.5534
5	25.2752	105.2752
6	30.0453	110.0453

图 11－20（c）

对于 M/M/s/m/m 模型也可以进行类似的经济分析（参阅习题第 10 题），这里不再赘述。

注：实际中有不少情况难以估算等待费用，则可以使用别的目标来确定服务台数目，如习题 16、18 和 20 题以及章末案例。

11.6.3 单服务台模型中的最优服务率

1. 标准的 M/M/1 模型

在（11.34）式中令服务台数 $s=1$，取 C_w 为每个顾客在系统中停留单位时间的费用，L 为平均队长 L_s，并设服务台单位时间的成本 C_s 与平均服务率 μ 成正比，即 $C_s=\overline{C}_s\cdot\mu$（$\overline{C}_s$ 为当 $\mu=1$ 时单位时间的服务费用）。则系统单位时间总费用的期望值为

$$z=\overline{C}_s\,\mu+C_wL_s$$

由（11.11）式，得

$$z=\overline{C}_s\mu+\frac{C_w\lambda}{\mu-\lambda} \tag{11.37}$$

在（11.37）式中，λ 是给定的，我们假定平均服务率可以在 λ 至 $+\infty$ 的范围内连续变动。

为了求 $z=z(\mu)$ 的极小值，计算 $\frac{\mathrm{d}z}{\mathrm{d}\mu}$ 并令它等于 0，得

$$\frac{\mathrm{d}z}{\mathrm{d}\mu}=\overline{C}_s-\frac{C_w\lambda}{(\mu-\lambda)^2}=0$$

解出

$$\mu^*=\lambda+\sqrt{\frac{C_w\lambda}{\overline{C}_s}} \tag{11.38}$$

因为当$\mu=\mu^*$时，二阶导数$\frac{d^2z}{d\mu^2}=\frac{2C_w\lambda}{(\mu^*-\lambda)^3}>0$，故可断定$\mu^*$为最优服务率。

例 15 最优服务率。

设货船按泊松流到达某一港口，平均到达率为每天 50 艘。港口的卸货时间服从负指数分布，平均卸货率为μ，每天的卸货费用为 1 000μ 元。又知货船在港口停泊一天的滞期费为 500 元。求港口的最优卸货率。

解：将$\lambda=50$，$C_w=500$，$\bar{C}_s=1\ 000$ 代入（11.38）式，可求得最优平均卸货率：

$$\mu^*=50+\sqrt{\frac{500\times50}{1\ 000}}=55\ (\text{艘/天})$$

一般而言，服务成本是平均服务率μ的增函数，但不一定成正比例关系，或者平均服务率μ只能取离散值，这时当然不能使用（11.38）式。但仍然可使用费用函数（11.34）式（令$s=1$），即$z=C_s+C_wL$来确定满意的平均服务率。

例 16 最优服务率的应用。

某设备修理站打算在甲、乙和丙三名工人中聘用一人。甲要求工资每小时 15 元，他每小时平均能修理 4 台设备；乙要求工资每小时 12 元，他每小时平均能修理 3 台设备；丙要求工资每小时 18 元，他每小时平均能修理 5 台设备。一台设备停留在修理站一个小时，修理站要支付 6 元。已知送来修理的设备为泊松流，平均每小时 2 台。三名工人修理机器的时间均服从负指数分布。问修理站应聘用哪名工人？

解：本例使用的费用函数为

$$z=C_s+C_wL_s$$

对于甲工人：

$$L_s=\frac{\lambda}{\mu-\lambda}=\frac{2}{4-2}=1$$

$$z=15+6\times1=21\ (\text{元})$$

对于乙工人：

$$L_s=\frac{\lambda}{\mu-\lambda}=\frac{2}{3-2}=2$$

$$z=12+6\times2=24\ (\text{元})$$

对于丙工人：

$$L_s=\frac{\lambda}{\mu-\lambda}=\frac{2}{5-2}=\frac{2}{3}$$

$$z=18+6\times\frac{2}{3}=22\ (\text{元})$$

因此，修理站应聘用甲工人。

在“File”菜单下，选择“M/M/1（exponential service）”模型，启用“Use Costs”，如图 11－21（a）所示；输入甲的相关参数，点击主菜单的“Solve”，求解模型，得到甲的成本，结果如图 11－21（b）所示；同样的方法可以求得乙和丙的成本。

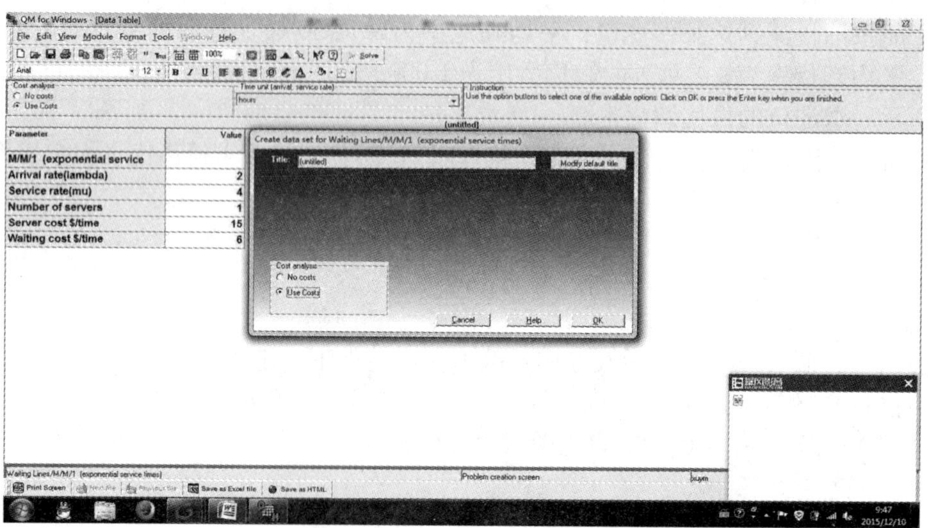

图 11－21（a）

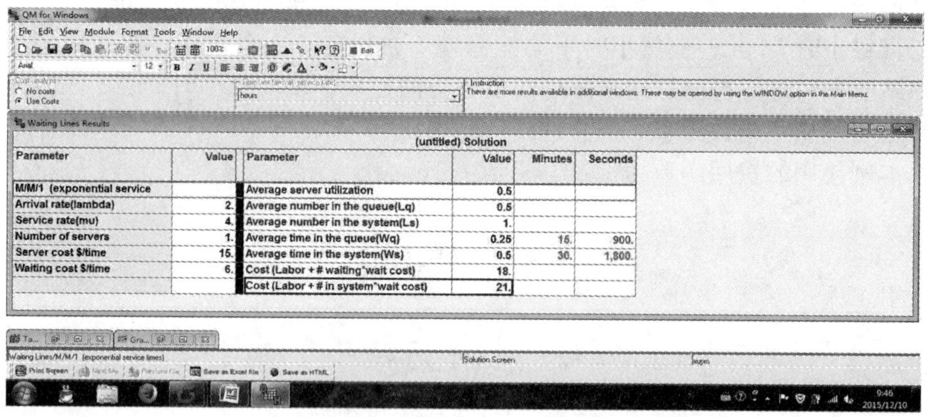

图 11－21（b）

2. M/M/1/N 模型

我们取利润最大化为决策目标。前面已知道该系统顾客有效到达率为 $\lambda_e = \lambda\ (1 - P_N)$。设系统每服务一名顾客可收入 G 元，则单位时间收入的期望值为 $\lambda\ (1 - P_N)\ G$ 元，扣去成本可得单位时间的利润期望值为

$$z = \lambda\ (1 - P_N)\ G - \overline{C}_s \mu \tag{11.39}$$

其中 $\overline{C}_s$ 的意义如前。

将（11.15）式代入（11.39）式，有

$$z(\mu) = \lambda G \frac{1-\rho^N}{1-\rho^{N+1}} - \overline{C}_s \mu = \lambda G\mu \cdot \frac{\mu^N - \lambda^N}{\mu^{N+1} - \lambda^{N+1}} - \overline{C}_s \mu \tag{11.40}$$

令 $\frac{dz}{d\mu}=0$，得

$$\rho^{N+1} \cdot \frac{N-(N+1)\rho+\rho^{N+1}}{(1-\rho^{N+1})^2} = \frac{\overline{C}_s}{G} \tag{11.41}$$

在（11.41）式中，$\overline{C}_s$，G，N 均为已知，使用解非线性方程的数值的方法可求出 ρ^*，从而得到最优平均服务率 $\mu^* = \lambda/\rho^*$。

例 17　利润期望值最大的平均服务率。

考虑一个 M/M/1/4 排队系统，顾客平均到达率为 10 人/小时，平均服务率为 μ，每小时的服务费用为 7μ 元，系统服务一名顾客可收入 40 元。试确定利润期望值最大的平均服务率。

解：$\lambda=10$，$N=4$，$\overline{C}_s=7$，$G=40$，代入（11.41）式可得方程

$$\rho^5 \cdot \frac{4-5\rho+\rho^5}{(1-\rho^5)^2} = \frac{7}{40}$$

求解后得 $\rho^*=0.717\ 86$，从而得最优平均服务率

$$\mu^* = 10/0.717\ 86 \approx 13.93 \approx 14 \text{（人/小时）}$$

11.7　案　例

预订飞机票[①]

地区航空公司正在建立一个新的电话系统来处理飞机订票业务。从上午 10 点到 11 点这段时间，订票代理人平均每 3.75 分钟接到一个随机打来的电话。以往的有关服务时间

① 本案例取自书末的参考文献 13，由本书作者翻译。

的数据表明，一名订票代理人平均为每位顾客服务 3 分钟。看来，泊松到达和指数服务时间的等待线模型是适用于电话订票系统的。

地区航空公司的管理者认为，提供高效的电话订票系统，是树立以服务为导向的公司形象的重要一环。如果系统能够很好地实施，将会使公司建立良好的顾客关系，而长期的良好顾客关系将增加公司的业务量。然而，如果电话订票系统经常超载，顾客很难联系上代理人，顾客的负面反馈也许会导致业务量减少。每名订票代理人的薪水是每小时 20 美元。在这种情况下，管理者希望能够提供良好的服务，但又不想由于雇用了过多的代理人而承受电话订票运营的超员成本。

在一次规划会议上，公司的管理层一致通过了一个较合理的顾客服务目标——能够即时应答至少 85% 的来电。在这次规划会议上，公司的行政副总裁指出，数据表明每名代理人的平均服务率高于来电的平均到达率。他由此得出的结论是，只雇用一名代理人可以使人员成本最低，这名代理人应当能够处理所有的电话订票业务且还有空闲时间。营销副总裁则重申了客户服务的重要性，并表示支持雇用至少两名订票代理人。

现行的电话订票系统的设计不允许来电者等候。当所有代理人都忙碌时，来电者会听到忙音并被阻止进入系统。电话公司的一名代表曾建议地区航空公司使用一个允许等待的扩展系统。在这个扩展系统中，当某位顾客来电但所有订票代理人都忙时，会有一个录音信息告知该顾客，他的电话正按照来电的先后顺序等待接通，很快就会有代理人为他提供服务。于是顾客就可以继续在线，一边听背景音乐一边等待接通电话。然而，公司管理者在采用该扩展系统前，还需要更多的信息。

管理报告

请为地区航空公司准备一份分析电话订票系统的管理报告，对不允许等待的系统和允许等待的扩展系统都进行评估。报告要包括下列内容：

（1）详细分析行政副总裁提议的单个代理人订票系统的运行性能指标。对于单代理人系统，你有什么建议？

（2）就公司应当雇用的代理人数目提出建议，并对基于你的建议而建立的订票系统的运行性能指标进行详细分析。

（3）扩展系统有什么优缺点？讨论扩展系统必须容纳的等待顾客人数。

（4）目前有关来电的数据是上午 10 点到 11 点这个时间段的。然而，预料来电的到达率在每小时内是会变化的。描述一下如何使用你对等待线的分析来制订订票代理人的配备计划，使得公司能够在一天当中的不同时段内为订票系统提供不同水平的人员配备。指出你在制订这个人员配备计划时所需要的信息。

习　题

1. 某车间的工具仓库只有一个管理员，来领工具的工人的到达过程为泊松流，平均每小时 4 人；领工具的时间服从负指数分布，平均需 6 分钟。求：

（1）仓库管理员空闲的概率；

（2）仓库内有 4 个工人的概率；

（3）仓库内至少有 2 个工人的概率；

（4）仓库内领工具的工人的平均数；

（5）排队等待领工具的工人的平均数；

（6）工人平均排队时间；

（7）一个工人在仓库内逗留时间超过 15 分钟的概率（提示：可以证明，工人在仓库内的逗留时间服从负指数分布，其参数为平均服务率与平均到达率之差）。

2. 设有一单人理发店，顾客到达为泊松流，平均到达间隔时间为 20 分钟，理发时间服从负指数分布，平均为 15 分钟。求：

（1）顾客来理发不必等待的概率；

（2）理发店内有不少于 3 个顾客排队等待理发的概率；

（3）理发店内顾客的平均数；

（4）顾客在理发店内的平均逗留时间；

（5）若顾客在店内平均逗留时间超过一个半小时，则店主将考虑增加设备及理发师，问顾客的平均到达率为多少时店主才会考虑这样做?

3. 在第 1 题中如仓库内已有 3 个工人，那么后来的工人即不再排队而离去，其他条件不变。试求：

（1）仓库内没有工人领工具的概率；

（2）工人到达必须排队等待的概率；

（3）新到工人离去的概率；

（4）各运行指标 L_s，L_q，W_s，W_q。

4. 在例 1 中，设 λ 不变而 μ 是可控制的。若医院管理人员认为使病人平均等待时间超过 2 小时是不允许的，那么平均服务率 μ 应达到多少?

5. 顾客平均等待时间与平均服务时间之比为顾客的损失率，用 R 表示。

（1）试证：对于 M/M/1 模型，$R=L_s$。

（2）在例 1 中仍设 λ 不变，μ 是可控制的，试确定 μ 使顾客损失率小于 4 且手术室的空闲率不超过 25%。

6. 判断下列说法是否正确：

（1）若到达排队系统的顾客为泊松流，则相继到达的两名顾客的间隔时间服从负指数分布。

（2）对 M/M/1 或 M/M/s 的排队系统，服务完毕离开系统的顾客流也为泊松流。

（3）在单服务台系统中，设 n_s 表示系统中的顾客数，n_q 表示队列中等候的顾客数，则有

$$n_s = n_q + 1$$

从而它们的期望值满足关系式 $L_s = L_q + 1$。

（4）在顾客到达及机构服务时间分布相同的情况下，对容量有限的排队系统，顾客的平均等待时间将少于允许队长无限的系统。

（5）对于 M/M/s/N 模型，关系式 $L_s - L_q = \lambda/\mu$ 成立。

（6）在机器发生故障的概率及修复一台机器的时间分布不变的条件下，由 1 名工人看管 4 台机器，或由 4 名工人联合看管 16 台机器时，机器因故障等待工人维修的平均时间不变。

（7）对于 M/M/s 排队系统，关系式

$$\lambda = \mu \left[s - \sum_{n=0}^{s} (s-n) P_n \right]$$

成立。

（8）对于 M/G/1 排队系统，费用函数

$$z = C_s + C_w L$$

仍然适用。

7. 某工厂为职工设立了昼夜 24 小时都能看病的医疗室（按单服务台处理）。病人到达的平均间隔时间为 15 分钟，平均看病时间为 12 分钟，且都服从负指数分布。因工人看病每小时给工厂造成的损失为 30 元。

（1）试求工厂每天损失的期望值。

（2）问平均服务率提高多少，方可使上述损失减少一半？

（3）设对应于原有服务率，医疗室 1 小时的服务成本为 100 元，今厂方打算把平均看病时间缩短为 8 分钟，但医疗室 1 小时的服务成本将提高到 175 元，问这样做是否有利？

8. 在有 1 个修理工人的机器看管问题中，设每台机器连续运转时间服从平均值为 120 分钟的负指数分布，工人修好机器的时间服从平均值为 12 分钟的负指数分布。若要求正常运转的机器的平均台数不得少于 87.5%，问工人最多能负责看管几台机器？

9. 某检验中心为各工厂服务，要求做检验的工厂（顾客）的到来为泊松流，平均每天来 48 次，每个顾客的停留损失为每天 120 元。做检验的时间服从负指数分布，平均服务率为每天 25 次。每设置一个检验员的服务成本（工资及设备消耗）为每天 50 元。问应设置几个检验员才能使总费用的期望值最小？

10. 某车间有 20 台自动车床，仅在出故障时才需要工人做调整。每台车床出故障的时间间隔服从负指数分布，平均每小时出故障 0.8 次。调整一次的时间服从平均值为 20 分钟的负指数分布。工人每小时工资为 12 元，车床停工损失为每小时 60 元。试问应由几

个工人看管才能使平均总费用最小?

11. 在第 1 题中，如服务时间服从正态分布，数学期望值仍是 6 分钟，方差 $\sigma^2 = 0.125$。求仓库内工人数的期望值及工人的平均等待时间。

12. 某种零件在装入真空管之前必须清除油污再组装。设零件按泊松流生产出来，平均每小时生产 48 件，清除油污和组装的时间服从负指数分布，平均服务率 μ（件/小时）为待定值。如零件生产出来后，在装入真空管前会氧化而造成损失，每个零件逗留 1 小时的损失为 1 元。清洗和组装费为每小时平均 3μ 元。试求使每小时平均总费用最小的平均服务率。

13. 某航运公司有一个外轮码头。外轮按泊松流到达，平均每天有 6 艘船到达。每艘船的卸货时间服从负指数分布，每个装卸组平均每天卸船 2 艘。由于外轮在港内停留时间超过一定期限，罚款极重，因此，为了使外轮等待概率低于 0.035，公司需要配备多少个装卸组?

14. 一个办事员核对每个顾客的申请书时，必须依次检查 8 张表格，检查每张表格的时间服从负指数分布，平均需要 1 分钟。顾客到达间隔时间服从负指数分布，平均每小时到达 6 人。

（1）求办事员空闲的概率和各运行指标 L_s，L_q，W_s，W_q；

（2）设顾客排队等待造成的损失为每小时 10 元，办事员空闲费用损失为每小时 5 元，求一天 8 小时的总费用损失。

15. 某货场计划安装起重设备专为来运货的汽车装货。有三种起重设备可供选择，如表 11－8 所示。

表 11－8

起重机械	每天固定费用（元）	每小时操作费（元）	平均每小时装载能力（吨）
甲	60	10	100
乙	145	15	200
丙	250	20	600

设来运货的汽车按泊松流到达，平均每天到达 150 辆，每辆车的载重量 5 吨，由于货物包装、品种上的差别，每辆汽车实际装载时间服从负指数分布。已知该货场每天工作 10 小时，且每辆汽车每停留 1 小时的经济损失为 10 元。试问该货场应安装哪一种起重机械最合算?

16. 图书馆的出借室每小时平均有 150 个读者来借书，为泊松流。管理员办理好出借手续的时间服从平均值为 0.5 分钟的负指数分布。欲使读者平均等待时间不超过 3 分钟，需要几名管理人员?

17. 某仓库储存的一种商品，每天的到货量与出货量分别服从泊松分布，其平均值为 λ 和 μ，因此，该系统可看成 M/M/1 排队系统。设该仓库储存费为每天每件 C_1 元，一旦发生缺货时，其损失为每天每件 C_2 元，已知 $C_2 > C_1$。

（1）求每天平均总费用的表达式。

（2）$\rho = \frac{\lambda}{\mu}$的最优值是什么？

18. 某单位电话交换台有一部200门内线的总机。已知在上班时间内，有20%的内线分机平均每40分钟要接通一次外线电话，80%内线的分机平均隔2小时要接通一次外线电话，又知从外单位打来电话的呼唤率为平均每分钟一次。设通话时间平均为3分钟，另外，以上时间均服从负指数分布。如果要求外线电话接通率为95%以上，问该交换台应设置多少条外线？

19. 卡车到达食品批发部装卸站为平均每小时8辆，到达为泊松流。装货或卸货时间平均为5分钟，但服务时间的标准差为6分钟。由于司机们抱怨等待的时间比装卸货的时间还长，食品供应商想通过缩短服务时间的标准差来减少等待时间（具体做法是整理仓库的货物存放，使所有货物都容易找到）。假定平均服务时间不受影响，问服务时间的标准差应缩短多少，方可使等待时间减少一半？

20. 一个车间内有10台相同的机器，每台机器运行时每小时能创造30元的利润，且平均每小时损坏一次。而一个修理工修复一台机器平均需半小时。机器连续运转时间和修复时间均服从负指数分布。设一名修理工的工资为6元每小时，试求：

（1）该车间应设多少名修理工，使平均总费用最少？

（2）若要求不能运转的机器平均数少于4台，则应设多少名修理工？

（3）若要求不能运转的机器平均停工时间少于1小时，又应设多少名修理工？

21. 对于M/M/1/N模型，试证

$$\lambda(1 - P_N) = \mu(1 - P_0)$$

并对上式给予直观的解释。

本章小结

排队论，又称随机服务系统理论或等待线理论，是研究为了获得某种服务而产生的拥挤现象（排队、等待）的一门学科，它是随机运筹学的一个重要分支。管理人员可以通过使用排队模型来协调优化顾客与服务机构之间的关系，从而提高服务质量，降低成本。本章介绍了排队系统的基本概念，包括系统的组成、特征、分类以及主要数量指标；简单介绍了到达间隔时间和服务时间的一些常用分布。对负指数分布的单服务台和多服务台排队系统做了较为深入的分析，并简单介绍了非负指数分布排队系统。本章重点讨论了排队系统的经济分析与最优化问题，介绍了大量的实际应用例子，并给出了使用计算机求解的方法和结果。

---

12 库存论

本章要求

- □ 了解库存的含义。
- □ 了解库存论中的有关费用和成本。
- □ 掌握库存论的几个确定性存贮模型。
- □ 掌握报童问题随机性存贮模型。
- □ 了解啤酒游戏。

库存是指一个企业为满足所需而储存起来的货物或物料。企业之所以持有库存，其部分原因在于难以精确地预测产品的销售水平、生产时间、需求以及物料用量需求等。因此，库存是对不确定性及波动因素的一个缓冲，通过持有可得的物料，以备企业及其客户所需。但是在涉及库存的应用中，管理者必须考虑两个问题：一是库存补货的订货量是多少，二是何时进行库存补货。这两个问题也就是库存论中的存贮策略。库存论就是运用运筹学的方法来合理、经济地解决库存问题的理论。

12.1 库存论的基本概念

一般来说，存贮量因需求而减少，因补充而增加。

12.1.1 需求

对存贮来说，由于需求，从存贮中取出一定的数量，使存贮量减少，这就是存贮的输出。有的需求是间断式的，有的需求是连续均匀的，有的需求是季节性波动的。

图 12－1 和图 12－2 表示 t 时间内的输出量皆为 $S-W$，但两者的输出方式不同。图 12－1 是间断式的，图 12－2 是连续的。

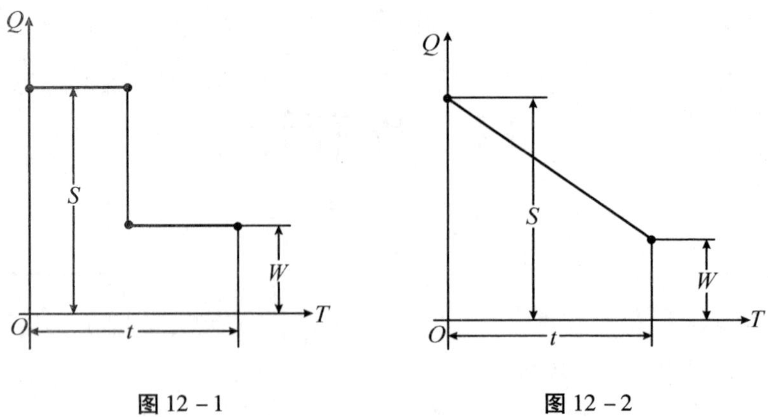

图 12－1　　图 12－2

12.1.2　补充（生产或订货）

补充的办法可能是向其他工厂购买，从订货到货物进入存贮往往需要一段时间。这段时间称为拖后时间。拖后时间可能是随机性的，也可以是确定性的。为了在某一时刻能补充存贮，必须提前订货。那么这段时间可称为提前时间（或称备货时间）。

12.1.3　成本或费用

存贮过程中发生的成本或费用包括以下几个方面：

（1）持有成本（Holding Cost，C_h）。其中包括货物占用资金应付的利息以及因使用仓库、保管货物、货物损坏变质等支出的费用。有时用货物价值的百分比来表示。

（2）订货费（Ordering Cost，C_o）。其中包括两项费用，一项是订购费用，如手续费、电信往来、派人员外出采购等费用，与订货次数有关而与订货数量无关。另一项是货物的成本费用，它与货物的数量 Q 和单价 P 有关。由于 P、Q 是一个常量，通常在建立库存优化模型时不考虑该项。

（3）装设费（Set up Cost，C_s）。补充存贮时，如果无须向外厂订购，由本厂自行生产，这时仍须支出更换模具、夹具或添置某些专用设备等各项费用。它与生产次数有关而与生产数量无关，和订货费是同一类性质的费用，有时不加区分地用 C_o/C_s 来表示这类费用。

（4）缺货费（Penalty Cost，C_p）。它是指当存贮供不应求时所引起的损失。如失去销售机会的损失、停工待料的损失以及不能履行合同而缴纳的罚款等。有时由于物品的种类不具有可比性，缺货费用由服务水平指标来代替。在不允许缺货的情况下，缺货费用为无穷大。

12.1.4　存贮策略

何时补充，补充多少数量的办法称为存贮策略。常见的策略有三种类型：

（1）t_0 循环策略，每隔 t_0 时间补充存贮量 Q。

（2）(s, S) 策略，每当存贮量 $x>s$ 时不补充；当 $x\leqslant s$ 时补充存贮。补充量 $Q=S-x$（即将存贮量补充到 S）。

（3）(t, s, S) 混合策略，每经过 t 时间检查存贮量 x，当 $x>s$ 时不补充；当 $x\leqslant s$ 时，补充存贮量使之达到 S。

从存贮模型来看可以分为两类：一类叫作确定性模型，即模型中的数据皆为确定的数值；另一类叫作随机性模型，即模型中含有随机变量，而不是确定的数值。

一个好的存贮策略，既可以使总费用最小，又可以避免因缺货而影响利润。

12.2 确定性存贮模型

在研究建立模型时，需要做一些假设。基于不同的假设，就会有不同的模型。

12.2.1 模型一：ABC 模型

ABC 分类方法是库存管理中最常用的方法，其基本思想如下：

（1）采用的指导思想是 20－80 原则，20% 左右的因素占有（或提供）80% 的成果，实际上采用的是重点管理法的思想，如图 12－3 所示。

（2）找出占用资金量大的少数物料加以重点管理和控制。

（3）物料的分类：

A 类物料：占用了 65%～80% 的价值的 15%～20% 的物品；

B 类物料：占用了 15%～20% 的价值的 30%～40% 的物品；

C 类物料：占用了 5%～15% 的价值的 40%～55% 的物品。

ABC 分类方法的优点是控制方法操作简单，能够对库存控制做到重点与一般相结合，有利于降低库存，节约保管费用，减少资金占用，加速资金周转。

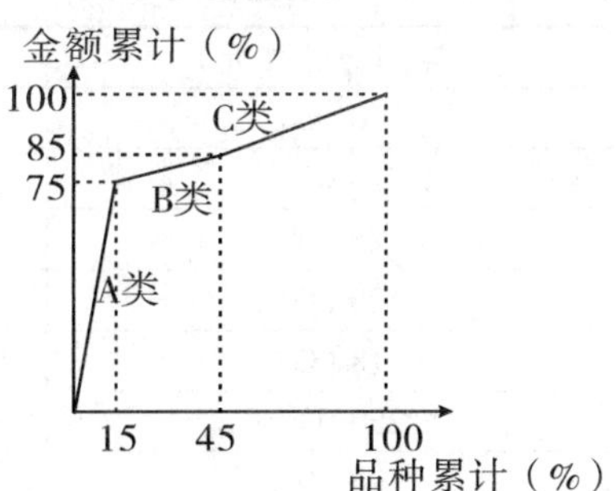

图 12－3 ABC 分类图

基本步骤：

（1）统计库存物质的年需求量，以及单价；

（2）计算年耗用金额，年耗用金额=需求量×单价，并按年耗用金额做降序排列；

（3）计算各库存物质的累计耗用金额和累计的百分比；

（4）按照约定的比例，将所有的库存物质分成A、B、C三类。

例1　ABC库存分类。

某小型配送中心拥有10种库存品，各种库存品的年需求量、单价如表12－1所示。为了加强库存品的管理，企业计划采用ABC库存管理法，决定按20%的A类物品，30%的B类物品，50%的C类物品来建立ABC库存分析系统。问该配送中心应如何进行分类。

表12－1　某小型配送中心库存需求情况

库存品代号	年需求量（件）	单价（元）
a	40 000	5
b	190 000	8
c	4 000	7
d	100 000	4
e	2 000	9
f	250 000	5
g	15 000	6
h	80 000	4
i	10 000	5
j	5 000	7

解：首先计算出各种库存品的年耗用金额，并按从大到小排序，如表12－2所示。

表12－2　库存品年耗用金额及排序

库存品代号	年耗用金额（元）	次序
a	200 000	5
b	1 520 000	1
c	28 000	9
d	400 000	3
e	18 000	10
f	1 250 000	2
g	90 000	6
h	320 000	4
i	50 000	7
j	35 000	8

其次，按照年耗用金额降序排列后计算出各库存品的累计耗用金额和累计的百分比，如表 12－3 所示。

表 12－3

库存品代号	年耗用金额（元）	累计耗用金额（元）	累计百分比（%）	分类
b	1 520 000	1 520 000	38.9	A
f	1 250 000	2 770 000	70.8	A
d	400 000	3 170 000	81.1	B
h	320 000	3 490 000	89.2	B
a	200 000	3 690 000	94.3	B
g	90 000	3 780 000	96.7	C
i	50 000	3 830 000	97.9	C
j	35 000	3 865 000	98.8	C
c	28 000	3 893 000	99.5	C
e	18 000	3 911 000	100.0	C

最后，按照约定 A、B、C 类的百分比，例如 A 类占 20%，B 类占 30%，则 C 类占 50%，把库存品划分为 A、B、C 三类，如表 12－4 所示。

表 12－4

分类	每类金额（元）	库存品数百分比（%）	耗用金额百分比（%）	累计耗用金额百分比（%）
A＝b，f	2 770 000	20	70.8	70.8
B＝d，h，a	920 000	30	23.5	94.3
C＝g，i，j，c，e	221 000	50	5.7	100.0

利用 QM for Windows 软件求解时，选择“Module”菜单下的“Inventory”，然后在“File”菜单下选择“New”，再选择“ABC Analysis”，此时，出现的界面如图 12－4（a）所示，在“Number of Items”下输入 10，点击“OK”，就会显示数据输入界面，如图 12－4（b）所示。“Percent of items that are A items”的数据输入 20，“Percent of items that are B items”的数据输入 30，最后点击“Solve”，就可以求得结果了，如图 12－4（c）所示。

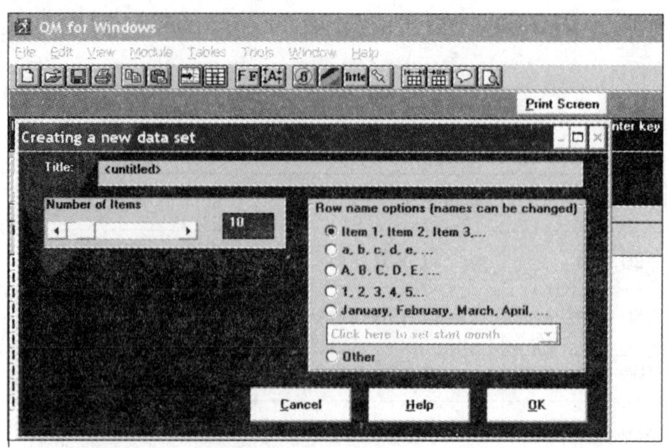

图 12 -4（a） 定义库存物质项的数目

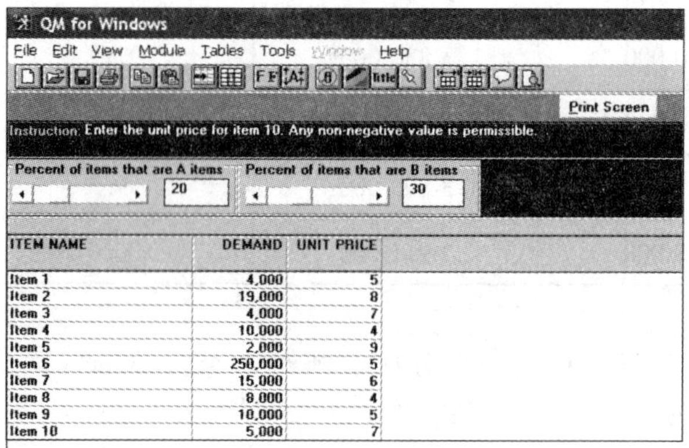

ITEM NAME	DEMAND	UNIT PRICE
Item 1	4,000	5
Item 2	19,000	8
Item 3	4,000	7
Item 4	10,000	4
Item 5	2,000	9
Item 6	250,000	5
Item 7	15,000	6
Item 8	8,000	4
Item 9	10,000	5
Item 10	5,000	7

图 12 -4（b） 输入模型的数据

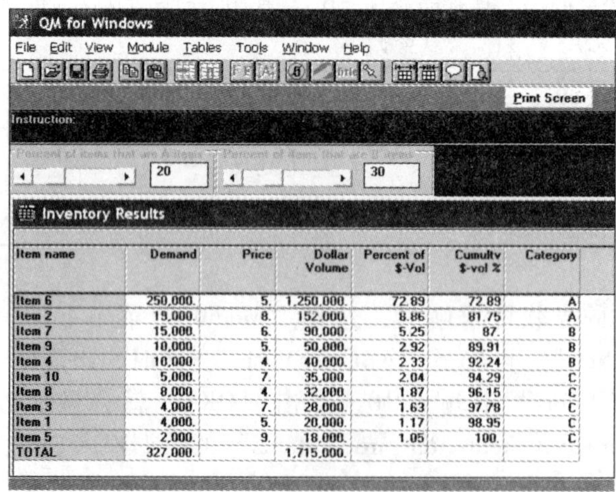

Item name	Demand	Price	Dollar Volume	Percent of $-Vol	Cumultv $-vol %	Category
Item 6	250,000.	5.	1,250,000.	72.89	72.89	A
Item 2	19,000.	8.	152,000.	8.86	81.75	A
Item 7	15,000.	6.	90,000.	5.25	87.	B
Item 9	10,000.	5.	50,000.	2.92	89.91	B
Item 4	10,000.	4.	40,000.	2.33	92.24	B
Item 10	5,000.	7.	35,000.	2.04	94.29	C
Item 8	8,000.	4.	32,000.	1.87	96.15	C
Item 3	4,000.	7.	28,000.	1.63	97.78	C
Item 1	4,000.	5.	20,000.	1.17	98.95	C
Item 5	2,000.	9.	18,000.	1.05	100.	C
TOTAL	327,000.		1,715,000.			

图 12 -4（c） 软件输出的结果

12.2.2 模型二：不允许缺货，生产时间很短（EOQ）

（1）缺货费用无穷大；

（2）当存贮降至零时，可以立即得到补充（即生产时间或拖后时间很短，可以近似地看作零）；

（3）需求是连续的、均匀的，设需求速率 R（单位时间的需求量）为常数，则 t 时间的需求量为 Rt；

（4）每次订货量不变，订购费不变（每次生产量不变，装配费不变）；

（5）单位存贮费不变。

存贮量变化情况如图 12－5（a）所示，成本曲线如图 12－5（b）所示。

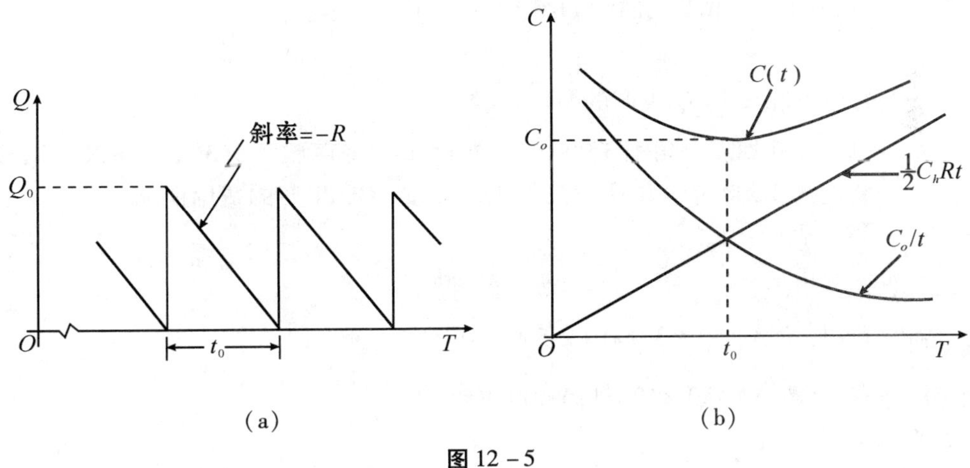

图 12－5

由于可以立即得到补充，所以不会出现缺货。

假设每隔 t 时间补充一次存贮，那么订货量必须满足 t 时间的需求量 Rt，记订货量为 Q，则 $Q=Rt$；订购费用为 C_o，t 时间内的平均订货费用为 C_o/t；t 时间内的平均存贮量为 $\frac{1}{t}\int_0^t RT\mathrm{d}T=\frac{1}{2}Rt$，单位持有费用为 C_h，t 时间内所需平均存贮费用为$\frac{1}{2}C_hRt$，则 t 时间内总的平均费用为

$$C(t)=C_o/t+\frac{1}{2}C_hRt \tag{12.1}$$

令

$$\frac{\mathrm{d}C(t)}{\mathrm{d}t}=-\frac{C_o}{t^2}+\frac{1}{2}C_hR=0$$

则

$$t_0=\sqrt{\frac{2C_o}{C_hR}}$$

即每隔 t_0 时间订货一次可使 $C(t)$ 最小。

订货批量

$$Q_0 = Rt_0 = \sqrt{2C_oR/C_h} \tag{12.2}$$

总成本

$$\min C = \sqrt{2C_oC_hR} \tag{12.3}$$

或

$$Q_0 = \sqrt{2C_sR/C_h},\ \min C = \sqrt{2C_sC_hR} \tag{12.4}$$

公式（12.3）即存贮论中的经济订购批量（Economic Order Quantity，缩写为 EOQ；或 Economic Lot Size），最低费用曲线如图 12－5（b）所示。

例 2　按月生产和按 EOQ 生产的费用比较。

某轧钢厂每月按计划需产角钢 3 000 吨，每吨每月需存贮费 5.3 元，每次需调整机器设备等，共需装配费 2 500 元。试比较按月生产和按 EOQ 生产的费用情况。

解：（1）按月生产：

该厂每月生产角钢一次，生产批量为 3 000 吨，

每月需总费用：$5.3\times\frac{1}{2}\times 3\,000+2\,500=10\,450$（元/月）

全年所需费用为：$10\,450\times 12=125\,400$（元/年）。

（2）按 EOQ 生产：

批量　$Q_0=\sqrt{2\times C_s\text{（装配费）}\times R\text{（需求速率）}/C_h\text{（持有成本）}}$

$=\sqrt{2\times 2\,500\times 3\,000/5.3}\approx 1\,682.32$（吨）

利用 Q_0 计算出全年应生产 n_0 次：

$$n_0=\frac{3\,000\times 12}{Q_0}\approx 21.399\text{（次）}$$

全年共需生产费用为：$21.399\times\left(2\,500+\frac{5.3\times 12}{21.399}\times\frac{1\,682.32}{2}\right)\approx 106\,995.3$（元/年）。

（1）和（2）两者相比较，该厂利用 EOQ 公式求出经济批量进行生产，即可节约资金 $125\,400-106\,995=18\,405$（元/年）。

利用 QM for Windows 软件求解时，选择“Module”菜单下的“Inventory”，然后在“File”菜单下选择“New”，可以看到有 6 个三级子菜单，包括：“Economic Order Quantity (EOQ) Model”“Production Order Quantity Model”“Back Order Inventory Model”“Production with Backorders Model”“Quantity Discount (EOQ) Model”“ABC Analysis”，选择“Economic Order Quantity (EOQ) Model”，此时出现如图 12－6（a）所示的界面，输入例 2 模型参数，可以得到结果输出界面如图 12－6（b）所示。总成本为 106 995.3 元，最

佳批量为1 682. 32吨，订货次数为 21. 4 次（由于计算四舍五入，两者结果略有差别，后面类似情况不再特别注明），总装配成本为 53 497. 66 元，总的库存成本为53 497. 66 元，总费用 106 995. 3 元。

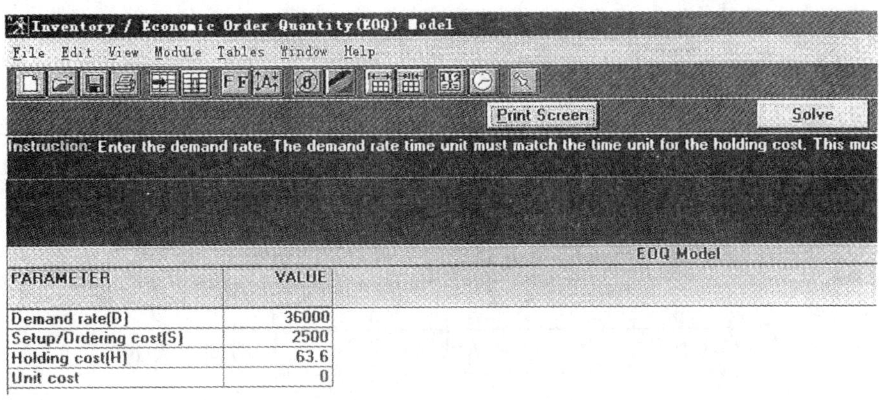

PARAMETER	VALUE
Demand rate(D)	36000
Setup/Ordering cost(S)	2500
Holding cost(H)	63.6
Unit cost	0

图 12－6（a）

Inventory / Economic Order Quantity(EOQ) Model
File Edit View Module Tables Window Help
Print Screen　Edit Data
Instruction: There are more results available in additional windows. These may be opened by double clicking or using

Inventory Results

EOQ Model Solution

PARAMETER	VALUE	PARAMETER	VALUE
Demand rate(D)	36000	Optimal order quantity (Q*)	1,682.32
Setup/Ordering cost(S)	2500	Maximum Inventory Level	1,682.32
Holding cost(H)	63.6	Average inventory	841.1583
Unit cost	0	Orders per period(year)	21.4
		Annual Setup cost	53,497.66
		Annual Holding cost	53,497.66
		Unit costs (PD)	0.
		Total Cost	106,995.3

图 12－6（b）

12. 2. 3　模型三：不允许缺货，生产需一定时间（Economic Production Quantity，缩写为 EPQ）

（1）缺货费用无穷大。

（2）生产批量为 Q，所需生产时间为 T，生产速度为 $P=Q/T$。

（3）需求是连续的、均匀的。已知需求速率为 R（$R<P$），生产的产品一部分满足需求，剩余部分才作为存贮。这时存贮变化如图 12－7 所示，t 时间的需求量为 Rt。

（4）每次订货量不变，订购费不变（每次生产量不变，装配费不变）。

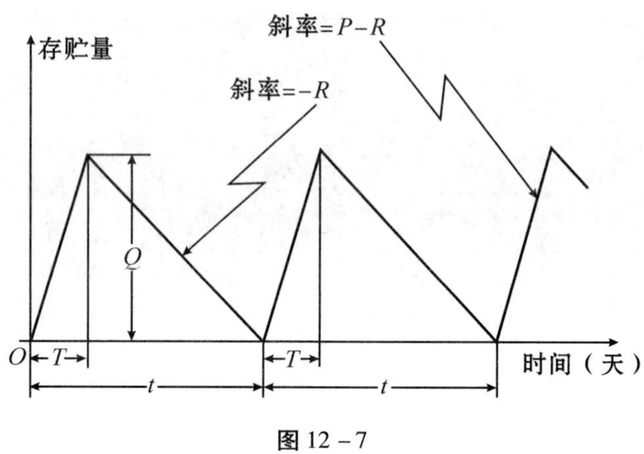

图 12－7

（5）单位贮存费不变。

在 [0，T] 区间内，存贮量以速率 $P-R$ 增加，在 [T，t] 区间内，存贮量以速率 R 减少，如图 12－7 所示。T 与 t 皆为待定数。

从图 12－7 知，$(P-R)T=R(t-T)$，即 $PT=Rt$，则 $T=\frac{Rt}{P}$。

t 时间内的平均存贮量为 $\frac{1}{2}(P-R)T$

t 时间内所需存贮费为 $\frac{1}{2}C_h(P-R)Tt$

t 时间内所需装配费为 C_s

单位时间总费用（平均费用）为 $C(t)$：

$$C(t)=\frac{1}{t}[\frac{1}{2}C_h(P-R)Tt+C_s]=\frac{1}{t}[\frac{1}{2}C_h(P-R)\frac{Rt^2}{P}+C_s]$$

$$=\frac{1}{2}C_h(P-R)\frac{Rt}{P}+\frac{C_s}{t} \tag{12.5}$$

（12.5）式对 t 求导数，令 $\frac{\mathrm{d}C(t)}{\mathrm{d}t}=\frac{1}{2}C_h(P-R)\frac{R}{P}-\frac{C_s}{t^2}=0$

则
$$t_0=\sqrt{\frac{2C_sP}{C_hR(P-R)}} \tag{12.6}$$

相应的生产批量
$$Q_0=\mathrm{EPQ}=\sqrt{\frac{2C_sRP}{C_h(P-R)}} \tag{12.7}$$

成本
$$\min C(t_0)=\sqrt{2C_sC_hR\frac{P-R}{P}} \tag{12.8}$$

利用 t_0 可求出最佳生产时间

$$T_0=\frac{Rt_0}{P}=\sqrt{\frac{2C_sR}{C_hP\ (P-R)}} \tag{12.9}$$

例 3　最优生产批量。

美丽牌肥皂公司拥有年产量为 60 000 箱的生产线。估计每年的需求量为 26 000 箱，全年的需求量不变。与生产线有关的清洗、准备及启动成本大约为 135 元，每箱的制造成本为 4.5 元，年持有成本率为 24%，则 $C_h=0.24\times4.5=1.08$ 元，那么建议的生产批量为多少呢？

解：利用公式（12.7）可得

$$\text{EPQ}=\sqrt{\frac{2\times26\ 000\times135\times60\ 000}{1.08\times\ (60\ 000-26\ 000)}}\approx3\ 387\text{（箱）}$$

$$\min C=\sqrt{2\times1.08\times135\times26\ 000\times\frac{60\ 000-26\ 000}{60\ 000}}\approx2\ 073\text{（元）}$$

$$T_0=\sqrt{\frac{2\times135\times26\ 000}{1.08\times60\ 000\ (60\ 000-26\ 000)}}\approx0.056\ 4\text{（年）}\approx20.6\text{（天）}$$

用 QM for Windows 求解时，选择“Module”下的“Inventory”，在“File”菜单下选择“Production Order Quantity Model”。例 3 的输入数据如图 12－8（a）所示，运行结果输出界面如图 12－8（b）所示。总成本为 2 072.74 元，最优批量为3 386.83箱。

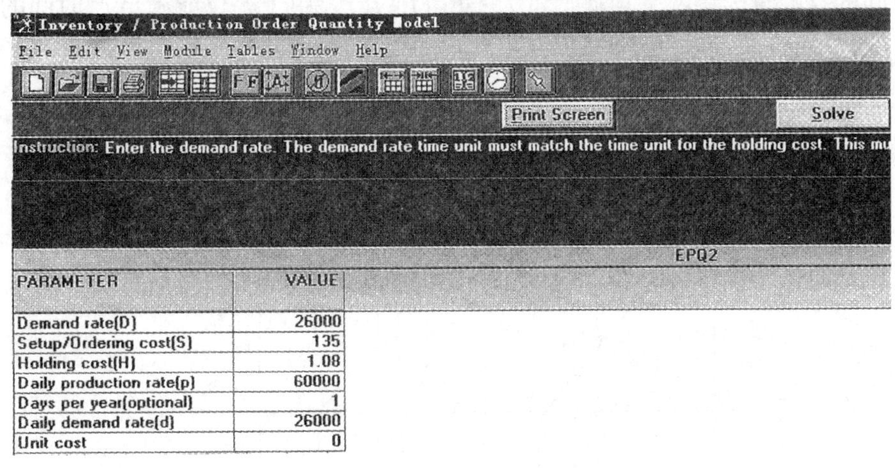

PARAMETER	VALUE
Demand rate(D)	26000
Setup/Ordering cost(S)	135
Holding cost(H)	1.08
Daily production rate(p)	60000
Days per year(optional)	1
Daily demand rate(d)	26000
Unit cost	0

图 12－8（a）

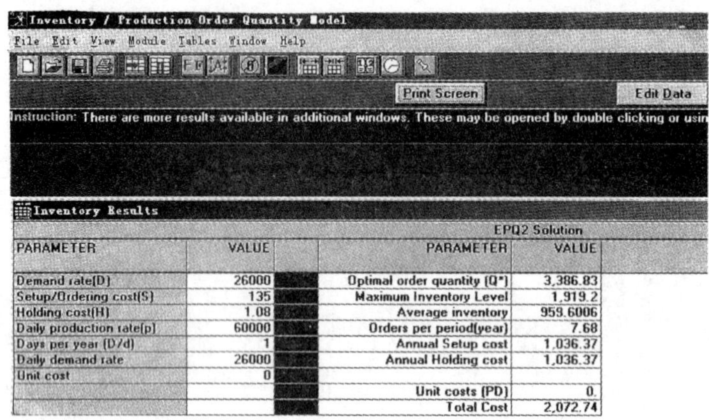
Inventory / Production Order Quantity Model
File Edit View Module Tables Window Help
Print Screen   Edit Data
Instruction: There are more results available in additional windows. These may be opened by double clicking or usin

Inventory Results

EPQ2 Solution

PARAMETER	VALUE		PARAMETER	VALUE
Demand rate(D)	26000		Optimal order quantity (Q*)	3,386.83
Setup/Ordering cost(S)	135		Maximum Inventory Level	1,919.2
Holding cost(H)	1.08		Average inventory	959.6006
Daily production rate(p)	60000		Orders per period(year)	7.68
Days per year (D/d)	1		Annual Setup cost	1,036.37
Daily demand rate	26000		Annual Holding cost	1,036.37
Unit cost	0			
			Unit costs (PD)	0.
			Total Cost	2,072.74

图 12 - 8 (b)

12.2.4 模型四：允许缺货（缺货需补足），生产时间很短（EOQ with Backorder）

（1）允许缺货，缺货损失很少或不受损失；

（2）当存贮降至零时；

（3）需求是连续的、均匀的，设需求速率 R（单位时间的需求量）为常数，则 t 时间的需求量为 Rt；

（4）每次订货量不变，订购费不变（每次生产量不变，装配费不变）；

（5）单位存贮费不变。

假设最初存贮量为 S，可以满足 t_1 时间的需求，t_1 时间的平均存贮量为 $\frac{1}{2}S$，在 $(t-t_1)$ 时间的存贮量为零，平均缺货量为 $\frac{1}{2}R(t-t_1)$，由于 S 仅能满足 t_1 时间的需求 $S=Rt_1$，如图 12 - 9 所示。

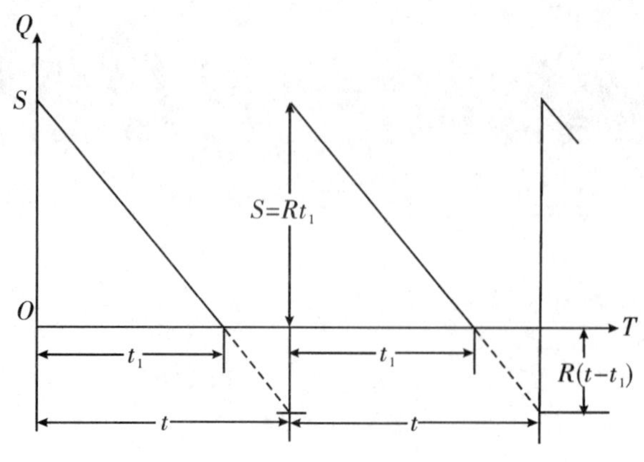

图 12 - 9

则 $t_1 = S/R$

在 t 时间内所需存贮费 $C_h \frac{1}{2} S t_1 = \frac{1}{2} C_h \frac{S^2}{R}$

在 t 时间内的缺货费 $C_p \frac{1}{2} R(t - t_1)^2 = \frac{1}{2} C_p \frac{(Rt - S)^2}{R}$

订购费用为 C_o

平均总费用 $C(t, s) = \frac{1}{t}\left[C_h \frac{S^2}{2R} + C_p \frac{(Rt - S)^2}{2R} + C_o\right]$ (12.10)

式中有两个变量，利用多元函数求极值的方法求 $C(t, S)$ 的最小值：

$$\frac{\partial C}{\partial s} = \frac{1}{t}\left[C_h \frac{S}{R} - C_b \frac{(Rt - S)}{R}\right] = 0 \qquad 则\ S = \frac{C_p Rt}{C_h + C_p}$$

$$\frac{\partial C}{\partial t} = -\frac{1}{t^2}\left[C_h \frac{S^2}{2R} + C_p \frac{(Rt - S)^2}{2R} + C_o\right] + \frac{1}{t}\left[C_p (Rt - S)\right] = 0$$

则
$$-C_h \frac{S^2}{2} - C_h \frac{(Rt - S)^2}{2} - C_o R + tR\left[C_p(Rt - S)\right] = 0$$

得
$$t_0 = \sqrt{\frac{2C_o(C_h + C_p)}{C_h R C_p}} \tag{12.11}$$

$$S_0 = \sqrt{\frac{2C_p C_o R}{C_h(C_h + C_p)}} \tag{12.12}$$

$$\min C(t, S) = C_0(t_0, S_0) = \sqrt{\frac{2C_h C_p C_o R}{C_h + C_p}} \tag{12.13}$$

模型的进一步分析：

（1）当 C_p 很大时（即不允许缺货），$C_p \to \infty$，$\frac{C_p}{C_p + C_h} \to 1$，则 $t_0 = \sqrt{\frac{2C_o}{C_h R}}$，$S_0 = \sqrt{\frac{2RC_o}{C_h}}$，$C_0 = \sqrt{2C_h C_o R}$，即 EOQ 模型。

（2）模型四中由于允许缺货，最佳周期 t_0 为不允许缺货周期 t 的 $\sqrt{\frac{C_p + C_h}{C_p}}$ 倍，又由于 $\sqrt{\frac{C_p + C_h}{C_p}} > 1$，因此两次订货间隔时间延长了。

（3）在不允许缺货的情况下，为满足 t_0 时间内的需求，订货量 $Q_0 = Rt_0$，

即
$$Q_0 = \sqrt{\frac{2RC_o}{C_h} \cdot \frac{C_p + C_h}{C_p}} \tag{12.14}$$

(4) 在允许缺货的情况下，存贮量只需达到 S_0 即可，$S_0=\sqrt{\dfrac{2RC_oC_p}{C_h(C_h+C_p)}}$。显然 $Q_0>S_0$，它们的差值 $Q_0-S_0=\sqrt{\dfrac{2RC_oC_h}{C_p(C_o+C_p)}}$表示在 t_0 时间内的最大缺货量。

在允许缺货条件下，经过研究而得出的存贮策略是隔 t_0 时间订货一次，订货量为 Q_0，用 Q_0 中的一部分补足所缺货物，剩余部分 S_0 进入存贮。很明显，在相同的时间段里，允许缺货的订货次数比不允许缺货的订货次数减少了。

例4　可延迟订货的最优批量。

某计算机配件公司有一种产品，假设对该产品的延迟订货模型的假设是有效的。从该公司得到的信息如下：需求速率 $R=2\ 000$ 件/年，持有成本费率为20%，每份订单的订货费用为25元/年，产品单价为50元。公司正在考虑允许该产品适当地出现一些延迟订货，预计每年延迟订货的单位成本为30元。求该问题的最优批量。

解：$C_h=20\%\times50=10$ 元，则

$$Q_0=\sqrt{\frac{2\times2\ 000\times25}{10}\times\frac{10+30}{30}}\approx115.47\text{（件）}$$

$$S_0=\sqrt{\frac{2\times2\ 000\times30\times25}{10\times(10+30)}}\approx86.6\text{（件）}$$

最大缺货量 $=Q_0-S_0=28.87$（件）。

用QM for Windows求解时，选择“Module”下的“Inventory”，在“File”菜单下选择“Back Order Inventory Model”。例4的数据输入界面如图12-10（a）所示，结果输出界面如图12-10（b）所示。最优批量为115.47件，最低总成本为1 118.62元，最大缺货量为28.87件，年订货17.32次。

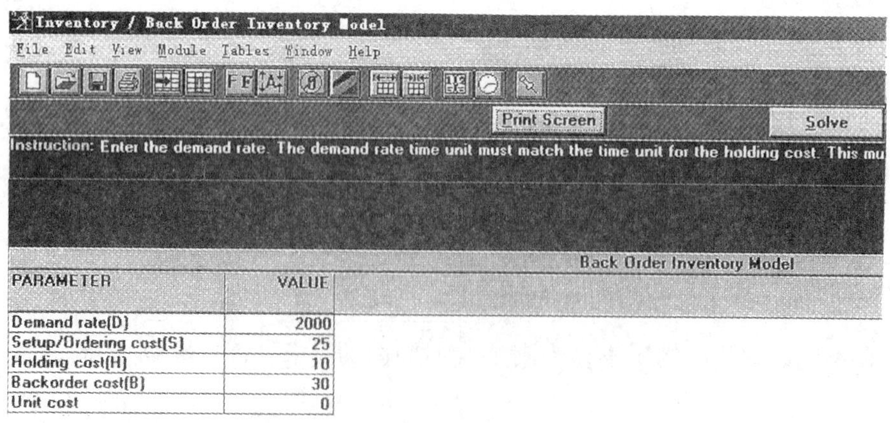

图12-10（a）

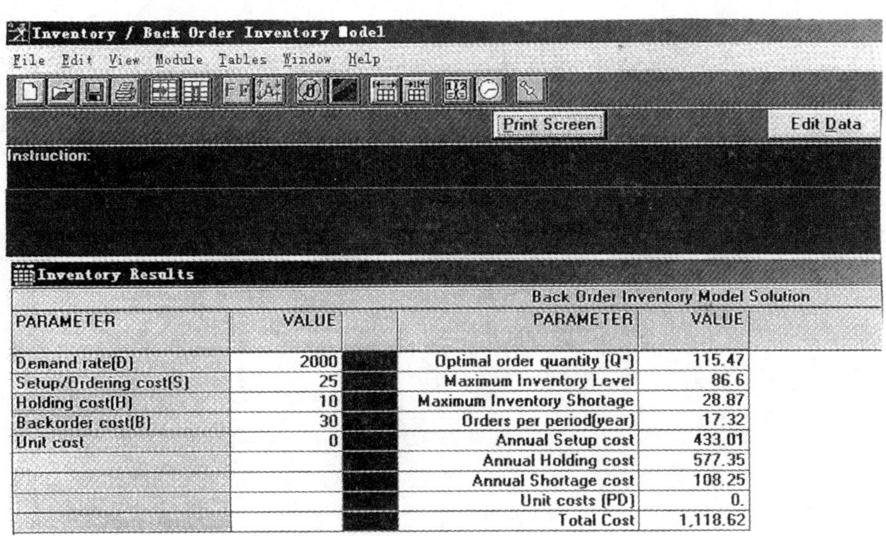

Back Order Inventory Model Solution				
PARAMETER	VALUE		PARAMETER	VALUE
Demand rate(D)	2000		Optimal order quantity (Q*)	115.47
Setup/Ordering cost(S)	25		Maximum Inventory Level	86.6
Holding cost(H)	10		Maximum Inventory Shortage	28.87
Backorder cost(B)	30		Orders per period(year)	17.32
Unit cost	0		Annual Setup cost	433.01
			Annual Holding cost	577.35
			Annual Shortage cost	108.25
			Unit costs (PD)	0.
			Total Cost	1,118.62

图 12－10（b）

思考：订货次数不能为非整数，如何处理非整数次订货结果？

12.2.5 模型五：允许缺货（需补足缺货），生产需一定时间

（1）允许缺货，生产需一定时间；

（2）当存贮降至零时，可以立即得到补充（即生产时间或拖后时间很短，可以近似地看作零）；

（3）需求是连续的、均匀的，设需求速率 R（单位时间的需求量）为常数，则 t 时间的需求量为 Rt；

（4）每次订货量不变，订购费不变（每次生产量不变，装配费不变）；

（5）单位存贮费不变。

存贮量变化情况如图 12－11 所示。

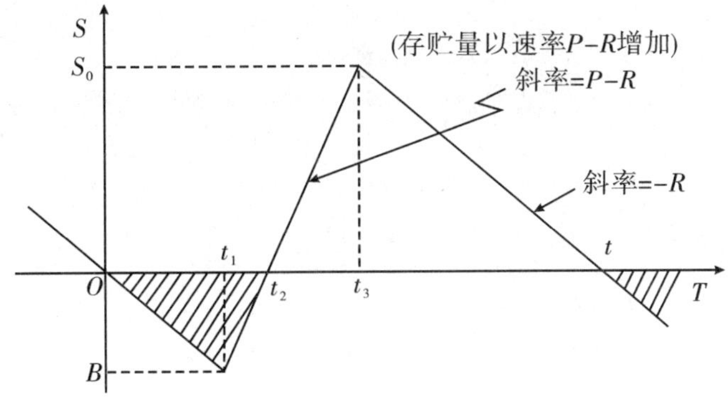

图 12－11

取 [0, t] 为一个周期，设 t_1 时刻开始生产。

[0, t_2] 时间内存贮为零，B 表示最大缺货量。

[t_1, t_2] 时间内除满足需求外的产品进入存贮，存贮量以速率 $P-R$ 增加。S 表示存贮量，t_3 时刻存贮量达到最大，此时停止生产。

[t_3, t] 时间内存贮量以需求速率 R 减少。

则
$$B = Rt_1 \text{ 或 } B = (P-R)(t_2 - t_1)$$

即
$$t_1 = \frac{P-R}{P} \cdot t_2 \tag{12.15}$$

最大存贮量
$$S = (P-R)(t_3 - t_2) \text{ 或 } S = R(t - t_3)$$

即
$$(P-R)(t_3 - t_2) = R(t - t_3)$$

得
$$t_3 = \frac{R}{P}t + \left(1 - \frac{R}{P}\right) t_2 \tag{12.16}$$

在 [0, t] 时间内所需费用：

存贮费
$$\frac{1}{2}C_h (P-R)(t_3 - t_2)(t - t_2) \tag{12.17}$$

将 (12.16) 式代入 (12.17) 式得

$$\frac{1}{2}C_h (P-R) \frac{R}{P} (t - t_2)^2$$

缺货费
$$\frac{1}{2}C_p R t_1 t_2 \tag{12.18}$$

将 (12.15) 式代入 (12.18) 式得

$$\frac{1}{2}C_p R \frac{P-R}{P} t_2^2$$

装配费 C_s

在 [0, t] 时间内总平均费用为：

$$C(t,t_2) = \frac{1}{t}\left[\frac{1}{2}C_h \frac{(P-R)R}{P}(t - t_2)^2 + \frac{1}{2}C_p \frac{(P-R)R}{P} t_2^2 + C_s\right]$$

$$= \frac{1}{2}\frac{(P-R)R}{P}[C_h t - 2C_h t_2 + (C_h + C_p)\frac{t_2^{\ 2}}{t}] + \frac{C_s}{t}$$

令
$$\frac{\partial C(t,t_2)}{\partial t} = \frac{1}{2}\frac{(P-R)R}{P}[C_h + (C_h + C_p)t_2^2(-\frac{1}{t^2})] - \frac{C_s}{t^2} = 0 \tag{12.19}$$

$$\frac{\partial C(t,t_2)}{\partial t_2} = \frac{1}{2}\frac{(P-R)R}{P}[-2C_h + 2(C_h + C_p)t_2 \cdot \frac{1}{t}] = 0 \tag{12.20}$$

则由（12.19）式和（12.20）式解出 t，t_2：

$$t = \sqrt{\frac{2C_s}{C_h R}} \cdot \sqrt{\frac{C_h + C_p}{C_p}} \cdot \sqrt{\frac{P}{P-R}}\text{，记作 } t_0 \tag{12.21}$$

$$t_2 = \frac{C_h}{C_h + C_p}t_0 = \frac{C_h}{C_h + C_p}\sqrt{\frac{2C_s}{C_h R}} \cdot \sqrt{\frac{C_h + C_p}{C_p}} \cdot \sqrt{\frac{P}{P-R}} \tag{12.22}$$

由数学分析的知识可以判断 $C(t, t_2)$ 在 $t = t_0$，$t_2 = \frac{C_h}{C_h + C_p}t_0$ 时有最小值。

相应地，
$$Q_0 = Rt_0 = \sqrt{\frac{2C_s R}{C_h}} \cdot \sqrt{\frac{C_h + C_p}{C_p}} \cdot \sqrt{\frac{P}{P-R}} \tag{12.23}$$

$$S_0\text{（最大存贮量）} = R(t_0 - t_2) = R(t_0 - \frac{R}{P}t_0 - \frac{P-R}{P}t_2)$$

$$= \sqrt{\frac{2C_s R}{C_h}} \cdot \sqrt{\frac{C_p}{C_h + C_p}} \cdot \sqrt{\frac{P-R}{P}} \tag{12.24}$$

$$B_0\text{（最大缺货量）} = Rt_1 = \sqrt{\frac{2C_h C_s R}{(C_h + C_p)\ C_p}} \cdot \sqrt{\frac{P-R}{P}} \tag{12.25}$$

$$\min C(t_0,\ t_2) = \sqrt{2C_h C_s R} \cdot \sqrt{\frac{C_p}{C_h + C_p}} \cdot \sqrt{\frac{P-R}{P}} \tag{12.26}$$

例5　可延迟订货的最优订货批量。

某公司拥有洗衣粉年产量为60 000箱的生产线。估计每年的需求量为26 000箱，全年的需求量不变。与生产线有关的清洗、准备及启动成本大约135元。每箱的持有成本 $C_h = 1.08$ 元/年，公司正在考虑允许该产品适当地出现一些延迟订货。预计每年延迟订货的单位成本为30元，试分析最优订货批量、缺货量及成本情况。

解：$C_h = 1.08$ 元，$C_s = 135$ 元，$C_p = 30$ 元，$P = 60\ 000$ 箱，$R = 26\ 000$ 箱

$$t_0=\sqrt{\frac{2C_s}{C_hR}}\cdot\sqrt{\frac{C_h+C_p}{C_p}}\cdot\sqrt{\frac{P}{P-R}}=\sqrt{\frac{2\times 135}{1.08\times 26\ 000}}\cdot\sqrt{\frac{1.08+30}{30}}\cdot\sqrt{\frac{60\ 000}{60\ 000-26\ 000}}$$

$\approx 0.132\ 58$ 年 ≈ 33 天（一年 250 个有效工作日）

$$Q_0=Rt_0=26\ 000\times 0.132\ 58\approx 3\ 447\ （件）$$

$$\min C=\sqrt{2C_hC_sR}\cdot\sqrt{\frac{C_p}{C_h+C_p}}\cdot\sqrt{\frac{P-R}{P}}$$

$$=\sqrt{2\times 1.08\times 135\times 26\ 000}\cdot\sqrt{\frac{30}{1.08+30}}\cdot\sqrt{\frac{60\ 000-26\ 000}{60\ 000}}$$

$\approx 2\ 036.4$（元）

$$B_0=\sqrt{\frac{2C_hC_sR}{(C_h+C_p)\ C_p}}\cdot\sqrt{\frac{P-R}{P}}=\sqrt{\frac{2\times 1.08\times 135\times 26\ 000}{(1.08+30)\ \times 30}}\cdot\sqrt{\frac{60\ 000-26\ 000}{60\ 000}}$$

≈ 67.88（箱）

用 QM for Windows 求解时，在“Module”菜单下选择“Inventory”，然后在“File”菜单下选择“Production with Backorders Model”。例 5 的数据输入界面如图 12－12（a）所示，结果输出界面如图 12－12（b）所示。

最优批量为 3 447.25 箱，最大缺货量为 67.88 箱，最低总成本为2 108.44元。

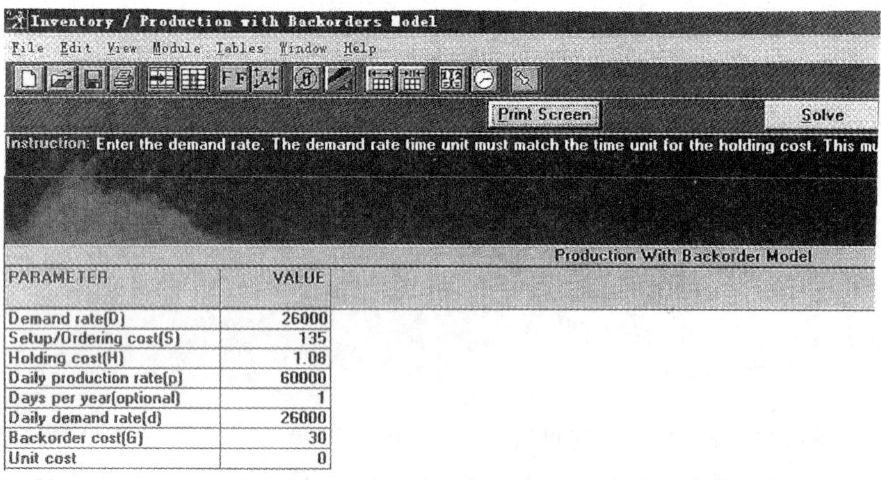

PARAMETER	VALUE
Demand rate(D)	26000
Setup/Ordering cost(S)	135
Holding cost(H)	1.08
Daily production rate(p)	60000
Days per year(optional)	1
Daily demand rate(d)	26000
Backorder cost(G)	30
Unit cost	0

图 12－12（a）

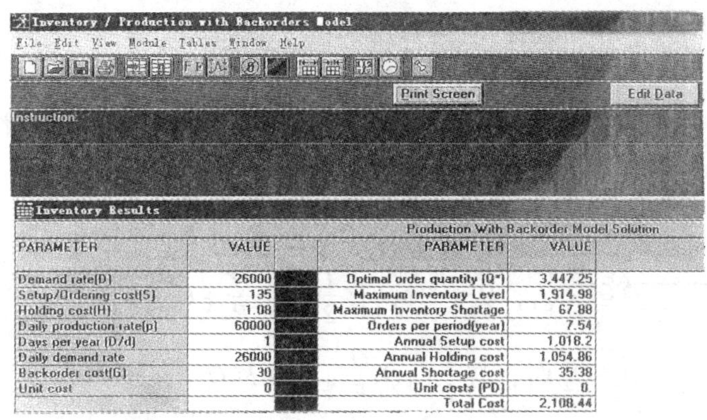

PARAMETER	VALUE	PARAMETER	VALUE
Demand rate(D)	26000	Optimal order quantity (Q*)	3,447.25
Setup/Ordering cost(S)	135	Maximum Inventory Level	1,914.98
Holding cost(H)	1.08	Maximum Inventory Shortage	67.88
Daily production rate(p)	60000	Orders per period(year)	7.54
Days per year (D/d)	1	Annual Setup cost	1,018.2
Daily demand rate	26000	Annual Holding cost	1,054.86
Backorder cost(G)	30	Annual Shortage cost	35.38
Unit cost	0	Unit costs (PD)	0.
		Total Cost	2,108.44

图 12－12（b）

12.2.6 价格折扣模型

在日常生活中，人们可以看到商品有所谓的零售价、批发价和出厂价三种价格。购买同一种商品，数量不同，商品的单价也不同。一般情况下，购买数量越多则商品的单价越低；在少数情况下，某种商品限额供应，超过限额部分的商品单价要提高，这类问题是价格折扣的存贮问题。

（1）货物单价随订购数量而变化；

（2）缺货费用无穷大；

（3）当存贮降至零时，可以立即得到补充（即生产时间或拖后时间很短，可以近似地看作零）；

（4）需求是连续的、均匀的，设需求速率 R（单位时间的需求量）为常数，则 t 时间的需求量为 Rt；

（5）每次订货量不变，订购费不变（每次生产量不变，装配费不变）；

（6）单位存贮费不变。

记货物单价 $K(Q)$，设 $K(Q)$ 按三个数量等级变化，如图 12－13（a）所示，平均单位货物费用如图 12－13（b）所示。

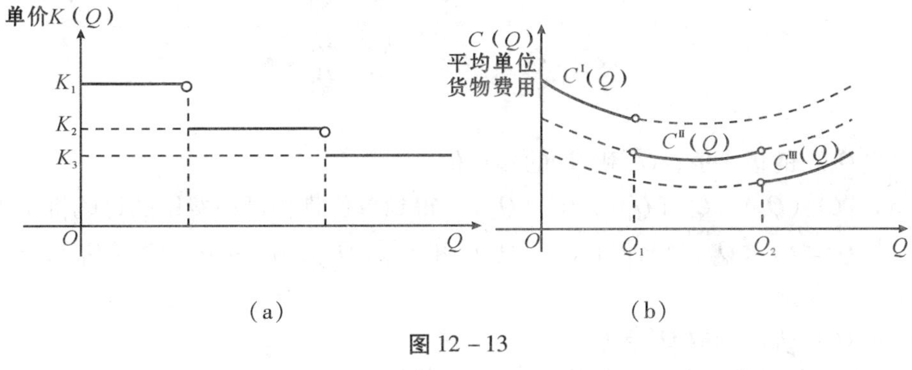

图 12－13

当订购量为 Q 时，一个周期内所需费用为：

$$\frac{1}{2}C_hQ\frac{Q}{R}+C_s+K(Q)Q \tag{12.27}$$

$$Q\in(0,Q_1)\text{ 时，有}\frac{1}{2}C_hQ\frac{Q}{R}+C_s+K_1Q$$

$$Q\in(Q_1,Q_2)\text{ 时，有}\frac{1}{2}C_hQ\frac{Q}{R}+C_s+K_2Q$$

$$Q\geqslant Q_2\text{ 时，有}\frac{1}{2}C_hQ\frac{Q}{R}+C_s+K_3Q$$

平均单位货物所需费用：

$$\begin{aligned}
C^1(Q)&=\frac{1}{2}C_h\frac{Q}{R}+\frac{C_s}{Q}+K_1,\ Q\in(0,Q_1)\\
C^2(Q)&=\frac{1}{2}C_h\frac{Q}{R}+\frac{C_s}{Q}+K_2,\ Q\in(Q_1,Q_2)\\
C^3(Q)&=\frac{1}{2}C_h\frac{Q}{R}+\frac{C_s}{Q}+K_3,\ Q\geqslant Q_2
\end{aligned}\tag{12.28}$$

如果不考虑 $C^1(Q)$，$C^2(Q)$，$C^3(Q)$ 的定义域，它们之间只差一个常数，因此，它们的导函数相同。为求极值，令导函数为零，解得 Q_0。Q_0 落在哪一个区间事先难以预计，但是可以依照下面的求解步骤求得最佳订购批量 Q^*。

（1）对 $C^1(Q)$（不考虑定义域）求得极值点为 Q_0。

（2）若 $Q_0<Q_1$，计算

$$C^1(Q_0)=\frac{1}{2}C_h\frac{Q_0}{R}+\frac{C_s}{Q_0}+K_1$$

$$C^2(Q_1)=\frac{1}{2}C_h\frac{Q_1}{R}+\frac{C_s}{Q_1}+K_2$$

$$C^3(Q_2)=\frac{1}{2}C_h\frac{Q_2}{R}+\frac{C_s}{Q_2}+K_3$$

即比较 $C^1(Q_0)$ 的极小值，C^2 和 C^3 的端点值。

由 $\min\{C^1(Q_0),C^2(Q_1),C^3(Q_2)\}$ 得到单位货物最小费用的订购批量 Q^*。

（3）若 $Q_1\leqslant Q_0<Q_2$，则计算 $C^2(Q_0)$ 和 $C^3(Q_2)$，由 $\min\{C^2(Q_0),C^3(Q_2)\}$ 决定 Q^*。

（4）若 $Q_2\leqslant Q_0$，则取 $Q^*=Q_0$。

以上步骤易于推广到单价折扣为 m 个等级的情况。

例如，订购量为 Q，其单价为 $K(Q)$，

$$K(Q)=\begin{cases}K_1 & 0\leqslant Q<Q_1\\ K_2 & Q_1\leqslant Q<Q_2\\ \vdots & \vdots\\ K_j & Q_{j-1}\leqslant Q<Q_j\\ \vdots & \vdots\\ K_m & Q_{m-1}\leqslant Q\end{cases}$$

对 $C^1(Q)$ 求得极值点为 Q_0，若 $Q_{j-1}\leqslant Q_0<Q_j$，求 $\min\{C^j(Q_0),C^{j+1}(Q_j),\cdots,C^m(Q_{m-1})\}$，设从此式得到的最小值为 $C^l(Q_{l-1})$，则取 $Q^*=Q_{l-1}$。

例 6　单价随采购数量的不同而变化。

某厂每年需某种元件 5 000 个，每次订购费 $C_s=50$ 元，保管费每件每年 $C_h=1$ 元，不允许缺货，元件单价 K 随采购数量的不同而变化：

$$K(Q)=\begin{cases}2.0\text{ 元} & Q<1\ 500\\ 1.9\text{ 元} & Q\geqslant 1\ 500\end{cases}$$

解：利用 EOQ 公式计算

$$Q_0=\sqrt{\frac{2C_sR}{C_h}}=\sqrt{\frac{2\times 50\times 5\ 000}{1}}\approx 707\text{（个）}$$

分别计算每次订购 707 个和 1 500 个元件平均单位元件所需费用：

$$C(707)=\frac{1}{2}\times 1\times\frac{707}{5\ 000}+\frac{50}{707}+2\approx 2.141\ 4\text{（元/件）}$$

$$C(1\ 500)=\frac{1}{2}\times 1\times\frac{1\ 500}{5\ 000}+\frac{50}{1\ 500}+1.9\approx 2.083\ 3\text{（元/件）}$$

因为 $C(1\ 500)<C(707)$，可知最佳订购量为 $Q^*=1\ 500$（件）。

由于订购批量不同，订货周期长短不一样，因此才利用平均单位货物所需费用比较优劣。当然也可以利用不同批量，计算其全年所需费用来比较优劣。

特例：有折扣条件为 $K(Q)=\begin{cases}K_1 & Q<Q_1\\ K_2 & Q>Q_1\end{cases}$，超过 Q_1 部分，$(Q-Q_1)$ 按 K_2 计算货物单价。

如果 $K_2<K_1$，显然是鼓励大量购买货物，和前面的模型相同。在特殊情况下，会出现

$K_2 > K_1$，这时要利用价格的变化限制购货数量，将本节提供的方法稍加变化后就可以解决这类问题。

采用 QM for Windows 求解时，在“Module”菜单下选择“Inventory”，在“File”菜单下选择“Quantity Discount（EOQ）Model”。例 6 输入数据界面如图 12－14（a）所示，结果输出界面如图 12－14（b）所示。

最优批量为 1 500 个，最低总成本为 10 416.67 元。

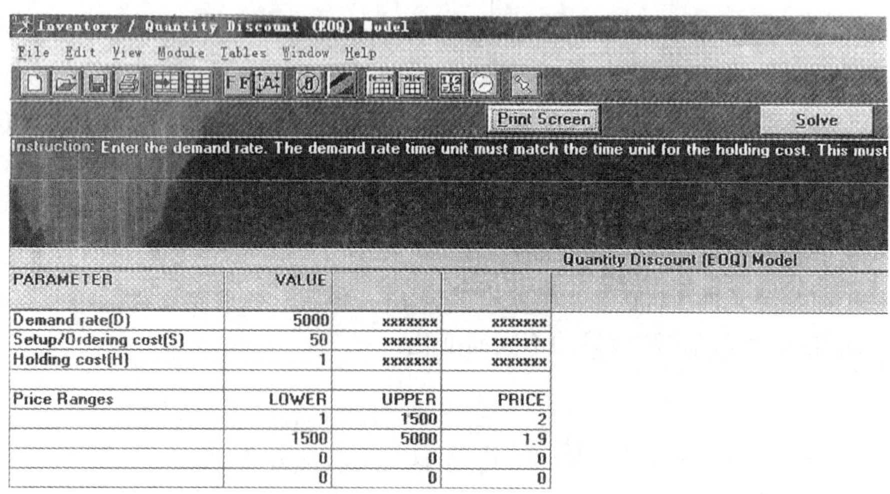

PARAMETER	VALUE		
Demand rate(D)	5000	xxxxxxx	xxxxxxx
Setup/Ordering cost(S)	50	xxxxxxx	xxxxxxx
Holding cost(H)	1	xxxxxxx	xxxxxxx
Price Ranges	LOWER	UPPER	PRICE
	1	1500	2
	1500	5000	1.9
	0	0	0
	0	0	0

图 12－14（a）

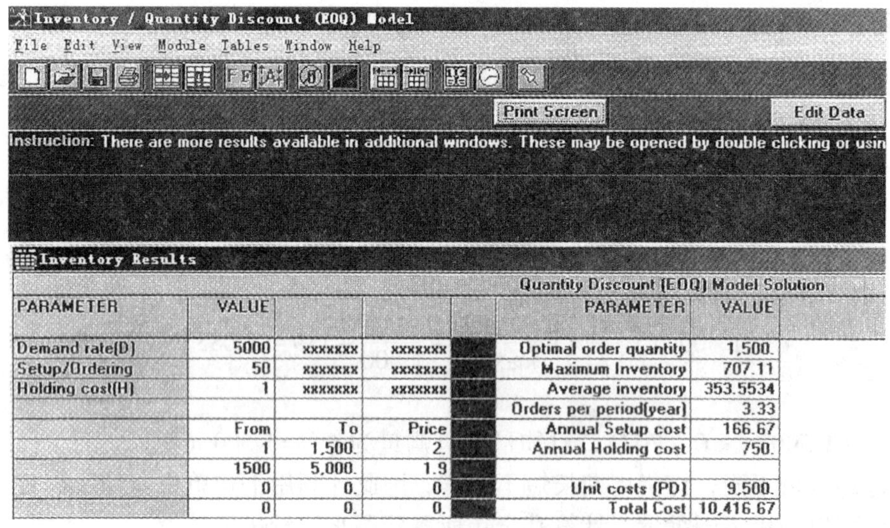

PARAMETER	VALUE				PARAMETER	VALUE
Demand rate(D)	5000	xxxxxxx	xxxxxxx		Optimal order quantity	1,500.
Setup/Ordering	50	xxxxxxx	xxxxxxx		Maximum Inventory	707.11
Holding cost(H)	1	xxxxxxx	xxxxxxx		Average inventory	353.5534
					Orders per period(year)	3.33
	From	To	Price		Annual Setup cost	166.67
	1	1,500.	2.		Annual Holding cost	750.
	1500	5,000.	1.9			
	0	0.	0.		Unit costs (PD)	9,500.
	0	0.	0.		Total Cost	10,416.67

图 12－14（b）

12.3 随机性存贮模型

随机性存贮模型的重要特点是需求为随机的。如果零售商既不想因为缺货而失去销售机会，又不想因滞销而过多积压资金，这时必须采用新的存贮策略。可供选择的策略主要有三种：

第一种策略：定期订货，但订货数量需要根据上一个周期末剩下货物的数量决定订货量。剩下的数量少，可以多订货；剩下的数量多，可以少订或不订货，这种策略称为定期订货法。

第二种策略：定点订货，存贮量降到某一确定的数量时即订货，不再考虑时间的间隔。这一数量值称为订货点，每次订货的数量不变，这种策略可称为定点订货法。

第三种策略：把定期订货与定点订货综合起来，间隔一定时间检查一次存贮，如果存贮量高于一个数值 s，则不订货；小于 s 时则订货补充存贮，订货量要使存贮量达到 S，这种策略可以简称为（s，S）存贮策略。

在本节中只介绍需求是随机离散的模型，即报童问题。

报童问题：报童每天售报数量是一个随机变量。报童每售出一份报纸赚 K 元。如报纸未能售出，每份赔 h 元，每日售出报纸份数 r 的概率 $P(r)$ 根据以往的经验是已知的，问报童每日最好准备多少份报纸？

这个问题是报童每日报纸的订货量 Q 为何值时，赚钱的期望值最大，或者是如何适当地选择 Q 值，使因不能售出报纸导致的损失及因缺货失去销售机会的损失两者期望值之和最小。

解：设售出报纸数量为 r，其概率 $P(r)$ 为已知，$\sum_{r=0}^{\infty} P(r)=1$；设报童订购报纸数量为 Q。

（1）当供过于求时，即 $r \leqslant Q$，这时因不能售出报纸而承担的损失，其期望值为

$$\sum_{r=0}^{Q} h(Q-r)P(r) \tag{12.29}$$

（2）当供不应求，即 $r>Q$ 时，这时因缺货而少赚钱的损失，其期望值为

$$\sum_{r=Q+1}^{\infty} K(r-Q)P(r) \tag{12.30}$$

综合（1）、（2）两种情况，当订货量为 Q 时，损失的期望值为

$$C(Q)=h\sum_{r=0}^{Q}(Q-r)P(r)+K\sum_{r=Q+1}^{\infty}(r-Q)P(r) \tag{12.31}$$

要从（12.31）式中决定 Q 的值，使 C（Q）最小。

由于报童订购报纸的份数只能取整数，r 是离散变量，所以不能用求导数的方法求极值，为此，设报童每日订购报纸份数最佳量为 Q，其损失的期望值应有

（3）$C(Q)\leqslant C(Q+1)$。

（4）$C(Q)\leqslant C(Q-1)$。

从（3）出发：

$$h\sum_{r=0}^{Q}(Q-r)P(r)+K\sum_{r=Q+1}^{\infty}(r-Q)P(r)$$
$$\leqslant h\sum_{r=0}^{Q+1}(Q+1-r)P(r)+K\sum_{r=Q+2}^{\infty}(r-Q-1)P(r)$$
$$=h\sum_{r=0}^{Q}(Q+1-r)p(r)+h[Q+1-(Q+1)]p(r)+k\sum_{r=Q+!}^{\infty}[r-Q-1-(r-Q)]p(r)$$

即 $h\sum_{r=0}^{Q}[Q-r-(Q+1-r)]p(r)\leqslant k\sum_{r=Q+!}^{\infty}[r-Q-1-(r-Q)]p(r)-h\sum_{r=0}^{Q}p(r)\leqslant -k\sum_{r=Q+!}^{\infty}p(r)$

因为 $\sum_{r=0}^{Q}p(r)=1$

所以 $\sum_{r=Q+!}^{\infty}p(r)=1-\sum_{r=0}^{\infty}p(r)$

则 $-h\sum_{r=0}^{Q}p(r)\leqslant -k+k\sum_{r=Q+!}^{\infty}p(r)$

即 $\sum_{r=0}^{Q}p(r)\geqslant\frac{k}{k+h}$

经化简后得 $$(k+h)\sum_{r=0}^{Q}P(r)-k\geqslant 0$$

即 $$\sum_{r=0}^{Q}P(r)\geqslant\frac{k}{k+h}\tag{12.32}$$

从（4）出发：

$$h\sum_{r=0}^{Q}(Q-r)P(r)+k\sum_{r=Q+1}^{\infty}(r-Q)P(r)$$
$$\leqslant h\sum_{r=0}^{Q-1}(Q-1-r)P(r)+K\sum_{r=Q}^{\infty}(r-Q+1)P(r)$$

经化简后得 $$(k+h)\sum_{r=0}^{Q-1}P(r)-k\leqslant 0$$

即 $$\sum_{r=0}^{Q-1}P(r)\leqslant\frac{k}{k+h}\tag{12.33}$$

报童应准备的报纸最佳数量 Q 按下列不等式确定：

$$\sum_{r=0}^{Q-1} P(r) < \frac{k}{k+h} \leqslant \sum_{r=0}^{Q} P(r) \tag{12.34}$$

例 7　报童问题应用一。

某商店拟在新年期间出售一批日历画片，每售出 1 千张可盈利 70 元。如果在新年期间不能售出，必须削价处理，作为画片出售。由于削价，一定可以售完，此时每千张赔 40 元。根据以往的经验，市场需求的概率如表12－5 所示。

表 12－5

需求量 r（千张）	0	1	2	3	4	5
概率 $P(r)$	0.05	0.10	0.25	0.35	0.15	0.10

每年只能订货一次，问应订购日历画片多少千张才能使获利的期望值最大？

解：已知 $k=70$，$h=40$，$\frac{k}{k+h}=\frac{70}{110}\approx 0.636$

$P(0)=0.05 \quad P(1)=0.10 \quad P(2)=0.25 \quad P(3)=0.35$

$\sum_{r=0}^{2} P(r)=0.05+0.10+0.25=0.40$

$\sum_{r=0}^{3} P(r)=0.40+0.35=0.75$

即 $\sum_{r=0}^{2} P(r)<0.636<\sum_{r=0}^{3} P(r)$

可知该店应订购日历画片 3 千张。

事实上，我们可以计算出不同订购决策下的获利情况。

以订货 4 千张为例：

当市场需求为 0 时，获利 $D(0)=-40\times 4=-160$（元）

当市场需求为 1 时，获利 $D(1)=-40\times 3+70=-50$（元）

⋮

当市场需求为 5 时，获利 $D(5)=-40\times 0+70\times 4=280$（元）

当订货策略为 0，1，2，3，4，5 时，不同市场需求下的获利期望值如表 12－6 所示。

表 12－6

订货量	需求量						获利的期望值
	0	1	2	3	4	5	
0	0	0	0	0	0	0	0
1	－40	70	70	70	70	70	64.50

（续上表）

订货量	需求量						获利的期望值
	0	1	2	3	4	5	
2	-80	30	140	140	140	140	118.00
3	-120	-10	100	210	210	210	144.00*
4	-160	-50	60	170	280	280	131.50
5	-200	-90	20	130	240	350	102.50

从表 12-6 可知，订购量为 3 千张时期望获利最大，为 144.00 元。

例 8　报童问题应用二。

某店拟出售甲商品，成本 50 元，售价 70 元，如不能售出必须减价为 40 元，减价后一定可以售出。已知售货量 r 的概率服从泊松分布：

$$P(r)=\frac{e^{-x}\lambda^{2}}{r!}\ (\lambda \text{ 为平均售出数})$$

根据以往的经验，平均售出数为 6 单位（$\lambda=6$）。问该店订购量应为多少单位？

解：该店的销售收入，每单位商品为 $70-50=20$；滞销损失，每单位商品为 $50-40=10$，$k=20$，$h=10$，则

$$\frac{k}{k+h}=\frac{20}{20+10}\approx 0.667$$

$P(r)=\frac{e^{-6}6^{r}}{r!}$，$\sum_{r=0}^{Q}P(r)$ 记作 $F(Q)$，可查统计表

$$F(6)=\sum_{r=0}^{6}\frac{e^{-6}6^{r}}{r!}\approx 0.6063 \qquad F(7)=\sum_{r=0}^{7}\frac{e^{-6}6^{r}}{r!}\approx 0.7440$$

因为 $F(6)<\frac{k}{k+h}<F(7)$，故订货量应为 7 单位，此时损失的期望值最小。

例 9　回购与供应链合作。

制造商生产的产品按 122 元/件批发给零售商，该产品的市场零售价格为 180 元/件。如果零售商订货过多，没有卖出去的产品只能按 18 元/件的残值价格处理掉。制造商的生产成本为 44 元/件。由一个制造商和一个零售商组成的供应链如图 12-15 所示，市场对该产品的需求分布如表 12-7 所示。

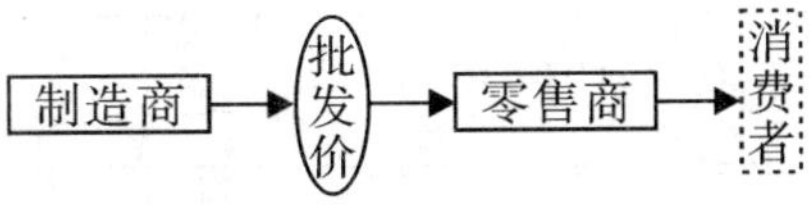

制造商 → 批发价 → 零售商 → 消费者

图 12－15 供应链

表 12－7 市场需求概率分布

需求量（件）	需求概率	累计概率
400	0.00	0.00
500	0.03	0.03
600	0.10	0.13
700	0.16	0.29
800	0.24	0.53
900	0.25	0.78
1 000	0.14	0.92
1 100	0.05	0.97
1 200	0.03	1.00
1 300	0.00	1.00

解：这是一个以零售商为主导的供应链，零售商给制造商下订单，制造商按照零售商的订单数供货。

当制造商以一定批发价将产品交付给零售商后，制造商的收益得到保证。能否销售出去，制造商不会关心。这种批发交易机制只能保证供应链上游企业的利益。

制造商每卖一件赚 122－44＝78 元。

零售商卖出一件赚 180－122＝58 元，没卖出的每件亏 122－18＝104 元。

从报童模型来看，无回购时：

已知 $k=58$，$h=104$，$\frac{k}{h+k}=\frac{58}{58+104}\approx 0.358$

而 p_1（400）＝0.00；p_2（500）＝0.03；p_3（600）＝0.10；$p_4(700)=0.16$；$p_5(800)=0.24$；$p_6(900)=0.25$

$$\sum_{r=0.00}^{4} p(r)=0.00+0.03+0.10+0.16=0.29$$

$$\sum_{r=0.00}^{5} p(r)=0.00+0.03+0.10+0.16+0.24=0.53$$

$$\sum_{r=0}^{4} p(r)<\frac{k}{k+h}<\sum_{r=0}^{5} p(r)$$

即零售商订货量为 800 件。

零售商、制造商利润以及供应链总利润如图 12－16 所示。

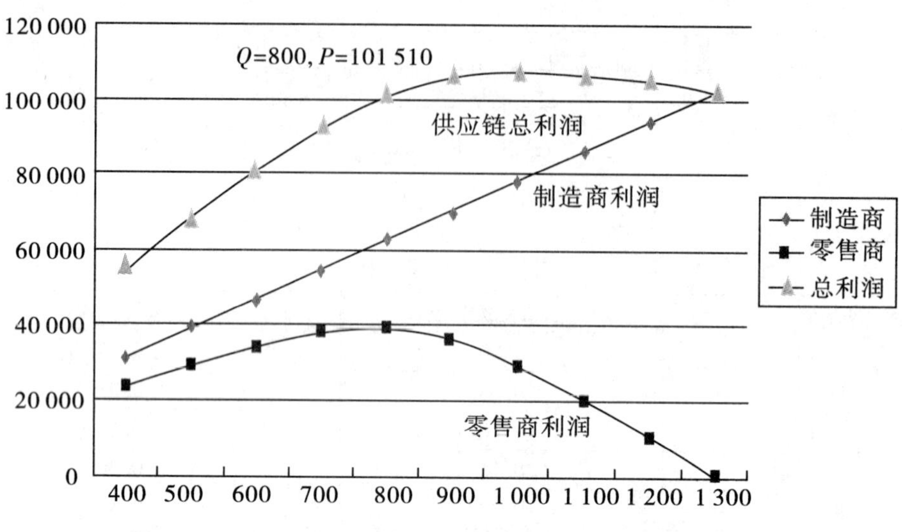

图 12－16　无回购时零售商、制造商利润以及供应链总利润

零售商的期望利润最大时的订货量为 800 件，零售商的期望利润是 39 110 元，此时制造商的利润是 62 400 元，整个供应链的利润是 101 510 元。

制造商向零售商提出了一个激励机制：如果零售商增加了订货量但没有全部销售出去，制造商会以 78 元/件的价格将未销售出去的产品收回。回收部分的最终利润：122－44－78＝0。

那么零售商如果多订一件产品但没有销售出去，损失是 122－78＝44 元，如果销售出去了则收益 180－122＝58 元，这时零售商就有可能提高订单的订货数量。

有回购时：

已知　$k=58$，$h=44$，$\frac{k}{h+k}=\frac{58}{58+44}\approx 0.569$

而 p_1（400）＝0.00；p_2（500）＝0.03；p_3（600）＝0.10；p_4（700）＝0.16；p_5（800）＝0.24；p_6（900）＝0.25

$\sum_{r=0}^{5} p(r) = 0.00+0.03+0.10+0.16+0.24=0.53$

$\sum_{r=0}^{6} p(r) = 0.00+0.03+0.10+0.16+0.24+0.25=0.78$

$\sum_{r=0}^{5} p(r) < \frac{k}{k+h} < \sum_{r=0}^{6} p(r)$

即零售商订货量为 900 件。

零售商、制造商利润以及供应链总利润如图 12－17 所示。

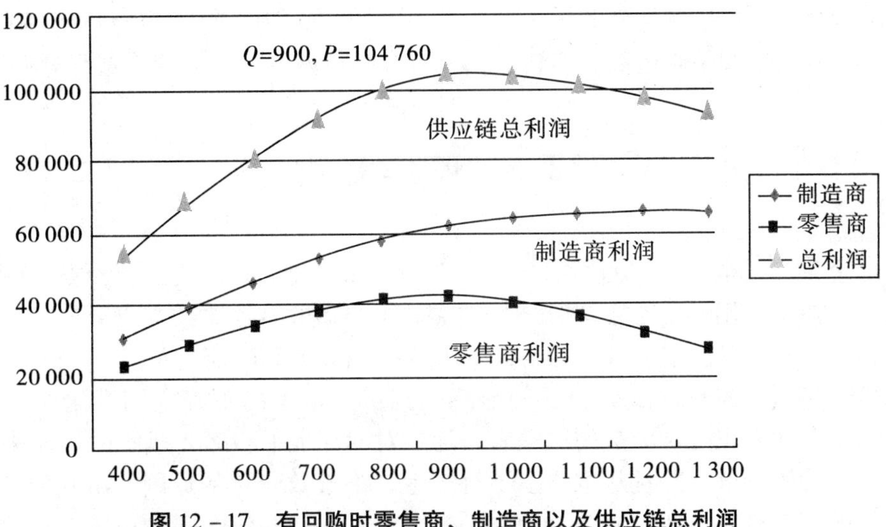

图 12－17　有回购时零售商、制造商以及供应链总利润

零售商经过努力将产品销售出去（订货点提升到 900）：零售商的收益为 42 204 元；制造商的收益为 62 556 元；供应链的收益为 104 760 元。

合作的结果是：零售商的订货点从原来的 800 提升到了 900，如表 12－8 所示。有无回购情况对比如图 12－18 所示。

表 12－8　有无回购利润复化情况

比较项	订货点 800	订货点 900	结果（绩效上升）
零售商	39 110	42 204	3 094
制造商	62 400	62 556	156
整个供应链	101 510	104 760	3 250

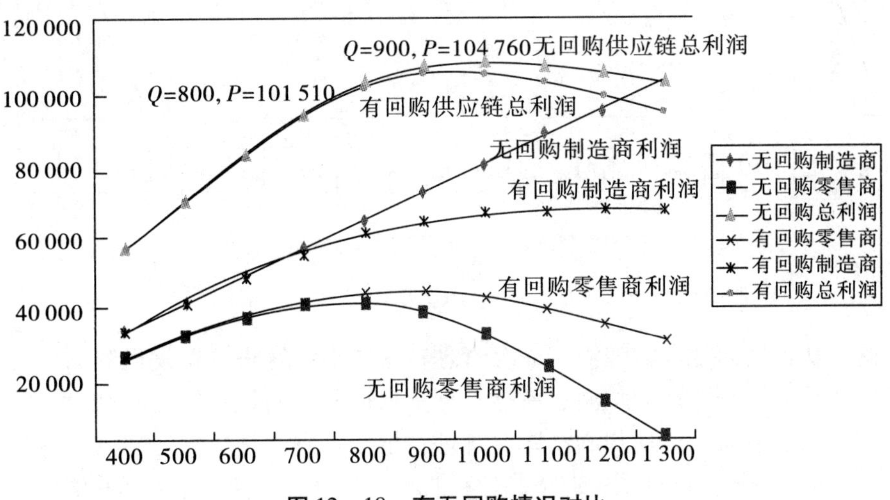

图 12－18　有无回购情况对比

进一步思考1：如果制造商和零售商都是中庸的，他们回购的合作价格区间是多少？
进一步思考2：如果制造商和零售商都是有风险偏好的，比如冒险或保守呢？

12.4 啤酒游戏

这是一个供应链全程运作的模拟游戏。它是由麻省理工商学院的教授在20世纪60年代开发的，开始主要用于动态系统管理的教学。至今，世界各地已有成千上万人参与过这个游戏，他们包括大学生、企业各级管理者乃至公司总裁和政府官员。

参加者通过这一游戏可以更加深刻地感受到供应链上的不确定因素给企业带来的压力。由于每个参加者也是供应链的决策者，通过对库存水平和库存成本的控制来加深对供应链决策重要性的理解，并且从本质上了解产生“牛鞭效应”的原因。游戏的结果可以作为绩效评估的分析对象。在分析的过程中，共同对供应链的管理方法和技术应用提出供应链的核心问题，从而达到提高参加者的供应链管理技能的目的。

游戏角色

啤酒游戏是一种模拟在简单的生产和配送渠道中物流和信息流的练习。游戏中共有四种参与者分别担任以下职责（见图12－19）：

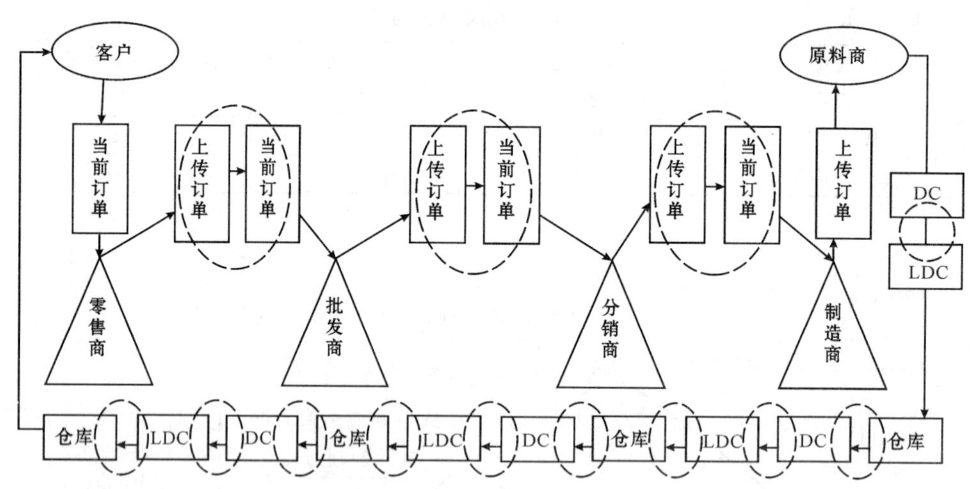

图12－19

零售商：从批发商处订购啤酒；库存管理；根据最终客户订单发运啤酒。
批发商：从分销商处订购啤酒；库存管理；根据零售商订单发运啤酒。
分销商：从制造商处订购啤酒；库存管理；根据批发商订单发运啤酒。
制造商：制订啤酒生产计划；制成品库存管理；根据分销商订单发运啤酒。

参与游戏的人

参与游戏的人被分成一个个决策小组，每个小组都包括零售商、批发商、分销商和制造商各一个，模拟从制造商到零售商的整体供应链，并且各小组之间以整体供应链利润的方式来展开竞争。虽然游戏是对现实的简化，但仍然典型而集中地反映出产业链上下游之间的相互关系，以及供应链体系的本质特征。

游戏规则

这是一条消费品的分销和配送链，是呈直线形的供应链。由于这是一个供应链的模拟游戏，因此参加者必须遵守一定的规则，并且按照规则严格执行，才能达到预期的实战效果。

（1）这是一条直线形的供应链。链条上的交易伙伴包括零售商、批发商、分销商和制造商，将他们定义为“成员”。

（2）这一链条只有单一的产品（Single SKU）“啤酒”。

（3）顾客和原料商设定为链条的外部环境因素。

（4）假定链条上没有任何意外事件发生，如制造商不会产能不足，且机器不需要维修，运输服务永远不会出现延误等。

（5）由于是直线形供应链，链条上各成员之间的关系是固定的、直线式的联系。例如，零售商不能绕过批发商向分销商直接上传订单，制造商不能向零售商直接发送产品。

（6）配送节点：在成员之间增设两个配送节点，分别定义为区域配送中心（DC）和地方配送中心（LDC）；在配送渠道中，链条上各个“成员”的角色转换成“节点”。例如，从制造商至分销商的产品配送包括四个节点：制造商仓库—DC—LDC—分销商仓库。

（7）作业环节：节点与节点之间的作业过程定义为“环节”。例如，批发商向分销商上传订单的过程就是一个环节的作业过程。

（8）作业周期：作业周期的单位为1周，每个作业环节的完成时间（Lead Time）固定为一个作业周期（即1周）。例如，批发商向分销商上传订单的作业环节中，批发商在第一个星期发出订单，分销商在第二个星期向批发商发出的货物要在第三个星期才能到达DC，第四个星期到达LDC，第五个星期到达批发商的仓库。

（9）节点上的作业时间没有限制（各成员的反应速度足够快），以增加实战的气氛。例如，制造商接到订单后，在原材料足够的情况下组织生产，并马上在同一个作业周期向下游发货。

（10）成员成本控制：在这个模拟竞赛游戏中，各个成员的成本只涉及两个，即库存持有成本（1元/箱/周）和过期交货成本（2元/箱/周），每个参赛成员的目标都是通过平衡库存持有成本和过期交货成本，实现总成本的最小化。

（11）供应链成本：这一链条上的所有成员的成本总和（零售商、批发商、分销商和制造商）为这一链条上的供应链总成本。

（12）需求链：自下而上的需求链也是直线形的僵硬链条。上游只能通过下游的订单来获得需求信息。

（13）供应链透明度：这一游戏的供应链透明度所涉及的信息只有库存信息，也就是库存透明度的问题。简单设定为两个等级：① 零库存透明度（适合初学参赛者）；② 库存信息在毗邻成员之间传递，这也是多数直线供应链应有的特征（适合有相当经验的参赛者运用。此时游戏的目标上升到降低整个供应链总成本的高度，成员之间转化成一个团队，彼此之间进行有效的合作）。

（14）外部环境信息：这一模拟链条不受任何外部因素的影响，成员的决策只采用基于历史资料的预测方法。

（15）补货周期：一个作业周期只允许一次补货。

（16）原材料供应商：完全满足厂商的需求，与制造商的关系遵从游戏的其他规则。

（17）制造商：此游戏是配送体系的模拟运作，制造商的制造功能被简化为贴标签的作业，并遵从节点上的作业规则。

游戏流程

每个供应链小组一共要完成40个回合（对应一年中的40周）的运作。每个扮演供应链角色的人在每个回合中要完成如下6个阶段的工作：

第一步：运输啤酒。

从上游渠道的生意伙伴手中接收啤酒并放到自己的库存中，并将在途的啤酒从两周的时间变为一周的时间。

第二步：订单到达。

阅读从下游生意伙伴处收到的订单（例如，零售商阅读从消费者处收到的订单），将订单上的项目记录在表上。

第三步：以现有库存满足客户需求。

若库存不足，未完成的订单就变成滞发订单，并且在库存允许的时候必须补发。于是，每周需要发运的总量为

$$\text{本周须完成订单} = \text{收到的订单} + \text{前周滞发的订单}$$

如果有足够库存，则必须完成所有收到的订单以及所有滞发的订单。

第四步：记录期末库存或滞发量。

在订单完成后记录库存中啤酒的桶数。如果处于滞发状态，必须每周积累滞发量，于是有

$$\text{期末滞发量} = \text{期初滞发量} + \text{收到的订单} - \text{本周发送的啤酒量}$$

例如，上周的滞发量为7桶，本周收到并发运了4桶，另外又收到8桶的新订单，订单的总数即15桶［新订单（8）加上前期滞发（7）］。所以新的期末滞发量就是$7+8-4=11$（桶）。

第五步：寄出上周的订单。

将上周的订单需求转移到供应商的订单接收盒，模拟过去的一周时间。制造商则根据

生产需求从原材料库存中予以供应。

第六步：发出订单并做好记录。

在发送订单盒里向自己的供应商下订单（制造商则下生产需求单），在记录表格的“发出订单”栏里记录自己发出的订单。

40 个回合后，每个供应链小组计算总的滞发量（即缺货）和库存量，按照滞发成本为 2 元/箱/周，库存成本为 1 元/箱/周的方式计算每个供应链小组的总成本。游戏的目的在于将整个渠道的总库存和滞发订货的成本最小化，由此可看出哪个供应链小组最具有成本优势和竞争力。啤酒游戏工作表如表 12－9 所示。

表 12－9　啤酒游戏工作表

（标明你的角色：零售商、批发商、分销商、制造商）

周	接收订单（需求）	当前库存	生产/运输（LDC）	生产/运输（DC）	缺货	下订单
1						
2						
3						
4						
5						
6						
7						
8						
9						
10						
11						
12						
13						
14						
15						
16						
17						
18						
19						
20						
21						
22						
23						
24						
25						
26						
27						
28						
29						
30						
31						
32						
33						
34						
35						
36						

（续上表）

周	接收订单（需求）	当前库存	生产/运输（LDC）	生产/运输（DC）	缺货	下订单
37						
38						
39						
40						

游戏绩效评估：库存成本分析和牛鞭效应分析

（详细的库存分析指标参数，请参阅库存管理的有关书籍。）

（1）计算总成本：总成本 = 总库存持有成本 + 总缺货成本。

（2）计算供应链成本：供应链成本 = 各成员累积总成本的总和。

（3）利用需求预测记录完成牛鞭效应分析图。

（4）绩效评估的方法可以根据游戏的发展设定不同的重点目标，最简单的方法是：

① 多次结果的对比分析；

② 多个游戏组合之间的对比分析；

③ 牛鞭效应分析。

④ 分析提前期、缺货费、订货有批量限制对供应链成本的影响，以及对牛鞭效应的影响程度。

习　题

1. 大明公司是一家新的专卖店，主要经营电视机、录像机、电子游戏机以及其他与电视机相关的产品。大明公司购买一台新式日本生产的录像机的成本为 600 元，公司的年库存持有成本率为 22%，预计订货成本为每次订货 70 元。

（1）如果录像机的需求量稳定，每个月均为 20 台，则订货量应该为多少？

（2）该产品的年库存持有成本和订货成本费用各为多少？

（3）该年应该订多少次货？

2. 珍巴巴士公司有一套著名的巴士司机培训程序。该培训为期 6 周，并且面向公司所有的新司机。只要培训班的人数小于或等于 35 人，则在这 6 周内，培训的总成本为 22 000元，主要包括教师、设备等成本。该培训项目每月至少要为珍巴巴士公司提供大约 5 个新司机，培训结束以后，新司机暂时还不能上岗，要一直等待有空缺的全职司机岗位，但等待期间的工资为每月1 600元，珍巴巴士公司将这 1 600 元看成一笔持有成本，用来确保有需要时就能获得新司机。如果把这些等待中的司机看成是一项库存，则要使该公司一年中用于培训和支付暂时不工作的司机的总花费最少，培训班应该招收多少人？一年中应开办几次这样的培训班？根据你的计算结果，年度总成本为多少？

3. 假设你在评估一项关于生产批量的决策，其中 P =8 000 单位/年，D =2 000 单位/年，C_s =300 元，C_h =1.60 单位/年。再假设现行做法要求每 3 个月生产 500 单位的产品。你觉得这样的生产批量有必要改动吗？请给出你的理由。如果变成你所建议的生产批量，则将为公司节省多少钱？

4. 某公司每月需要某种机械零件2 000件，每件成本150元，每年的存贮费用为成本的16%，每次订购费100元，允许缺货，缺货费为200元/件，求库存量S及最大缺货量。

5. 某制造厂生产A设备，产能为80件/周，每件需一个B零件。由于市场原因，A设备的市场需求为50件/周。订购B零件的费用为4元，每周保管费为0.36元，求：

（1）EOQ。

（2）该厂为少占用流动资金，希望存贮量达到最低限度，可以承受3元的缺货损失，问这时的批量为多少？

6. 一个允许缺货的EOQ模型的费用绝不会超过一个具有相同存贮费、订购费，但不允许缺货的EOQ模型的费用，试说明之。

7. 四星公司销售一款黑色男鞋，其销量稳定在大约每3个月500双。公司现在的进货策略是每次订货500双，每次订货的成本为30元，年持有成本率为20%。订货量为500双时，四星公司能拿到最低价的鞋，每双为28元。生产商提供的其他数量折扣如表12－10所示。请问，此鞋的最低成本订货量为多少？如果采纳你建议的库存策略，将会比现行库存策略节省多少钱？

表 12－10

订货量（双）	每双价格（元）
0～99	36
100～199	32
200～299	30
300或300以上	28

8. J & B卡片商店销售一种日历。该日历每月描绘一处不同的著名景色。J & B卡片商店每年订货一次，在每年的9月份该日历到货。根据以往的经验，从7月到9月的日历需求量可以用一个$\mu=500$，$r=10$的正态分布概率来描述。这种日历成本每本为1.5元，而J & B卡片商店的售价为3元。

（1）如果在7月底，J & B将把所有没售出的日历扔掉（即残值为0），那么J & B应订购多少这样的日历？

（2）如果J & B在7月底将日历的价格降为1元，且全部日历均可售出，则J & B的订货量应为多少？

本章小结

库存论是解决供应（生产）与需求（消费）之间不协调的一类决策模型。随着经济的发展和全球一体化，由库存论衍生出的物流管理（Logistics）和供应链管理（Supply Chain Management，简称SCM）越来越受到广泛的重视，人们对随机性模型的研究也越来越深入。本章详细介绍了确定性存贮模型；随机性模型介绍了报童问题，回购与供应链合作问题；最后介绍了著名的啤酒游戏，通过该游戏，参与人员可以综合运用决策、库存、预测、生产管理、团队协调等综合知识，得到很好的模拟实战训练。

附　录

部分习题答案或提示

第 2 章

1. 每天生产产品甲 3.2 单位，产品乙 8.4 单位，可获得最大利润2 640元。

2. (1) 有唯一最优解 $x_1 = 1.5$，$x_2 = 0.5$；最优值 $z = 4.5$。

  (2) 无可行解。

  (3) 有无穷多最优解，其中之一为 $x_1 = 0$，$x_2 = 10$；最优值 $z = 20$。

  (4) 无界解。

3. 雇用 A 2 天，雇用 B 3 天，最低成本 116 元。

7. 提示：引入变量

$$x'_j = \frac{|x_j| + x_j}{2},\quad x''_j = \frac{|x_j| - x_j}{2}$$

8. (1) 有多个最优解。

  (2) 最优解 $x_1 = 6.429$，$x_2 = 0.571$，$x_3 = 0$；最优值 $z = -29.143$。

  (3) 无可行解。

  (4) 无界解。

  (5) 唯一最优解 $X^* = (14, -4, 0)^T$，最优值 $z = 46$。

10. (1) 当 $H_1 \geqslant 0$，$H_3 < 0$，$H_5 < 0$。

(2) 当 $H_1 > 0$，$H_3 = 0$，$H_5 \leqslant 0$，或者当 $H_1 > 0$，$H_3 \leqslant 0$，$H_5 = 0$，$H_4 > 0$（注意：没有考虑最优极方向的情形）。

(3) 当 $H_1 \geqslant 0$，$H_5 > 0$，$H_4 \leqslant 0$。

(4) 当 $H_3 \leqslant 0$，$H_5 \leqslant 0$，$H_1 = 0$。

(5) 当 $H_3 > 0$，$H_2 > 0$，$H_1 \cdot H_2 \geqslant 35$。

11. (1)、(3)、(4)、(8)、(9) 正确；(2)、(5)、(6)、(7) 不正确。

12. (1) 由表 2-17 可得最优解 $X^* = (0, 2, 3/2, 0, 0)^T$，换基后可得另一最优解 $X^{**} = (0, 5, 0, 3, 0)^T$，再考虑它们的凸组合。

(2) $B^{-1} = \begin{pmatrix} \frac{1}{2} & -\frac{1}{2} \\ -1 & 2 \end{pmatrix}$，$B = \begin{pmatrix} 4 & 1 \\ 2 & 1 \end{pmatrix}$

原问题为

$$\begin{aligned} \max\ z &= 7x_1 + 4x_2 + 8x_3 \\ \text{s.t.}\quad & \frac{9}{2}x_1 + x_2 + 4x_3 \leqslant 8 \end{aligned}$$

$$\frac{5}{2}x_1 + x_2 + 2x_3 \leqslant 5$$

$$x_1,\ x_2,\ x_3 \geqslant 0$$

13. 最优安排方案从略，每昼夜支付的最小工资总额为 4 222 元。
14. 最优生产方案从略，最大总利润为 5 544 000 元。
15. 最优运料方案从略，最小总费用为 873 元。
16. 受影响的最多总人数为 99 000 万人。
17. 最大总利润为 520 元。
18. 最优切割方案唯一（略），耗用的大卷筒数为 225。
19. 最大利润为 54 300 元。
20. 最大利润约为 1 388.99 元，此时产品Ⅰ产量：200，产品Ⅱ产量：762.63，产品Ⅲ产量：363.6。
21. 最优投资策略可使第六年拥有的资金为 208.13 万元。
22. 最大总利润为 236 565 元。

第 3 章

1. （3）$\min \omega = \sum_{i=1}^{m} b_i y_i$

$$\text{s.t.}\ \begin{cases} \sum_{i=1}^{m} a_{ij} y_i \geqslant c_j,\ j = 1,\ \cdots,\ n_1 \\ \sum_{i=1}^{m} a_{ij} y_i \leqslant c_j,\ j = n_1 + 1,\ \cdots,\ n \\ y_i \geqslant 0,\ i = 1,\ \cdots,\ m_1 \\ y_i\ \text{无限制},\ i = m_1 + 1,\ \cdots,\ m \end{cases}$$

（4）$\max \omega = \sum_{i=1}^{m} a_i u_i + \sum_{j=1}^{n} b_j v_j$

$$\text{s.t.}\quad u_i + v_i \leqslant c_{ij},\ i = 1,\ \cdots,\ m;\ j = 1,\ \cdots,\ n$$

2. （1）、（3）正确；（2）、（4）、（5）不正确。
5. （1）（略）。（2）对偶问题最优解（4，2）。
6. 最优解 $X^* = (0,\ 20,\ 0)^T$，$z^* = 100$。各小题答案从略。
7. （2）对偶问题的最优解 $Y^* = (0,\ 1,\ 3)$。
8. （1）$X^* = (6,\ 0,\ 0)^T$，$Y^* = (2,\ 0)$。

（2）$1 \leqslant c_1 < +\infty$，$-\infty < c_2 \leqslant 2$，$-\infty < c_3 \leqslant 2$。

（3）$0 \leqslant b_1 < +\infty$，$-6 \leqslant b_2 < +\infty$。

9. 用 x_1、x_2、x_3 分别表示Ⅰ、Ⅱ、Ⅲ三种产品的产量，则有：

（1）$X^* = (22.53,\ 23.2,\ 7.333\ 3)$，最大利润 $z^* = 135\ 266.67$ 元。

（2）产品Ⅲ的单位利润可变范围为［27.5，45］。

（3）最优生产计划不变，总利润增加 4 640 元。

（4）当前基保持最优，但各产品的产量和总利润都有改变。

（5）$X^* = (35.4,\ 8.4,\ 0)^T$，$z^* = 123\ 000$ 元。

（6）当租金少于 266.67 元/台时，租借 44 台时为宜。

(7) $X^* = (19.6, 21.6, 10)^T$，$z^* = 131\ 000$。

(8) 产品Ⅳ投产不合算，产品Ⅴ投产合算。

(9) $X^* = (22.794, 25.294, 0)^T$，$z^* = 1\ 531.62$。

10.　(1) 0.259 3∶0.703 7∶0.037∶0。

(6) 从地点4运来的矿石的成本至少每吨降低到大约408元。

11.　最优生产方案唯一：产品1，2，…，7的产量分别为1 000，1 000，1 000，1 000，1 000，55 625，1 000；最大利润值为1 447 200元。

第4章

2. 最优调运方案从略。两个运输问题的最优目标值分别为 $z^* = 800$ 和 $z^* = 147$。

3. 最小总运输任务为3 300吨/千米。

5. 分配工人甲做180个玩具C；工人乙做250个玩具B；工人丙做250个玩具A、50个玩具B和20个玩具C。最大利润为14 110元。

6. 最低总运费为14 650万元。

7. 本题为求max的运输问题，最大总利润为40 900元。

8. 转化为运输问题求解，最小总费用为51 700元。

9. 最优调运方案的总费用为319元。

11. 最优调运方案的总费用为74 600元。

第5章

1. 满意的生产方案为生产产品A 70 000米，产品B 20 000米。其他分析从略。

2. (1) 不正确；(2)、(3)、(4) 正确。

4. (1) 满意解为由(3.5, 1.5)和(3, 3)所连线段。

(3) 满意解：$x_1 = 45$，$x_2 = 60$；非零偏差变量：$d_2^+ = 5$，$d_3^+ = 20$。

6. (1) $x_1 = 70$，$x_2 = 20$；非零偏差变量：$d_1^+ = 10$，$d_4^- = 25$。

(2) $x_1 = 10$，$x_2 = 20$，$x_3 = 10$；各偏差变量均为零。

(3) $x_1 = 70$，$x_2 = 20$；非零偏差变量：$d_1^+ = 10$，$d_3^- = 25$。

7. 可转化为下述目标规划：

$$\min z = P_1(d_1^+ + d_2^+ + d_3^-) + P_2 d_4^-$$

$$\text{s.t.}\quad \begin{cases} 5x_1 + 3x_2 + x_3 + d_1^- - d_1^+ = 9 \\ -5x_1 + 6x_2 + 15x_3 + d_2^- - d_2^+ = 15 \\ 2x_1 + x_2 + x_3 + d_3^- - d_3^+ = 5 \\ 10x_1 + 15x_2 + 12x_3 + d_4^- - d_4^+ = M \\ x_j,\ d_i^-,\ d_i^+ \geqslant 0,\ j = 1, 2, 3;\ i = 1, \cdots, 4 \end{cases}$$

其中 M 是充分大的正数。求解后得满意解：$x_1 = 1.5$，$x_2 = 0$，$x_3 = 1.5$。

9. 设各产品每周正常和加班生产的产量为决策变量，可求得满意方案为正常生产40单位产品Ⅰ，加班生产13.33单位产品Ⅰ，相应的利润为513.33元。

10. 三种电视机的产量分别为 14 台、15 台和 2 台，其余分析从略。

12. 分配给 A 和 B 的打字任务分别为 72 封信和 68 封信，支付的加班费为 27.5 元。

16. 解：设 x_1，x_2，x_3，x_4，x_5 分别为经理，主任，售货员 A、B、C 的每月工作时间；x_6 为广告费数额（元）。则有如下模型：

$$\min z = P_1\left(\sum_{i=1}^{5} d_i^-\right) + P_2 d_6^- + P_3\left(\sum_{i=7}^{9} d_i^-\right) + P_4\left(\sum_{i=10}^{14} d_i^+\right) + P_5\left(2d_{15}^+ + d_{16}^-\right)$$

$$\text{s.t.}\quad x_i + d_i^- - d_i^+ = \begin{cases}200\\200\\172\\160\\100\end{cases} \quad i=1, \cdots, 5$$

$$144x_1 + 96x_2 + 54x_3 + 30x_4 + 9x_5 + 15x_6 + d_6^- - d_6^+ = 70\ 000$$

$$0.055 \times 96x_2 + d_7^- - d_7^+ = 1\ 200$$

$$0.055 \times 54x_3 + d_8^- - d_8^+ = 600$$

$$0.055 \times 30x_4 + d_9^- - d_9^+ = 400$$

$$x_i + d_{i+9}^- - d_{i+9}^+ = \begin{cases}224\\224\\224\\192\\132\end{cases} \quad i=1, \cdots, 5$$

$$x_6 + d_{15}^- - d_{15}^+ = 3\ 000$$

$$144x_1 + 96x_2 + 54x_3 + 30x_4 + 9x_5 + 15x_6 + d_{16}^- - d_{16}^+ = 80\ 000$$

$$x_j \geqslant 0;\ d_i^-,\ d_i^+ \geqslant 0$$

$$j=1, \cdots, 6;\ i=1, \cdots, 16$$

第 6 章

1. （1）$x_1 = 4$，$x_2 = 0$，$Z = 20$。

（2）$x_1 = 1$，$x_2 = 3$，$Z = 19$。

2. 解：设 $x_i = \begin{cases}1, & \text{站址 } i \text{ 被选中}\\ 0, & \text{站址 } i \text{ 未被选中}\end{cases} \quad i=1, 2, 3$

y_i 是站址 i 处理的污水量，$i=1, 2, 3$

obj：$\min z = 400x_1 + 300x_2 + 250x_3 + 0.02y_1 + 0.03y_2 + 0.04y_3$

s. t. $80y_1 + 50y_2 + 60y_3 \geqslant 80\ 000$

$60y_1 + 40y_2 + 50y_3 \geqslant 60\ 000$

$y_1 \leqslant 800x_1$

$y_2 \leqslant 500x_2$

$y_3 \leqslant 400x_3$

x_1，x_2，x_3 为 0 或 1；y_1，y_2，$y_3 \geqslant 0$

3. 解：设 x_{ij} = 由 i 地发往 j 地的货物，i 为北京、上海、广州、武汉；j 为华北、华中、华南。

$$y_i=\begin{cases}1, & i\text{ 地被选中}\\0, & i\text{ 地未被选中}\end{cases}$$

obj：$\min z = 200x_{11}+400x_{12}+500x_{13}+300x_{21}+250x_{22}+450x_{23}+600x_{31}+400x_{32}+250x_{33}+300x_{41}+150x_{42}+350x_{43}+45\,000y_1+50\,000y_2+70\,000y_3+40\,000y_4$

s. t.

$$x_{11}+x_{12}+x_{13}\leqslant 1\,100y_1$$
$$x_{21}+x_{22}+x_{23}\leqslant 1\,100y_2$$
$$x_{31}+x_{32}+x_{33}\leqslant 1\,100y_3$$
$$x_{41}+x_{42}+x_{43}\leqslant 1\,100y_4$$
$$x_{11}+x_{21}+x_{31}+x_{41}=600$$
$$x_{12}+x_{22}+x_{32}+x_{42}=700$$
$$x_{13}+x_{23}+x_{33}+x_{43}=800$$
$$y_2\leqslant y_4$$
$$y_1+y_2+y_3+y_4\leqslant 2$$
$$y_3+y_4\leqslant 1$$

求解得：x_{ij}（略）；$y_1=y_4=1$，$z=650\,000$。

4. 解：设 $x_{ij}=\begin{cases}1, & \text{设置 } i \text{ 类商品 } j \text{ 状态}\\0, & \text{不设置 } i \text{ 类商品 } j \text{ 状态}\end{cases}$

i = 食品、珠宝、服装、鞋帽、文具；j = 商店数量为 1，2，3

obj：$\max z = 20x_{11}+36x_{12}+45x_{13}+10x_{21}+18x_{22}+21x_{23}+15x_{31}+26x_{32}+30x_{33}+17x_{41}+28x_{42}+33x_{43}+16x_{51}+18x_{52}+18x_{53}$

s. t.

$$x_{11}+x_{12}+x_{13}=1$$
$$x_{21}+x_{22}+x_{23}=1$$
$$x_{31}+x_{32}+x_{33}=1$$
$$x_{41}+x_{42}+x_{43}=1$$
$$x_{11}+x_{12}+x_{13}\leqslant 1$$
$$x_{21}+x_{22}+x_{23}\leqslant 1$$
$$x_{31}+x_{32}+x_{33}\leqslant 1$$
$$x_{41}+x_{42}+x_{43}\leqslant 1$$
$$x_{51}+x_{52}+x_{53}\leqslant 1$$
$$1\,000(x_{11}+2x_{12}+3x_{13})+500(x_{21}+2x_{22}+3x_{23})+900(x_{31}+2x_{32}+3x_{33})+700(x_{41}+2x_{42}+3x_{43})+600(x_{51}+2x_{52}+3x_{53})=10\,000$$
$$x_{ij}\geqslant 0$$

5. 解：$y_i=\begin{cases}1,\ 生产\ i\ 类汽车\\0,\ 不生产\ i\ 类汽车\end{cases}$ $i=$微型、中级、高级轿车

x_i 表示生产 i 类轿车的产量

$\min z=2x_1+3x_2+4x_3$

s. t. $x_1\geqslant 1\ 500y_1$

$x_2\geqslant 1\ 200y_2$

$x_3\geqslant 1\ 000y_3$

$y_1+y_2+y_3\leqslant 3$

$1.5x_1+2x_2+2.5x_3\leqslant 6\ 000$

$30x_1+40x_2+50x_3\leqslant 55\ 000$

$y_i=0$ 或 1，$x_i\geqslant 0$ 且为整数。

求解得：$y_3=1$，$x_3=1\ 100$，$z=4\ 400$。

6. 解：设 $x_i=\begin{cases}1,\ 救护车位于\ i\ 区\\0,\ 救护车不在\ i\ 区\end{cases}$ $i=1, 2, 3, \cdots, 8$

$\max z=40x_1+30x_2+35x_3+20x_4+15x_5+50x_6+45x_7+60x_8$

s. t. $x_1+x_2\leqslant 1$ （对于 1 区）

$x_1+x_2\leqslant 1$ （对于 2 区）

$x_3+x_4+x_5\leqslant 1$ （对于 3 区）

$x_4+x_3+x_6\leqslant 1$ （对于 4 区）

$x_5+x_3+x_6+x_7\leqslant 1$ （对于 5 区）

$x_6+x_4+x_5+x_8\leqslant 1$ （对于 6 区）

$x_7+x_5+x_8\leqslant 1$ （对于 7 区）

$x_8+x_6+x_7\leqslant 1$ （对于 8 区）

$x_1+x_2+x_3+x_4+x_5+x_6+x_7+x_8=2$

7. 解：设 $x_{ij}=\begin{cases}1,\ 表示第\ i\ 个电站\ j\ 年建设\\0,\ 表示第\ i\ 个电站\ j\ 年不建设\end{cases}$

$i=1, 2, 3, 4;\ j=1, 2, 3, 4, 5$

$\min z=200(x_{11}+x_{12}+x_{13}+x_{14}+x_{15})+160(x_{21}+x_{22}+x_{23}+x_{24}+x_{25})+180(x_{31}+x_{32}+x_{33}+x_{34}+x_{35})+140(x_{41}+x_{42}+x_{43}+x_{44}+x_{45})+15(5x_{11}+4x_{12}+3x_{13}+2x_{14}+x_{15})+8(5x_{21}+4x_{22}+3x_{23}+2x_{24}+x_{25})+13(5x_{31}+4x_{32}+3x_{33}+2x_{34}+x_{35})+6(5x_{41}+4x_{42}+3x_{43}+2x_{44}+x_{45})$

s. t. $50+70x_{11}+50x_{21}+60x_{31}+40x_{41}\geqslant 100$

$50+70(x_{11}+x_{12})+50(x_{21}+x_{22})+60(x_{31}+x_{32})+40(x_{41}+x_{42})\geqslant 120$

$50+70(x_{11}+x_{12}+x_{13})+50(x_{21}+x_{22}+x_{23})+60(x_{31}+x_{32}+x_{33})+40(x_{41}+x_{42}+x_{43})\geqslant 140$

$50+70(x_{11}+x_{12}+x_{13}+x_{14})+50(x_{21}+x_{22}+x_{23}+x_{24})+60(x_{31}+x_{32}+x_{33}+x_{34})+40(x_{41}+x_{42}+x_{43}+x_{44})\geqslant 160$

$50+70(x_{11}+x_{12}+x_{13}+x_{14}+x_{15})+50(x_{21}+x_{22}+x_{23}+x_{24}+x_{25})+60(x_{31}+x_{32}+x_{33}+x_{34}+x_{35})+40(x_{41}+x_{42}+x_{43}+x_{44}+x_{45})\geqslant 180$

x_{ij}为0或1

8. 解：设x_{ij}表示从i工厂运往j地的产品量（$i=1, 2, \cdots, m$；$j=1, 2, \cdots, n$）

$$y_i=\begin{cases}1，在 i 地建工厂\\0，不在 i 地建工厂\end{cases}$$

$$\min z=\sum_{i=1}^{m}\sum_{j=1}^{n}C_{ij}x_{ij}+\sum_{i=1}^{m}k_iy_i$$

$$\text{s.t.}\quad \sum_{j=1}^{n}x_{ij}\leqslant a_iy_i,\ i=1, 2, \cdots, m$$

$$\sum_{i=1}^{m}x_{ij}=b_jy_i,\ j=1, 2, \cdots, n$$

9. （1）$x_1=0$，$x_2=0$，$x_3=1$，$z=2$。

（2）$x_1=1$，$x_2=1$，$x_3=1$，$x_4=1$，$z=14$。

10. 1→E　　2→B　　3→A

4→D　　5→C　　6→F

11. 1→D　　2→C　　3→E

4→B　　5→A

第7章

1. 有两条最短路：$A\to B_2\to C_1\to D$，$A\to B_2\to C_2\to D$。最短路长为100。

2. 最短路为S→A→D→F→I→T，路长20。

3. 最优方案：A项目300万元，B项目0元，C项目100万元；最大总收益为16 200万元。

4. （1）$x_1=1$，$x_2=2$，$x_3=1$，$z=4$。

（2）$x_1=0$，$x_2=0$，$x_3=9$，$z=174$。

（3）$x_1=0$，$x_2=2$，$x_3=4$或$x_1=1$，$x_2=0$，$x_3=6$；$z=112$。

5. 不用购置新车。

6. 解：（1）阶段k按年份划分，$k=1, 2, 3, 4$。

（2）状态变量S_k表示第k年年初可供投资的金额。

（3）决策变量x_k表示第k年实际用于投资的金额。

（4）状态转移方程：$S_{k+1}=1.1(S_k-x_k)$

（5）允许决策集合$D_k(S_k)=\{x_k \mid 0\leqslant x_k\leqslant S_k\}$

（6）递推方程：

$$\begin{cases}f_k(S_k)=\max\limits_{0\leqslant x_k\leqslant S_k}\{\sqrt{x_k}+f_{k+1}(S_k+1)\}\\f_5(S_5)=0\quad k=4, 3, 2, 1\end{cases}$$

$x_1=86.19$，$x_2=104.29$，$x_3=126.19$，$x_4=152.68$

7. 解：（1）阶段k按周期划分，$k=1, 2, 3, 4$。

（2）状态变量S_k表示周期k初好机器数。

（3）决策变量 x_k 表示投入第一种生产任务的机器数。

（4）状态转移方程 $S_{k+1}=\frac{9}{10}S_k-\frac{7}{30}x_k$，$S_1=100$。

（5）递推函数

$$\begin{cases} f_k(S_k)=\max\limits_{0\leqslant x_k\leqslant S_k}\{10x_k+7(S_k-x_k)+f_{k+1}(S_{k+1})\} \\ f_5(S_5)=0 \end{cases}$$

第8章

1. 最小支撑树为29。
2. 最短路为11。
3. 在第1、3年年初购置新设备，可使总费用最少，最少为20单位。
4. 网络最大流为14。
5. 最大流为12。
6. （2）最小截集的容量为5。
7. 最大流为25。

第9章

1. H→B→G→A→F→K，工期20。
2. a→f→i→n→o→q，工期152。
3. 最低成本日程为14天。
4. 最低成本日程为25天。
5. （1）正常工期为19天，最短工期为12天。
   （2）最佳工期为15天。
6. ③期望工期为32天，均方差为5。
   ④提前3天完工的概率为14.46%，推迟5天完工的概率为96.16%。
7. 调整非关键工序的开工和完工时间，以调整资源负荷。
8. 调整非关键工序的开工和完工时间，以调整资源负荷。
9. 期望的完工日期为36.5，方差为23.25。

第10章

1. （1）扩建。（2）转包。（3）扩建或新建。
2. （1）投资方案Ⅱ。（2）投资方案Ⅲ。
3. 配套改造，160万。
4. 不搬走，不做平台。
5. （1）795万。
   （2）不建小厂期望获利也为795万元，所以花5万元建设小型试验工厂是不值得的。
6. （1）大量存储。
7. （1）建大厂合算。

（2）保守效用曲线，也是建大厂合算。

第11章

1. （1）0.6；（2）0.015 4；（3）0.16；（4）0.666 7 人；（5）0.266 7 人；（6）0.066 7 小时 =4 分钟；（7）0.223。
2. （1）0.25；（2）0.316 4；（3）3 人；（4）1 小时；（5）$\lambda>3.333$ 人/小时。
4. $\mu\geqslant2.517\ 1$ 人/小时。
5. （1）（略）。（2）$2.625<\mu\leqslant2.8$。
6. （1）、（2）、（4）、（5）、（7）、（8）正确；（3）、（6）不正确。
7. （1）2 880 元。（2）提高到 6 人/小时。（3）有利。
8. 工人最多能负责看管 4 台机器。
9. 应设置 4 个检验员，总费用的期望值为 447.55 元。
10. 应由 6 个工人看管，平均总费用为 339.35 元。
11. 2.2 人，27 分钟。
12. $\mu^*=52$ 件/小时。
13. 公司需要配备 8 个装卸组。
14. （1）$P_0=0.2$，$L_s=2.6$ 人，$L_q=1.8$ 人，$W_s=26$ 分钟，$W_q=18$ 分钟。（2）总费用损失为 152 元。
15. 应安装乙种起重机械。
16. 2 名。
17. （1）每天平均总费用为$\dfrac{C_1\rho}{1-\rho}+C_2(1-\rho)$。

    （2）$\rho^*=1-\sqrt{\dfrac{C_1}{C_2}}$。
18. 这是 M/M/s/s 排队模型，据题意应确定 s 的值使损失率 $P_s\leqslant0.05$，经计算可知 $s\geqslant15$。
19. 当前的平均等待时间为 12.2 分钟；若服务时间的标准差缩短为 2.5 分钟，则平均等待时间几乎减少了一半。
20. 这是 M/M/s/10/10 排队模型，s 待定。（1）$s=5$。（2）$s\geqslant4$。（3）$s\geqslant3$。

第12章

1. （1）15.95。（2）1 053 元，1 053 元。（3）15.04。
2. $Q^*=11.73$，取整后即招收 12 人；每年开办 5 个班；总成本为 225 200 元。
3. $Q=1\ 000$，总成本 =1 200 元，有必要改动；这种变化每年节省 300 元。
4. $S=121.99$，最大缺货量 =14.64。
5. （1）$Q=33.33$。（2）46.19。
7. $Q^*=300$，节省 480 元。
8. （1）500。（2）580.4。

参考文献

1. 钱颂迪等．运筹学（本科版）．北京：清华大学出版社，2005.
2. 蓝伯雄，程佳惠，陈秉正．管理数学（下）——运筹学．北京：清华大学出版社，1997.
3. ［美］希利尔等．数据、模型与决策：运用电子表格建模与案例研究．任建标译．北京：中国财政经济出版社，2010.
4. ［希］普拉斯塔克斯．管理决策：理论与实践．李辉译．北京：清华大学出版社，2011.
5. 左小德，梁云．管理决策理论与实践．广州：暨南大学出版社，2014.
6. 胡运权．运筹学教程（第三版）．北京：清华大学出版社，2007.
7. 梁云，刘艳．实用管理决策教程．北京：北京理工大学出版社，2010.
8. 兰新梅．管理数量方法与分析．北京：中国财政经济出版社，2012.
9. 刘兰娟等．经济管理中的计算机应用——ECXEL 数据分析，统计预测和决策模拟．北京：清华大学出版社，2006.
10. B. Render & R. M. Stair. *Quantitative Analysis for Management.* Prentice Hall, Inc., 2000.
11. W. L. Winston, S. C. Albright. *Practical Management Science.* 大连：东北财经大学出版社，1998.
12. M. S. Bazaraa. *Linear Programming and Network Flows.* John Wiley & Sons, Inc., 1990.
13. David R. Anderson, Dennis J. Sweeney & Thomas A. Williams. *An Introduction to Management Science*. South-Western, 2005.
14. Petter C. Bell. *Management Science Cases.* China Machine Press, 1998.
15. 左小德，姚蓉静，梁云．优化方法在销售策略中的应用．暨南大学学报（自然科学与医学版），2000（3）．
16. 左小德．线性下料问题研究．青年管理学者会议论文集，1999.
17. 左小德，薛声家，梁云．网络计划的最低成本日程研究．应用数学与计算数学学报，1998（2）．
18. 左小德，薛声家．管理运筹学Ⅱ．广州：暨南大学出版社，2010.
19. 梁云，左小德，熊勇．供应链营销渠道体系的研究．数学的实践与认识，2009（3）．
20. 左小德，薛声家，邬杰忠．开发区招商项目优劣的综合评价．暨南大学学报（自然科学与医学版），2000（5）.